全球金融与投资
佳 | 作 | 精 | 选

MASTERING
PRIVATE
EQUITY

TRANSFORMATION VIA VENTURE CAPITAL, MINORITY INVESTMENTS AND BUYOUTS

精通私募股权

[美] 克劳迪娅·纪斯伯格　　迈克尔·普拉尔　　鲍文·怀特　著
（Claudia Zeisberger）　　（Michael Prahl）　　（Bowen White）

刘寅龙◎译

清华大学出版社
北　京

Claudia Zeisberger, Michael Prahl, Bowen White

Mastering Private Equity: Transformation via Venture Capital, Minority Investments and Buyouts
EISBN: 978-1-119-32797-4

Copyright © 2017 by Claudia Zeisberger, Michael Prahl, Bowen White.

北京市版权局著作权合同登记号　　图字：01-2017-6585

本书封面贴有John Wiley & Sons防伪标签，无标签者不得销售。

版权所有，侵权必究。举报：010-62782989，beiqinquan@tup.tsinghua.edu.cn。

图书在版编目(CIP)数据

精通私募股权 / (美) 克劳迪娅·纪斯伯格(Claudia Zeisberger), (美) 迈克尔·普拉尔(Michael Prahl), (美) 鲍文·怀特 (Bowen White) 著; 刘寅龙译. — 北京：清华大学出版社，2018 (2024.10 重印)
（全球金融与投资佳作精选）
书名原文: Mastering Private Equity：Transformation via Venture Capital, Minority Investments and Buyouts
ISBN 978-7-302-49741-7

Ⅰ.①精… Ⅱ.①克… ②迈… ③鲍… ④刘… Ⅲ.①股权—投资基金 Ⅳ.①F830.59

中国版本图书馆 CIP 数据核字(2018)第 035802 号

责任编辑：刘　洋
封面设计：李召霞
版式设计：方加青
责任校对：宋玉莲
责任印制：宋　林

出版发行：清华大学出版社
　　　　　网　　　址：https://www.tup.com.cn，https://www.wqxuetang.com
　　　　　地　　　址：北京清华大学学研大厦 A 座　　　　邮　　编：100084
　　　　　社 总 机：010-83470000　　　　邮　　购：010-62786544
　　　　　投稿与读者服务：010-62776969，c-service@tup.tsinghua.edu.cn
　　　　　质 量 反 馈：010-62772015，zhiliang@tup.tsinghua.edu.cn
印 装 者：三河市铭诚印务有限公司
经　　销：全国新华书店
开　　本：187mm×235mm　　　　印　　张：23.5　　　　字　　数：467 千字
版　　次：2018 年 6 月第 1 版　　　　印　　次：2024 年 10 月第 9 次印刷
定　　价：158.00 元

产品编号：076904-01

感谢为本书做出贡献的人士

我们的特邀作家在百忙之中分享了自己的经验，甚至直言不讳地提出批评性意见，他们的帮助无疑提高了本书的实用价值。诚挚感谢如下人士的支持和帮助（名字按在本书中出现的顺序列示）：

- *FX: Hedge or Hope?*

  Rob Ryan, Market Risk Manager, ***Baring Private Equity Asia*** (page 297)

- *The Importance of the Discount to Maximize Return: Myth or Reality?*

  Daniel Dupont, Managing Director, ***Northleaf Capital Partners*** (page 304)

KKR 集团联席主席兼首席执行官亨利·克拉维斯（Henry R. Kravis）欣然接受笔者邀请，同意为本书作序，再次感谢他对私募股权长期发展历史的深刻演绎和慷慨分享。

特邀作者表达的意见仅代表个人观点，不代表所在公司和机构的意见。

序

亨利·克拉维斯（Henry R. Kravis），KKR 联席主席兼联席首席执行官

什么是私募股权？我相信，当你阅读这本书的时候，肯定很希望自己能回答这个问题。

要正确定义这个资产类别，显然不会像我们在字典中查到的结果或是在互联网上快速检索得到的解答那么简单。因为字典或互联网只会告诉你，私募股权是以非公开方式进行投资的资本。私募资本通常来自机构或高净值投资者，他们不仅有能力进行大手笔投资，而且能承受长达 7 年之久的平均持有期。

然而，现实中的私募股权显然不像字面表达得那么简单直白。

眼下，我会以这样的方式描述私募股权或 PE 的含义：作为一种资产类别，私募股权可以提供超过市场大盘的投资收益，通过这些收益，可以扩大大学捐赠基金的规模，数百万养老金受益人（包括教师、消防员、警察及其他公职人员）的退休保障会因此而得到加强。另外，当私募股权在履行上述使命的同时，也从投资的第一天起就在帮助企业不断发展壮大。

尽管不同的公司会以不同的方式利用私募股权，但它们之间都有一个共同点，当然，这也是私募股权最恒久的第一要旨：利益协调机制。也就是说，私募机制不仅要有助于实现公司管理层和投资企业之间的利益一致，还意味着投资公司与其原始投资者之间的利益要一致。

在 KKR，只要选择投资，我们就会与被投资公司的管理团队并肩合作，共同致力于改善公司的财务状况、经营成果及企业运营，当然，最重要的发力点是被投资企业的总体规划。在今天看来，这些举措显然是创建成功企业不可或缺的步骤，但是当乔治·罗伯茨、杰里·科尔伯格和我在 40 多年前共同创建 KKR 时，大多数人还没有意识到这些。

在 20 世纪七八十年代，公司还很少关注这些效率问题，这或许是因为管理层当时的侧重点在于其他事情。为解决这个问题，我们在最初起步时，就制订了管理层持股计划，这个概念在当时并不常见。以公司所有者的身份经营公司，开启了价值的源泉，而且这种利益上的一致性大大影响了公司的盈利能力。我还记得 20 世纪 80 年代发生的一件事，当时，我们投资了一家从事石油天然气业务经营的公司，在这家公司的董事会会议上，管理层提议通过一项数额高达 10 亿美元的石油勘探业务预算。我们的第一反应是，他们肯定是对公司发展前景太过乐观了，否则，不会拿如此大笔的股东资金去冒险。我们马上提出异议，作为拥有公司 10% 股份的股东，这家公司会让我们的 1 000 万美元资本陷入高度风险之中。一段时间之后，公司管理层决定重新考虑这笔预算。一个月后，勘探项目的预算被削减了

一半，而且他们开始关注每个钻井现场的勘探成果。

我认为，持续改善企业的机会、和管理层之间建立起相互一致的利益关系以及我们作为长期投资者所应拥有的耐心，才是私募股权投资的基本标志，也是私募股权投资取得成功的基本要素。

虽然自 40 年前至今，私募股权已发生了翻天覆地的变化，但我们始终专注于提供卓越的长期投资回报。

在离开贝尔斯登创建我们自己的公司时，我们三个人仅投入了 12 万美元——其中，乔治和我分别投资了 1 万美元，这差不多是我们当时的全部家当，杰瑞投资了 10 万美元，毕竟，他是比我们出道早 20 多年的老手。我们将这 12 万美元存入银行，开始筹集我们的第一只基金——总额为 2 500 万美元的私募股权基金。需要提醒的是，那时候还没有这样的基金，也没有人在做我们这样的私募股权业务。在这种环境下，我们很难按照自己设计的条件筹集到这 2 500 万美元资金。于是，我们有了一个想法：我们可以去找 8 个人，让他们每人出资 5 万美元，并承诺在五年内向他们提供一定的回报，这样，他们就可以参与我们的每一笔投资。如果他们真的愿意出资，我们就可以留下全部利润的 20%——也就是我们今天所说的附带权益。

这是怎么发生的呢？乔治的父亲和我父亲都曾从事石油天然气业务，在当时的这个行业里，有一种被称为"以 1/4 的成本换取 1/3 收益"的规矩——也就是说，如果你租一块地，想要这块地上钻井，那么你承担 25% 的钻井成本，然后再由其他人承担剩下 75% 的成本。最后，那个人取得 2/3 的收益，你留下剩余 1/3 的收益。如果把这个概念应用于我们自己的企业，我们认为，20% 最接近于这个"以 1/4 换 1/3"的标准。迄今为止，20% 的提成比例依旧是这个行业的通行标准。

当我们第一次进行交易时，私募股权投资（当时还被坊间称为杠杆收购）正处于起步阶段。我们所说的 PE 行业还没有正式出现。事实上，我们从未想象过，有朝一日，在我们谈论自己所做的事情时，居然可以使用"行业"这个词。

那时的私募股权投资在形式上完全不同于今天。这是一种全新的资产类别，其复杂程度同样前所未有。由于 PE 精心设计资本结构，采用新的资金来源，因而可以汇聚更大规模的股权资金，而且又恰值波澜变化的经济形势，因此，我们很难确切地将这些复杂问题或者说我们的使命向公众解释清楚。在这种情况下，PE 交易往往会让人们联想到敌意收购。当人们将 PE 称为"公司掠夺者"或是"野蛮人"时，面对我向各位提出的这个问题——什么是私募股权？公众的回应自然是可想而知的简单——它是一种投资工具，用于以获利为目的的收购、剥离和出售资产。但我们从来没有这样想过；我们始终盯着身边出现的机会，为我们所投资的公司创造价值。尽管如此，我们和同行确实没有对与各利益相关者进行有效沟通给予足够重视。

回顾过去的 40 年，这只是我们在一路上收获的诸多教训之一，但也许也是代价最为惨重的教训。当然，这些教训以及被各种贴上"野蛮人"标签的，并不只有 KKR。PE 的早期经历也为整个 PE 行业的转型提供了催化剂。

我觉得，我完全可以代表这个行业发声：实践告诉我们，投资的内涵绝不仅仅是低买高卖。正如我的同行比尔·考诺格（Bill Cornog）将会在第十三章里指出的那样：我们已学会将自己当作实业家。当我们收购一家公司的股份时，我们会反问自己：我们怎么做会让这家公司变得更好？我们该怎样创造价值？我们应关注哪些要素，并利用这些要素为每个人创造更好的成果？

在 KKR，回答这些问题的关键就在于制订我们所说的"100 天计划"。这些计划一经投资即可实施。这意味着，我们在投资交割当天就开始执行这些计划。我们的目标就是让一切都紧紧围绕价值创造。作为这个过程的构成要素，我们首先需要建立前期的运营指标。当潜在问题通过财务数据浮出水面之前，我们即可通过这些指标，揭示出企业经营中可能出现的这些问题。这样，我们可以在执行过程中尽早做出运营和人员决策。因此，认识、接受并提早解决问题，是所有所有权模式取得成功的必备要素。

在这个价值创造过程中，我们不仅要了解公司的财务状况和财务报表，还要考虑到员工及其对周围环境的影响，并争取成为社区生活中的合格参与者。而这一切都将有助于价值创造，反之则有可能成为价值的破坏者。

作为一个行业，我们认识到，将以绩效为核心的投资理念与环境、社会与治理（ESG）行动准则有机地结合起来，我们将充分体现自己的社会价值。这也是我们义不容辞的责任——不仅要通过投资回报很好地服务于投资者，还要通过投资于被投资企业的所在社区，为他们的投资者提供全方位支持。我认为，多年以来，PE 行业已在这些方面取得了巨大进步。

虽然这并不等于说，我们所投资的每一家公司都要推进生态型解决方案，但我认为，PE 支持的企业完全有能力帮助社区应对经济或其他方面的挑战。无论是改善城市水处理设施或是资助弱势群体的可持续经济举措等方面，还是减少废物排放或者促进厂矿企业生态效益等环节，纳入 ESG 措施已成为整个投资生命周期中的焦点之一。

正如我在上文中所言，要实现这些目标的关键原则之一，就是协调好管理者、投资者和员工等参与各方的利益。

与投资者或者说所谓的有限合伙人（LP）一起投资，无疑是合作伙伴关系的最佳范例。与 40 年前相比，利益协调原则不仅没有发生任何改变，而且在近年来反而更突出了这一点。

我们和同行始终致力于让公司和员工为我们的资金负责，并进一步激励员工为投资者谋取福利。

随着新技术的不断推出以及机构有限合伙人协会（Institutional Limited Partners Association）等重要团体的出现，整个行业逐渐开始意识到，应确保 LP 更多、更深入地了解被投资公司的每一个细节。实际上，改善透明度的问题不仅限于 PE 行业，而是会让我们的世界变得更好。让信息无处不在，信手拈来，这肯定是一件好事，注定会提高效率、诚信及责任感。在我看来，对于私募股权中的合伙人来说，这些原则是他们为 LP 乃至全体利益相关者信赖的基本前提。

今天，PE 的成功要涉及方方面面的要素，而且很多方面都是和交易相关的。在我们的利益相关者中，既有我们自己的有限合伙人及其受益者，也有投资公司职员、股东、监管机构和政府官员以及媒体的职员。随着利益相关者的集合变得越来越庞大，这个行业应对利益相关者的方式也发生了巨大变化。

对于 PE 的成功，沟通和透明度是关键。当我们试图与利益相关者建立稳固的纽带时，我们会随时铭记：任何人都愿意和他们喜欢并信任的人做生意。

那么，要成为一名优秀的投资者需要哪些品质呢？我认为，首先需要的就是好奇心和历史感。对我来说，充满好奇心的人会更好地替别人管好钱财。为什么这么说呢？因为如果没有好奇心，你基本上就只会做别人正在做的事情。另一方面，更好地了解过去，意味着你更有可能从以前的错误中汲取教训，并尽可能地做到不再重复以前的错误。没有这两种品性的人，往往会因为"只见树木、不见森林"而错过良机，或是不断重蹈覆辙。

那么，这就是我现在对私募股权的理解吗？我认为，这个冗长答案的出处或许是埃里克·新关（Eric Shinseki）将军 [1] 说的一句话："如果你不喜欢变化，那么，你肯定会喜欢无关紧要的东西。"尽管私募股权投资行业经历了诸多变化，但它仍在吸引着世界上最优秀、最精明的投资者。

虽然我们还要对这个资产类别的未来发展拭目以待，但可以预测的是，未来私募股权的趋势必将以多样性发展为主流，而不是止步不前。

相同面孔的人太多，往往意味着观念上的过多趋同——这无疑是当下这个行业的一个重要问题，而且也是我认为亟待解决的一个问题。如前所述，过多的重复必然会导致行业的发展脱离市场。因此，我们需要更加强调多样化群体的价值，即性别、种族和宗教信仰上的多样性，尤其是经历和思维上的多样性。毫无疑问，多样化的群体会带来更有利的成

---

[1]　埃里克·新关曾担任第 34 任美国陆军参谋长，任职期为 1999 年 6 月 21 日至 2003 年 6 月 11 日。——译者注

果——这已经被实践所反复证明，它有利于创造一个更和谐的工作环境和更有创造性的观点，而这显然对我们这些投资者而言至关重要。我认为，这是我们正在经受的教训，而且我更希望这个行业能为了未来的成功而遵从这一重要信息。

那么，私募股权到底是什么呢？

我们或许会从未来章节中提及的行业领导者口中听到若干不同的答案，但我的确希望我说得已经够清楚了：私募股权的内涵远比表面文字丰富得多，也深入得多。对我来说，私募股权的内涵始终，而且永远都是创造长期价值。

很多人将"做 PE"① 理解为以通过高杠杆交易购买有稳定现金流的资产并成功退出为目的而进行的投资，但这个时代早已经一去不复返了。PE 始终在演变、成长并趋于多样化，尽管昔日的印象依然存在，但行业的准则已被彻底颠覆。

那么，当下的 PE 看起来是怎样的呢？与 PE 在 20 世纪七八十年代的形式相比，现代 PE 最大的区别在于，PE 公司已发展成对处于关键发展节点的企业带来重大影响的转型机构。私募股权基金已不再只是通过改变资本结构或是通过出售公司部分资产而牟利的金融投资者。随着行业的成熟，PE 公司正在越来越多地通过所有权参与来推动被投资公司创造价值。事实上，与 PE 的合作为被投资组合公司参与全球性市场的超竞争时代提供了优势。

虽然 PE 已经成为特殊增长和财富创造的代名词，但行业已经承受了其对应的挑战。尤其是在每一轮金融危机都会招来更多分歧的情况下，PE 行业始终要面对巨大压力。最初，行业的聚光灯曾集中于杠杆收购的诱人业绩，但债务违约大潮却随之而来，而后，它们又将目光转向风险投资者对创业企业野心勃勃的高估值，而迎来的则是市场估值一落千丈、后续交易如击鼓传花般令人绝望。和 PE 行业对被投资企业及整体经济的影响问题一样，关于有限合伙人与普通合伙人之间利益分配的公平性（以及后者的税收问题），也从未停止过争论。

PE 行业对增值特性的关注是否会成为未来金融市场的范例呢？有限合伙模式本身是否需要以变革来换取生存呢？我们如何才能更好地宣传专业 PE 机构带给公司而不仅仅是投资者的好处？就在我们着手撰写这本书时，资深业内人士已开始思考这些事关行业发展与未来的重大问题。

随着 PE 行业步入 21 世纪的经济，董事会成员、高管人员、金融专业人士以及企业家都应密切关注行业的发展动态。毕竟，无论是风险投资基金、超级天使、成长型股票基金、重整投资者，还是收购基金，我们都在谈论受投资者之托、在发达国家、新兴市场或是前沿市场为其寻找最佳创业机会的守门人和代理人。

对于专业学生以及 PE 行业的初级专业人士，准确把握 PE 行业的总体运营模式将有助于他们从新视角出发，为投资者打造独具特色的企业。对于有融资需求且不乏吸引力的目

---

① 在本书中，我们对 PE 的内涵采取广义上的定义，即 PE 应包括风险投资（VC）、成长型基金和收购基金。相关细节将在本书的随后章节中加以介绍。

标公司来说，它们可以从全球 8000 多家专业 PE 公司中进行选择，以期找到最符合其预期且值得信赖的合作伙伴。

克劳迪娅·纪斯伯格对本书的解释

作为全球顶级商学院之一、欧洲工商管理学院（INSEAD）的一位教授，我有幸加入这个充满朝气和活力的多元化创业社区。作为学校"全球私募股权项目"（Global Private Equity Initiative）的学术负责人，我经常是号召学生、校友、公司高管人员和企业家探讨包括职业转型、创意、融资或加入行业专业团队等诸多 PE 相关问题的发起者。

多年来，我经常受邀进行 PE 或 VC 方面的专题讲座。在每一场讲座上，都会很多充满探索激情的学生，并提出很多 MBA 课程因时间限制而无法解答的详细课题。为回答这些问题，同时也是作为对课程内容的有益补充，我开始撰写《私募股权投资概要》——这份简明扼要的课堂笔记讲解了很多值得深入研究的主题。

读者即将开始阅读的这本书就是这些笔记的合集，而且大多针对在会议中与业内人士的讨论而编写，旨在揭示 PE 领域中某些确实难以理解的问题。这些笔记已经过多年课堂教学的使用，并不断趋于完善。

以 INSEAD 案例研究精编（出版为《私募股权案例》），为本书提供佐证显然是一个很容易做出的决定。这些案例为理论概念提供了背景，帮助读者理解投资发达和新兴市场公司时可能要面对的潜在冲突、矛盾和挑战。

痴迷于戏剧性效果的新闻报道，也让 PE 行业成为社会焦点，从普通人到经验老到的金融专业人士，无不对 PE 充满了无限遐想。凭借丰富多彩的多样化特征甚至是非常规的运营策略，PE 往往被描述成金融服务业的超级恶魔——当然，到底是不是恶魔则因人而异。但令我沮丧的是，很多批评这些非公开投资工具的人，显示出对 PE 和 VC 基本原则的无知。但必须承认的是，这的确是一个高度缺乏透明度的功能，因此，如何更好地教育广大公众，帮助他们理解这种投资工具运行的内在机制和好处，应该是这个行业不可推卸的责任。

本书的目的就是明确问题，澄清事实，提高市场对 PE 的理解水平，帮助对 PE 感兴趣的专业人士厘清脉络，并为他们涉足私募投资交易提供支持，因此，无论 PE 专业人士，还是正在网罗第一批外部投资者的董事会成员，都将因本书而受益匪浅。

两位欧洲工商管理学院的校友与我一道合作完成了这本书。多年以来，我们在 INSEAD 的 PE 中心合作开展了诸多研究项目，而他们全球另类投资领域的研究工作，则为这个行业的研究提供了全新的视角。

此外，我们还邀请坊间高层专业人士加入本书的编写，他们以简短的评论方式为本书各章节提供犀利的观点，并对我们的创作提出宝贵建议。在我们践行将学术的严谨与 PE 从业者面临的现实挑战相互结合的原则时，这些评论和建议自然成为这种原则的一种重要体现形式。这些特邀作者开诚布公地讨论我们的观点，并提出极富价值的批评和纠正。

他们的观点和偏见当然会引起我们反思；毕竟，他们会影响到我们认识世界的视角。在我看来，亚洲新兴市场 20 多年的全面发展，为我们认识西方标准 PE 模式提供了绝佳的契机。我曾有机会亲身经历 PE 公司通过持有少数股权帮助初创企业实现专业化运营，改善企业绩效，提升业务效率，并最终进入加速增长阶段。就总体而言，在拉美国家的高速增长市场中，PE 带来的积极效应是显而易见的。在这一点，本书的几位作者深有同感。

创作本书犹如一次引人入胜的奇妙旅程，它让我们在以下几个方面有了大彻大悟之感。

- 尽管PE和VC是当下最热门的话题之一，但却鲜为人们在更广泛的经济背景下进行讨论。
- 行业参与者经常因业内对相关技能缺乏了解而感到沮丧，这种认知上的匮乏不仅会造成误解和误传，有时还会带来过激反应或不公指责。
- 无论应用型还是学术型研究论文，更多的只是探讨了PE某个狭隘的局部性问题，而忽略了更宏观的整体性问题。而帮助人们了解PE全貌、覆盖从创业到成长型股权投资到收购等整体状况的资料则少之又少。

因此，这就为我们撰写一本书去填补其中的某些空白、为相关各方开展更有价值的讨论创造了条件。

本书的目标读者群体应该是 PE 领域的专业人士，它精心组织，适应研究生以及有经验专业人士的需求。因此，全书始终坚持与实践相结合的原则，客观公正地反映 PE 领域的核心主题，为帮助读者参与讨论私募股权（PE）的利弊提供有价值的素材。

本书与《私募股权案例》相互补充，本书将 PE 理论的基本知识诉诸实践，为读者近距离认识 PE 及风险投资基金的合伙关系并应对由此带来的挑战提供了第一手资料。

- 对于PE领域的新手，本书将为他们了解行业运行提供清晰明确的认知。虽然这本书假设读者对基础会计、会计技巧及风险回报等概念已拥有了充分了解，但仍提供了相关领域的文献及研究的网络链接，以确保他们在当下金融市场背景下获取这些领域的最新发展。

- 对于本科生及研究生来说，他们会发现，这本书是他们学习PE、风险投资及创业课程最有价值的伴侣；本书将帮助他们将零散知识连接起来，由点及面，确保他们在详细研读本书各个章节的过程中，随时了解行业的最新动态。

- 对经验丰富的金融专业人士，本书包括了来自业内专家的评论及最新文献的链接，提供了行业的最新、最深入的观点，从而让他们以更专业的方式与律师、投行、咨询师或PE合伙人等其他专业人士进行合作。

确保读者在投身这个行业，尤其是涉足某些争议问题之前对 PE 取得全面和合理的认识，是我们自始至终的基本目标；这也是构建全书各章节顺序和逻辑的内在基础。本书的结构有助于专业读者作为速查资料，迅速把握行业所采用的最佳实践的重点；此外，它还可以让行业研究者及学生循序渐进地了解本书涉及的各个主题，有效利用业界的诸多资源，交叉查询介绍其他金融主题的相关资料。

就总体而言，我们将全书各章节划分为五个部分。

第一部分　从总体上对 PE 进行了概括性介绍，以确保在语言上保持一致，在整本书中采用恰当的行业术语及定义。我们将在这一部分介绍风险投资、成长型股权投资和杠杆收购的概念，并介绍不良投资和房地产投资等几种另类 PE 投资策略。

第二部分　将详细介绍 PE 投资的流程——从项目筛选开始，到尽职调查和标的估值，进而探讨交易定价问题及 PE 交易的现实架构。此外，本部分还包含一套完整的交易资料。

第三部分　提出并解答如下问题：在持有期间，PE 和风险基金如何整改被投资公司？

它们将如何改造这些企业并为退出做准备？

  第四部分 介绍了私募股权基金的基本融资策略。在这一部分中，我们将站在 PE 全球机构投资者的视角上，在报告和投资组合定制等方面探讨其需求。

  第五部分 在前几部分内容的基础上，近距离剖析了行业的近期发展状况——从直接及共同投资项目，到快速增长的二级市场及上市 PE 基金近期的崛起。在最后一章里，作者总结了行业的发展态势，并探讨了将在未来几年塑造私募股权及风险投资的若干核心问题。

  作为本书的补充材料，《私募股权案例》的相关材料及链接见如下网址：

www.masteringprivateequity.com

克劳迪娅·纪斯伯格（Claudia Zeisberger）

克劳迪娅·纪斯伯格是 INSEAD 国际商学院"决策科学"及"创业 & 家族理财"课程的资深特邀教授，INSEAD 全球私募基金投资研究小组（GPEI）的创始人和学术总监。在 2005 年加入 INSEAD 之前，她曾在纽约、伦敦、法兰克福、东京和新加坡等地的投资银行任职达 16 年。

纪斯伯格教授是 INSEAD 校友创投基金（Alum Ventures, IAV）的创始投资人，这也是商学院创建的第一个种子基金。在这里，她积极为初创企业和首次创业者提供辅导。在 INSEAD，她推出"管理企业的转折点"课程，这门以大量采用计算机模拟而著称的 MBA 选修课，介绍了一家著名汽车品牌及其摆脱破产危机的经历。在这种情况下，纪斯伯格教授自然而然地承担起学院风险管理选修课的任务。她的 PE 选修课经常被提名为"MBA 最佳教学"奖，而且自 2008 年以来，她每年都获得院长颁发的"杰出 MBA 教学"奖。

纪斯伯格教授是新兴市场 PE 行业的国际权威，而且她取得的成果和她与私募股权投资公司及其被投资企业、机构投资者、家族企业和主权财富基金的密切合作密不可分。

迈克尔·普拉尔（Michael Prahl）

Asia-IO 投资公司合伙人，"创业 & 家族理财"课程特邀教授，INSEAD 全球私募基金投资研究小组（GPEI）名誉成员。

迈克尔·普拉尔是 Asia-IO 投资公司的联合创始人，该公司是一家以大型机构和企业投资者为服务对象并专注于亚洲及跨境私募股权投资项目的私募股权公司。迈克尔从事私募股权投资已近 20 年，他的职业生涯始于互联网大潮时期的风险投资。他曾在一家业务范围覆盖欧洲、美国和亚洲的跨国 PE 公司就职多年，完成的项目包括常规性收购、上市公司退市、私募基金对上市公司的投资、少数股权投资及私有化交易。

作为 INSEAD 的校友，迈克尔曾任学院 PE 中心的第一任执行董事，其研究领域涉及共同投资、家族理财和市场进入策略以及组合配置等。此外，迈克尔始终是 INSEAD 全球私募基金投资研究小组（GPEI）的名誉成员，专注于杠杆收购及亚洲私募股权基金项目，目前是学院 MBA "杠杆收购" 选修课的特邀教授。

鲍文·怀特（Bowen White）

INSEAD 全球私募基金投资研究小组（GPEI）中心主任。

鲍文·怀特目前担任 INSEAD GPEI 中心主任，该机构也是商学院的私募股权研究中心。作为中心主任，他是 GPEI 研究和推广活动的带头人，并在业务价值创造、责任投资、LP 组合构架以及对家族企业进行少数股权投资等方面发表了大量文章。

鲍文长期从事全球另类资产管理行业的研究。在纽约从事对冲基金行业期间，他对从大宗商品的统计套利投资策略到宏观经济趋势以及全球对冲基金业绩等领域进行了广泛研究。就职于自营交易公司和母基金的经历，让他有机会亲历对冲基金行业的投资者和资产管理者面对的风险和挑战。

作为 INSEAD 的校友，鲍文还为针对东南亚地区的风险投资和成长型股权投资机会提供咨询。

致谢

我们首先要感谢 INSEAD，因为是它为我们提供了建立 PE 中心的机会，正是在这里，本书提到的很多观点浮出水面并得以检验和完善。在这里，我的同事们不断突破学术研究和教学的前沿，正是他们的卓越成果，为本书的面世创造了条件。我们尤其要向 INSEAD 的巴拉戈帕尔·维萨（Balagopal Vissa）教授、维卡斯·艾格瓦尔（Vikas Aggarwal）教授和皮特·朱斯（Peter Joos）教授表示敬意，他们提出的宝贵建议为本书营造出一条正确的轨道。

感谢我们的学生（现在他们已成为我们的校友）：尤其要感谢我们的 MBA、EMBA 学生和高级管理班学员，多年来，他们一直在不断挑战和修正我们的观点，进而让我们进一步提炼出呈现在本书中的这些清晰概念。

感谢我们的嘉宾作者：他们的贡献为本书提供了有益的补充，也为某些章节注入了鲜活的现实素材。多年来，与他们的合作帮助我们学会了从行业的不同侧面去认识和利用它。

感谢一些特殊贡献者：某些章节得到了业内专家的关注和指导。尤其是感谢安德鲁·奥斯特罗奈（Andrew Ostrognai），他在百忙之中抽出时间对基金组建一章给予指导，使得这一章得以反映行业的最佳实践。

来自约西·兰格霍恩（Josi Langhorne）的投入帮助塑造了关于交易文档的章节，确保读者尽可能简单的阅读。特别感谢 INSEAD 校友风险投资基金的团队及金门风险投资基金（Golden Gate Ventures）的维尼·罗丽娅（Vinnie Lauria）对创业一章提供的建议和指导。责任投资一章因伊恩·波特（Ian Potter）的贡献而受益匪浅；感谢他为此投入和给予的支持。此外，我们还要感谢多米尼克·沃斯纳尔（Dominik Woessner）和迈克尔·胡（Michael Hu）对 PE 二次市场提供的宝贵建议。

感谢 INSEAD 的工作人员及研究人员：在 PE 中心，尤其要感谢我们的研究助理亚历山德拉·阿尔伯斯（Alexandra Albers），他制定了许多章节的基本架构；谭诗碹（Tan Sze Gar）协助编制和完善了本书的词汇表。当然，我们不会忘记世界一流的 INSEAD 案例研究团队，尤其是伊莎贝尔·阿瑟利亚（Isabel Assureira）、卡利尼·帕纳姆（Carine Dao Panam）、不知疲倦的案例管理员克莱尔·德鲁因（Claire Derouin）和高级编辑哈泽尔·海姆林（Hazel Hamelin），没有他们的支持，就没有《私募股权案例》一书的面世。

感谢所有为本书做出特殊贡献的人：谢谢我们的编辑林恩·赛尔海特（Lynn Selhat），

因为他要负责协调三位不同作者的语言，让本书展示出始终如一的风格。我们的平面设计师哈罗德·陈（Harold Cheng）以焕然一新的封面设计和些许的幽默感将我们的想法展现在读者面前。

感谢 Wiley 的出版团队，他们和第一次合作的笔者并肩携手，将两本书推向市场；感谢托马斯·赫吉尔（Thomas Hyrkiel），他以娴熟的手法和宝贵的建议带着我们从构思走到最终的出版；感谢萨马瑟·哈特雷（Samantha Hartley）将我们的手稿和设计理念变成两本精心设计的佳作。

此外，克劳迪娅对 INSEAD 的学术导师和同仁表示由衷的致谢，尤其是我在创业系的教学研究同仁们。感谢菲尔·安德森（Phil Anderson），他是我最坚强的后盾，多年以来，他一直在鼓励我创作这本书。此外，我要提一下赫尔米妮亚·伊巴拉（Herminia Ibarra）和艾琳·梅尔（Erin Meyer），他们与笔者分享了长期的宝贵经验并在需要时提出了宝贵建议。

从迈克尔到我的商业合作伙伴丹尼斯·谢（Denis Tse），在我创作本书期间承担很多本应由我来承担的任务，他们不止一次地在最后关头接过我手头的交易。在企业的发展过程中，我从他们身上也学到了很多东西，也让各位读者有幸与我分享这些宝贵的财富。

从鲍文到我在纽约市的第一位导师大卫·奥菲瑟尔（David Officer），在博茂资产管理公司（Permal），他们带着我步入这个领域，并为我提供了一个最终进入 INSEAD 和亚洲 PE 市场的跳板。真诚感谢 Permalinfo。

最后，我们还要衷心地感谢家人给予的支持与呵护，没有他们的耐心，就没有这本书的面世。

CVA 考试简介

注册估值分析师（Chartered Valuation Analyst, CVA）认证考试是由注册估值分析师协会（CVA Institute）组织考核并提供资质认证的一门考试，旨在提高投资估值领域从业人员的实际分析与操作技能。本门考试从专业实务及实际估值建模等专业知识和岗位技能进行考核，主要涉及企业价值评估及项目投资决策。考试分为实务基础知识和 Excel 案例建模两个科目，两科目的内容包括会计与财务分析、公司金融、企业估值方法、私募股权投资与并购分析、项目投资决策、信用分析、财务估值建模七个知识模块。考生可通过针对各科重点、难点内容的专题培训课程，掌握中外机构普遍使用的财务分析和企业估值方法，演练企业财务预测与估值建模、项目投资决策建模、上市公司估值建模、并购与私募股权投资估值建模等实际分析操作案例，快速掌握投资估值基础知识和高效规范的建模技巧。

- 科目一 实务基础知识——是专业综合知识考试，主要考查投资估值领域的理论与实践知识及岗位综合能力，考试范围包括会计与财务分析、公司金融、企业估值方法、私募股权投资与并购分析、项目投资决策、信用分析这6部分内容。本科目由120道单项选择题组成，考试时长为3小时。
- 科目二 Excel案例建模——是财务估值建模与分析考试，要求考生根据实际案例中企业历史财务数据和假设条件，运用Excel搭建出标准、可靠、实用、高效的财务模型，完成企业未来财务报表预测，企业估值和相应的敏感性分析。本科目为Excel财务建模形式，考试时长为3小时。

职业发展方向

CVA 资格获得者具备企业并购、项目投资决策等投资岗位实务知识、技能和高效规范的建模技巧，能够掌握中外机构普遍使用的财务分析和企业估值方法，并可以熟练进行企业财务预测与估值建模、项目投资决策建模、上市公司估值建模、并购与股权投资估值建模等实际分析操作。

CVA 注册估值分析师的持证人可胜任企业集团投资发展部、并购基金、产业投资基金、私募股权投资、财务顾问、券商投行部门、银行信贷审批等金融投资相关机构的核心岗位工作。

证书优势

岗位实操分析能力优势——CVA考试内容紧密联系实际案例，侧重于提高从业人员的实务技能并迅速应用到实际工作中，使CVA持证人达到高效、系统和专业的职业水平。

标准规范化的职业素质优势——CVA资格认证旨在推动投融资估值行业的标准化与规范化，提高执业人员的从业水平。CVA持证人在工作流程与方法中能够遵循标准化体系，提高效率与正确率。

国际同步知识体系优势——CVA考试采用的教材均为CVA协会精选并引进出版的国外最实用的优秀教材。CVA持证人将国际先进的知识体系与国内实践应用相结合，推行高效标准的建模方法。

配套专业实务型课程——CVA协会联合国内一流金融教育机构开展注册估值分析师的培训课程，邀请行业内资深专家进行现场或视频授课。课程内容侧重行业实务和技能实操，结合当前典型案例，选用CVA协会引进的国外优秀教材，帮助学员快速实现职业化、专业化和国际化，满足中国企业"走出去"进行海外并购的人才急需要求。

企业内训

CVA协会致力于协助企业系统培养国际型投资专业人才，掌握专业、实务、有效的专业知识。CVA企业内训及考试内容紧密联系实际案例，侧重于提高从业人员的实务技能并迅速应用到实际工作中，使企业人才具备高效专业的职业素养和优秀系统的分析能力。

- 以客户为导向的人性化培训体验，独一无二的特别定制课程体系
- 专业化投资及并购估值方法相关的优质教学内容，行业经验丰富的超强师资
- 课程采用国外优秀教材，完善科学的培训测评与运作体系

考试专业内容

会计与财务分析

财务报表分析，是通过收集、整理企业财务会计报告中的有关数据，并结合其他有关补充信息，对企业的财务状况、经营成果和现金流量情况进行综合比较和评价，为财务会计报告使用者提供管理决策和控制依据的一项管理工作。本部分主要考核如何通过对企业会计报表的定量分析来判断企业的偿债能力、营运能力、盈利能力及其他方面的状况，内

容涵盖利润的质量分析、资产的质量分析和现金流量表分析等。会计与财务分析能力是估值与并购专业人员的重要的基本执业技能之一。

公司金融

公司金融不仅包括用于考察公司如何有效地利用各种融资渠道，获得最低成本的资金来源，形成最佳资本结构，还包括企业投资、利润分配、运营资金管理及财务分析等方面。本部分主要考察如何利用各种分析工具来管理公司的财务，例如使用现金流折现法（DCF）来为投资计划作出评估，同时考察有关资本成本、资本资产定价模型等基本知识。

企业估值方法

企业的资产及其获利能力决定了企业的内在价值，因此企业估值是投融资、并购交易的重要前提，也是非常专业而复杂的问题。本部分主要考核企业估值中最常用的估值方法及不同估值方法的综合应用，诸如 P/E,EV/EBITDA 等估值乘数的实际应用，以及可比公司、可比交易、现金流折现模型等估值方法的应用。

私募股权投资与并购分析

并购与私募股权投资中的定量分析技术在财务结构设计、目标企业估值、风险收益评估的应用已经愈加成为并购以及私募股权专业投资人员做必须掌握的核心技术，同时也是各类投资者解读并购交易及分析并购双方企业价值所必须掌握的分析技能。本部分主要考核私募股权投资和企业并购的基本分析方法，独立完成企业并购分析，如私募股权投资常识、合并报表假设模拟，可变价格分析、贡献率分析、相对 PE 分析、所有权分析、信用分析、增厚/稀释分析等常见并购分析方法。

项目投资决策

项目投资决策是企业所有决策中最为关键、最为重要的决策，就是企业对某一项目（包括有形、无形资产、技术、经营权等）投资前进行的分析、研究和方案选择。本部分主要考查项目投资决策的程序、影响因素和投资评价指标。投资评价指标是指考虑时间价值因素的指标，主要包括净现值、动态投资回收期、内部收益率等。

信用分析

信用分析是对债务人的道德品格、资本实力、还款能力、担保及环境条件等进行系统分析，以确定是否给予贷款及相应的贷款条件。本部分主要考查常用信用分析的基本方法及常用的信用比率。

财务估值建模

本部分主要在 Excel 案例建模科目考试中进行考查。包括涉及 Excel 常用函数及建模最佳惯例，使用现金流折现方法的 Excel 财务模型构建，要求考生根据企业历史财务数据，对企业未来财务数据进行预测，计算自由现金流、资本成本、企业价值及股权价值，掌握敏感性分析的使用方法；并需要考生掌握利润表、资产负债表、现金流量表、流动资金估算表、折旧计算表、贷款偿还表等有关科目及报表钩稽关系。

考试安排

CVA 考试每年于 4 月、11 月的第三个周日举行，具体考试时间安排及考前报名，请访问 CVA 协会官方网站 www.CVAinstitute.org

CVA 协会简介

注册估值分析师协会（Chartered Valuation Analyst Institute）是全球性及非营利性的专业机构，总部设于中国香港特别行政区，致力于建立全球金融投资估值的行业标准，负责在亚太地区主理 CVA 考试资格认证、企业人才内训、第三方估值服务、研究出版年度行业估值报告以及进行 CVA 协会事务运营和会员管理。

联系方式

官方网站：http://www.cvainstitute.org

电话：4006-777-630 E-mail: contactus@cvainstitute.org

新浪微博：注册估值分析师协会

协会官网二维码　　　　　　　　微信平台二维码

目录

第一部分
私募股权概述

　　本书的第一部分从总体上对 PE 进行了概括性介绍——从针对早期阶段的风险投资，到成长型股权投资，再到收购，并对另类 PE 策略进行了简要描述。从历史角度来看，收购是全球 PE 资金最重要的用途，[1] 但随着整个行业在过去几十年里日渐趋于成熟，PE 对风险投资和成长型股权投资的参与出现了稳步增长（见图 A）。

　　第一部分是本书技术含量最少的部分，其目的在于让新入门者熟悉这一资产类别以及利用机构资金投资私人公司以取得股权的概念。对于不了解 PE 的读者来说，这部分内容至关重要，而熟悉整个行业的专业人士完全可以选择略过这部分，直接阅读本书的后续部分。

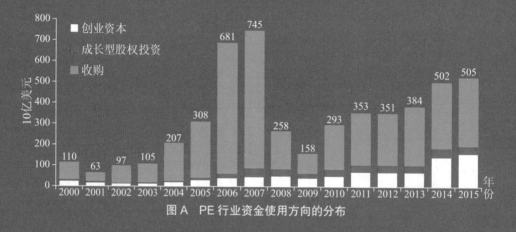

图 A　PE 行业资金使用方向的分布

资料来源：Preqin。

---

[1]　1980—2015 年的全球 PE 行业资金使用方向上，超过 3/4 的部分用于收购。

本部分概述

第一章"私募股权基金的基本概念"：本章定义了传统意义上的有限合伙基金模式，特别是这种模式的参与者、基金的投资存续期以及典型的基金运行机制和收费结构。需要澄清的是，我们的研究对象是指有组织的 PE 市场，即由专业中介机构（PE 公司）及其机构参与者进行专业化管理的股权投资，而不包括其他形式的"非正式"私人资本投资。

第二章"风险投资（VC）"：风险投资（venture capital，VC）通常投资于处于初创阶段的公司——创业企业，利用高风险、高回报的投资机会。我们将在本章介绍不同类型的风险投资者（商业天使、创业孵化器和加速器、VC 基金和企业 VC），并解释 VC 在从概念验证到商业化和规模化等不同发展阶段上的使用。无论是有抱负的创业者还是未来的风险投资者都将从中得到启发。

第三章"成长型股权基金"：收购快速成长型公司的少数股权是成长型股权基金的重点。而对诸多非控制性股权实施始终是这些基金所面对的重大挑战；因此，与现有管理者和企业所有权人建立有效的合作关系是它们取得成功的关键。本章尤其适合于对新兴市场 PE 感兴趣的读者。

第四章"收购"：收购基金收购成熟企业或上市公司的控股股权，在杠杆收购（LBO）中，通常需要大量采用债务资金进行收购。开展大型杠杆收购和推动投资后价值所需要的技能与成长型股权投资或风险投资有所不同：它不仅兼具财务和流程管理技能，还需要在被投资企业中创造运营价值的能力。

第五章"另类投资策略"：在本部分的最后一章里，我们将探讨以不良资产及不动产为核心的另类 PE 投资策略。前者需要以独特的技能重组并改善被投资公司的运营（重振）或资产负债状况（不良负债），而后者则强调以 PE 运营模式为主的一系列投资策略（投资于不动产、基础设施和自然资源），并使之适应于独特的行业生态。

第一章　私募股权基金的基本概念

在发展过程中的某些阶段上，所有公司都需要一个帮手，或是一针强心剂。也就是说，企业往往需要注入新的资金或是引入外部的管理专家专长，帮助组织应对发展过程中的挑战，充分发掘自身潜力，适时抓住机遇。创业公司需要有长远打算的资本，帮助它们将概念转化为新产品推出。成熟企业也正在面对越来越多的市场破坏、不断加剧的竞争或是更新制造流程和公司治理结构的压力。对于那些长时间表现不佳的公司来说，当务之急就是及时甄别并纠正问题。家族企业则需要实事求是地面对继任计划，以防应验"富不过三代"的咒语[1]。

在这些关键性拐点上，企业的需求和需要往往已超越现有金融机构和咨询公司的能力范围和服务范畴。比如说，资本市场不太可能为中小企业提供解决方案。因此，私募股权基金至少可以利用追求长期收益的资本、有针对性的专家意见和实操方面的支持，以风险投资、成长型股权投资和收购基金等形式填补这个空白。

在过去的 40 年中，PE 已成为企业在寻求变革时可以求助的转型机构；有的时候，对于急需以资本和风险分担型合作伙伴来推动未来发展的公司来说，它们甚至是唯一的选择。在这段时间里，PE 的生态系统已出现了巨大增长。截至 2015 年，整个行业（包括另类策略和跟投）管理的资产规模已超过 4.5 万亿美元，其中，通过核心 PE 投资策略投入使用的资金达 2.3 万亿美元。这些资本由全球 8 000 多家专业基金负责投资和管理。因此，每个企业家、家族企业所有者、跨国公司董事会成员及高管人员，都有必要了解这个行业及其驱动因素和发展动态。

那么，私募股权（PE）究竟是什么呢？私募股权基金就是以长期资金投资于私人企业（有时也会投资于公共机构），以取得其非上市（这些公司不能在公开市场上自由交易）的股权。[2] 在我们对 PE 的定义中，还包括对所谓的"退市"公司（即已退市的上市公司）的投资以及对拥有特殊治理权的公共机构的私人投资。在本书中，我们将 PE 的内涵严格限定在由高度

---

① 具体来源不详，但大多人认为这句话出自安德鲁·卡耐基。
② 在我们所讨论的背景下，PE 采用广义上的定义——即包括风险投资、成长型股权投资和收购基金。需要指出的是，有些资料可能将 PE 的定义局限于收购活动，并将 VC 视为一个单独的资产类别。此外，人们经常将私募股权定义为对私人公司的投资，而收购活动只是指对上市公司的投资以及上市公司的私有化。为清楚起见，我们在对"私募"股权定义时，仅指私募股权投资后所持股权的状况。

专业化中介机构（PE 公司）提供咨询建议、专业管理的 PE 基金，因而不包括"非正式"的私人资本——比如由商业天使的投资以及家族利用自有私人财富进行的投资。

第一章通过 PE 结构及主要参与者动机的定义，从总体上为读者介绍私募股权基金的概况。随后，我们再分别从普通合伙人（GP）和有限合伙人（LP）的视角解释私募股权基金如何开展业务，从而揭示出 PE 复杂的运行机制和收费结构。

私募股权基金的定义

PE 基金是一种由 PE 公司代表投资者群体实施管理的独立投资工具。在募集资金时，明确规模基金仅投资于私人公司的股权，并在一定时间后退出投资。

在全球范围内，大部分 PE 基金采取的是封闭式有限合伙制，并以"盲池"（blind pool）形式进行操作。封闭式基金的存续期是有限的，并要求投资者在基金的整个存续期（通常为 10 年）内提供资金，没有提前赎回（或收回）的权利。[①] 虽然私募基金的投资者清楚基金的总体对象（比如对欧洲中型市场的收购），但他们不会参与基金对具体投资对象的选择，因此，他们对基金的实际投资情况是"盲目"的。某些司法体系使用有限责任公司或法人结构作为 PE 基金选择的载体，但这种情况属于例外。

在这里，我们首先详细讨论一下有限合伙制 PE 基金结构中的参与各方，如图 1.1 所示。

PE 公司：PE 公司是拥有实施创业企业、成长型企业或收购投资策略方面专长的公司。它通常包括两个既相互独立又相互关联的法律实体——GP 和投资管理人，并通过他们筹集和使用资金，如果运营成功的话，甚至可以发展成基金家族。对于公司筹集的每一只基金，全部关键管理岗位和 GP 与投资经理享有的其他决策权限均由 PE 公司的成员把握。通过建立这些独立的法人实体，可以让 PE 公司屏蔽与 PE 基金相关的义务以及针对基金的任何权利主张。全球知名的 PE 公司包括从事收购业务的科尔伯格·克拉维斯公司（Kohlberg Kravis Roberts，即 KKR 集团）和安佰深私募股权投资集团（APAX Partners）以及从事风险投资业务的公司红杉资本（Sequoia Capital）和凯鹏华盈投资（Kleiner Perkins Caufield Byers，简称 KPCB 集团）。

---

① 通过 PE 的二级市场，可以为希望出售其对 PE 基金所持有权益的 LP 提供流动性。在过去 10 年中，这个市场迅速发展，并出现了明确以在二级市场上收购基金股权为目标的专业性基金。有关详细信息，请参阅本书第二十四章"私募股权的二级市场"。

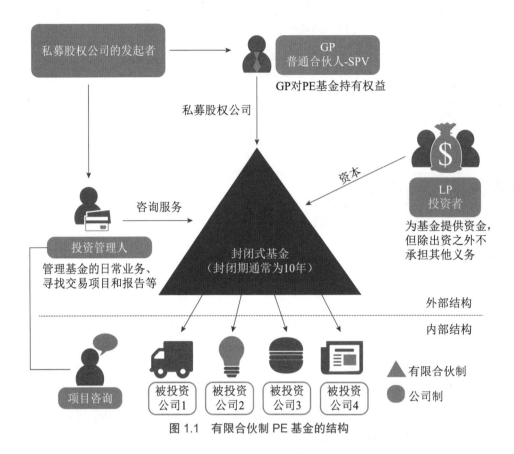

图 1.1　有限合伙制 PE 基金的结构

　　有限合伙人（Limited Partners，LP）：在每一只私募股权基金筹集到的资本金中，投资者，或者说 LP 的出资比例都是最大的。LP 仅作为被动型投资者参与基金事务，而且个别 LP 对基金承担的责任仅限于对基金的出资。在私募基金中可以发挥积极作用的投资者，则包括私人养老基金和公共养老基金、捐赠基金、保险公司、银行、公司、家庭办公室以及基金中的基金[①]。LP 是纯粹的财务投资者，他们不参与私募基金的日常经营以及基金或被投资公司的管理，因而无须面对丧失有限责任权利的风险。从法律上说，当 PE 基金发出催缴通知时，LP 需要履行出资义务，认缴对基金所承诺的出资额；当基金投资成功退出时，LP 有权取得资本分配——包括一定比例的利润。

　　普通合伙人（General Partner，GP）：基金的 GP 全面负责基金管理的各个方面，履

---

① 私募基金的基金也称母基金（fund of fund，FOF），是一种投资于个别投资基金组合的投资工具。通过母基金，客户无须高深的投资专业知识或是对个别基金进行漫长的尽职调查，即可有对 PE 进行多样化资产配置的机会，从而达到分散投资风险的目的。母基金适合于采用多层次的费用结构。

行维护基金投资者利益的信托义务。GP 负责向 LP 发出催缴通知，取得基金的认缴出资，并根据有限合伙协议的约定，为 PE 制订全部投资及投资退出决策。尽管 GP 可以将某些管理职能委托给投资经理或 PE 公司的投资委员会[①]，但他们始终需对基金的全部负债和义务负责，并承担按约定使用基金资本进行投资的义务[②]。另外，作为私募基金公司的合伙人和高级专业人士，GP 还要对基金承担出资义务，以确保 GP 和 LP 在利益上具有一致性，从而体现出全部合伙人"利益共享、风险共担"的机制；GP 在私募基金公司中占有的股权比例通常在 1% ～ 5%，且很少超过基金募集资金总额的 10%。

投资经理（investment manager）：在实务操作中，投资经理[③]（或称基金管理人）负责 PE 基金的日常运营活动：对潜在的投资机会进行评估，为基金的被投资公司提供管理咨询服务，并负责基金的审计及报告流程。基金经理的收入是通过提供这些服务而取得由基金支付的管理费（management fee），其中的部分职能和相应的收入也可以转交给项目顾问（sub-advisor）。在基金的投资期间内，管理费通常设定为基金实收资本的 1.5% ～ 2%；投资期结束之后，管理费按已投资资本计算，但计提比例有可能下调。有关费用结构的更多信息，将在本章下文做详细阐述。

被投资公司（portfolio company）：在存续期中，PE 基金将投资于数量有限的公司，平均数量在 10 ～ 15 家，这些公司构成基金的投资组合。因此，被投资公司也称组合公司或是尽职调查过程中的目标公司。基金的成败在于 PE 公司能否在经历 3 ～ 7 年持有期间之后出售这些公司的股权并实现利润。

从私募股权公司及其关联实体的角度看，PE 业务可以归结为两层简单但却截然不同的关系：一方面是公司对 LP 的信托义务；另一方面则是基金公司与创业者、企业所有权人及其被投资公司管理团队之间的关系（见图 1.2）。显而易见，专业化运营和价值创造能力不仅有助于基金的未来筹资，而且也将为基金带来更多的投资机会。

[①] 投资委员会通常是由 GP 组成的，接受 GP 的授权为基金制定有约束力的投资及退出投资决策（"有约束力"的含义是：一旦投资委员进行投票表决，就无须再进行其他表决）。

[②] GP 通常是针对每个基金专门设立的特殊目的载体（special purpose vehicle，SPV）；每个 SPV 仅作为一只基金的 GP，以避免在 PE 公司的各个关联基金之间形成交叉义务。有关基金构建的更多详情，请参阅本书第十六章"创建基金"。

[③] 投资经理，也称投资顾问，或简称管理人。

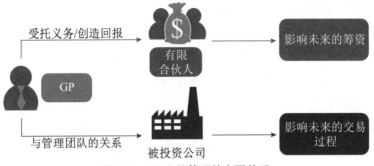

图 1.2　GP 必须管理的主要关系

GP 的视角
PE 基金的存续期

　　传统 PE 公司的商业模式取决于成功的筹集资金，并通过有效利用和收回对基金的投资，从而实现目标收益率。对于采用有限合伙形式组建的私募股权基金，存续期往往为 10 年期并附带一个 2 年延长期，也就是通常所说的"10+2"模式。一般而言，GP 将在基金存续期内的前 4～5 年内筹集资金，而后在剩余时间里回收投入资金。而 2 年可选性的延长期，则允许 GP 自主判断是否需要以及应在何时通过延长时间来谨慎地退出全部投资，从而酌情延长基金的存续期。

　　图 1.3 显示了封闭式基金在筹资、投资、持有和退出等各个时期的衔接时间点。

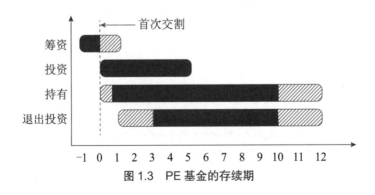

图 1.3　PE 基金的存续期

　　募集资金（fundraising）：PE 公司通过一系列资金交割向投资者取得认缴资本，从而为基金募集到相应的资金。[1] 私募股权公司从一开始就要确定目标基金的规模——有时需要设定"硬上限"，以便于在投资者需求过多时限制募集资金的总额。一旦达到认缴资本的初始门槛，基金的 GP 就将进行首次交割（first closing），也就是说，基金的第一批 LP 将认购基金，而 GP 则可以开始部署和使用资本。在 2016 年进行首次交割的基金被称为"发起年份为 2016 年的基金"（vintage 2016 fund），而在 2017 年进行首次交割的基金则被称为"发起年份为 2017 年的基金"，依此类推。资金募集通常会持续一段时间，一般为12 ～ 18 个月——从首次交割日期开始，一直延续到基金规模达到目标基金规模并完成最终交割为止（final closing）。一家 PE 公司筹集到的资金总额被称为基金的认缴资本（committed capital）。

投资期限（Investment Period）：GP 并不是在第一天就能收到 LP 承诺的认缴资本，而是在基金的投资期限内向 LP 收取认缴出资。投资期限的长度由基金的治理文件确定，通常为自首次交割之日起的 4 ～ 5 年；在取得 LP 认可的情况下，GP 有时也可将投资期延长 1 ～ 2 年。一旦投资期到期，该基金将不能再继续投资新公司；但在投资的整个持有期内，对现有的被投资公司进行后续投资（follow-on investments）或追加收购（add-on acquisition）则是允许的。《有限合伙协议》也可能允许 GP 在退出投资后的一定时间内，使用一部分基金收益投资于新项目（即所谓的资本循环），从而增加基金的可投资资本总额。

GP 向投资者发出"缴款通知"（capital call），要求投资者为适当的投资机会提供资金，或是用于支付基金的费用开支。LP 需要在短时间内响应 GP 发出的通知并按约定认缴已承诺的资金，通常为 10 个工作日。如果不能按时缴款，LP 必须为 GP 提供相应的补救措施。具体措施包括对逾期付款收取高利率、强制出售违约 LP 在二级市场[2] 取得的利益以及在向违约 LP 收取损失费用补偿金的同时，取消其对基金未来享有的收益。LP 响应通知认缴且已用于投资的资金被称为"认缴资本"（contributed capital）。基金已认缴但尚未用于投资的资金被称为"干粉"（dry powder）——即尚未使用且可随时用于投资的资金总额。整个行业已认缴且尚未用于投资的资本总额则被称为该行业的"干粉"，或称可投资资金总额。图 1.4 显示出整个私募股权行业的可投资资金总额自 21 世纪以来的增长情况；其中，2015年数据还从发起年份对行业可投资资金总额的来源进行了分类。[3]

---

① 有关筹资流程及其运行机制的更多详情，请参阅本书第十七章"基金的筹集"。
② 有关转让此类 LP 股权的更多详情，请参阅本书第二十四章"私募股权的二级市场"。
③ 表 1.4 中的可投资资金总额仅针对创业、成长型股权及收购投资等策略。资料来源：Preqin。

持有期：针对个别被投资公司的持有期通常为投资后的 3 ～ 7 年，但对于成功企业来说可能会非常短暂，而对表现不佳的企业来说则有可能非常漫长。在此期间，基金的 GP 与被投资公司的管理团队密切合作，共同创造价值，并为退出投资做好准备。[1]

退出期：PE 取得成功的一个关键指标，就是 GP 能在实现盈利并满足基金条款的情况下退出投资；因此，退出战略自始至终都是投资原则的一个重要组成部分。[2] 在投资完全或部分退出之后，才能对基金的 LP 及其 GP 返还已投资资本并分配利润。除明确约定再投资条款之外[3]，退出投资的收益不能用于再投资。如果基金在其存续期终结时还要继续投资于某一家公司，那么，GP 也可以选择将基金的存续期限延长 1 ～ 2 年，以避免强迫性清算。[4]

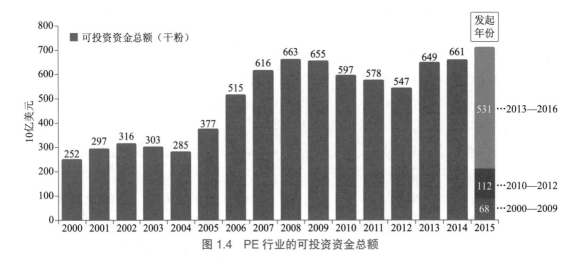

图 1.4　PE 行业的可投资资金总额

资料来源：Preqin。

---

[1]　有关背景资料的更多介绍，请参阅本书第十三章"运营价值创造"。

[2]　有关退出问题的更多介绍及相关流程的详细说明，请参阅本书第十五章"投资退出"。

[3]　对于已投资于交易且在未实现任何收益情况下返还的资金，可在满足以下条件时用于再投资：（a）进行所谓的"快速炒作"（quick flip），即在投资期内，在 13 ～ 18 个月的时间即实现退出；或是（b）将提取资金的金额减少到管理费用，即全部提取资金均用于支付管理费，以达到将仅仅全部认缴资本投入使用的目的。这些规定通过"剩余干粉"加以确定。

[4]　有关基金存续期结束时可选方案的更多介绍，请参阅第二十章"基金的终止"。

补充资料 1.1

后续基金的筹资

已成立的私募股权公司需要每隔 3～4 年筹集一次后续基金，并要求现有 LP "重新出现"，或者重新投资于它们的新工具。通常，在现有基金的全部资金中，只要用于投资或是预留用于支付费用和未来交易的资金达到 75%，一经《有限合伙协议》允许，私募股权公司即可开始筹集后续基金。

私募股权公司认为自己的业务具有持续性拓展特点，也就是说，它们需要不断开拓项目管道，找到可进行投资的潜在目标企业，并对它们进行持续不断的投资和退出投资。为有效利用市场机会，私募股权公司必须拥有充分的资金来源，以便随时获得资金并进行投资，这一点至关重要。此外，这也可以让一家公司得以维系运营的稳定、聘用投资团队并最大限度地提高资源的使用效率。

图 1.5 显示了一个成功的 PE 公司与四口之家的存续期。

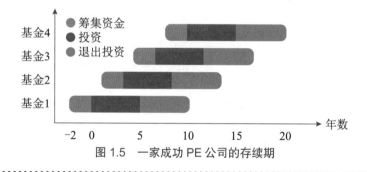

图 1.5　一家成功 PE 公司的存续期

LP 的视角
认缴出资及取得收益回报

传统上，投资者根据历史上相当传统资产类别（如上市公司股票及债券）的超额收益将资金配置给 PE。[①] 但基于 PE 投资的非流动性本质，使得这种超额收益必然伴随着非常高（或

---

① 有关私募股权与公开市场业绩表现的详细比较，请参阅本书第十九章"业绩报告"。

是截然不同）的风险。考虑到私募股权基金缺乏流动性以及投资期限较长，因此，和利用流动性资产类别维持稳定的资产配置结构相比，实现PE的目标配置结构显然更具挑战性。[1]此外，PE 基金的多年度股份锁定和缴款通知的 10 天通知期限也加剧了流动性管理问题的复杂性。

对 PE 资产类别的投资者来说，有效管理投资组合的现金流是他们面对的最大挑战之一。当 PE 从头启动一个 PE 投资项目时，他们必须接受一个残酷的现实：在 PE 投资组合最终给他们带来净收益之前，他们要在很多年里面对负的累积现金流。另外，经验老到且对 PE 投资进行多样化组合的投资者，往往会出资参与 100 多个基金，因而需要对一系列复杂的现金流进行管理。对于 LP 在个别 PE 基金中所持有的股权，PE 基金的"J 曲线"形象地描绘出该股权的预期现金流特征以及管理 PE 投资组合所面临的挑战。

J曲线

通过私募股权的 J 曲线，我们可以得到 LP 对单一基金所持股权带来的累积净现金流变化情况——即已投资资本总额加上支付给 PE 公司的管理费，再减去由 GP 返还给 LP 的资金。图 1.6 描绘了 LP 在某个基金 10 年存续期内的特征现金流（基金总规模为 1 亿美元，该 LP 的认缴出资为 1 000 万美元）。为简单起见，我们假设，GP 要求 LP 的出资和退出在时间上均匀分布。需要提醒的是，由于缴款通知和收益分配在时间和金额上完全是难以准确预测的，这就要求 LP 以灵活的手段进行现金管理。[2]

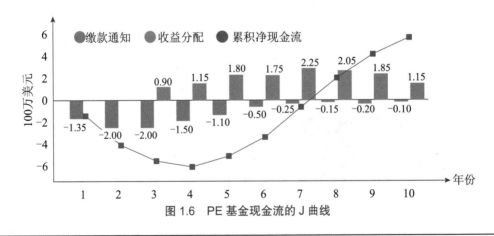

图 1.6　PE 基金现金流的 J 曲线

① 我们将在第十八章"LP 的投资组合管理"中，进一步深入探讨将所管理资产配置给 PE 和 VC 所面对的难点，并在第二十三章"风险管理"中对此进行讨论。
② 在启动一个 PE 投资项目或对 PE 投资组合中的多笔基金进行管理时，LP 必然要在现金管理方面面对巨大挑战，有关详情请参阅第十八章"LP 的投资组合管理"。

在投资期开始时，基金的初始投资和管理费（以 LP 认缴的资本支付）导致 J 曲线呈陡峭的负斜率，也就是说，LP 面对的是大量现金的流出。随着基金开始退出对被投资公司持有的股权，收益分配减缓了 J 曲线的下降幅度；在投资期结束之前，有些基金实际上可能会呈现正的斜率，即净现金流转为正数。在理论上，J 曲线的最低点被定义为基金的实际认缴资本总额，但是，由于资金配置也需要时间和最初的投资退出，因此，J 曲线很少会低于认缴资本的 80%。实际上，许多基金 J 曲线甚至不会低于净出资额的 50%。

在退出投资期开始后，随着退出投资活动的加速，LP 开始收回已投资资本并分得一部分利润，于是，J 曲线的方向发生变化，进入上升阶段。此时，LP 还要为后续投资和管理费出资，并导致 LP 在投资退出期发生少量的资金流出。当 J 曲线自下而上与横轴相交时，表明基金已达到盈亏平衡点；J 曲线上的最终点则代表 LP 基金实现的净利润。

尽管 LP 希望将资金以最优方式配置给投资组，但考虑到资金的"盲池"特性（即 LP 在出资时尚不清楚未来的投资项目）和 PE 数据的总体稀缺性，因此，对现金流量及资产净值建模依旧是一个重大挑战。而当下的二级市场确实可以改善 LP 对 PE 所持股权的流动性，缩短 J 曲线，并以积极方式参与 PE 投资组合的管理。

PE 的费率结构及其分配机制
——或者说，谁在赚钱，赚了多少？

PE 基金的典型费率结构应有利于协调 PE 公司及其基金投资者的经济利益。PE 的费用结构通常被称为"2+20"模式，它确定了基金投资经理、GP 以及 PE 专业人士的收益方式："2%"是指 LP 每年支付给基金投资经理的管理费，而"20%"则代表基金净利润中支付给 GP 的百分比，也称附带收益（carried interest）、提成收入或业绩收入。因此，基金创造的利润绝大部分（80%）被分配给 LP。只要附带收益还是 PE 专业人士的主要经济激励要素，那么，他们就不会偏离收益最大化的轨道；反过来，这也会让 LP 获益。图 1.7 显示出私募股权基金的费用流动以及各方对基金净利润享有的份额。

PE 的收益通常以内部收益率（IRR）和投资额的乘数这两个指标来衡量。[1] 在既定的基金成本结构下，净收益（即基金创造的资本收益扣除管理费及附带收益后的净额）最适合

---

[1]　有关基金业绩考量的更多详情，请参阅第十九章"业绩报告"。

于衡量基金投资者的收益水平，而且 LP 最终也会在基金存续期结束时以此为基础判断投资成功与否。

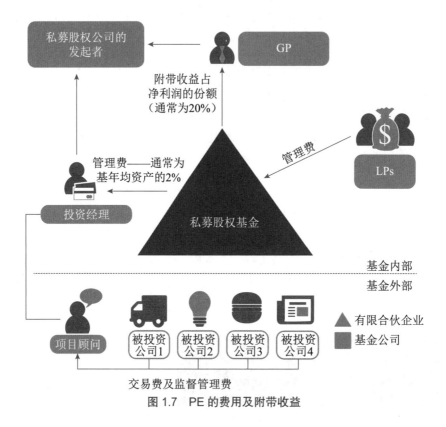

图 1.7　PE 的费用及附带收益

下面，我们不妨详细观察私募基金的管理费及附带收益。

管理费用（Management Fee）：私募股权基金的投资经理按年度向基金收取管理费，归根到底是向 LP 收取管理费，用于支付基金的全部日常开支，包括薪酬、办公室租金及项目招揽、监督和运营等相关的费用。在 PE 建成初期，收取的年平均管理费几乎恒定保持在 2% 左右，但根据基金的总体规模、投资策略以及私募股权公司在筹资期间的议价能力，目前的年度管理费比例从 1.3% ～ 2.5% 不等。因此，我们可以理解：规模较小、首次创建的新基金为支撑固定成本而收取较高的费用，而大型基金和夹层基金通常可以收取较低比例的费用。自 2008 年全球金融危机以来，随着 LP 以不收费或低收费方式参与跟投机会的大量增加，管理费持续承受下行压力，而且有时还要面对很多间接性压力。[①]

---

① 有关联合投资发生趋势的更多详情，请参阅见第二十一章"LP 的直接投资"。

管理费自基金首次交割之日起收取，通常按季度或半年提前支付。管理费在投资期间内按认缴资本收取，而在投资期后的基数则是投资资本净额；对已投资资本收取的费率可能以初始比例为基础逐渐递减（step-down）。[①] 按照这种收费结构，随着资本被不断用于投资以及退出投资的出现，基金经理的费用收入会在 PE 基金的整个存续期内持续下降。在基金存续期的初期，管理费通常直接从投资者的认缴资本中提取，随着基金退出投资并实现利润，在基金存续期的后期阶段，可以用退出收益抵销基金经理的管理费用。

其他费用：投资经理可以向基金收取额外费用，特别是在控制权收购的情况下。最主要的费用类型包括与基金进入和退出被投资公司带来的交易费用，以及在持有期间向被投资公司提供建议和咨询服务相关的监督费用。此外，其他费用还包括但不限于失败交易费用、董事费以及其他在基金或被投资公司层面提供服务所收取的费用。在过去 10 年中，管理费抵减（management fee offset）已越来越多地被纳入《有限合伙协议》中；在发生这些抵减时，可从向 LP 收取的管理费中抵减基金收集的一部分"其他"费用——按以往传统看，抵减比例通常在 50% ～ 100%，而且目前有倾向于 100% 的趋势——即可从管理费中扣除全部"其他"费用。这种抵销减轻了 LP 的费用负担，并将部分费用补偿从 GP 转移到整个有限合伙企业。

附带收益（carried interest）：成功退出实现的收益需按基金《有限合伙协议》约定的收益分配顺序（distribution waterfall）对基金的 LP 和 GP 进行利润分配。[②] 附带收益就是将基金净利润支付给 GP 的部分——这个支付比例通常为 20%，这也是 PE 公司代理人最重要的激励机制。在典型的分配模式中，PE 基金在向 GP 支付附带收益之前，必须向投资者返还全部投入资本及最低比例的回报——也就是基金的最低资本收益率[③]（hurdle rate）或称优先收益率（preferred return）。当基金受到最低资本收益率限制时，一旦达到这个最低收益率，私募股权基金通常要通过"追补"（catch-up）机制对 GP 进行利润分配，直到 GP 取得的份额达到某时点已支付全部净利润的 20% 为止。此后，全部剩余利润按约定的收益分成比例（80%/20%）进行分配。不管出于何种原因，只要 GP 在净利润中取得的比例超过其应得份额，就可以在基金的 LPA 中纳入回拨条款（clawback provision），要求 GP 将超额分配的部分返还给基金的 LP。图 1.8 显示了各种收益分配模式的基本步骤。

---

① 净投资资本等于认缴资本扣除退出投资收回的资本和投资价值的净额。

② 有关收益分配结构以及附带收益计算实例的详细介绍请参考本书第十六章"创建基金"。

③ 在筹集资金的过程中，通常会通过谈判将最低资本回报率设定为 8%。一旦达到 8% 的年收益率，基金便可进行"分成"（in the carry，即对 GP 提供业绩激励）。

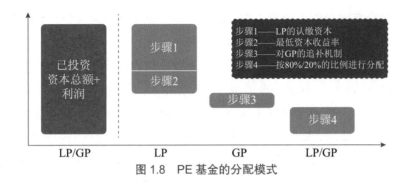

步骤1——LP的认缴资本
步骤2——最低资本收益率
步骤3——对GP的追补机制
步骤4——按80%/20%的比例进行分配

图1.8　PE基金的分配模式

私募基金行业采用两种标准模式计算GP分配的收益。

- 本金优先返还模式（All capital first）：也称欧式分配模式（European-style waterfall），按照这种分配模式，只有在投资者收回在整个存续期内投入的全部本金并按最低资本收益率或优先收益率取得利润分配之后，GP才有资格取得附带收益。

- 亏损可结转的项目分配模式（Deal-by-deal carry）：也称美式分配模式（American-style waterfall），按照这种分配模式，在基金的存续期内，GP均有资格参与每个退出投资项目的收益，但前提必须是投资者收回对该项目的投入、取得优先收益而且在以前交易中的亏损全部得到补偿。

有关收益分配结构以及附带收益计算实例的详细介绍请参考本书第十六章"创建基金"。

回首过去的45年

邦布兰特·弗伦奇（T. Bondurant French），亚当斯股东街（Adams Street Partners）执行主席

　　观察私募股权投资行业在过去45年的变化，我们发现，筹资趋势是最令人铭记不忘的一个方面。看看私募股权投资行业的筹资数据，真的让我感到有点震惊：与目前的募集资金相比，在我的条形图中几乎看不到1960—1983年的数据。1972年，美国风险投资基金的筹资规模为2.25亿美元；当时还不存在收购基金，凯鹏华盈（Kleiner Perkins）是当时的第一只基金。1975年，风险投资的融资规模为最低点的6 000万美元。

　　到1979年，经济形势开始好转，资本利得税率从50%降至28%，依靠风险投资融资的公司（英特尔、微软、苹果和基因技术）开始蓬勃发展，创业基金筹集的资金

达到 8 亿美元。自 20 世纪 80 年代，优异的回报和股市的上涨助力风险投资实现腾飞。1983 年，基金融资规模达到 37 亿美元，并第一次出现了"超大型基金"的说法。

尽管这在今天看来难以想象，但我们的确找不到真实数据用来评价投资管理人，而且实际交易的数量也非常少。几乎所有基金都是开天辟地的新生事物，而且现实中又没有任何正式的标准。行业基准、分位数排名、书面估值指南和募集代理机构还不存在。除国家风险投资协会（National Venture Capital Association）的年会和《风险投资杂志》（Venture Capital Journal）外，行业会议及行业通讯均未出现。尽管传真机在当时还没有发明，但一家由风险投资支持的新公司——联邦快递（FE）却帮助我们实现了文件的隔夜传递。

那时，为基金筹集资金还是一件异常艰难的事情。大多数养老金顾问都不会关注，更不用说考虑这种资产类别。于是，我们花费大量时间利用经济年会、董事会会议和养老金会议的机会，对受托人及其顾问开展教育性演说。进入 80 年代，我们的努力终于开始看到回报。考虑到我们的实际数据最早追溯到 1972 年，因此，我们认为，从这一年开始，养老基金开始计算私募股权这一"资产类别"的预期收益、标准差和相关系数。将私募股权看作一个新的"资产类别"（asset class），表明这个行业从市场上的一种细分活动开始向机构性活动转变。我们率先确立行业的第一个绩效，主持了制定私募股权估值指引的委员会，并与 CFA 协会合作编制了私募股权业绩报告指南。

在整个 70 年代和 80 年代的大部分时间里，全世界几乎变成了一个以美国和风险投资为中心的世界。今天，收购活动正在成为私募股权投资领域中的一项新兴业务。KKR、克杜瑞投资（CD&R）及其他几家公司率先发明以杠杆进行收购和管理公司的策略。德崇证券（Drexel Burnham Lambert）的迈克尔·米尔肯（Michael Milken）最早发起的高收益债券市场，则使得杠杆收购实现远超过以往想象的规模。在此之前，"垃圾债券"还是由已陷入困境且可能违约或是已违约公司发行的高等级债券，而发行新"垃圾债"的想法显然还是一个新理念。

1980 年，美国的收购基金筹集到的资本规模还只有 1.8 亿美元。三年之后，这个数字已增长到 27 亿美元，到 1987 年则达到了 139 亿美元。与金融和投资市场上的许多事情一样，这个原本精致的想法也被人们用到了极致。极端的案例莫过于 KKR 在 1989 年对 RJR 纳比斯科的收购（这一事件也成为畅销书和电影《门口的野蛮人》的主要内容）。

80年代的后期,欧洲及亚洲的基金经理开始采用"美国模式"的风险投资及收购策略。在这些基金经理当中,很多人到美国筹集资金,毕竟,相对而言,在那里有更多愿意投资的人。和养老基金及捐赠基金一样,几乎所有私募股权基金均以美国为基地。

到 1990 年,美国陷入经济衰退以及严重的储贷危机。针对收购的融资活动大幅萎缩,到 1991 年,其规模已降至 60 亿美元。幸运的是,相关各方及时吸取教训,收购业务开始稳步回升,并在整个 90 年代呈适度增长态势。随着时间的推移,原来的高杠杆交易出现变异,逐渐演变成今天的私募股权业,为各行各业提供形形色色的股权资本——其中也包括成长型股权资金。

到 90 年代中期,私募股权市场的全球化已初见端倪。新兴市场开始出现了一批风险投资和私募股权管理人。到 21 世纪首个十年的中旬,机构投资者已着眼于全球化投资,开始加速进入快速增长经济体,以此来强化其风险敞口的多元化及收益潜力。来自亚洲,尤其是中国的一般合伙人开始筹措巨额资金。此后,私募股权行业呈现加速增长态势。直至今天,整个行业已遍布全球各个角落。

在过去的 45 年里,虽然私募股权行业的很多方面都发生了变化,但还是有些事情持久不变。私募股权依旧是大众业务,而在 Adams Street 投资公司,我们深切地认识到,和我们一起投资的人永远至高无上。和他们一起度过的时间,是我们在信任和相互尊重基础上建立真正关系的一个重要组成部分。这个方面没有任何改变,而这些关系则是我们投资过程中最关键的一部分。对于一家成功的私募股权投资公司,它所需要的特征与几十年前没有任何区别——它需要的是相互尊重、独立思考以及经验与精力的最优组合。对所有生存下去的公司来说,其关键因素即愿意和公司并肩合作、拥有国际思维和社交网络以及差异化交易优势的好投资者。

我为私募股权行业的发生和现状而感到极度的自豪。我们不仅为投资者创造出高于平均水平的收益率,同时也为他们提供实现业务增长的资金。这种融资涵盖了公司发展的各个阶段,而最终结果就是带来更多的就业机会、财富和 GDP。

本章小结

无论是在发达国家还是在新兴市场国家,作为一个资产类别的 PE 都在继续发展和演变着。从寻求创业资金的创业者，到着眼于全球市场的中小企业所有者，以及有意购买公司业务部门的管理团队，全球各地的企业运营者都需要找到合适的 PE 基金合伙人，帮助他们实现自己的雄心大志。因此，PE 已深深嵌入当下的经济模式中，而且将始终作为全球商业转型的重要推动力。

基本学习要点

- PE 是一种非常简单的业务模式——其实质就是购买一家公司的股权（少数股权或多数股权），而后致力于改善公司业绩，并在有限的持有期间之后卖出股权。
- 私募股权公司的首选方法就是向个人投资者筹集资金，再以这些资金进行投资，并代表投资者（LP）管理投资。私募股权基金往往被设计成封闭式有限合伙制企业——这就要求投资者在 10 年甚至更长时间内将资金交给 PE 公司。
- 非流动性以及投资产生的现金流的不可预测性，使得 PE 基金有别于传统资产类别。
- PE 的费率结构和利润分配模式均有利于保证各方利益的一致性；随着基金不断趋于成熟，激励机制会发生变化。

相关案例研究

摘自《私募股权案例》

案例 1：Beroni 集团：GP 和 LP 关系的管理

案例 3：Pro-invest 集团：如何发起私募股权不动产基金

案例 6：阿黛拉风险投资公司（Adara Venture Partners）：打造一家风险投资公司

参考及补充读物

Gompers P., Kaplan S. and Mukharlyamov V. (2015) What Do Private Equity Firms Say They Do? HBS and NBER, April.

Guide on Private Equity and Venture Capital for Entrepreneurs (2007) An EVCA Special Paper. European Venture Capital Association.

Invest Europe (2016) European Private Equity Activity—Statistics on Fundraising Investments and Divestments, May, http://www.investeurope.eu/media/476271/2015-european-private-equity-activity.pdf.

Private Equity Principles, Institutional Limited Partners Association (ILPA).

Topping, M. (2014) Evergreen Alternatives to the 2/20 Term-Limited Fund, White &Case LLP, Emerging Markets Private Equity Association.

Vild, J. and Zeisberger, C. (2014) Strategic Buyers vs Private Equity Buyers in an Investment Process, INSEAD Working Paper No. 2014/39/DSC/EFE (SSRN), May 21.

第二章 风险投资（VC）

从谷歌、脸书、优步和阿里巴巴之类的标志性品牌，到风靡一时的生物科技或再生能源企业，风险资本（VC）资助和培育出很多在当今全球经济中极具影响力的公司。但伴随着这些脱缰野马般的成功，VC 也被推入某些现代金融灾难的旋涡中，甚至成为千夫所指的罪魁祸首——从新千年科技股泡沫的破裂，到 15 年后动辄拥有数 10 亿美元神奇估价的"独角兽"[①]。风险投资这种"不择手段""胜者为王败者为寇"的特征，不仅给整个行业披上一层神秘面纱，也让风险投资者的决策开始剑走偏锋。

本章探讨了风险投资行业的运行机制和发展动态，并从对风险投资的定义特征及其区别于成长型股权投资及收购基金的特有因素展开分析。[②] 随后，我们改变视角，简要介绍一下初创公司和创业企业的融资；对于那些准备筹集资金的首次创业者来说，他们会发现，了解风投的运行机制和动态将有助于他们与 VC 公司讨论建立合作伙伴关系。

风险资本的定义

风险投资基金是少数投资者笃定公司未来成长而进行投资的载体——我们把这些公司定义为虽尚未实现盈利且往往还没有取得收入，甚至是还没有形成产品的创业企业。尽管缺乏控股权，但 VC 却是私募股权行业最积极的投资者之一，它们凭借雄厚的资本、丰富的经验、深厚的知识和庞大的个人网络培育和推动创业企业的发展。风险投资公司可以投资于某些特定的行业、技术和地域，而且通常会专注于投资过程中的某个特定阶段，因而有早期、中期或后期的 VC 融资之分。尽管每个 VC 公司都有其独一无二的特征，但有些属性显然是适用于大多数的，如图 2.1 所示。

---

① "独角兽"是业内指代估值超过 10 亿美元非上市企业的一个术语。
② 有关问题的深入讨论，请参阅第三章"成长型股权基金"和第四章"收购"。

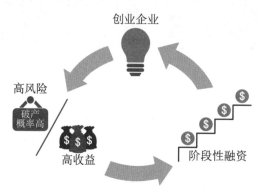

图 2.1　对风险投资基本特征的定义

创业公司：风险投资基金投资于创业企业，并引导它们通过早期发展阶段，通过创新突破现有产品和创新，在高速发展的行业中建立起稳固的市场地位。创业公司既可以是经营历史有限、处于创业初期的公司——也就是说，仅是创业者、创意和 PowerPoint 推介演示的几何体，也可以是业务快速增长、处于发展后期的公司。因此，不同创业企业对资本的需求相去甚远，从以数千美元用于开发早期原型，到以数十万甚至数亿美元的大规模注入去推动估值 10 亿美元级别大公司的收入增长。

所有创业企业都面临一个共同挑战：尽快进入下一个发展阶段，并在现金枯竭之前筹集到新的资金。每月都要面对的负现金流和居高不下的烧钱速度，让创业企业游走在死亡边缘，唯有持续性的资金注入，才能让它们得以维持生计并不断扩大业务。这需要一个管理团队，小心翼翼地权衡激进的增长目标与公司尚处于获得收入之前阶段的现实。因此，风险投资者必须不仅需要认真评估创业公司的经营理念，还要深入了解公司的创业团队，显然，他们更青睐有经验的创业者。凭借其在既定领域的知识及通过指导和积极参与带来的增值能力，使得风险投资公司可能成为创业企业成功的关键因素；而对创业家来说，这种专长则是他们选择潜在投资者时考虑的一个重要因素。

高回报和高风险并存：研究表明，在风险投资基金的全部投资项目中，亏损项目的平均比例为 2/3，而且 1/3 由风险投资资助的公司以破产而告终。而 VC 基金要实现自身层面的目标收益率[①]，对于每 3 个业绩不佳和失败项目带来的损失，至少需要一两个非常成功、业绩斐然的项目才有可能弥补——换句话说，被投资公司至少要为 VC 投入的资本创造出 10 倍乃至百倍的收益率。这些实现"本垒打"的超级投资项目，往往可以让一只基金收回全部实投资本甚至更多，并决定了这只基金最终的成败。这种分布不均、时好时坏的收益

---

① 　第十九章"业绩报告"更详细地阐述了基金层面的收益动态。

特性凸显了风险投资的风险性，以及有限合伙人（LP）将 VC 基金纳入私募股权（PE）项目所需要的高度风险偏好。[①]

风险投资的高风险会给风险投资者的投资决策及其组合管理风格带来明显的影响。考虑到失败的高概率，风险投资公司在选择单笔投资时，大多要求项目具有非常高的目标收益率：选择高达 40% ~ 80% 的目标内部收益率（IRR）并不罕见，而且直接体现在项目估值和被投资股权[②]。与成长型股权投资基金或收购基金相比，每只 VC 基金投资的公司数量通常会更多，其目的就在于增加"本垒打"的机会，并借以分散投资风险。被投资公司的庞大数量和高失败率，往往需要风险投资公司作出艰难抉择——当机立断注销业绩不佳的投资项目，以便将有限的时间和资源集中到更有希望的投资项目上。因此，在向风险投资基金建议事业计划之前，创业家最好就弄清楚这些问题。

VC 投资的风险回报特征显然是投资者最关心的问题。虽然业内广为流传的成功故事和神话般的收益让有限合作制吊足人们的胃口，但是，考夫曼基金会（Kauffman Foundation）在 2012 年发布的报告[③]则对风险投资组合的回报提出质疑，这份具有里程碑意义的报告表明，这种投资策略的风险有可能超过收益，而且 LP 的决策完全依赖于"起始年份和业绩排名之类的奇闻逸事"。这意味着，LP 的投资过程可能会难以维系，而且投资者自己在"为资本的长期错配创造条件"。

阶段性资金：向 VC 的融资是按照不同轮次进行的。每一轮融资为创业企业在特定时段的运营提供资金，让公司达到预先确定的目标。

按阶段配置资金可以让风险投资基金根据预定标准评估被投资企业的进展，并将后续资金配置给投资组合中表现最好的公司。通过扩大资本配置范围，基金可以投资于更多的公司，从而对更多有超级明星潜质的企业持有"选择权"。此外，这种策略还可以让某些 VC 公司专注于公司发展的某个阶段——从创业初期到发展后期，为被投资公司提供适应于该阶段的专业知识。

在由 VC 出资并取得成功的企业中，大多数均进行了多轮次的优先股融资，[④]而且各轮融资通常会大幅增加。后续的每一轮 VC 投资者都要关注公司是否有积极增长的趋势（作为公司价值主张的证明）和成功运行的信号。包含优先股的股权结构确定了退出或清算情况下对公司未来剩余收益的分配顺序。

---

① 第十八章"LP 的投资组合管理"详细介绍了针对 PE 进行收益分配的决策流程。
② 有关 VC 估值的操作例证，请参阅第七章"目标公司的估值"。
③ 考夫曼基金会，"We have met the enemy — and he is us"（2012）。
④ 有关不同类型风险投资的详细介绍，请参阅本书第九章"交易架构"及本书的"词汇表"。

在每个融资轮中，创业家和现有投资者都要放弃一定数量的持有股份，以换取新投资者额外投入的新资本，放弃的比例主要取决于需要筹集的资金数量以及新投资者的收益预期，而收益预期则依赖于公司的风险水平和退出时的预期价值。

对于成功的创业企业，循序渐进的融资方式可以让创业者得益于逐渐提高的企业估值，并随着业务的成熟减少每筹集 1 美元所需放弃的股权数量。

创业企业的发展历程
风险投资的目标

在实现盈利能力和达到稳定运行状态之前，创业企业通常需要经历几个发展阶段。在这个过程中，公司从风险投资生境中的不同类型投资者手中获得资金和专业知识。虽然每个创业企业都有其独一无二的发展路径，但它们都要经历三个独特的发展阶段：概念的验证、商业化和扩大规模。需要指出的是，绝大多数创业公司永远都不会达到加速增长这一最后阶段。

图 2.2 总结了创业企业在各阶段实现成功增长并持续扩大业务规模所需要的投资类型。

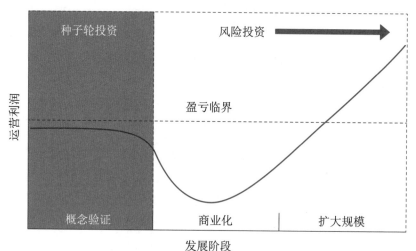

图 2.2　创业企业的发展及融资

验证概念（Proof-of-Concept）：处于这个阶段的公司缺乏足够的运营记录，甚至根本没有任何历史，其产品、技术或服务还完全处于概念阶段。因此，它们需要少量资金进行产品的可行性研究，以界定它们所面对的市场，制订商业计划，并开发出产品或服务的原型。一旦开发出具体的产品或服务，取得用户参与并建立稳定的用户群就成为实现概念验证并吸引更多资金的关键步骤，因为这表明，创意有能力转化为可持续性的长期业务；此外，它也体现出创业团队拥有相应的执行能力。在概念验证阶段，企业发展的融资主要来自创业家及其朋友和家人、商业天使以及提供种子资金的 VC 投资者。

商业化阶段（commercialization）：当公司的价值主张得到一批核心客户的验证之后，发生的侧重点便转移到将创意转化为业务经营及营收增长。在这个阶段上，公司关注的重点是进一步提炼产品或服务，扩大销售和营销部门的参与度，补充核心管理团队缺失的人才，定位于大规模取得客户。尽管此时的公司已开始实现收入，但远不足以实现正的净现金流；扩大业务自然需要增加运营成本，与此同时，扩大业务对初始营运资金和资本性开支的增加，都会导致较高的资金消耗率。在很多情况下，以推动业务商业化为目的的 VC 投资是最早注入的机构资本。

扩大规模（scaling up）：这一阶段的主题就是扩张和市场渗透。在进入这个阶段后，公司往往呈现指数性增长，并开始实现盈利，甚至出现正的经营现金流。但业务取得的利润被重新投资于公司，某些情况下，还有能补充额外的 VC 资金来满足市场需求。除快速增长时创业公司需要以额外资金进一步推动核心产品外，它们还有可能需要增加资金来扩大产品和服务，从而实现公司与竞争对手的差异化，熨平具体产品的销售波动。和成长型股权基金一样，投资于公司发展中晚期的 VC 投资者也是这个阶段的主要投资者。

补充资料 2.1

风险投资的天堂依旧在美国

考虑到网络对早期创业公司成长的重要性，地理位置对 VC 而言至关重要。尽管我们在美国，尤其是硅谷可以找到最深入、最"发达"的 VC 生态系统，但中国、印度、欧洲和以色列等其他地区也出现了活跃的 VC 活动，并呈现出集群式增长态势。成功的 VC 社区不仅需要天使投资者、众筹平台、公司风险投资和政府融资工具等支持初期增长的补充融资渠道，还要提供随时可用的后续轮融资渠道，这也是公司取得快速成长并扩大规模所需人才最有效的手段。图 2.3 为 2001 年以来按地区分布的连续三个五年期风险投资总额。

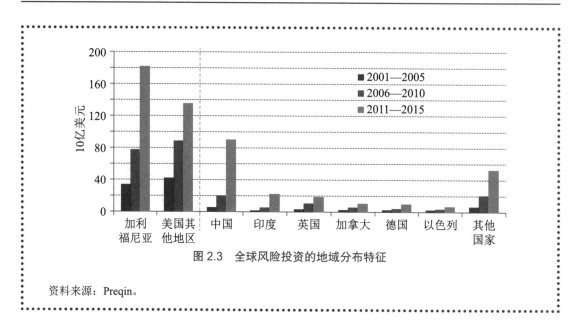

图 2.3   全球风险投资的地域分布特征

资料来源：Preqin。

风险资本投资的流程
独特的要素

由于风险投资基金的目标是尚未成熟的公司，这就为 VC 的投资过程引入一系列独特元素。识别未来的"独角兽"是一门艺术，而通过构建投资交易架构减轻相关投资风险则是一门科学。我们将在之后的章节探讨这些要素。

交易搜索（deal sourcing）：在风险投资中，交易搜索的难易程度与 VC 公司及相关合作伙伴的声誉密切相关；成熟的知名公司会有稳定的项目来源渠道、系统化的推介书。此外，合伙人还可以通过创业加速器组织的各种展示活动或行业会议寻找潜在投资目标。在筛选投资机会时，VC 投资者对创业公司及其团队的直觉是一个至关重要的要素，它往往决定了对某个具体交易的最终决策。然而，有关企业家、团队的经验与动机以及商业模式的独特性、可维护性、可扩展性等问题，往往在他们的初期讨论中占据突出地位。

估值（valuation）：确定一笔早期投资的估值显然是一个高度主观的过程。[①] 尽管公司

---

① 有关风险投资估值技术的更多细节及相关实例，见本书第七章"目标公司的估值"。

当前的业务和未来现金流量预测是确定其价值的关键要素，但管理团队的稳健性、商业模式的优势以及潜在市场的规模同样至关重要。由于处于早期发展阶段的公司通常是没有利润的，因此，投资者采用乘数及其他关键业绩指标得到的是"投资后估值"[①]（postmoney valuation），这个估值也决定了投资轮之后的股权分配比例。此外，未来融资轮的预期数量也会影响公司估值，因为随后的融资会稀释创业者和此前出资 VC 投资者的股权比例。

手把手的支持（hands-on support）：许多成功的企业家加入风险投资公司，自己也成为早期投资者。因此，最好的风险投资基金应善于利用合伙人的优势，因为他们不仅对被投资公司所面临的挑战有着深刻感悟，而且还可以凭借他们久经沙场得到的宝贵经验提供有价值的建议。创业合伙人可以为管理团队提供指导，帮助创业者将产品或服务推向市场，识别和弥补管理团队的缺陷和漏洞，推动创业者开发出扩大规模所需的业务流程。此外，风险资本家也是创业企业筹集新资金的关键融资来源，在帮助它们营造筹款氛围以及发掘潜在投资者等方面发挥积极作用。

联合交易（syndicated deals）：虽然"俱乐部交易"[②]在成长型股权基金和收购基金中较为罕见，但风险投资却往往由多家 VC 公司出资。通常，一家牵头投资者与创业家及创始人进行接触，开展尽职调查，取得估值，就相关条款进行谈判，并对投资轮的出资额做出承诺。在牵头投资者与被投资公司签署投资条款之后，一群"跟投者"将会加入这一轮投资中。[③]牵头投资者往往是这一轮投资中出资最多的投资者，而且也是参与创业企业投资后活动的投资者。通过这种类型的俱乐部投资，可以让风险投资基金分散风险，并获得更多的投资机会。

补充资料 2.2

风险资本的条款清单

投资条款清单（term sheet）作为 VC 融资的主要谈判工具，一旦商定，它们就明确了投资者在新一轮优先股发行中的权利和义务。随后，条款清单的具体事项通过股份认购协议、修订或重新起草的股东协议以及目标公司的章程等方式正式确立。[④]

---

① 从投资后估值中扣除已投资本即为"投资前"的估值。

② 俱乐部交易（club deal）是指由两三个私募股权基金同时进行的 PE 投资，在 2008 年全球金融危机爆发前的几年里，这种投资模式尤为盛行。

③ 现有投资者往往要参与后续投资轮次，以维持他们在被投资企业所持有的股权比例，这也是他们即将给予持续性支持和被投资公司整体状况良好的一个信号。

④ 有关交易文件的更多信息，请参考第十章"交易文件"。

建议首次创业的企业家应该在签署投资条款清单前认真审阅双方谈判的条款，尤其是考虑到早期投资轮为未来融资奠定了基本规则，因而有可能会让这个过程复杂化。有经验的企业家或保持友好关系的合伙人提供的指导，无疑有利于缩小企业创始者与经验老到的 VC 投资者在知识上的差距。

投资条款清单中的条款可以划分为经济性条款和控制性条款两部分。

经济条款

经济条款确定了新发行优先股股份的价格、投资额以及相关的权利和义务。

股票价格及公司估值：投资条款清单的第一部分定义了风险投资在既定融资轮次中的报价，包括公司估值（投资前估值）、已投资金额、发行股数和每股价格。这部分需明确界定本轮发行的有价证券类型，譬如"B 系列优先股"。

清算优先权条款（liquidation preference）：按照本条款，优先股股东在出现既定流动性事件后的任何分配中均享有优先权，这些预先定义的流动性事件包括被战略买方收购、合并、首次公开发行（IPO）或公司清算。在向普通股股东分配之前，优先股股东先行收回已投资的本金（有时按某个倍数收回）。对"参与优先股"，在假设所有优先股根据既定转换率转换为普通股的基础上，首先按一定比例优先参与对清算财产的分配，而后参与投资退出收入余额的分配。

员工持股计划（ESOP）：在创业企业中，ESOP 拨出一定比例的股份，以股票期权形式将这些股份授予非初始员工，以便吸引、奖励和留住一流人才。条款清单将规定这些期权的股份行权计划——即为期权转换股票制定清晰明确的时间表，并授予董事会在某些情况下强制没收这些期权的权利。此外，条款清单还将明确为 ESOP 预留的股份数量、期权的行权价格、时间和到期日。考虑到 ESOP 会稀释全部现有股东的持股比例，因此，在计划筹集外部资金时，一定要认真考虑好 ESOP 的规模和实行时间。很多风险投资公司要求在完成一轮之前将 20% 的在外流通股用于 ESOP。

反稀释条款（anti-dilution: ）：该条款保护早期投资者免受"折价融资"（downround）带来的损失（即新一轮融资对应的估值低于上一轮融资）。在设置反稀释条款的情况下，优先股的转换价格将按照新的估值水平被下调；因此，在此前轮次按较高估值投资的股东将获得额外股份，以维持他们在创业企业中的持股比例，避免股权比例遭到稀释。

普通股股东绝对不会享受这种保护性条款，其持股比例因而会被稀释。反稀释条款在程度上可以有所不同，因此，建议公司创始人当心反稀释条款的影响。

转换权条款（Conversion Right）：优先股股东可随时自主决定将优先股转换为普通股；在本条明确规定转换率（优先股通常按1：1转换为普通股）。一般情况下，优先股是在发生预先定义的触发事件（通常在销售或兼并之前）时转换为普通股，而且通常是在出售或合并之前。在IPO的情况下，优先股通常会自动转换为普通股。

控制性条款

尽管只是作为小股东，但风险投资者通常会要求一定的控制权，以便监督创业的发展，并影响其重大决策。

董事会的席位：风险投资公司希望出席被投资公司的董事会。至于能否在董事会上取得一两个有表决权的席位，还是仅仅取得"观察权"，在很大程度上取决于双方在谈判中的较量。（但一家公司被市场看好时，会有很多家风险投资者抛来绣球，在这种情况下，被投资公司将会减少投资者在董事会占据的席位数量。）因此，建议创始人在进行第一轮对外投资之前，首先制订出一份清晰的董事会设计规划——确定分配给风险投资者和独立董事的席位数量。

保护性条款：风险投资者通常按等价普通股数量的"转换基础"享有投票权。除此之外，某些重大事项可能也需要得到VC的同意，或是至少得到50%优先股股东的批准。这些重大事项包括变更公司章程（这就有可能给优先股股东的权利、特权及势力造成不利影响）、公司出售资产或合并的审批以及优先股发行数量的变更等。优先股股东的否决权适用于IPO、发行新股融资或增加ESOP等特定事件，也可以延伸到任命公司高管人员的审批权等公司治理事务。

强制随售及跟随权条款（Drag-along/Tag-along）：根据强制随售条款，控制性股东有权强迫其他股东在第三方交易中出售其所持股份。凭借这一规定，控制性股东就可以在抛售股份，清仓后退出投资。而根据跟随权条款，少数股东有权在第三方交易中和大股东同步出售所持股份，按比例参与各种清算活动。

转让权及新股发行限制：条款清单通常都会包括对转让股份和新发行股份的先发购买权，该条款表明，如现有股东想卖出其所持股份，其他现有股东享有优先购买权。

知情权：该条款明确规定了哪些业务及财务信息是必须提供给优先股股东的，以及应在何时提供这些信息；这些要求披露的信息通常至少应包括未经审计的月度和年度财务报表。

对首次创业的企业家
向 VC 融资

　　首次创业的企业家往往会认为，不管是哪个行业，也不管是处于存续期中的哪个阶段，只要是好的创意和创新性企业，风险投资公司就会毫不犹豫地掏腰包。但事实远非如此。所有风险投资公司都有自己的投资重点，都会高度专注于某个特定的板块、技术、地域以及不可逾越投资限额或融资轮次。如果公司与他们的焦点或偏好互不匹配，再好的创意，他们也可能会视而不见。因此，企业家应认真选择需要接洽的风险投资基金。尽职调查对双方来说都至关重要，创业家在选择风险投资基金之前，应要求对方提供以前被投资公司的推荐信；而和 VC 进行面对面的交流，可以让他们更清楚地体验与某个 VC 合作并接受其出资的感受。

　　除了专注于如何为自己的创业企业融资之外，创始人还要确定各轮融资的具体时间和规模。企业家必须权衡向外部投资者募集资金的需求和由此需要放弃的股权。我们不妨看看表 2.1，这是假设的创业企业融资过程，创业家在三年半的时间内进行了四轮对外资金，在这个过程中，公司估值逐渐提高。

表 2.1　创业企业在融资过程中考虑的要素

融资轮次	各融资轮的特点			企业家考虑的因素			
	融资后估值（美元）	募集资金总额（美元）	本轮融资转让的股权比例（%）	资金使用速度（美元/月）	融资周期（月数）	创业者持有的股权比例（%）	每1%股份的价值（美元）
种子轮	200万	15万	7.5	1.5万	10	92.5	2万
A轮	1 200万	200万	16.7	15万	13	77.1	12万
B轮	2 500万	300万	12.0	30万	10	67.8	25万
C轮	7 500万	600万	8.0	正现金流	不适用	62.4	75万

　　上述例子向企业家提出了一系列需要考虑的问题。首先，随着创业企业估值的提高，企业家可以用相同比例的公司股份筹集到更多的资金。其次，通过资金使用速度（burn rate），企业家可以筹划为实现下一个里程碑所需的资金数量，并优化各融资轮次之间的时间。最后，在每一轮融资之后，创业者股权比例的减少可以清晰表明对外融资带来的稀

释效应。[①]

　　有些公司创始人质疑以放弃大量股权换取风险投资是否值得。他们经常会考虑另一种替代方案：在企业发展早期阶段审慎运作，不吸收外部资金，而是通过节俭使用自有资金，实现企业有机增长，并试图推动收入尽快增长。随着"精益创业"[②]（lean start-up）模式的兴起以及众筹等新型低成本资金来源的出现，这种替代增长路径已成为某些商业模式的现实选择。[③]

什么是风险资本家？

布莱德·菲尔德（Brad Feld），得力集团（Foundry Group）执行董事

　　企业家们可能犯下的最大错误之一，就是假设所有 VC 都是一样的。我曾经无数次听到有人问："我该如何筹集风险资本呢？"或是说，"我该如何和 VC 打交道呢？""风险投资公司在和企业家的第一次会面中想看到什么呢？""既然我是在向 VC 推介项目，那我应该怎么办呢？"而答案则大同小异——"我根本就不清楚，谁知道你遇见的是谁呢？"。这往往是他们最关切的问题，至少有一部分企业家是这样的。

　　VC 或是风险投资公司并不存在单一样式的模板。相反，每一家 VC 和风险投资公司都各不相同。不妨想想游戏《龙与地下城》（*Dungeons & Dragons*）（如果你没听说过 D&D，可以观看《指环王》系列电影中的任意一部）。有些风险投资家是小精灵，有些是兽人，还有一些则是巫师、法师或者食人妖。每个角色都有一套只属于自己的技能、武器、金钱和体验点。随着时间的推移，这些特征也会发生调整，增减或是演变。

　　VC 的形态多达几十种。每一种类型的 VC 都有不同的技能。它们在风格、信仰和个性方面差别甚大。它们的行事方法和理念都会受个性化既往经验的影响。更重要的是，它们的行为时时刻刻都在变化，而且会随着时间的推移而变得面目全非。

　　一家风险投资公司就是拥有不同原型的个别 VC 的集合。这些公司在形态和规模上差别很大。我所在的公司——得力集团，则是由若干相互平等的合伙人组成，并未引入其他专业人士。而其他风险投资公司则拥有多层次的投资专业人员包括股权合伙

---

① 请注意，不仅创业者的持股比例会因为后续融资而被稀释，以前投资者的持股比也会因为后来的融资而稀释。
② Reis, E. (2008).
③ Wasserman, Nazeeri, and Anderson (2012).

人、委托人、投资经理、分析员、常驻公司的创业者及业务合伙人。有些风险投资公司很小——甚至还有单一合伙人的公司，还有些公司则拥有十几位投资合伙人。有些公司侧重于业务经营（合伙人有强大的业务背景），另外一些公司则强调财务金融（合伙人中多为 MBA 和银行家），还有一些公司则属于混合型。

风险投资公司对被投资公司的进入点相去甚远。有些 VC 善于早期投资，有些公司倾向于后期投资。有些风投公司声称自己投资于"种子之前"的公司，有些公司则称自己是种子及公司的早期投资者。有些公司在公司已进入市场并开始扩大产品规模时便出手投资，而有些通常被称为成长型投资者的 VC 公司则喜欢在公司已明显成功且已进入扩张期时才会涉足。也有的公司喜欢在 IPO 之前成为最后一轮投资者，因而被称为后期投资者。当然，还有些公司则兼具多种风格。

公司投资的类别及其自我描述的方式同样也千差万别。得力集团采用的是我们在2007 年率先提出的主题法。其他公司则使用已存在多年的行业法。一些公司只投资于和软件及互联网相关的公司，有些公司以清洁技术或生命科学为投资点。同样，一家VC 公司可以多种不同，有时甚至是独一无二的方式在各种方法之间进行配置。

当你面对不同类型的个别 VC 时，你必须意识到，它们可能有着完全不同的技能和经验水平，因此，将这些类型组合到一家公司中，就类似于《龙与地下城》搏斗游戏中各角色之间的组合与互动。也就是说，你必须意识到，在这个领域，不存在代表性的所谓通用型 VC 或 VC 公司。

作为企业家，你必须认真研究你正在接近或沟通的人和公司。今天，互联网以及人与人之间的各种网络让这一切变得轻而易举，很容易使用网络和人们之间的所有网络连接的力量。如果你理解你正在面对的人、他们的动机、他们关心什么，那么，你就可以更好地把握他们，并且与之展开更有效的对话。

补充资料 2.3

风险投资以外的选择

另类融资渠道

风险投资基金并不是创业企业的唯一资金来源。形形色色的参与者可以为这些企业提供资本和专业知识，而且每个参与者都会有不同的价值主张。处于早期阶段的公司可能会与多个参与者及VC公司合作，以促使企业获得一个良好的开端。

　　商业天使：作为富有的个人，天使投资者使用其个人资金投资于处于萌芽时期的企业，或者说，投资于"创意"阶段。他们通常是来自创业企业所在行业且拥有丰富经验的专业人士，而且会积极参与塑造及开发公司的第一份商业计划书。[①]

　　创业孵化器及加速器：这些载体的目的就是帮助创业发展和扩大业务。[②]尤其对于首次创业的企业家来说，他们可能会发现，这些项目提供的结构、支持和指导极具吸引力。但要入选最好的孵化器或加速器要经历残酷的竞争，实际上，在每1 000名申请人中，只有不超过10名候选人会最终入选。尽管人们习惯于同时提到孵化器和加速器，但它们是有区别的：

- 孵化器：孵化器指导企业家走过形成创意的第一步，并帮助他们在创意基础上开发商业模式。这些孵化器项目不设定期限，而且通常会为创业者提供办公室或合作工作空间、管理方面的支持和交流机会，并以此换取租金，在某些情况下，他们的目标则是创业企业的股权。孵化器通常由政府机构或大学赞助，而且一般不提供资金。

- 加速器：加速器为已经拥有成熟概念而且正在考虑向VC融资的创业者提供短期的高强度课程，并为他们提供接触行业导师的机会。加速器项目成批接纳创业企业，项目的最终结果反映在"展示日"——参与者向一群潜在投资者推介他们的投资创意。大多数加速器为私人拥有，通常只提供少量种子资金来换取被投资公司的股权。

- 企业风险投资：公司已成为一个快速增长的创业企业资金来源，而且正在与独立的VC基金展开面对面的竞争。企业风险投资（corporate venture capital，CVC）通常由不从事融资和投资业务的公司机构创建：英特尔资本、联合利华风险投资公司和谷歌风险投资公司是它们中的佼佼者。这些投资机构经常利用其母公司的专业知识，投资于母公司所在行业的企业。创建CVC计划的主要动机，就是尽早获得有助于推动（或阻碍）母公司战略目标的破坏性创新，而财务收益问题是次要的考虑。

本章小结

　　围绕如何解决一个问题或探索一个机会的创意而快速成长起来的公司，绝不是什么意

---

① 有关天使投资者的其他资料，请参阅本章结尾的网页链接及参考资料。
② 读者可以在我们的官网（www.masteringprivateequity.com）上找到孵化器和加速器机构的目录。

外的巧合。创业公司要取得巨大成功，不仅需要有高超技能的创始团队，还需要投资者提供资金和指导，在必要的时刻提出有价值的建议。本章从投资者和创业者这两个视角进行了剖析。当才华横溢的企业家遇到情投意合的风险投资合伙人时，就会迸发出耀眼的火花，造就巨大的创新和超乎寻常的收益回报。

基本学习要点

- 风险投资基金以投资换取创业企业的少数股权，并以创新突破现有产品和服务，从而实现业务的稳定、快速增长。
- VC 投资的特征是尾端回报，也就是说，一两笔"本垒打"式的成功往往就可以抵消以前的投资失败。
- 风险投资基金投资于特定的行业板块及公司发展阶段——从种子资金，到早期投资，再到针对后期阶段的投资。
- 在向风险投资基金募集资金时，企业家必须认识到，接受外部资金需要以放弃公司股权为代价。
- 了解融资期间谈判条款的未来影响至关重要的，尤其是对于首次创业者。

相关案例研究

摘自《私募股权案例》

案例 5：苏拉葡萄园（Sula Vineyards）：印度的葡萄酒——那怎么可能呢

案例 6：阿黛拉风险投资公司（Adara Venture Partners）：打造一家风险投资公司

案例 7：西拉杰投资公司（Siraj Capital）：投资于中东地区的中小企业

参考及补充读物

Babson (2013) Term Sheets in Early Stage Venture Capital Financing (BAB710C).

Chemmanur, T.J., Krishnan, K. and Nandy, D.K. (2011) How Does Venture Capital Financing Improve; Efficiency in Private Firms? A Look Beneath the Surface, *Review of Financial Studies*, 24(12): 4037-90.

Damodaran, Aswan, VC is About Pricing—Not Valuation, http://aswathdamodaran.blogspot.com.ar/2016/10/venture-capital-it-is-pricing-not-value.html.

Gompers, P., Gornall, W., Kaplan, S.N., and Strebulaev, I.A. (2016) How Do Venture Capitalists Make Decisions? (No. w22587), National Bureau of Economic Research.

Gompers, Paul A. (1995) Optimal Investment, Monitoring and the Staging of Venture Capital, *Journal of Finance*, 50(5), December, available at SSRN https://ssrn.com/abstract=6971.

Kaplan, S.N. and Lerner, J. (2010) It Ain't Broke: The Past, Present, and Future of Venture Capital, *Journal of Applied Corporate Finance*, 22: 36–47.

Kauffman Foundation (2012) We Have Met the Enemy—and He is Us, http://www.kauffman. org/ ～ /media/kauffman_org/research%20reports%20and%20covers/2012/05/we_have_met_the_enemy_and_he_is_us.pdf.

Reis, E. (2008) . The Lean Startup.

Wasserman, Naom, Nazeeri, Furqan and Anderson, Kyle (2012) A *"Rich-vs.-King"Approach to Term Sheet Negotiations, HBS*.

有关投资条款清单的详细讨论，请参阅：

Feld, Brad, Venture Deals and his related blog http://www.askthevc.com/ .

有关天使投资、孵化器和加速器的资料见：

Accelerators vs. *Incubators*, http://www.techrepublic.com/article/accelerators-vsincubators-what-startups-need-to-know/.

Cohen, S, What Do Accelerators Do? Insights from Incubators and Angels, http://www.mitpressjournals.org/doi/pdf/10.1162/INOV_a_00184.

第三章　成长型股权基金

成长型股权基金（growth equity fund）填补了风险投资和收购投资之间的空白地带，因而成为对这两者的补充，为快速增长的成熟企业提供资金和支持，帮助它们实现发展过程中的转型性飞跃。在新兴市场进行交易的私募股权中，绝大部分为成长型股权。此外，在全球金融危机之后，发达国家市场的成长型股权投资也获得了新鲜动力，在债券市场关闭期间，它们为投资者提供了新的资金配置手段。

本章探讨了这种投资策略的本质性特征，描述了目标公司的属性以及成长型股权投资流程的独有特征。最后，我们深入研究了成长型股权投资者所寻求的少数股东权益。

成长型股权的定义

成长型股权基金投资于快速增长的企业（已度过初创阶段的公司），其目的在于取得被投资公司的少数股权。考虑到缺乏控制权，在投资者、现有所有权人和管理层之间建立强有力的合作关系和基于信任的伙伴关系，是实现预期目标的前提，即将公司推向新的发展阶段。上述关系如图 3.1 所示。

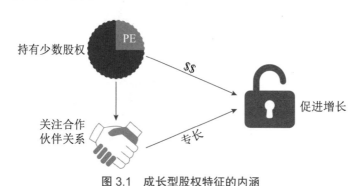

持有少数股权

PE

$$

促进增长

关注合作
伙伴关系

专长

图 3.1　成长型股权特征的内涵

少数股权投资： 成长型股权投资通常仅持有被投资公司的少数股权，公司对战略和运

营的控制权依旧属于现有的所有权人。成长型股权基金持有的股权通常主要由新发行股份组成，但也会有部分资金购买现有所有权人的股份，为其部分退出提供资金。只有很小部分的成长型股权交易会导致PE公司持有50%以上的股权，并由此通过取得大股东权利受益。在这种情况下，区分成长型股权和以实现控股为目的的一个关键要素，就是创始人和管理团队依旧在公司发挥积极作用。

新引入的PE投资者持有的公司少数股权，影响了投资过程的每一个方面——从持有期间的交易结构和经营决策到退出时采取的行动。从一开始，少数股东就必须了解大股东的动机，确保与基金的投资理念、进行扩张的基础以及调整规划保持一致，这一点非常重要。然而，即使拥有良好的工作关系并享有少数股东应该享有的权利，切实实行双方约定的计划并进行必要的调整，对少数股东来说依旧是一种极其严峻的挑战。

强调合伙人关系： 在理想的情境下，公司的所有权人、现有管理层和新投资者会建立起一种成功的合作伙伴关系，他们以互补的技能帮助被投资公司取得优异的经营业绩。成长型股权投资者对财务有着特殊的敏锐性，尤其体现在资本结构的优化、公司收购和出售以及对资本市场和首次公开发行（IPO）流程方面的经验。此外，他们往往在商界和金融界拥有广泛的人脉，并在依照全球最佳实践建立公司治理结构方面经验丰富。总而言之，他们的能力可以对公司所有权人和管理层的运营知识及本地网络构成有效补充。

由于成长型股权的根本目标不在于为所有权人提供流动资金，因此，双方的经济利益是基本吻合的。此外，维持现有管理层的存在及其控制权，也有可能符合PE公司的最大利益，因为他们在业务经营和市场上的知识是投资者所没有的。因此，考虑到维护所有权人、管理层、供应商、客户及其他利益相关者之间现有关系的重要性，成长型股权投资往往对企业运营动态给予最小程度的干扰。

为确保工作关系的稳定，双方需要就增长和发展目标达成一致，从一开始就实现相互利益的一致性。清晰了解PE公司和目标公司的企业文化和业务运行方式，有助于调整管理层的期望，为双方制定切合实际的参与规则。PE投资者和现有的公司所有者都需要进行认真的相互选择，以确保双方在投资和管理风格之间实现互补。例如，习惯于手把手帮忙的积极型投资者应尽量避免投资于"封闭"性的家族企业，而习惯于被动参与的投资者显然不适合成为亟待重组企业的合伙人。

解锁增长： 成长型股权基金投资于业务模式业经证实且未来前景极富吸引力的成熟企业。被投资公司通常处于扩张性经济体，且所在行业超过所在国的平均增长率，或处于已为破坏性创新做好准备的行业。成长型股权基金的资金及其行业和专有的运营知识可以为被投资公司解冻蛰伏的增长潜力、改善盈利能力和实现加速增长提供宝贵资源。

成长型股权基金的投资资金通常用于如下两个目的。

- 为被投资公司的具体增值项目提供资金。成长型股权基金通常会聘用一批经营合伙人，他们可以协助确定投资项目并推动价值的创造过程。比如说，可以使用注入资金实现国际扩张计划，开发新的产品线，提供营运资金实现规模效应，扩大现有基础设施，或是通过连续收购对分散性行业实施整合。公司应根据经验从众多潜在股权中选择最合适的成长型股权合伙人，落实实现价值创造最大化所需要的具体措施。

- 为公司的现有所有权人和创始人提供流动资金，协助他们简化公司股权结构。后者有助于降低针对公司的经济索取权的复杂性，并大大简化公司治理过程。例如，对于一家成功的创业企业，新的投资者可以取代早期投资轮进入的风险投资者（VC），或是替代家族企业中的一部分家族成员。

以名副其实的伙伴关系创造价值

J. 弗兰克·布朗（J. Frank Brown），泛大西洋投资集团（General Atlantic）总经理兼首席运营官

在成功的成长型股权投资中，合作伙伴关系往往是最容易被忽略的基础。很多快速增长的企业正处于发展过程中的拐点，此时，它们更需要一个开诚布公、有耐心的战略性合作伙伴，帮助它们抓住新机遇、减低风险并为扩大业务模式做好准备，从而有效地管理和加速增长。对所有合伙人来说，最重要的一个方面就是利益的一致性；如果投资者和被投资公司齐心协力，共同打造一个旨在扩大规模和加速成长的成功企业——把握成长型投资的秘诀，那么，他们将因此而实现双赢。

为实现价值的最大化并创造出超额收益，投资者就必须在利益协调一致的基础上，采用基于合作关系的方式与企业家建立起真正的合作伙伴关系。但到底怎样的合作伙伴才算是名副其实呢？成长型投资取得成功到底需要哪些要素呢？

- **透明度和相互理解**。对处于快速增长的公司，投资者必须针对与公司当前及未来潜在增长轨迹相关的一系列因素达成一致，这些要素包括：公司可以增长得多快，公司将如何实现扩张，需要什么样的资金才能做到这些，谁是带头和领导的最优管理团队，等等。基于我们的经验，人是决定公司成败最重要的因素，而这就意味着，尽快找到合适的领导团队及员工至关重要。

- **短期计划与长期计划。** 投资者和公司管理团队还需要就投资的第一年计划及更长期的计划达成一致，包括：如何为未来十年的下一个增长阶段做好准备？公司是否打算向其他市场以及其他产品或服务扩张？公司如何在员工和管理团队方面实现发展？目前公司还需要哪些尚不具备的能力，以及内部是否拥有带领公司培育这种能力的人才？

- **持续性参与。** 投资者需要在投资的整个存续期内持续参与，投资团队在整个投资期内与被投资公司保持合作，而不是在交割时一手推开全部责任。他们应该与被投资公司保持联系，为其提供实现和维系增长所需要的有价值的建议、人脉和资源。成长型投资者扮演的最重要角色之一，就是成为企业家最值得信赖的伙伴，在所有方面为企业提供指导及最佳实践的范例，包括人力资本、收入创造和运营卓越性等。为了有效地做到这一点，投资者需要建立和利用一个全球性关系网络，帮助成长中的企业汲取各个行业和地区的最佳实践，建立世界级的领导团队和董事会，从而为企业扩大规模创造条件。

- **有助于强化结构的合作伙伴关系。** 成长型股权投资公司的投资结构应与其被投资公司保持一致。比如说，在投资普通股时，我们通常采用最简单的清算假设，在无须过度结构化条款情况下为自己提供投资保障。为了让伙伴关系和合作的理念深深植根于企业，就必须激励投资团队为公司创造增值，收获果实，而不只是到处撒钱。比如说，我们的集体团队就代表了我们对资本的唯一最大承诺。这个团队的成员将他们自己的钱投入到我们参与的每一笔交易中，从而实现利益一致的终极目标。这个目标激励着每一个人，从我们与公司完成谈判并出资那一刻起，一直到退出投资，我们始终致力于打造一家成功的企业。

- **跨地域参与。** 如果一家成长型股权公司业务遍及全球，那么，最优的激励机制就是调动全球各地的团队成员，共同帮助企业提升价值，推动企业的跨地域发展——这对将全球扩张作为主要目标的成长型公司来说至关重要。很多全球性私募股权公司在世界各地设有独立的基金，且各基金均采用独立的经营思路，并鼓励各基金的投资团队只关注所在地区的项目，但在泛大西洋投资集团，我们强调的是共同关注世界各地的成长型股权。我们拥有独一无二的全球投资渠道，这必将让我们的团队成员深受裨益。因此，不管被投资公司身在何处，也不管负责交易的人是谁，每一个人都随时准备并且愿意帮助被投资企业取得成功。

　　通过与快速增长的企业建立高度透明、利益协调、持久合作的伙伴关系，成长型股权投资者必将取得独一无二的优势,通过稳定的合作机制,引导企业走上成长之路,提升到新的高度——并在这个过程中创造价值,实现收益的最大化。

成长型股权投资基金的目标

成长型股权基金主要投资三种类型的业务:处于发展后期的风险投资资助的公司、成熟的中小企业(SME)以及从大型集团分拆出来的企业。这些公司通常需要以较高的资本支出和更大的营运资金需求来维持其增长态势。按照它们的投资要求,几乎不允许为偿还债务预留任何自由现金流,而且公司的经营规模也制约了它们利用公开市场的能力。因此,成长型股权 PE 的注入可能是它们为加速增长筹集资金最可取的方式。我们逐一探讨如下这三类标的公司。

处于发展后期、由风险投资参与出资的公司:有些由 VC 出资支持的公司已建立起成功的商业模式,号称拥有稳定的市场地位,并通过稳健的运营实现盈利,对这类公司来说,成长型股权基金是至关重要的一个组成部分。在进入阶段之后,这些已取得收入和利润的公司需要更深层次的资本进行扩大运营,执行第二步或第三步增长战略。因此,引入成长型股权基金,是实现从创业企业转型为可持续、稳健企业的明显标志。和风险投资基金一样,成长型股权基金也会持续参与这些公司的多轮后续融资,而且有可能会随着时间的推移而取得控股权。

成熟的中小企业:有些成熟企业拥有独特的竞争优势和极具吸引力的发展前景,它们是成长型股权投资最完美的投资标的。这些公司通常拥有强大的市场地位、众所周知的品牌以及稳健可靠的网络。成长型股权基金的投资,往往代表着第一个也是唯一金融投资者对公司的参与。由于中小企业大多属于家族性企业或是由创业者拥有并控制的企业,因此,持有少数股份的外部投资者允许这些所有者或经理人继续维持对董事会及公司日常运作的控制权。这有别于处于发展后期、由风险投资支持的成功企业,对后者而言,创始人往往要在早期的融资中放弃大量股权及公司治理权。

分拆企业:对于适合于剥离或分拆的大公司,有时也会成为成长型股权投资者的目标。在这些情况下,公司最初通常会维持对该部门的控制,只是增加由 PE 投资者提供的资本和专有知识，以促进增长，并在公司最终决定进行独立运营时，为股权顺利移交给新的投资者（包括公开市场）铺平道路。这些投资标的往往难以取得资金和人才，这就为它们在母公司以外的新所有权及治理结构下取得更大提升创造了空间。

补充资料 3.1

新兴市场的成长型股权

　　如前所述，成长型股权投资的一个重要特征就是在新兴市场的盛行。PE 人事经常会惊讶地发现，在新兴市场，超过 3/4 的 PE 交易是对成熟型中小企业的少数股权投资。这背后的原因在于：在这些市场处于经济高速成长时期，发展势头最好、最有吸引力的公司绝大多数为家族企业，它们仍处于由家族第一代或第二代的管理和控制之下。这些创始者往往不情愿放弃对公司的控制权。但经过几十年的快速增长，这些企业的固有基础大多已发生变化，而且公司治理结构也亟待改革。经验丰富的成长型股权基金可以帮助它们改造董事会，实现董事会的专业化，引进有经验的中高层管理人员，并以更合理的视角认识企业，为子孙后代的成功奠定基础。

成长型股权投资的流程
特殊要素

　　典型的成长型股权投资流程有别于其他形式的 PE 投资。从交易搜索到价值创造再到退出，在这个过程中，了解成长型企业的需求都需要某些特殊的能力。

交易搜索和尽职调查

　　确定成长型股权基金的目标并非易事：与寻求控制权的交易相比，对成熟型中小企业进行少数股权投资对中介参与的需求较少，而且最有吸引力的标的公司很少会接受外部投资者的资本注入。因此，寻找成长型股权交易往往需要强大的专有网络；与公司的所有权人建立关系，阐明投资的必要性并最终完成交易交割，可能需要若干年的时间。通常，这些企业不会明确表示需要以外部资本来维持现有商业模式，因此，说服公司所有者敞开大门、接受外部资本注入就成为成长型股权投资者义不容辞的责任。

在确定了合适的目标公司之后，很多寻求成长型企业的投资者会发现，投资目标缺乏有效的监测和报告结构会加剧现有所有权人与新投资者之间的信息不对称问题，这就让 PE 公司在尽职调查、估值和谈判中处于劣势。而对于由 VC 出资且处于发展后期的目标公司来说，由于信息透明度较高，因而其面对的挑战也略有不同：虽然多家成长型股权基金参与竞争会加速融资过程，但同时也要求投资者在信息不完整的情况下迅速做出决策，并接受由竞争动态或市场力量决定的估值或条款。

面对强大的企业家和创始人，进行成长型股权交易的谈判可能会非常艰难，因为决策的焦点往往是外部人难以识别的非经济利益。然而，投资前阶段是 PE 投资者影响公司战略的最佳时机，他们可以在这段时间里向管理层展示自己的优势，并以潜在的新资本提供者的地位影响公司的股权架构。

成长型股权交易的交割和执行往往比更复杂的收购交易容易些；较少使用杠杆，而且参与交易的当事人数量不多，会大大简化谈判、信息收集、资料审核和交易交割等环节。

价值创造

不管成熟的中小企业、风险投资出资的公司还是分拆后的企业，成长型股权投资公司在价值创造方面的能力基本相近。由于成长股权投资者很少使用负债放大股权回报，因此，他们关注的是如何（通过战略、运营和财务方面的举措）完善公司运营以及企业的专业化和公司治理的最优化，如图 3.2 所示。[①]

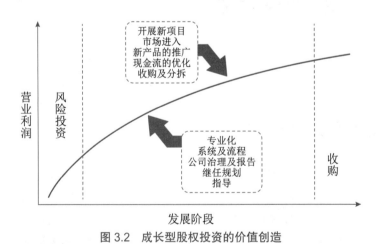

图 3.2　成长型股权投资的价值创造

[①]　要进一步了解私募股权公司为改善持有期间被投资公司业绩而采用的工具，请参阅第十三章"运营价值创造"。

专业化治理及业务流程为实施价值创造措施提供了不可或缺的支柱。考虑到由 VC 投资的公司最初通常拥有精益化的架构，以及中小企业在资源方面受到的限制，控制这些业务运行和决策的很多架构及流程以前都是以个案方式实施的，因而缺乏系统性和可持续性。因此，改善报告架构和信息流管道，对人力资源和资本进行专业化管理，是这些公司维系固有优势并实现下一个增长阶段的基本前提。通过指导当前管理层以及为公司继任规划寻找顶级人才，PE 投资者可以为公司创造新的价值。除了借助于 PE 公司固有的社交网络之外，信守承诺的新股东也向市场发出了一个强烈信号，而这或将有助于公司不断吸引新的人才。

在与公司的所有权人及运营者合作时，PE 投资者必须现实看待他们在持股期间可以实施的变更数量。尽管契约权可以维护和保证投资者的权益，但基金执行争议性重组及成本削减计划的能力，依旧会受到其少数股权地位的制约。

退出

和大多数 PE 投资者相似，成长型股权基金的目标也是 3 ～ 7 年内退出投资。虽然公司的发展轨迹可能与商业计划相符，但寻找愿意接手少数股权的买家仍然不是一件容易的事情。有的时候，持有大多数股权的所有者也会和成长型股权基金同步退出，让公司成为战略性投资者的理想收购目标，毕竟，战略投资者通常需要取得控股权；但这种情况大多属于例外，而不是常态。更有可能的是，成长型股权投资者会自行出售，比如说，通过二次市场销售给另一个 PE 基金，或是由创业者回购。

大的被投资公司可以选择上市路径：一方面，公开上市可以让所有权人继续持有控股权；另一方面，PE 投资者可以在上市期间或上市之后卖出其持有股份。类似机制也适用于对上市公司股权的私人投资，它是某些司法环境下成长型股权基金的一种常见结构。考虑到公司已上市，成长型投资者可以通过出售股份而退出投资。

股东之间的分歧可能会导致退出过程复杂化。估值预期的差异以及保住家庭成员职位或保护公司遗产等非经济因素，往往会让退出过程充满争议和矛盾。此外，仅持有少数股权的地位，可能会让私募股权公司难以尽心尽力协助被投资公司出售股权。因此，尽早澄清退出方式并起草必要的文件，以确保相关各方知悉未来计划并达成一致，对减轻这些风险并减少利益冲突至关重要。

少数股东权益

为缓解少数股权带来的风险，成长型股权投资者必须为明晰股东权益与公司所有权人进行谈判，以便于监督其被投资公司、影响公司进程，消除或缓解与大股东的潜在利益冲突。之所以要在谈判中明确小股东的权利和保护措施，是为了确保投资者的利益得到明确表达，并使之与公司所有者的利益保持一致。为此，可以采取强制性实施的合同条款；应尽早对这些条款展开谈判，比如说，在提交投资意向书或条款清单时就提出这些条件，并在投资后的公司股东协议修订案予以明确。[①] 图 3.3 为少数股东投资者可以采取的部分保护性契约方式。

被投资公司所在地的法律法规和现有判例法为少数股东提供了重要的安全保护措施，减少少数股东遭受不公平待遇的风险或确保其权利的落实。投资者可向法院提出诉讼，阐明控股股东在公司运营中采取了不公正对待少数股东的做法：比如说，未及时分享财务信息，以不公平的方式处理关联公司事务，高管层（或家族成员）缺乏应有的能力等。这样，法院就可以要求控股股东停止这些活动，批准少数股东采取民事诉讼程序，或是要求控股股东收购少数股东持有的股权。

图 3.3　少数股东面对的挑战及应对措施

经营控制：尽管与成长型股权投资相关的治理条款千差万别，但大多包括派驻代表出席被投资公司的董事会以及某些反控制和审批权。此外，成长型股权投资者还可以寻求取得与其所持股份不成正比的投票权，以强化其执行战略和运营变革的能力，以及为公司成功退出创造条件。反控制和审批权使得成长型股权投资者得以控制的决策权覆盖经营和资本预算、公司层面的高管调整、兼并收购和资产剥离、增加新债务和发行新股、调整战略规划以及拓展新业务线等。知情权可以确保少数股东能够及时获得重要公司行动的资料和提前通知。总而言之，这些合同条款可以让成长型股权投资者阻止公司采取有损其利益的行为，突出了通过与所有权人建立高效合作关系来推动公司价值创造的重要性。

---

① 　有关 PE 交易的流程和相关文件的更多信息，请参阅第十章"交易文件"。

管理层激励：在仅拥有优先经营控制权的前提下，成长型投资者应力求通过财务激励来加强与管理层的协调性。将管理层持股或期权计划与主要经营和财务指标联系起来，有助于强化管理层对公司发展与投资者目标相一致的关注。最理想的情况是，只有在 PE 基金退出后，才向管理层支付股份，以确保兑现股权激励与投资者实现收益在时点上保持一致。为吸引高素质人才，实现管理专业化并推动公司下一阶段增长，股权激励计划往往会成为一项不可或缺的措施。

流动性：作为少数股权的投资者，成长型股权基金缺乏在退出时控制控股股东的权力。保护自身利益的部分合同条款包括：允许基金按预先确定的最低价将所持股份回售给控股股东，或者明显未达到业绩指标的情况下，基金有权启动 IPO 等流动性事件。此外，保护性措施还可能包括拖带权（drag-along rights）条款，即如果有第三方准备收购投资者持有的股份，投资者有权要求其他股东共同向第三方转让股权。

本章小结

成长型股权已逐渐成为 PE 行业的一种公认策略。在很多情况下，特别是在新兴市场，企业通常由家族的第一代或第二代拥有并管理，这就使得少数股权投资者成为这些家族企业追捧的目标，特别是那些拥有相关行业专业知识及新（海外）市场开拓能力的投资者。考虑到他们对合伙人关系的严重依赖以及公司创始家族的合作关系，我们不难发现，成功的私募股权公司尤其关注与公司建立持久关系，并致力于打造良好的声誉。在可投资者资金充裕的时代里，即便是传统的收购基金，也可以染指少数股权投资，以实现及时有效的资产配置，这在业内已不是什么秘密。

基本学习要点

- 成长型股权基金投资于快速增长的成熟企业，在换取少数股权收益的同时，与公司的全体利益相关者（尤其是控股股东）建立牢固的合作伙伴关系。
- 除提供资本之外，成长型股权基金还为被投资公司提供第一手的技术支持，参与企业的发展、专业化运营及业务扩张。
- 对于成长型股权投资者来说，维护其少数股东权利至关重要，特别是实现未来退出。

相关案例研究

摘自《私募股权案例》

案例 7：Siraj Capital：投资于中东地区的中小企业

案例 8：新兴市场的私募股权：经营优势能否提升退出价值？

参考及补充读物

Achleitner, Ann-Kristin, Schraml, Stephanie and Tappeiner, Florian (2008) Private Equity Minority Investments in Large Family Firms: What Influences the Attitude of Family Firm Owners?, https://ssrn.com/abstract=1299573 or http://dx.doi.org/10.2139/ssrn.1299573.

Amess, K., Stiebale, J. and Wright, M. (2015) The Impact of Private Equity on Firms' Innovation Activity, ISSN 2190-9938 (online).

Boucly, Q., Sraer, D. and Thesmar, D. (2011) Growth LBOs, *Journal of Financial Economics*, 102(2): 432-53.

Davis, S.J., Haltiwanger, J., Handley, K., Jarmin, R., Lerner, J. and Miranda, J. (2014)

Private Equity, Jobs, and Productivity, *American Economic Review*, 104(12): 3956-90.

Mooradian, P., Auerbach, A. and Quealy, M. (2013) Growth Equity Is All Grown Up, Cambridge Associate US Market Commentary, June.

Schneider, A. and Henrik, C. (2015) Private Equity Minority Investments: Can Less Be More? Boston Consulting Group, accessed here https://www.bcgperspectives.com/content/articles/private_equity_minority_investments_can_less_be_more/.

从 20 世纪 60 年代的最早期小规模收购开始，直到近年来的超级交易，收购已成为全球投资中最重要的一个部分。这期间既有令人炫目的成功，也有让人大跌眼镜的溃败，使得投资者、政府、监管机构和媒体对收购型基金公司既爱又怕。

公众对收购交易的看法是周期性的：随着主流宏观经济形势或是意识形态的变化而起伏波动。然而，控股权的交易无疑为再造被投资公司的业务并推动各层面的变革创造了机会。毋庸置疑，它们必将给整个经济带来重大影响。

本章首先明确了收购的三个基本要素，而后分析了杠杆收购[①]（LBO）中的典型融资结构。之后，我们继续探讨各类收购中的主要利益相关者，并对常见的收购策略进行总结。

收购（buyout）的定义

收购基金通过收购公司的控股权，以达到重组被收购公司财务、公司治理和经营特征的目的。但尽管拥有控制权，收购型投资者依旧需要主动与形形色色的利益相关者（从管理层到债权人）共同努力，通过提升被投资公司的价值创造来执行其投资策略。

收购策略的定义包含了三个元素：股权控制、杠杆和经济利益的协调。如图 4.1 所示，在这些要素中，每一个要素均为收购基金提供了影响目标公司战略和经营决策的手段，以实现投资收益的最大化。

股权控制：在典型的收购中，PE 基金将取得被投资公司的大部分经济利益和投票权。控制性权益并不意味着一定要拥有 100% 的股份，实际上，在某些情况下，只需持有不到 50% 的股份即可成为公司的控制者。在这种情况下，收购基金有权通过董事会决定公司的战略和经营决策。在持有少数股权时，可以通过利益一致的投资者结成联盟或股东协议中的特定条款形成事实控制。

---

① 为简单起见，我们认为杠杆收购（LBO）的内涵等同于"收购"。

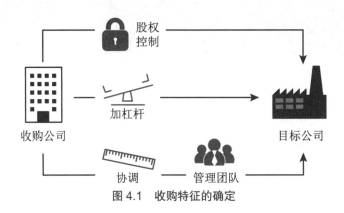

图 4.1　收购特征的确定

在取得控制权之后，收购基金可以提高公司资本结构中的债务比例（即加杠杆），扩大或取代被投资公司的管理团队，重组公司治理和报告结构，推动业务改进，以及在整个持股期间对整体业务进行专业化改造。取得控制权对于筹划投资退出至关重要，因为收购型投资者可以通过必要的公司治理升级，在确保战略协调的前提下适时授权公司通过加大投资支出，让被投资公司在出售时处于最佳状态。

鉴于拥有这些优势，取得一家公司的控制权往往需要支付更高的价格（"控制权溢价"），特别是以收购让上市公司退市的情况下，代价会更高。[①]

杠杆：大多数收购均采用 LBO（杠杆收购）结构，其中，完成收购所需要的大部分资金通过债务形式取得。在被收购之后，被投资公司的资本结构中往往包括 50%～75% 的债务，其余为股权融资。[②] 目标公司的负债能力取决于若干因素，包括整个行业的现金流的稳定性、创造经营现金流的能力（现金转换率）、市场形势以及收购方的声誉（即作为早期交易中的借款人）。在投资过程中，收购基金需要分析一系列经营情境，以确保交易采用的杠杆率最优化，在此基础上，假设各种最不利的情境，寻找降低投资风险的途径。[③]

在采用收购价格假设的条件下，杠杆收购的最大好处，就是能为收购基金带来更高的股权收益率。加杠杆的资本结构可以减少为取得收购资金所需要的股本金数量，从而提高投资者的资本收益率。但由于大多数股权交易都具有竞争性，因此，杠杆交易的很大一部分好处由卖方享有，因为在不采用杠杆融资的情况下，收购方能接受的购买价格肯定会大打折扣。

---

① 有关交易定价和上市公司退市的更多信息，请参阅第八章"交易的定价机制"。

② 20 世纪 80 年代初，早期的收购交易采用了较高的杠杆率，个别情况下甚至超过 90%。随着 PE 行业的成熟，收购性投资的杠杆率开始下降，并最终停留在较低水平上。在某些地区，新法规的出台已导致超过一定水平的杠杆率不再经济。

③ 有关收购中的融资结构最优化问题，请参阅第七章"目标公司的估值"。

因此，一方面是卖家占有大部分实惠，另一方面，买家则要面对收购成本的高企以及偿还债务（包括每年支付的利息和还本）所需现金流的增加。但负债的增加显然会让被投资公司易于遭受外部冲击，从而增加了公司陷入财务困境甚至破产的风险。

高杠杆资本结构的影响并不完全是负面的：事实已经表明，在杠杆收购后，财务危机风险的增加对管理层具有约束性。偿还债务的强制性要求会减少可用于资本投资的自由现金流，并强迫管理层优先考虑净现值较高的项目。[1]

最后一点，与债务融资相关的合约引入一种监督和预警机制，有利于尽早发现公司业绩下滑的迹象。违反这些合约会触发一系列赔偿措施，从而维护了债权持有者对被投资公司的经济度诉求，让他们得以在企业可持续性遭遇风险之前采取措施。[2]

经济利益的协调：调整被投资公司管理团队的经济利益并使之与基金保持一致的能力，是 PE 收购取得成功的基本动力。[3] 通过管理层的薪酬计划，为高管人员提供目标公司的股权，从而让他们有机会分享成功退出带来的收益上涨。通常，所有参与股权激励计划的高管人员都要做大额跟投。因此，在管理层以所有者身份参与收购时，PE 基金的财务收益最大化目标自然是与执行基金投资计划并管理被投资公司日常业务的高管人员达成一致。

在股价上涨时，这种结构的薪酬计划自然可以放大管理层的潜在回报，但它也会带来风险。如果投资业绩如愿以偿，那么，管理团队的"甜蜜权益"和股票期权创造的收益将是 PE 基金已实现收益的若干倍，但如果业绩未能达到预期，那么，管理层跟投的股份就有可能化为乌有，原因就在于管理层的激励性股权在优先级次上低于 PE 基金。在这种情况下，在被投资公司的资本结构中，由于 PE 基金持有的股权对归属于股东的收益享有优先收益权，因此，在业绩不达标的情况下，尽管它们可能无法收回全部投资，但其股权至少还是有价值的，而管理层持有的股权则有可能分文不值。

杠杆收购的融资

在杠杆收购（LBO）中，投资者收购的资金来自基金提供的股权资本和诸多贷款人提

---

[1] 研究发现，在面临破产风险时，债务会导致管理者出现风险厌恶倾向。

[2] 有关银行融资及相应合约的更多详情，请参阅第九章"交易架构"和第十章"交易文件"。

[3] 有关管理层激励结构的详细示例，请参阅第十二章"管理团队的维护"。

供的债务资本。^① 尽管不同交易采用的具体工具各不相同，但典型的杠杆收购融资包括优先级债务、次级债务和股权资金。

股权融资和债务融资提供的资金被用于为收购目标公司的股权，偿还目标公司的现有净负债，并支付收购带来的相关成本及费用。图 4.2 是一个收购资金来源和用途的简单示例。

资金的来源		资金的使用	
优先级债务	450.0	收购目标公司的股权	550.0
次级债务	200.0	为目标公司的净债务提供再融资	430.0
股权资本	350.0	交易成本	20.0
资金来源合计	1 000.0	资金使用合计	1 000.0

图 4.2　收购中的资金来源及使用

优先级债务（senior debt）：优先级债务通常由一家或多家银行发行，它是杠杆收购中最主要的债务。这类债务也是融资成本最低的长期资金来源，因为在破产情况下，它对公司资产拥有优先索取权。通常，这种债务以公司的具体资产为"担保"，从而进一步强化了优先级债务人的破产请求权。此外，在所有债务工具中，优先级债务的期限最短（5～8年），而且要按年度支付现金利息，因此，它是资本结构中约束条件最苛刻的债务。优先级债务通常采用分层融资，其中一层分摊为按年度还款（全部余额在贷款期限到期时支付）；其他层级则是在到期时一次性支付本金。

次级债务（junior debt）：收购中的其余债务融资全部来自次级债务。最常见的次级债务形式就是私人机构市场上的夹层融资以及政府债券市场的高收益债券。这一层级的债务无担保，因此，在发生破产时，次级债务的受偿权排在优先级债务之后。次级债务工具的期限长于优先级债务，通常为 8～10 年，支付年度现金利息，在某些情况下还可能支付额外的非现金利息。次级债务通常在到期时一次性偿还本金。

股权资金：股权资金通常占杠杆收购融资总额的 25%～50%。收购中采用的股权资金可能来自单一收购基金或是基金、管理团队成员及 LP 两个投资者组成的财团。股权资金是优先级别最低的融资工具，在破产或重组时，仅对经营性现金流和公司资产拥有剩余索取权。收购采用的股权融资工具通常分为优先股或股东贷款（通常占已投资股权资金的大部分）和普通股。PE 基金通常持有绝大部分甚至是全部优先股，而管理层则是大部分普通股的持有者。

---

① 有关 LBO 债务工具的其他信息，请参阅第九章"交易架构"。

补充资料 4.1

收购估值和价值驱动因素

这个例子解释了"标准"杠杆收购的机制，并剖析了公司和股权两个层面的价值创造。此外，在这个例子中，我们还可以看到如何对收益进行分解，并与收购中的各基本价值驱动因素的一一对应关系（见图4.3）。[1]

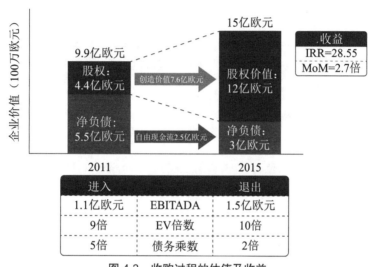

图 4.3　收购过程的估值及收益

假设，一只 PE 基金在 2011 年收购一家公司，且目标公司在扣除利息、税收、折旧和摊销（EBITDA）前的利润为 1.1 亿欧元。双方已就收购价格或称企业价值（enterprise value, EV）进行了谈判，并最终确定为 9.9 亿欧元。也就是说，相当于 EBITDA 的 9 倍。和所有典型的杠杆收购一样，收购使用的大部分资金来自债务融资，约为 EBITDA 的 5 倍——或者说，收购价格中的 55% 来自债务融资，剩余部分则以股权资金支付。

在接下来的 4 年中，被收购公司 EBITDA 的年均增长率约为 8%，并最终达到 1.5 亿欧元。但最重要的是，在此期间，该公司取得 2.5 亿欧元的自由现金流（扣除投资和融资成本），使得公司所有权人可以偿还部分债务。

有了这样一家业绩优良的公司（这可能得益于经济形势的普遍改善），PE 基金得

---

① 有关运营性增值来源的更多信息，请参阅第十三章"运营价值创造"。

以在 2015 年按 10 倍于 EBITDA 的价格出售这家公司。从 15 亿元的企业价值中减去尚未偿还的剩余债务，我们可以得到公司的股权价值（净资产价值）为 12 亿欧元，相当于投资资本的 2.73 倍。考虑到持有期为 4 年，因此，这笔投资的内部收益率（IRR）为 28.5%。[1]

值得注意的是，处于这一时期的企业价值每年"只能"实现 11% 左右的增长率，这清晰地体现出收购交易中的回报杠杆效应。总而言之，借助图 4.4 所示的各价值驱动因素，创造出了 7.6 亿欧元的股权价值。

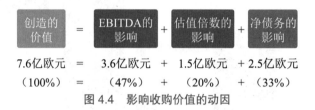

图 4.4　影响收购价值的动因

在这个例子中，股权价值的 47% 来自 EBITDA 的增长（即投资退出时的 EBITDA 减去开始投资时的 EBITDA × 开始投资时的倍数），20% 来自倍数的增长（即投资退出的倍数减去进入时的倍数 × 退出时的 EBITDA），剩余的 33% 来自净债务减少的 2.5 亿欧元。[2]

一种差异化方法——购买权和尽早创造价值

安德鲁·西利托（Andrew Sillitoe），欧洲最大的私募股权投资机构安佰深投资公司（Apax Partners）联合首席执行官，Tech&Telco 团队合伙人

市场上的 LBO 投资通常采取两种截然不同的方法：第一种方法是投资于可持续增长；第二种方法可以称为"购买权利并尽早创造价值"。

在本质上，第一种方法只提供一个价值创造杠杆——即 EBITDA 的增长。这种做法可能会导致投资价格高涨，其依据的理由就是极度乐观的五年期高增长商业计划，尽管这种预测可以得到令投资者满意的 IRR，但最终的结果往往是不太可靠、前轻后

---

① 简化的计算方式不包括进入或退出时产生的交易费用。
② 这种拆分方式未考虑改善乘数及债务支付情况对潜在 EBITDA 增长的影响。

重的收益。支付的溢价倍数较高，而且太多发生在过多资本追逐过少交易的时候，这种情况意味着，在投资的前两个年头里——或者说整个收购中可预测性最强的一段时间，为维持现状，收购方实际上只能一味地腰包，并按考虑到利润提升后的溢价收购投资项目。如果市场判断不正确的话，投资者面对的形势可能会更糟糕。这种情况会大大削弱投资在前两个年头里的收益能力，并将收益推迟到不确定性更高的以后年份。

考虑到需要以大量的股权和债务为收购提供资金，因此，支付的高溢价会严重降低收益倍数增加的概率，并且去杠杆带来的影响则有可能降至最低。因此，按照这种前轻后重的收益模式，很有可能会导致投资者失望和投资失败成为大概率事件。

第二种方法是"购买权利并尽早创造价值"，它强调的是投资时的倍数而非内部收益率（IRR）模型，按不超过内在价值的价格购买资产，并寻找机会，通过在投资周期中尽早发挥价值倍数杠杆的作用，合理安排价值创造过程。如果能得到妥善执行，这种方法可以尽早达到投资的安全边际，它强调的是在投资进入时既取得适度倍数，以防止资产估值持续下降带来的风险，并在条件成熟时尽可能地扩大价值倍数。

躲避主流资产并坚持差异化，有时甚至是反向投资的理念，就很容易发现这样的机会。但这种差异化投资方式不易执行，而且有时可能会带来其他风险，虽然说这些风险在本质上更可控。总体上看，它需要满足三个关键条件：

（1）拥有众多差异化投资机会的项目管道；

（2）具有通过自主判断避免人云亦云的跟风效应；

（3）拥有实现企业转型的工具。

差异化的机会

策略必须得到严格执行，而且要拥有经常说"不"的决断力。它需要有大量而丰富的机会得以做出选择，并通过行业专长创造出高质量的差异化的交易流。此外，这种方法更适用于全球性运营，因为这有利于增加价值套利的机会，创造全球性扩张（通过有机增长或并购）的潜力，从而在全球范围内实现退出机会的最优化。

避免跟风

行业专长至关重要——在宏观层面上，它能帮助投资者找到被低估值的细分行业；在微观层面上，可以为投资者识别出被市场忽略的个别企业。这需要一种透过显而易见的表面，去捕捉"不被看好"的机会，并采取差异化甚至是反向的视角。

实现企业转型的工具

确保企业拥有最高效的高级团队是投资的首要任务。因此，对于私募股权公司在运营技能方面的要求，应该是以具体的职能性专长协助管理团队追求业务潜力的最大化；因为强大的管理团队绝不需要泛泛的管理建议，相反，他们最需要的合作伙伴，应该是能帮助他们解决关键业务问题的人。双方在投资前就转型计划达成一致，对于确保该计划的顺利实施至关重要。

从本质上说，只有发现购买权利的好时机并尽早开始创造价值，才能将伟大的资产转化为伟大的投资。

收购中的管理团队

一个强大的管理团队是收购成功的最关键因素。作为控制性股东和收购方的投资者，拥有选择合作团队的充分自主权。要保证收购过程顺利进行，各方以建设性方式参与到收购后的运营，一个重要前提就是管理层能否与收购公司中的相应合伙人伙伴建立密切合作。根据管理团队在收购过程中的参与度，我们可以划分出几种类型的收购——即内部管理层收购（Management Buyouts，MBOs）、外部管理层收购（Management Buy-Ins，MBIs）和机构收购（Institutional Buyouts，IBOs）。[1]

内部管理层收购（MBO）：在 MBO 中，现任管理团队利用收购基金的资金支持，发起对公司或公司业务部门的收购。在这种收购模式中，PE 公司可以充分利用管理团队对目标公司的了解，从而形成其他利益相关方所不具有的明显优势。由于内部管理层熟悉公司业务，并且已经和内外部公司的利益相关者建立起关系，因此，当管理层试图利用 MBO 带来的新增长机会时，MBO 交易或许会更具吸引力。在 MBO 中，收购过程通常由内部管理团队牵头，主要资金来自收购基金，此外，重复性收购者还会提供部分结构化专业知识。虽然成功的 MBO 可以为管理团队提供良好的创业环境和收益，但失败的 MBO 则有可能导

---

[1] 除本节讨论的三种主要收购形式之外，实践中还可以采用三种策略的各种组合。比如说，在"外部管理层收购"中，由 PE 为收购提供资金，且现有管理团队得到新团队成员及合作伙伴的支持。

致高管层、现有的所有权人及公司员工分崩离析。

外部管理层收购（MBI）：在 MBI 中，收购基金与外部管理团队合作，共同实施对被投资公司的收购。如收购成功，拥有公司股权的新管理层将取代现任管理团队。最典型的 MBI 目标往往具有良好的增长前景与合理的商业模式，但缺乏有效的管理。得益于既有的关系，收购方通常会与有成功经验的 MBI 管理团队在过个项目上展开合作。但这种模式也有缺陷：由于收购基金不能充分利用发挥管理层的洞见，所以 MBI 通常需要较长时间的尽职调查；此外，还需要解决外部新管理团队与现有员工之间的冲突。

机构收购（IBO）：在 IBO 中，收购由私募股权公司发起，而无须现任或外部管理团队的支持。因此，收购基金直接与卖方展开谈判，在对收购条款达成协议之前，很少或根本没有得不到任何管理团队的支持。交易完成后，收购基金可能会保留现有管理层，也有可能会更换管理团队，或是选择性地在现有团队中增加新人选。IBO 在大中型收购交易中是最常见的形式。

整个行业必须警惕对原本价格稳定的资产支付过高的溢价，因此，投资者必须取得差异化的投资机会，采取强大的价值创造策略，深度挖掘隐藏价值——这无疑是打开持久性绝对回报的黄金钥匙。

收购交易的类型

收购公司的目标涉及多种所有权结构的对象，包括私人公司、单体企业、上市公司、大型公司的业务部门以及政府机构出售的资产等。虽然杠杆收购的标的大多可带来稳定的现金流以偿还债务，并拥有强大的市场地位，但收购基金可动用的价值创造杠杆往往因标的来源而异。我们将在下文中描述收购基金采用的最常见策略、作为收购标的所具有的类型特征以及常用的价值创造杠杆。

上市公司的私有化（Public to Private）：对公开上市公司的收购通常采用以上市公司为标的的退市，从而实现私有化的方式（P2P），简称私有化（take-private）。对上市公司进行私有化的主要动机，就在于降低单一所有者情况下的代理风险——即公众股东（委托人）与公司管理团队（代理人）之间激励不一致代理的利益冲突，并实施旨在强化管理团队责任的治理结构（见图 4.5）。此外，让上市公司退市还可以消除与公开披露报告相关的成本，避免上市公司过度强调短期季度收益性的习性，引导管理层放开事业，关注长期价值的创造。上市公司私有化还可以让公司承担更高的杠杆。PE 公司对价值创造潜力的认同体现在私募股权基金为公司退市而支付的（有时是巨大的）收购溢价上。

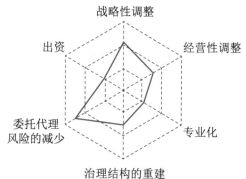

图 4.5　PE 的增值源泉——上市公司的私有化

　　分拆（carve-out）：收购基金经常会收购一家公司旗下的某个部门、业务单元或子公司，并将其确立为一家独立的公司。譬如，如果某个业务单元已不属于公司战略的核心，或是在公司并购中未被成功整合，那么，就可以针对这个业务单元采取分拆策略（见图 4.6）。

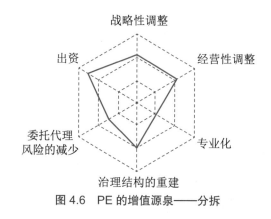

图 4.6　PE 的增值源泉——分拆

　　这些部门往往没有得到高层管理人员的充分关注，相对其他更有活力的业务单元而言缺乏适当的资金或人才，而且由于成本结构不合理或管理费用分配不准确而出现次优化结构。当这些部门被分拆并形成独立公司之后，PE 公司可以为新的独立企业制定更有效的策略，为它们开启价值创造的大门，建立有效的治理机制和控制体系，并为其扩大业务运营提供充足的资金。

　　国有企业的私有化（privatization）：政府的私有化计划为收购资金提供了丰富的收购目标来源。通过更新企业的经营模式，解决公共部门的系统成本效率低下问题，为企业增长提供新鲜血液，将管理层的关注点转移到利润最大化的目标上，就有可能让国有企业释放出巨大的价值潜力。但在这个过程中，也可能会牺牲国有企业传统上的非财务目标（见

图 4.7）。此外，PE 公司还可以通过更先进的治理结构，向整个组织的员工授予更大的权力，从而以新的决策流程来创造价值。

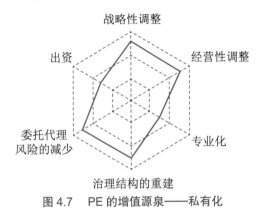

图 4.7　PE 的增值源泉——私有化

家族企业：私有家族企业[①]是最受收购基金欢迎的收购目标之一，由基金派驻的外部管理团队可以快速完成业务的专业化改造，从而有效推动企业的价值创造过程（见图 4.8）。由于家族企业的决策往往来自单一创始人或家庭的核心成员，因此，完善公司的治理机制——包括组建由独立董事构成的正规化咨询委员会，有助于消除私人关系带来的偏见，并在适当的业务层面上引入约束制衡机制。私募股权公司可以通过充分发挥家族所有权结构下的强大品牌和关系去创造价值，也可以通过完成现有策略和强化成本约束而创造价值。需要强调的是，家族企业的固有优势——如密切的网络、强大的企业文化以及员工对家族企业的忠诚度，有时会因为引入新的所有者而被稀释。

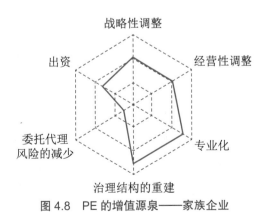

图 4.8　PE 的增值源泉——家族企业

---

① 被收购往往是家族企业制订继任方案所采取的一种可行方式。

　　二级市场收购（Secondary Buyout）：由另一个收购基金控制的被投资公司也会成为 PE 收购的常见目标，这种交易被称为二级市场收购。在这种情况下，创造价值的主要手段是进行战略调整（见图 4.9）。尽管现有的 PE 公司可能已经利用了各种价值创造机会，但作为收购方的 PE 公司依旧可通过技术、知识及内部网络的特殊组合去推动公司实施新的战略举措。通过前一次 LBO，这些目标公司已经"证明"了它们的偿债能力，而且当前管理层拥有经营杠杆业务的经验；在这种情况下，二级市场收购就可以采取更多的债务融资。

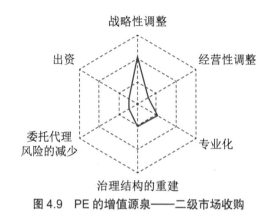

图 4.9　PE 的增值源泉——二级市场收购

本章小结

　　每每提及 PE，读者大多首先会想到收购。事实上，收购也确实是全部 PE 交易中最大的一个部分（按金额计算），而且往往也是所有 PE 交易中最重要的一个部分，并在并购总额中占据相当大的比重。最初的收购基金以大量使用债务为特征，但今天的收购基金早已成为聪明的经营者，它们开始和经营合作伙伴密切合作，推动被投资公司的价值创造。作为商业模式的核心要素，公司的治理机制包括全面的股权控制以及与管理层的利益趋同机制，这也是我们在本书后面章节中将要讨论的重点。

> **基本学习要点**
>
> - 在收购中，PE 投资者获得目标公司的控制性股权，这就赋予了它们制定所有财务、战略和运营业务方面决策的权限。
> - 管理团队执行该基金的投资策略，并以实现管理层与 PE 所有者利益一致作为激励机制的首要目标。
> - 大多数收购的融资结构为杠杆收购（LBO），以债务融资作为收购资金的主要方式。

相关案例研究

摘自《私募股权案例》

案例 11：身边的筹码（A）：对安华高科技（Avago Technologies）的收购

案例 13："钱"途无量：对 Amadeus 全球旅行分销网络的收购

参考及补充读物

Damodaran, A. (2008) The Anatomy of an LBO: Leverage, Control and Value, http://papers.ssrn.com/sol3/papers.cfm?abstract_id=1162862.

Gottschalg, O. and Berg, A. (February 2005) Understanding Value Generation in Buyouts, article in *Journal of Restructuring Finance*, 2(1), accessed here https://www.researchgate.net/publication/4816134_Understanding_Value_Generation_in_Buyouts.

Guo, S., Hotchkiss, E.S. and Song, W. (2011) Do Buyouts (Still) Create Value, *Journal of Finance*, LXVI(2): 479–517.

Jensen, M. (1986) Agency Costs of Free Cash Flow, Corporate Finance and Takeovers, *American Economic Review*, 76(2): 323–9.

Kaplan, S. and Stroemberg, P. (2008) Leveraged Buyouts and Private Equity, http://faculty.chicagobooth.edu/steven.kaplan/research/ksjep.pdf.

Morris, Peter (2014) Approach Private Equity's "Value Bridge" with Caution, *Financial World*, October/November 2014, https://ssrn.com/abstract=2563532.

第五章　另类投资策略

　　投资于风险投资、成长型股权和收购交易的基金构成了私募股权（PE）行业的支柱。随着行业不断趋于成熟以及旗下管理资产规模的增长，PE 公司开始放眼大局——不同的市场、资产和以前尚未涉足的商业领域，在更大的场景下进行资产配置，发挥它们的特殊技能。

　　如果不认真分析如下两种另类投资策略，我们对私募股权的介绍显然是不完整的：投资不良资产的 PE 及不动产投资。至于这些策略的长足发展和巨大吸引力，则在很大程度上源于它们特殊的风险—回报特征以及有限合伙人（LP）与传统投资组合不相关的收益需求。这两个领域又分别由几个分项策略构成：其中，不良投资型 PE 投资包括企业重整和不良债务策略，而不动产投资则包括房地产、基础设施和自然资源投资。

投资于不良资产的私募股权

　　不良资产 PE 基金投资于因即将失败或破产而需大幅重组的成熟型企业。尽管陷入危机的原因可能很复杂，但 PE 投资者经常看到的危机型企业，大多属于债务负担不可持续，采取了低效甚至是无效的运营模式或是两者兼而有之。解决这些问题需要高度专业化的团队，他们拥有在极限环境下进行重整管理和财务重组的丰富经验。考虑到不良资产投资的目标公司大多状况不佳，因此，这类 PE 投资者必须要在有限的尽职调查后当机立断，取得公司控制权并立即着手应对公司眼下的流动性危机，确保企业生存下去并为复苏做好准备——没有复苏就没有生存，当然，也不存在没有生存的复苏。虽然每个企业的具体情况和危机程度各有不同，但在这个领域中，PE 基金均会采用一种共同的方法，即以估值折扣后的价格取得对资产的控制，并快速、高效地推动重组过程。

　　在接下来的一节中，我们将认真剖析两种最重要的 PE 不良资产投资策略：重整投资（turnaround investing）和不良债务投资（distressed debt investing），并探讨造成危机的部分原因。

重整投资

重整投资基金的收购对象是陷入严重困境的成熟型企业，并取得被投资企业的大多数股权。

持有大多数股权是大部分重整型投资者的先决条件。在投资之后，如果根据对公司进行严格的诊断性审查以及各利益相关者的立场进行分析，需要当机立断采取有效措施，那么，取得控制权股权就成为不可或缺的条件。[①]PE 团队需要随时触及企业的各个方面，因为现金的快速消耗会阻碍被投资公司的日常运营。与此同时，PE 公司刻不容缓地和银行、债权人及供应商进行谈判，以争取到他们的合作。

在投资时，目标公司通常存在严重的经营亏损，而且现金储备迅速枯竭。重整基金的常规手段就在最短时间内最大限度地增加短期现金流，以稳定业务，并避免公司陷入破产。为明确形势的紧迫性和实施改进的可利用时间，必须进行全面深入的短期现金流分析——行业的通行做法是进行 13 周的现金流预测。以重整为投资目标的领域始终坚守"现金为王"的信条：寻找现金，得到现金，并推动现金流持续改进，让公司保持流动性和持续运营，这是重整成功的关键。

在重整投资中，不仅需要一个投资团队能在尽职调查期间对重整机会的可行性做出合理评估，还需要一个善于迅速解决经营业务中的薄弱环节并促成变革的经营团队。在重整过程中，不仅需要对财务重组计划以及与利益相关方的谈判进行管理，还要随时规避让公司陷入破产的法律风险，从而让这项任务变得更加复杂。在缺乏全球通行破产法规的前提下，要规避破产风险，就必须掌握所在国家的法律专业知识。要维持一个完整的重整专业团队必然需要投入巨大的成本，因此，这种投资策略显然只属于某些拥有丰富案例经验的基金，高高在上的进入壁垒使之成为 PE 行业中的一个专属领地。

尽管每一个重整案例都面对着不同的环境，但重整专家们还是总结出一套典型的操作步骤，如图 5.1 所示。

对于已陷入困境中的目标公司，保护 PE 基金及其 LP 的利益至关重要，而且重整基金必须保证某些最低限度条件在投资之前即已达到。与债务持有人合作，寻求可持续的短期融资解决方案，是进行重整的第一步，也是开展重整的前提。依照所在地的法律，由公司申请自愿破产可能是争取时间和重组业务的最有效方式。通过短期现金流预测，可以明确

---

① 重整基金并非从一开始就取得控股权，因为一些股权持有者只接受循序渐进的减持。这就增加了长期持股的风险，进而降低了投资的内部收益率。

企业当前的业务状况，并说明现有现金可坚持多长时间；大多数情况下，需要注入新的资本满足企业对营运资金的需求，并为公司提供进行短期和长期业务改进所需要的灵活性。由于重整投资的机会通常是经营不善的企业，因此，必须对现有管理团队进行深入评估，而且这种评估应该从尽职调查阶段即开始进行。

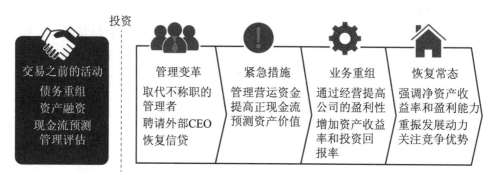

图 5.1　典型的重整流程

资料来源：Turnaround Management Association。

　　这种情况往往要求替换现有管理层，或者至少以个别拥有丰富的行业及重整经验的专业人士作为补充，以稳定业务的同时，确保债权人、供应商和客户参与重组。在明确了解可掌握时间的前提下，重整投资者应优先解决最容易解决的问题，缓解现金流短缺，改善经营业绩，迅速实现正的现金流。当公司现有业务流程稳定之后，原本迫在眉睫的威胁便宣告解除，此时，PE 团队的重点将转向提高资产的生产效率，通过资本和资源的配置恢复企业的可持续经营能力。总而言之，短期内确保生存，长期内实现复苏，是重整投资的基本目标。

不良债务投资

　　不良债务基金收购陷入财务危机公司的债权，并通过债权升值或目标公司最终实现重组而得到收益。

　　在这个短期股权或"交易"敞口换取价格升值收益的市场上，这些基金必须直面对冲基金或银行自营交易柜台的激烈竞争，它们的预期就是在短期内兑现资产错误定价所带来的收益。然而，大多数不良债务基金还是借助于持有目标公司的大多数股权，从而影响或推动债务公司的重组过程。有些基金将债务投资及重组方面的专长与重整和运营能力结合起来，采取"债转股"策略，以期取得对企业的控股权。在重组之后，借助控股权取得主导并经营债务公司的能力，是不良债务基金区别于上述其他市场参与者的关键要素。

在陷入危机时，目标公司的公允价值可能低于其未偿还债务的账面值，这不仅会削减公司股权的价值，甚至会殃及公司的次级债务。[①] 因此，不良债务基金，尤其是那些试图控股目标公司的基金，通常投资于优先级债务，以保留对目标公司经济价值的索取权，这样，基金就可以推动重组过程，并取得重组后的控股权。

有人可能会认为，在投资之前，应该深刻了解不良企业的业务活动，并建立行之有效的投资准则；然而，在着手收购目标公司的股份之前，不良债务投资者很少有机会接触到管理层，而且几乎无法对目标公司开展深入的尽职调查。因此，投资者最初往往会以取得小额股份作敲门砖，逐渐渗入目标公司并取得内部信息。[②] 在与被投资公司的管理层接触之后，如果投资者认为最初设定的目标难以实现，那么，不良债务基金就会利用二级债务市场抛出股权，在必要的情况下，即使亏损也在所不惜。

各利益相关者的利益在重组中很少能得到统一。因此，私募股权投资者必须了解现有债务的债权人是谁，这一点至关重要；吸引志同道合的债权人参与重组构成，不仅强化重组目标，而且有利于实现快速退出。

图 5.2 是一家不良企业在重组之前和重组之后的资本结构和所有权。通过将一定数量的债务转换为股权来创造最佳资本结构，是让此不良企业在重组后恢复可持续经营能力的关键。

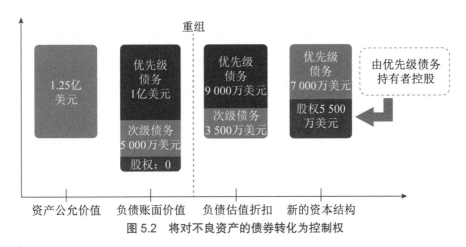

图 5.2　将对不良资产的债券转化为控制权

资料来源：Turnaround Management Association。

---

① 有关 PE 参与情况下的典型债务证券概况，请参阅第九章"交易架构"。
② 一旦可以启动尽职调查，PE 投资者就应以贷款文件取得控制权，并推动随后的重组过程。

需要注意的是，尽管优先级债务持有者享有优先于其他债权人的受偿权，但即便是这些优先级债权人，往往也要为了促进重组过程而接受一个投资减值（或称"估值折扣"）。优先级债务的持有人控制整个重组流程，而且在"债转股"模式中，会成为持有重组后公司控股权的一方。

不良资产投资：在欧洲和美国为什么会有不同？

卡里姆·哈来拉（Karim Khairallah），橡树资本管理公司（Oaktree）欧洲集团执行董事

在对比欧洲和美国的投资环境时，人们必须考虑到，欧洲是由诸多拥有不同经历和体验的国家构成的。本部分将总结它们之间的差异，并指出高度泛化是揭示其差异的前提。为此，我们必须认识到，在欧洲，不良资产投资的复杂性要求投资者具备高度专业的知识和经验；而且导致与美国存在巨大差异的原因是多种多样的，我们将在下文中一一叙述。

法律环境

美国的破产法（第十一章"破产保护"）是经过实践验证的，它考虑了经营的连续性以及持续经营条件下的有序退出。很多欧洲大陆国家的破产法诞生较晚，尚未得到实践的充分检验，不仅缺乏可以借鉴的案例，而且债权人不够友好。此外，欧洲破产法未必会考虑企业的继续经营，而且往往会因折价销售、清算和撤销供应商及融资额度等方式造成严重的价值损失。在美国，全部利益相关者都可以有效使用破产保护，从而以有序的业务重组（资产负债表和业务两个层面），确保公司生存。此外，债权人还可以利用这些权利维护其法律和经济权利，并最终达到控制债务公司的目的。在欧洲，债权人对进入和退出破产过程的参与度很小，管理层或是由法院任命的独立管理人是破产程序的关键决策者。这些差异自然会促使投资者更有可能采取维护其投资的方式。

多种利益相关者

在欧洲国家，企业往往存在多种利益相关者，在陷入破产危机中，每一方都拥有不容忽视的话语权。这些利益相关者包括公司的管理层、工会、股东、债权人（优先级和次级债权人拥有不同的角色）和法院（破产前和破产后的申报），在某些情况下

甚至还包括政府。这就需要了解每个利益相关者的动机和目标，拥有与之对话的能力，并认识到价值有可能被流向不拥有法定占有权的利益相关者。

一致性交易与非一致性交易

当相关各方对一个通常可避免破产的结果全部达成一致时，即形成一致性交易（consensual）。当部分或全部当事人之间存在冲突或敌意以至于无法达成共识时，则会出现非一致性交易（non-consensual）。如上所述，美国的破产法体系已经过了充分检验，且拥有明确的先例可参照，而且不像非一致性交易的各种成果那样缺乏可预测性，因而更易于管理。另一方面，在欧洲国家，非一致模式则充满了风险和不确定性结果，因此，应尽可能地将投资目标定位于一致性结果。在存在多种利益相关者的条件下，这显然是一个非常复杂的过程，因而需要采取完全不同于美国的措施。这就需要投资者团队拥有应对这种复杂性的多方面能力，以确保形成一致性交易。

融资结构（优先级和次级债务）

在欧洲的破产案下，次级债务几乎不享有任何求偿权或执行权（这不同于美国的破产保护），司法程序通常不会保护次级债务持有者的经济利益。因此，在一致性重组谈判中，次级债权人可能被排除在外，被动接受其他债权人谈判达成的交易。出于这个原因，欧洲次级融资市场的活跃程度较低；其债务结构的典型特征是优先级债务的受偿金额较高，而次级债务方式的受偿金额相对较少。在美国，次级债权交易是最常见的不良债务投资，而在欧洲则显然属于高风险交易，因此，欧洲的次级债务市场非常有限。

债权人

与美国相比，在欧洲的企业债务中，银行始终是占比相对较高的债权人，从历史上看，杠杆借贷市场一直是私募股权交易最主要的融资来源。尽管这种情况自2009年以来有所改变，这个高收益市场逐渐成为欧洲地区更常见的融资源泉，但银行依旧是非常重要的债务持有人。和机构投资者相比，银行在出售债权时往往习惯于犹豫不决，从而降低了不良市场的流动性。这就加大了各方达成一致性解决方案的复杂程度。因此，在欧洲的不良资产投资策略中，必须考虑到与银行建立稳固的合作关系，只有这样，才能收购它们所持有的债务，或确保它们对债务重组给予支持。

总而言之，美国和欧洲的不良资产市场完全是不同的事情——和美国相比，在欧洲，纯粹从事不良资产的投资者数量很少。这种策略需要以高度本地化的解决方案去推动一致性结果。事实已经证明，选择非一致路径对价值的破坏效应远超过一致方式。即便如此，考虑到各利益相关者的利益诉求不尽相同，其固有目的可能相去甚远，因此，建立一致性解决方案在实践中远不像理论上那么简单。在现实中，如何协调不同利益相关者的利益分配，更多的是一门艺术，而非科学。

补充资料 5.1

私人债务

在经历了全球金融危机之后，国际银行体系监管制度的加剧以及对借贷活动的限制，为传统的私募股权公司提供了新的契机：筹集资金提供债务融资。从历史上看，私人债务基金的侧重点只是为杠杆收购交易中较高风险等级的债务提供融资，但是自2009年之后，随着企业直接贷款需求的扩大，私人债务基金的资金配置开始迅速膨胀。无论是传统的私募股权公司，还是专业型债务投资者，为赶上这轮大潮，都纷纷开始筹集资金。下面，我们简要概括一下直接贷款与交易融资（见图5.3）。

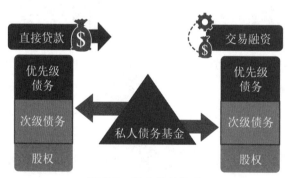

图5.3　私人债务策略

直接贷款（direct loan）：直接贷款是一种企业贷款形式，债务基金直接向企业发放贷款或是在二级债务市场上收购这些贷款。借款人通常是难以获得银行融资或者希望实现融资来源多样化的中小型企业。直接贷款具有较高的可定制性，可以采取风险特征各异的优先级或次级债务形式。相对于PE投资，与直接投资相关的现金流具有更高的可预测性，因此，债务基金通常会在基金层面进行杠杆操作，以达到提高收益的目的。

　　交易融资（transaction financing）：债务基金也可以为杠杆收购业务提供融资。在这种情况下，债务基金通常采取次级债务形式，并由银行提供优先级债务。最常见的交易融资债务工具是夹层资金（mezzanine capital）。[1]

不动产投资

　　投资于房地产、基础设施和自然资源等行业的基金，经常被划分为 PE 资产类别中的一个子集，称为不动产投资者。在这个投资类别中，私募股权投资涉及的活动范围很广，从对"传统意义上"对拥有不动产敞口的公司进行投资，到为不动产项目直接提供债务和股权。形形色色的投资者活跃在这个不动产投资领域，他们中既有最大型的全球私募股权公司（如黑石、KKR 和 Partners 集团），也有专门从事特定不动产类别的基金，还有进行直接投资的有限合伙机构。

　　PE 基金为各种形态的基础不动产提供融资，从绿地开发项目到现有设施的改进，再到成熟资产的运营。当然，资产的成熟度或开发阶段对基础投资的风险回报特征有着截然不同的影响：虽然尚未完工项目需要投资者拥有更高的风险承受能力，但也能给投资者带来最大的价格升值潜力；而对成熟项目的投资，则可以为投资者带来稳定的长期现金流。[2] 不动产投资者，在开发过程中的每个阶段都会以不动产本身作为抵押品，通过使用杠杆最大程度地提高收益。图 5.4 简要概述了两个不动产项目的阶段（在建阶段和成熟阶段）及其相应的风险收益特征——基础设施项目和自然资源项目。

　　从历史上看，由于不动产项目的收益与其他资产类别不相关，因此，成熟的不动产资产不仅可以提供稳定的股利流，还可为投资组合提供多元化的收益。因此，对强调长期投资的大型机构投资者和希望以现金分配减少其投资计划带来的经常性资金需求的投资者，

---

[1]　有关收购交易中债务融资的更多详情，请参阅第四章"收购"和第九章"交易架构"。

[2]　不动产投资的期限可能会远远超过传统 PE 基金的标准 10 年期投资期限。因此，募集资金时间达到或超过 20 年的不动产私募基金并不罕见。

不动产投资显然是对他们最有吸引力的目标。此外，不动产投资还能有效地对冲通货膨胀，因为投资者可以将不动产的定价风险有效地转移给消费者。

图 5.4　不动产项目的阶段

主权财富基金和养老金计划也已经开始直接投资[1]于成熟的基础设施及不动产项目，进而与 PE 公司的一般合伙人展开竞争。因此，在如下的另类资产类别中，其管理的资产规模在近年中稳步增长当然不足为奇。[2]

房地产：房地产基金主要采用三种投资策略——机会型、增值型及核心增益型，并投资于房地产的四个主要分部门：住宅、办公物业、零售物业和工业物业。核心增益型策略的关注点是投资于高质量、低风险的成熟项目，从而形成稳定、可预测的现金流。核心增益物业用来提升物业价值所需要的翻新改造最少，甚至根本就不需要，这种投资策略的绝大部分收益来自租金收入和租赁收费。增值战略的重点是收购成熟项目，且这些项目需要以巨大的投资和改造来创造价值。这种策略比核心增益策略的风险更高，其收益来源依赖于资产增值，其现金流的大部分并非来自收益。机会型策略的投资对象是处于成熟项目各个阶段上的高风险项目，从原始土地、预建设工程项目到已出现危机的成熟项目。机会型项目需要投资者深入参与项目运营，尽快促使项目进入现金流创造阶段；现金流创造能力的提高以及由此产生的价值增值，构成了机会型策略的主要受益形式。

基础设施：基础设施基金的投资对象是对运输、通信、电力供应、传统能源供应链、可再生能源以及社会基础设施（医院、学校或监狱）等实体建筑和设施进行开发建设和经营的项目。PE 基金通常投资于如下三种风险依次降低的项目类型：绿地开发、棕地康复及

---

① 有关 LP 进行直接投资及跟投策略的更多信息，请参阅第二十一章"LP 的直接投资"。
② 有关不动产管理的数据，请参阅第二十五章"私募股权行业的变迁"。

棕地核心项目。[①] 基金的投资阶段通常为处于开发过程中的特定阶段，以充分利用其内部专业知识。鉴于基础设施项目的本质，通常要求 20 年以上的资金，这可能符合某些 LP 对负债期限的要求。

基础设施基金将资金分配到如下两种主要类型的投资上：公私合营基础设施投资项目（PPP）和私人基础设施投资项目。在 PPP 项目中，政府机构与基础设施基金共同投资，绿地项目或现有的棕地资产进行开发和运营。政府提供使用绿地的特许权，而基金提供实施项目所需的追加资本和专门知识。政府提供的收入补贴及税收优惠往往是这类项目在经济上能被私营部门接受的关键要素。另一方面，私人基础设施投资则是没有政府支持的项目。这些投资的收益往往来源于资本利得，而不是当期收入。

鉴于发展中国家新基础设施的建设、发达国家的基础设施的改造[②] 和升级，因此，这一资产类别仍然需要大量新增才能满足其巨大融资的需求。

自然资源：在投资于自然资源时，私募股权基金的成功和需求与基础大宗商品剧烈波动的周期性价格密切相关。由于大宗商品的价格对项目盈利能力有直接的影响，因此，自然资源基金对 LP 而言风险较大。私募股权的投资活动主要侧重于如下按规模和相关性顺序排列的三个子行业：石油和天然气、金属和采矿以及农业或农业综合产业。在这些分部门中，PE 的投资对象又可以细分为勘探、开发和生产项目。勘探开发项目包括资源勘探定位或大宗农产品的种植及其采掘或收割，而生产性项目则是将原料大宗商品转化为市场可接受的商品。

石油天然气历来是最常见的自然资源投资对象，尤其是运输、仓储和批发营销等中游业务，可以带来可预测性的现金流，从而给投资带来稳定的现金流。在金属采矿业中，普通金属始终是吸纳大部分 PE 资金的产业，其次是贵金属和黑色金属。针对农业和农业综合产业的投资则贯穿整个价值链，从投资土地，到农场和种植园的运营，再到农产品的加工。农业土地的投资又可以进一步划分为购买租赁及持有经营模式，其中又尤以后者受 PE 投资者的青睐。

---

① 棕地康复是需要大量维修和保养的成熟项目。
② Lin and Lu（2013）.

本章小结

随着 PE 行业的发展，投资者可以借助于更多的策略为收益型投资者提供有吸引力的投资机会，从而将资金源源不断地输送给嗷嗷待哺的私营企业。

本章从总体上对 PE 进行了简单概述和宽泛介绍。我们首先界定了针对早期和后期阶段的投资战略，区分少数股权投资与控制性股权投资，并从各利益相关者的角度描述整个行业的发展动态。在下一部分，我们讨论的重点将转移到 PE 的投资流程。

基本学习要点

- 除主流 PE 之外，在最近几年里，不良资产 PE 和不动产基金这两种另类策略开始备受关注。
- 不良资产投资需要以一整套专业能力进行业务改进（重整投资）或优化资产负债表（不良债务）。在所有不良资产投资中，都需要对现金和利益相关者管理给予特殊的关注。
- 不动产投资又可以划分为三种策略：房地产、基础设施和自然资源。持有期间较长、与传统资产类别相关度较低以及成熟项目可取得的稳定现金流，使得这种投资对某些机构投资者尤其有吸引力。

相关案例研究

摘自《私募股权案例》

案例 14：Mill 的危机：对印度纺织业的重整

案例 15：荷兰文德克司零售集团（Vendex KBB）：危机的前 100 天

案例 17：以非洲的粮食解救非洲：坦桑尼亚的水稻农场和农业投资

参考及补充读物

CAIA, Investing in Distressed Debt, https://www.caia.org/sites/default/files/3investing_in_distressed_debt_caia_aiar_q2_2012.pdf.

CAIA, Risk, Return, and Cash Flow Characteristics of Private Equity Investments in Infrastructure, https://www.caia.org/sites/default/files/2risk_return_cashflow_characteristics_

private_equity_investments_caia_aiar_q2_2012.pdf.

Cuny, Charles J. and Talmor, Eli (2006) A Theory of Private Equity Turnarounds, https://ssrn.com/abstract=875823.

Kazimi, H. and Tan, T. (2016) How Private-equity Owners Lean into Turnarounds, McKinsey Quarterly, http://www.mckinsey.com/business-functions/strategy-andcorporate-finance/our-insights/how-private-equity-owners-lean-into-turnarounds.

Lin, Justin and Lu, Kevin (2013) To Finance the World's Infrastructure, We Need a New Asset Class, *Huffington Post*, October 10, http://centres.insead.edu/global-privateequity-initiative/research-initiatives/documents/to-finance-the-worlds-infrastructure.pdf.

Preqin Special Report: Institutional Investors in Natural Resources Funds, https://www.preqin.com/docs/reports/Preqin-Special-Report-Natural-Resources-Investors-October-2015.pdf.

Weber, B., Straub-Bisang, M. and Alfen, H.W. (2016) *Infrustructure as an Asset Class*, John Wiley & Sons.

第二部分
PE 的交易过程

本书的第二部分将跟随私募股权（PE）基金完成整个投资过程。作为重复的买家和卖家，PE公司显然是并购市场中最有经验的参与者之一，其投资过程的核心就是评估和权衡不同投资机会的风险和收益。

这个过程从审查商业计划开始，到最终进行投资交易，可能需要耗费私募股权公司几个月、有时甚至一年以上的时间，具体取决于投资团队的经验、被投资公司所提供信息的质量以及过程中的竞争态势。图B展示了整个PE投资流程的基本步骤。

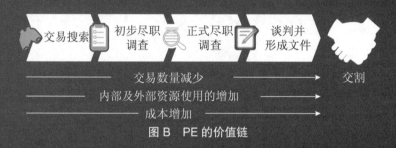

图 B　PE 的价值链

关键的初步步骤包括确定目标公司、评估其商业模式和商业计划以及开发前瞻性商业案例场景。确定目标通常需要在数百个机会中进行筛选，并逐渐将选择范围缩小到几个。

一旦尽职调查开始之后，就可以使用收集到的信息制定投资理念，并最终确定交易模式。在评估投资风险和机会时，PE公司将对投资目标进行估值（形成一个估值区间）。

在取得近似估值后，下一项任务就是与卖方商定收购价格，这通常是一种竞争性的谈判过程。风险投资和成长型投资者强调对目标公司的股权进行估值，而收购型投资者则关注如何通过适当的债务和股权取得融资规模及结构。然而，尽管价格非常重要，而且的确非常重要，但它绝不是交易的唯一决定性因素，因为还有其他因素是需要考虑的。

最后，双方以谈判商定的诸多条款形成一系列关键性文件，通过这些文件，作为投资方的PE基金、卖方以及可能在交易完成后参与的债务提供者，得以明确各自的经济权益和控制权利。

本部分概述

本部分中的各章节将向读者介绍从项目搜索到执行及交割的整个交易过程。

第六章"交易搜索与尽职调查"：寻找最可取的交易并积极创造稳定的交易机会流，对 PE 而言至关重要。有了潜在目标，下一步就是尽职调查，强大的尽职调查可以确保投资者识别各类风险和机会，并通过价格调整、保险和赔偿等机制应对这些风险和机会。

第七章"目标公司的估值"：与其说取得合理的投资估值是一门技术，还如不说它是一种艺术。对于处于发展初期和成熟期的公司而言，其估值方法是不同的。我们将在本章探讨企业估值的主要步骤，并对倍数估值法进行讨论——这也是后期 PE 交易所采用的核心方法。

第八章"交易的定价机制"：我们将探讨杠杆收购（LBO）交易中的动态和竞争过程，并采用标准的两阶段拍卖过程以及价格调整和交割机制来解决问题。此外，我们还将深入研究上市公司退市交易涉及的特殊要素。

第九章"交易架构"：在 PE 交易结构中加入债务，必然会导致问题复杂化。本章简要介绍了 PE 投资采用的各种债务和股权工具，以及 LBO 基金为提高投资收益所采用的资本结构。之后，我们将对 PE 投资实施交易时频繁使用特殊目的载体（SPV）的原因做出解释。

第十章"交易文件"：对于准备从事 PE 专业的人来说，本章至关重要。毕竟，妥善制定交易文档是非常重要的，因为这些文书最终确定了 PE 公司与交易对手商定的各项商业条款。实际上，制作交易文书占用了执行交易过程的大部分时间。在本章里，我们将深入探讨 PE 在关键性交易上采取的特殊条款以及债务和股权文件，具体涉及"陈述和保证"、承诺、优先权以及经济与控制权等主题。本章涉及内容非常多，因为这也是 PE 工作中最烦琐、最重要的一部分。

第六章　交易搜索与尽职调查

对于私募股权（PE）来说，成功的关键不仅在于要做好交易，还需要规避不利的交易。平庸基金和伟大基金的最大差异体现在两个重要方面——交易搜索和尽职调查。

交易搜索是指 PE 公司筛选投资机会并从中确定最优目标的过程。在当今竞争激烈的并购环境中，私募股权公司正在越来越多地依赖先进的定制性搜索策略，以充分利用公司在商业领域的网络，向目标公司提供差异化的信息。考虑到潜在交易数量巨大，因此，私募股权公司需要以严格筛除不符合既定标准或是缺乏吸引力的公司，从而专注于少数拥有最优前景的交易。以图 6.1 为例，在欧洲，一只成熟的收购基金可能会在一年内审查 800 笔交易，但最终只能成交五笔投资。

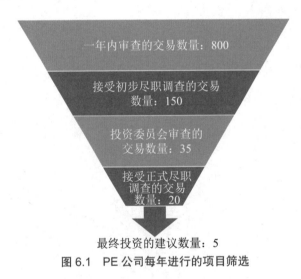

最终投资的建议数量：5
图 6.1　PE 公司每年进行的项目筛选

资料来源：Bridgepoint。

对于通过基金初始交易搜索过滤的投资，下一个步骤就是深入的尽职调查。尽职调查正在成为一个日趋资源密集型的过程，因此，在这个关键性步骤中，PE 公司需要动用内、外部人力，调查与目标公司投资相关的各重要方面。尽管 PE 公司的调查需要覆盖目标公司的每一个方面，但它们通常会采取结构化流程，将重点放在尽职调查的几个标准方面上。

这个过程的广度和深度受制于尽职调查的费用以及投资是否交割的不确定性，尤其是在有多个卖家为争夺目标公司而展开竞争时。尽职调查的结果需要提交给公司的投资委员会，并由该委员会决定是否提出报价。在做出这一决定时，投资委员只考虑那些拥有最佳风险回报特征且适合于基金的机会。

在本章里，我们将简要概述针对成熟目标公司进行交易搜索和尽职调查的流程[①]。在讨论典型的尽职调查流程之前，我们首先将介绍自主进行及借助中介条件下的交易搜索。作为本章的结论，我们总结了尽职调查的四个主要领域：商务、财务、法律和人力资源。

生成交易流程

交易搜索是 PE 公司投资过程中的第一步——对潜在的投资机会进行识别和筛选。为最大限度增加基金交易管道中合格投资机会的数量，早在取得第一笔认缴出资之前，私募股权公司便已经开始搜索项目，并在整个投资期间持续进行这项工作。对于成熟公司而言，由于有后续基金不断提供新的资金来源，因此，交易搜索是一个持续性过程。

交易搜索是一个耗时而低效的过程，因而需要在各个阶段上都进行认真审核。确实有很多投资机会是投资者随时可以兑现的，但也有很多机会需要他们给予足够的耐心和跟踪，直到出现一系列条件，促使目标公司所有者去寻求外部投资者的条件，不过，在这些条件中，有些注定不是 PE 公司所能控制的。为确保搜索流程的一贯性并减少对交易专业人员的需求，有足够资源的 PE 企业会建立自己的内部业务开发团队，专门负责搜索交易。这些团队既是与中介机构接触的第一联络点，也是公司开展自有交易流程的基本力量。但交易搜索通常要涉及整个公司，因为任何人都不清楚下一个高质量的线索会来自何处，比如说，以前的被投资公司及其所有者或是创业者都有可能形成交易流。

目前可以采取两种主要方式搜索交易：通过内部资源搜索到的自有交易流、通过付费给第三方取得的中介交易流。

自有（proprietary）交易流： 自有交易直接由 PE 公司搜索得到，无须借助财务顾

---

① 下述过程适用于拥有实物资产、历史业绩数据和持续经营内在价值的成熟目标公司。对投资于早期创业阶段企业的风险投资基金，则需要差异化方式对投资的可行性进行评估。我们已经在第二章"风险投资（VC）"详细描述了在风险投资条件下的交易机制。

问的协助。自有交易的主要来源是 PE 投资专业人士的个人和业务关系网。此外，自有交易的渠道也可以是 PE 公司的高管网络[①] 及现有被投资公司的管理团队和顾问委员会。其他主动搜索渠道还包括无预约拜访、阅览行业监管文件和出版报告以及参加行业或网络会议。

PE 专业人士更偏好自有交易，因为自有交易通常按基金的规模和板块要求量身定做，这不仅可以提供直接对接目标公司管理团队的渠道，而且会有比中介交易更高的成交率。此外，一旦条件成熟，自有交易的执行速度往往更快，而且成本也更低。显而易见，有限合伙人当然喜欢拥有强大自有交易流程的公司。

但自有交易流程也有一些缺点。由于 PE 公司掌握的目标公司往往并不急需资金，因此，PE 公司可能需要较长时间（通常是几年）与目标公司建立关系，说服对方接受投资，而且不能保证最终一定会实现投资。在自有交易的情况下，用于对出售流程的资金投入最小，甚至无须投入，因此，企业所有者会在交易中占据上风。此外，有 PE 内部主动获取的交易，还有可能吸引其他潜在投资者的注意，从而引发更激烈的竞争。

中介交易流程：对于大型成长型股权和收购基金来说，在它们交易搜索的过程中扮演关键角色的往往是有偿型中介机构，如综合型投资银行、并购机构以及会计师事务所的企业咨询部门。这些中介机构的大部分收入来自仅在交易完成时收取的成功费，也包括目标公司为聘请外部顾问而支付的固定聘用金（retainer fee），即为聘请顾问提供服务而支付的与结果无关的固定费用。中介交易的主要推动者是由目标公司聘请的咨询师（或称卖方顾问）以及由 PE 公司直接聘请的顾问（或称买方顾问），当然，最罕见的情况当属"非基金"发起人——即对具体交易出资以换取股权或收费。

当一家公司聘请卖方顾问时，实际上是在向外界发出一个信号：它非常在意这笔交易，公司的质量足以吸引外部顾问，而且已为出售做好了准备。卖方投行的参与往往代表拍卖过程，即潜在卖家将向为数众多的投资者展示这个机会，并邀请他们报价收购。[②] 尽管参加拍卖是投资于大企业的必要条件，但 PE 公司对这些机会的转换率（将机会转换为最终的成交）远低于参与招标过程的人数；而且肯定低于独立搜索实现的成交数量。

在邀请中介机构参与公司的交易流时，PE 基金的自身规模及其投资的平均规模，是决

---

① PE 公司的高管网络是由投资者资助且能为被投资公司增加价值的高管团队。这些高管通常需要对基金做象征性投资，并与 PE 公司签订多种多样的薪酬安排，既有领取全额工资加提成收益的经营合伙人，也有收取固定预付费用并与被投资公司具体活动挂钩的其他角色（咨询师）。私募股权公司还可以借助专家网络——即寻找有经验的行业高管的猎头公司等。

② 有关两阶段拍卖过程的介绍，请参阅第八章"交易的定价机制"。

定所邀请中介机构类型和数量的关键要素。管理大型和超大型基金的 PE 公司基本将投资银行作为搜索交易机会的来源，因为大多数大型目标公司都会聘请投资银行作为卖方顾问，以最大限度地提高交易价值。而管理中小型基金的公司主要依赖会计师事务所的企业咨询部门和并购专业机构取得交易来源。

补充资料 6.1

交易搜索的统计

哪些交易搜索渠道带来的机会最多呢？答案因不同公司而异：管理较小基金或投资于新兴市场的较年轻 PE 公司往往依赖内部资源获得更多交易，而从事大型收购的 PE 公司依赖内部自有网络获得的机会则相对较小。[1] 需要补充的是，正如本书受邀作者如下所述，新兴市场的交易搜索更加复杂。

与收购和成长型股权基金公司相反，风险投资（VC）公司，尤其是投资于早期初创企业的公司在搜索交易时，对收费中介机构的依赖程度要低得多，它们的交易主要来源则是由公司声誉以及合伙人私人网络形成的自有交易流程；毕竟，"搜索"下一个冉冉升起的创业家是一件难以规律化的事情。[2] 除自有交易之外，风险投资公司有时也会考虑到来自准中介机构的交易流，它们包括创业孵化器、加速器、天使投资者以及个人或专业机构等协助未来企业家实现商业计划的整个生态系统。针对早期阶段的风险，投资公司可能还会参加商学院和大学组织的投资创意大赛，以期尽早获得创意。总体而言，风险投资更具包容性：由一家公司在一轮中牵头投资，再邀请几家公司形成投资"俱乐部"进行跟投，从而为其他公司提供交易流。

除逸闻性数据外，还很少有对 PE 交易进行分类的研究；即使有的话，也需要审慎对待，毕竟交易的获取在不同的市场上是不同的，而且这些信息大多是来自 PE 公司自身的一面之词。尽管如此，我们还是有必要看一项针对全球收购及风险投资公司进行的调查，结果如图 6.2 所示（Teten，2010）。

---

[1]　执行收购战略的公司通常投资于成熟且高度中介化的市场，因为在这样的市场上，卖家非常精明，交易规模非常巨大，而且卖家绝对不缺少聘请财务顾问的资金实力。

[2]　有关 VC 交易搜索的更多信息，请参阅第二章"风险投资（VC）"。

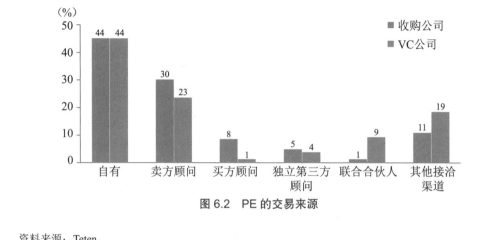

图 6.2　PE 的交易来源

资料来源：Teten。

在新兴市场寻找猎物

尼古拉斯·布罗伊（Nicholas Bloy），NAVIS 投资公司创始合伙人

　　在新兴市场，中介机构还不成熟，而且效率低下。投资标的的规模通常较小，而且跨国投行也不愿意屈尊接受费用低于 500 万美元的交易。但这却有利于私募股权投资者，因为只有在市场缺乏效率的环境里，投资者才有可能找到更高 alpha 的机会——它体现了所有投资者都梦寐以求的价值创造能力。

　　在成熟的交易环境中，寻找交易机会就像是等公共汽车：即使你错过了这班车，没有关系！几分钟之后，下一班车就到了：驾驶员是一位投资银行家，车里满载信息备忘录，甚至还有卖方提供的基本融资。在新兴市场上，投资机会很少会采取有据可查的形式，往往根本就不知道来自何处。因此，在寻找投资机会时，你面对的或许是某个企业家的律师或会计师朋友，而这位企业家正在考虑退休。财务报表可能未经审计，也许完全是为税收目的而编制的，根本就不能作为反映公司绩效的指标；或许是未对合并范围内的其他法律实体进行合并，因而存在大量重复性；或许根本就没有适合做投资机会的可靠验证。虽然这有点令人沮丧，但也由此造就出令投资者梦寐以求的市场低效；虽然会让人心生疑虑，但却有助于迅速对公司质量和地位以及行业吸引力形成看法。如果你认可摆在你面前的机会（或者因为财务及其他信息不完整而只是觉得满意），那么，在正式采取中介流程之前，务必要让机会为参与各方所接受，否则，你要么将付出更高的代价，要么将机会拱手让予他人。

在新兴市场，由中介机构策划、可成交交易的严重匮乏意味着，拥有高效内部搜索能力将为投资机构带来巨大优势。但要获得这种能力，显然是一件说起来容易做起来难的事情。独立创造交易首先源于一个理念——机会无处不在，就像包在大理石块中的米开朗琪罗天使雕像，随时等着你去发现。

当你走进超级市场时，可能是为了采购购物清单上的商品，但也可能是为了寻找收购目标：看看有没有样式别致的品牌，随手拿起一件看看是哪个厂商生产的。如果背后印着联合利华的字样，就把商品放回到货架上。但如果是当地或所在地区生产的小品牌，就买下这件商品，随后尝试着联系一下老板，探讨一下他们是否愿意帮你打入新市场，或是收购一家竞争对手，或是帮你联系一次针对如何利用第三方资金及专长创造价值的对话。机会无处不在，无时不在——它可能出现在校友聚会或者婚礼上，或是绕着工业园区开车的路上，也可能出现在学校活动中与其他家长的会面中——所有你能想象到的地方，都有可能出现机会。

另一种方法以研究为主导，采取自上而下的路径——即从一次观察或一个创意开始。在新兴市场，在了解一个国家年龄和收入特征的同时，洞悉引发对特定项目市场需求的家庭或个人收入水平，必然有助于我们获得有价值的认知。尽管收入分配曲线因不同国家而异，但在通常情况下，伴随着人口的增长，只要收入达到一定水平，就会刺激以前所无法承受的消费。超动力增长是推动产品或服务的强心剂。比如说，汽车替代摩托车并不是等速发生的；当人口的大量增长与拥有汽车的收入临界点同时出现时，汽车拥有率就会迅速增长。发现这种机会的关键就在于保持双边对话，这也是新兴市场的一般性规律。

祝各位狩猎愉快！

尽职调查中需要考虑的因素

一旦发现有吸引力的目标企业，就可以进入投资过程的下一个关键步骤——尽职调查。在这个过程中，PE 公司需要调查与目标公司相关的每一个重要方面，其目的在于深刻理解目标公司的潜在优势和劣势，从而做出终止或继续的投资决策，并找出需要进行谈判的具体领域。尽职调查是一个极其消耗时间且需要投入大量资源的过程，大多数 PE 公司都需要一个高效精练的专业团队。因此，重要的是将初步尽职调查的对象范围限制在最有高潜力的目标上，并将初步尽职调查的内容范围限制在是决定继续还是终止的实质性问题上。

在整个尽职调查过程中，PE 公司需要对目标企业商业模式与其投资方向的匹配性进行评估。这就需要尽职调查得到的结果，对投资进行财务预测，并对预测结果进行压力测试，识别并圈定目标企业的实质性问题，为出价、谈判和文件签署流程提供依据。与此同时，对市场的深度和范围以及目标企业特定风险和机会做出评估，并将结果纳入目标企业在预期持有期内的价值创造计划，尤其是在投资后即开始执行的计划（通常称为"第一个100天"）。此外，尽职调查还为 PE 公司提供了一个与目标公司管理团队建立联系的机会，并对该团队是否有助于该计划的实现形成意见。在大多数情况下，如果目标公司的管理团队不太可能执行 PE 设定的基本思路，而且更换这些高管又有可能给企业带来过大的破坏性，那么，不管多有吸引力的投资，PE 公司都会选择放弃。

PE 的固有特点为尽职调查过程增添了特殊性。由于 PE 基金的既定投资范围可能涉及多个行业，因此，PE 公司通常需要对陌生行业板块领域内的目标企业进行评估。在这种情况下，PE 团队必须利用外部顾问、咨询公司或现有被投资公司的专业人士弥补其目前专业团队的不足。此外，对于典型的 10 年期封闭式 PE 基金，还要求公司在尽职调查流程期间就要考虑到退出路径和潜在收购方；这里的关键词就是可选择性（optionality），而且最好的办法就是通过投资建立现实的退出路径。[1]

从卖方角度来看，尽职调查是企业业绩和风险的法定风险开始向 PE 买方转移的信号，而且有关公司状况的尽职调查结果随后将被纳入交易文件中。[2] 因此，卖方有动力充分披露与企业相关的全部已知及重大风险，因为在发生不利或意外情况时，全面披露有助于减轻其对交易后诉讼事件承担责任的风险。

尽职调查的过程

尽职调查过程分为几个不同的阶段。尽管不同尽职调查项目的重点和执行可能因交易

---

① 有关投资退出的更多信息，请参阅第十五章"投资退出"。
② 有关交易文件的更多信息，请参阅第十章"交易文件"。

而异，但某些流程已成为预期应达到的最低要求，并被视为行业标准。图 6.3 显示了一个为投资成熟公司而进行高度结构化的尽职调查流程。[①]

对投资机会进行筛选的起点，是在与目标公司最初的会晤及讨论中收集到的信息。交易搜索期间的重点是对（潜在）投资对象与基金投资原则的匹配性做出基本评定，并对目标公司及所处行业板块可公开获得的信息进行审查。此外，PE 投资者还要接触外部信息来源，如客户、供应商及行业专家，以了解公司在业内的声誉及其市场地位、结构、行业供应链以及目标公司的竞争状态。

图 6.3　PE 的尽职调查流程

初步尽职调查

在结构化尽职调查过程中，最开始通常是 PE 公司专业人士对目标公司进行审查。在签署保密协议或非公开协议（non-disclosure agreement）后，目标公司将分享其保密信息备忘录（Confidential Information Memorandum，CIM），对投资机会进行简要介绍。随后是管理层陈述（management presentation），这也是目标公司管理层和 PE 公司之间进行的第一次正式会晤。我们将在下文中详细介绍构成尽职调查过程的这些要素。

保密协议：保密协议由私募股权公司与目标公司签署，以便以保密形式交换非公开信息；这些协议涵盖了双方在尽职调查、谈判和交割过程中共享的全部信息。[②]保密协议对买方对外自由披露目标公司信息的能力进行了限制；因此，只有在需要卖方提供补充信息时，买方通常才会自行进行初步尽职调查并签署保密协议。实际上，PE 公司通常不会签署

---

① 自有交易的尽职调查流程可能更趋于非正式性，有时甚至会采取高度非结构化方式，之所以这样，是因为这些交易所涉及的参与方数量较少，而且时间限制较为宽松。

② 在针对早期目标的 VC 风险投资中，保密协议很少会成为尽职调查过程的一部分。

保密协议或实施结构化的尽职调查流程，除非它已经对目标公司有了初步感觉，并认为目标公司与基金的投资原则相互匹配。

保密信息备忘录：保密信息备忘录是目标公司分享的第一个正式文件，它提供对公司业务和投资机会的最新概述。备忘录通常是在卖方顾问协助下编制完成的，它包括了对公司业务及其所在行业、历史及预计财务数据、前瞻性战略和机会进行的详细描述，并对管理团队和关键人员进行总体介绍。备忘录通常附有详细说明出售过程关键里程碑及步骤的信函，包括了交割及出价过程的预计时间表。[①]

管理层陈述：在由中介机构进行的尽职调查过程中，管理层陈述通常是PE公司与目标公司管理层进行的第一次面对面会议。这种陈述是对保密信息备忘录所提供信息的扩展，强调并突出目标公司业务层面的关键要素，提供最新的相关业务发展态势，也为投资者提问创造了一个论坛。此外，陈述还可以让买家了解公司管理层的战略思维、业务规划和管理风格，有时还会涉及管理团队的动态。

正式尽职调查

从初步尽职调查获得的信息最终将被纳入"初步投资备忘录"中，并提交给PE公司的投资委员会。根据PE公司的内部流程，可能需要得到投资委员会的批准之后，才能投入继续开展尽职调查流程所需要的额外资源。在取得批准和相应的预算之后，负责一项交易的交易团队开始对目标业务的各关键要素展开深入调查，从而对投资委员会确定是否及应在何等条件下向目标公司提出正式收购提供依据。

交易团队：交易团队通常由来自PE公司的若干名专业人士组成，负责推动投资流程和管理一大批外部顾问。外部顾问包括咨询机构、律师和会计师，他们为交易增添了额外的帮手和专业能力。在交易搜索和初步尽职调查阶段，外部顾问往往可以提供免费的咨询和指导，以期确保随后阶段的正式调查顺利进行。

尽职调查问卷：尽职调查问卷由交易团队编制，并提交给目标人员，以便收集与投资机会相关的重要信息。这些调查问卷的部分内容已实现标准化，以获取交易的一般性信息；随后，在这些通用问题的基础上，再以和具体机会相关的特有信息作为补充。在这个过程中，

---

① 有关拍卖和出价过程的介绍，请参阅第八章"交易的定价机制"。

需要在出售企业与其顾问之间建立联系点，并系统性地完成调查问卷，此外，还要在整个过程中随时增加其他相关问题，以确保调查问卷取得预期效果。

数据室（data room）：目标公司及其顾问需要建立和维护数据室，其中包含了尽职调查流程的重要文档。共享的文件包括目标公司的历史财务报表和财务预测、股权协议和企业章程、劳动用工合同和薪酬计划、与主要供应商及客户签订的合同以及其他重要的公司协议等。以电子方式存储各种文件副本的虚拟数据室目前已成为常态，但存储有形资料的数据室依旧存在。对虚拟数据室的访问易于管理，通过对调查条款、代理权、打印和其他特定许可的限制，有助于提高信息的安全性。

现场访谈：通过现场访谈，交易团队有机会以面对面对话的方式，了解目标的业务状况，现场访谈通常在目标公司的办公室和经营所在地进行。访问采取高度结构化方式，以最大限度提高交易团队在现场时间内的工作效率，此外，现场访谈还经常包括对生产经营设施的核查以及对管理层和关键一线管理者的会面。基于敏感性考虑，与非管理团队人员的会面往往会受到限制，但这种方式可以让 PE 专业人员与不参与出售过程的员工进行直接交流，从而更好地对目标公司的日常活动和企业文化做出评估。

一旦交易团队接受尽职调查过程取得的结果，就需要立即向投资委员会提交最终投资备忘录（Final Investment Memorandum）。如果交易团队得到投资委员会批准，那么，他们就要按符合确认性尽职调查的结果，提交有法定约束力的收购报价。在制定最终报价之前，需要通过确认性尽职调查解决残留问题，并获得只有优先投标者才能得到的最敏感的商业信息。根据在尽职调查这一取得的附加信息，PE 公司可以完成交易定价及相关条款。[①] 在开展确认性尽职调查的同时，应同步起草和磋商相关的交易文件。

尽职调查 "阴谋"

理查德·弗伊斯顿（Richard Foyston），NAVIS 投资公司创始合伙人

作为私募股权公司尽职调查工作的一部分内容，共谋往往是不可避免的。从刚刚雇用、乳臭未干的助理到高级合伙人，每个私募股权专业人士都应意识到共谋的危险性。

在交易过程中，几乎每个参与者都是共谋者，他们都有动机去促成交易。对于最先发现机会的专业人员，他们当然希望，借助这笔交易证明他们拥有未卜先知的能力，

---

① 有关交易定价及价格调整的介绍，请参阅第八章 "交易的定价机制"。

善于发现不为人所关注的优质猎物。当然，这些专业人员更有可能会因为完成交易而取得经济利益。另一方面，对参与交易的合伙人来说，或许承受着完成管理层收购即可兑现的薪酬压力，因此，在没有更好机会出现的情况下，他们寄希望于手头交易能通过尽职调查测试。显然，共谋者还不止于此。卖方也有足够的激励去完成出售。而对接受买家和卖家委托的中介机构而言，"让交易成功"不仅会给他们带来经济报酬，还能体现出他们的专业水平。至于包括会计师、律师和顾问在内的专业参与者更需要警惕。尽管通过尽职调查给交易挑毛病是他们的本职工作，但一个不可回避的事实是——参与一笔成功的交易，会让他们在经济和专业上获得双丰收。通常情况下，还会其他影响力较小的参与者。在这趟以交割为终点的列车上，还坐着书记员、系统分析师、猎头公司、人事部门和其他人。另外，谁会是交易破产的受益者呢？谁会打造一个以悲观为背景色的职业生涯呢？毋庸置疑，成为一名否定者可能会更有风险。各方为追求交易达成而展现出的激情，会让年轻的交易助理感到不知所措。

就像一只饥饿难耐但狩猎成功的概率只有1/3的狮子，私募股权公司也需要权衡。它需要竭尽全力促使每一笔交易取得成功，但又无法承受因为交易失败而浪费的巨大资源。因此，最可取的办法还是对"坏"交易尽早止损，并迅速将有限的资源转移给更有可能成功的机会。保住不良交易不放可能会付出高昂的成本。首先，你在浪费自己的时间（还有很多其他人的时间），你在"坏"交易浪费的时间越长，让你的金钱（或者更准确地说，是投资者的金钱）打水漂的概率就越大。如果一只狮子不理智地将精力浪费到一场最终失败的狩猎中，那么，它就有可能因为筋疲力尽而无法在下一场狩猎中取得成功。PE投资者也同样冒着面对这种可怕结果的风险——为一笔不良交易投入过多资源——因为过于投入，以至于即使在任何公正、独立的专业人士都应该适可而止的时候，他们依旧难舍难分，不愿意让已不复存在的希望变成不可避免的失望。而没有及时放弃"坏"交易带来的结果，或许是一场延续多年的财务危机，当然，还有资源的无端消耗和专业上的巨大落差。

这显然是一场微妙的博弈。如果参与度太低而且过于谨慎，就会让投资理由孱弱且难以令人信服。但一味地追赶机会而没有足够的警惕和质疑，浪费时间的风险就会大增，更糟糕的是糟蹋宝贵的资金。因此，对年轻的PE专业人士来说，保持足够的谨慎是有必要的。既然他们是这场大阴谋中不可避免的参与者，那么，就一定要教导他们做一个谨小慎微、善于怀疑的哲人，尽早认识到一场注定失败的追逐有多么愚蠢。

尽职调查的重点领域

PE 公司进行尽职调查流程的重点主要集中于目标公司的几个特定方面：商务、财务、法律和人力资源。虽然这些领域往往是单独评估的，但它们之间不可避免地相互依赖、相互影响，因此，只有将四个领域结合起来，才能让 PE 公司从整体上认识企业。交易团队必须保持足够的谨慎态度，随时关注可能出现的警报——即对投资成功构成重大威胁的问题，以确保公司不会将有限资源投入到存有缺陷的投资机会上。图 6.4 对这四个方面的尽职调查进行了概况。

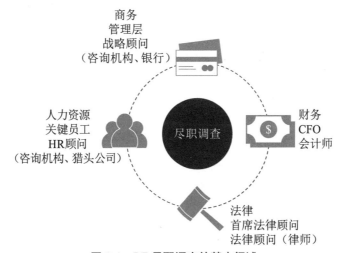

图 6.4　PE 尽职调查的基本领域

商务尽职调查（CDD）：商务尽调的主要目标就是更好地了解目标企业的业务模式，探索目标公司如何满足客户需求，把握行业基本趋势，在市场竞争中持续发展。商务尽职调查通常与拥有具体行业专长的顾问共同进行；这些外部专家往往要开展市场研究，进行竞争基准比较和区位研究，以提供必要的背景信息。此外，商务尽职调查还可以包括对支持目标企业运营的系统和基础设施进行分析。

在商务尽职调查中，可能会终止投资继续进行的信号包括：

- 市场规模缩小或市场份额下降
- 产品受到破坏或受到威胁
- 过度依赖大供应商或是客户过于集中

财务尽职调查（FDD）：财务尽职调查主要是对目标公司历史财务报表和管理层的财务预测进行详细审查。财务尽职调查通常是与会计师事务所联合进行的，会计师事务所需要彻底审查经审计的历史财务报表（通常应至少包括过去 3～5 年的财务报表）、预算和实际完成情况以及当期未经审计的财务报表和管理层财务预测。对目标公司当期业绩的审核通常以扣除非常项目后的利税、折旧和摊销前利润（EBITDA）和目标企业营运资金为主，其中，营运资金不仅是估值的重要参数，也是投资过程后期商务谈判的关键依据。[①] 其他项目需要评价的财务事项包括或有负债、员工社会福利及税收影响。将商务尽职调查取得的数据与公司历史财务数据相结合，即可编制目标公司的财务预测。

在财务尽职调查中，可能会终止投资继续进行的信号包括：

- 表外的金融工具
- 营运资金趋势恶化
- 存在以会计调整操纵实际业绩的现象

法律尽职调查（LDD）：在法律尽职调查期间，交易团队需要审查目标公司的重要法律文件，并评估其主要利益相关者的法律状况。这项工作通常需要律师事务所参与，他们将对公司的书面文件、重要的公司协议及知识产权进行全面审查。法律尽职调查的审查对象还包括环境、社会和公司治理问题，可能导致未来债务的契约事项（如员工养老金及福利计划）和未决诉讼，并确定潜在现金流和声誉对目标公司的影响。通过对现有所有权人及公司高管进行背景调查，以掌握关键交易对手的更多信息，确定其有无任何犯罪及商业或财务方面的不端行为。除针对公司的具体事项之外，法律尽职调查还涉及对公司所在行业及地区针对法律和监管方面的规定。在起草股权收购协议时，法律尽职调查的结果直接影响到双方就风险假设相关条款进行的谈判。

在法律尽职调查中，可能会终止投资继续进行的信号包括：

- 存在悬而未决的监管问题
- 受到腐败和贿赂指控
- 知识产权保护不足
- 所有权存疑

人力资源尽职调查（HRDD）：人力资源尽职调查首先从管理团队开始，并对目标公司关键员工的能力进行全面审查。HR 尽职调查通常由 PE 的专业人员主导，并由外聘顾问协助进行。通常可借助招聘代理获得目标公司员工的更多信息。强大的管理团队是改善投

---

① 有关 EBITDA 和营运资金调整的其他信息，请参阅第八章"交易的定价机制"。

资绩效及投资后价值创造的基本推动力。因此，必须认真评估团队的凝聚力以及每个团队成员对公司经营绩效和成功的影响。针对管理团队的分析不仅可以为了解企业文化与核心价值观提供依据，还可以尽早发现应在什么时候对管理团队进行调整或补充。[①] 除高管人员外，HR 尽职调查还要延伸到目标公司的一线管理者及人才储备中的其他关键员工。此外，需要评估的其他项目还包括目标公司的招聘和留用计划、雇用合同和薪酬福利计划。

在人力资源尽职调查中，可能会终止投资继续进行的信号包括：

- 董事会成员经常更换
- 管理团队决定兑现其持有的全部股份
- 对目前所有权人存在极强的个人崇拜

本章小结

当 PE 公司投资于成熟企业时，交易搜索和尽职调查是其投资交易过程的第一个步骤；通过这个过程，PE 公司可以在进一步研究目标公司之前，明确投资机会的商业模式。在此过程中收集到的所有信息，都将为我们在下一章里将要讨论的公司估值提供重要依据。

基本学习要点

- 交易搜索和尽职调查是投资流程的第一步。私募股权基金的投资委员需要以尽职调查过程中收集到的信息为基础，进行合理的投资决策。
- PE 公司热衷于开发自有交易流程；然而，由投行和咨询机构牵线搭桥的中介交易，已成为获得交易机会的重要渠道，尤其是规模较大的交易及收购。
- 一旦找到合适的目标公司，并已通过交易搜索过程中的初步筛选，交易团队就将进入尽职调查流程的正式阶段。
- PE 公司需要对目标公司的四个主要领域进行尽职调查：商务、财务、法律和人力资源。

---

① 在 PE 交易中，更换目标公司管理团队部分成员的情况并不罕见。最初可能需要来自 PE 公司的内部运营专家介入目标公司的管理团队，随后，就应尽快进行人事的永久性替换。调整可能需要付出高昂的代价，而且在为空缺寻找新的替换者期间，可能会影响到组织的效率。有关这个话题的深入讨论，请参阅第十二章"管理团队的维护"。

参考及补充读物

摘自《私募股权案例》

案例 11 和 12：身边的筹码（A 和 B）：对安华高科技（Avago Technologies）的收购

案例 13："钱"途无量：对 Amadeus 全球旅行分销网络的收购

参考文献和附加阅读

Gompers, P. Kaplan, S.N. and Mukharlyamov, V. (2014) What Do Private Equity Firms Do?, https://editorialexpress.com/cgi-bin/conference/download.cgi?paper_id=1475&db_name=AFA2015.

INSEAD White Paper (2014) Strategic Buyers vs. Private Equity Buyers in an Investment Process, https://sites.insead.edu/facultyresearch/research/doc.cfm?did=54372.

Rimmers, S. and San Andres, A. (2012) Human Resources Due Diligence,Pricewaterhouse Co-opers,https://www.pwc.com/us/en/hr-management/assets/pwchuman-resource-due-diligence.pdf.

Snow, D. (ed.) (2014) Deal Sourcing: Intermediaries, Business Development, and the Future of Private Equity Deal Flow, Privcap, Q3,http://www.privcap.com/wp-content/uploads/2014/09/Special-Report-Intermediaries-3.pdf.

Teten, D. and Farmer, C. (2010) Where are the Deals?, *Journal of Private Equity*, 14, Winter.

第七章　目标公司的估值

对于私募股权（PE）来说，获得正确的估值绝对是一件无比艰难的事情，但估值问题始终贯穿于 PE 投资的整个存续期中。PE 投资者在尽职调查期间对目标公司的估值尤为重要。这个估值是决定 PE 公司是否继续交易的关键要素，因为它直接决定了 PE 公司为收购公司股权而支付价格，并最终影响到投资的盈利性。

在估值过程中，私募股权公司需要采用多种工具确定目标公司的经济价值——或者说公允价值。需要补充的是，在绝大多数情况下，估值不是投资决策的起点；实际上，早在讨论"估值"问题之前，关于是否应与目标公司进行沟通的决策过程就已经开始了。[1]

估值技术因公司所处阶段而有所不同。对投资于早期目标公司的风险投资（VC），通常是在考虑风险投资目标收益率的前提下，利用估值来确定风险投资公司以既定投资所能取得的股权。对于成长型股权投资及收购型投资，估值通常取决于目标公司的利润、经营性现金流及可比公司的估值倍数。

本章从总体上介绍了风险投资、成长型投资者及收购投资者采用的各种估值技术，并以估值倍数作为对这些技术进行总结。

评估工具

对所有估值过程来说，核心出发点都是一份详细的商业计划——它将目标公司的预期风险及收益转化为跨越几个年度的财务预测。PE 投资者通常以从现有管理层对目标公司的战略愿景为起点，依据关键价值驱动因素对其进行分解，随后，根据未来业务改善、增长加速并最终成功退出这一预期所对应的风险假设和未来举措，独立构建一份自己的商业计划。利用在尽职调查期间获得的知识，PE 投资者可以模拟出一系列可能出现的运营结果，包括基本情况以及可能出现的乐观情况和悲观情况。此外，对宏观经济做出合理评价也非

---

[1] 有关投资流程的详细内容，请参阅第六章"交易搜索与尽职调查"。

常重要，特别是对于高度周期性行业来说，尤为明显。

接下来，PE 投资者将可比公司的估值倍数乘以商业计划中的运营指标，即可得到目标公司的企业估值（enterprise valuation，EV）。尽管具体选择的运营指标因公司而异；但成熟型企业公司最常用的指标就是息税、折旧和摊销前的利润（EBITDA）。随后，PE 投资者在企业价值中减去净负债的价值（主要包括目标公司的有息负债和现金），即可得到目标公司的股权价值。[①] 图 7.1 所示的例子即为几个以 EBITDA 为估值倍数的简单模型。

图 7.1　企业价值和股权价值

考虑到 PE 投资的性质，要求目标公司在私募股权基金的 10 年期限内买进并卖出，这必然会对投资者如何看待估值产生很大的影响。PE 投资者不仅要在投资时点计算目标公司的企业价值——这一估值通常以过去 12 个月的公司业绩为基础，还要对代表未来所对应的各个时点进行估值。评估目标公司在投资和退出时点的企业价值和股权价值，可以让 PE 投资者确定投资机会的预期收益，并对投资机会是否符合其风险水平、基金的投资原则及目标收益率做出评价。

应该指出的是，战略投资者会采用不同的估值方法，因为他们更强调收购对象的长期价值及其与现有业务的潜在协同效应。因此，战略投资者更倾向于使用贴现现金流（discounted cash flow，DCF）估值法，这种方法以针对未来自由现金流的预测为基础，通过以适当折现率对未来自由现金流进行折现，从而得到现值的估计值。[②]PE 投资者大多以 DCF 估值法的结果作为补充，或是对其他方面如何对目标公司进行估值进行评价——有时，他们也会采用不常用的估值技术，如实物期权定价（real option pricing）。

下面，我们将介绍如何将这些技术应用于处于早期发展阶段的公司（VC 的目标）和成熟型公司（成长型股权投资者和收购型投资者的目标）。

---

① 有关净债务的详细定义，请参阅第八章"交易的定价机制"。
② DCF 估值所依赖的很多假设——如终值和折现率的计算，也制约了这种估值技术在实践中的采用。

风险投资
针对处于发展阶段企业的估值

　　VC 投资者面临的最大不确定性，就是如何为潜在目标投资设定公平、准确的价值——体现为投资时点和退出时点的估值，因为风险投资基金通常投资于尚未成熟的初创企业，它们大多少有甚至没有任何经营历史。在初创企业的商业计划中，核心就是管理层将如何通过使用多轮投资募集到的资金，将公司发展成一个完整的盈利型企业。

　　在投资时点，风险投资的目标通常是尚未盈利，而且往往是尚未取得收入的企业，而对于种子投资者来说，他们面对的企业甚至还没有形成产品。因此，所有估值都是建立在假设的基础上，即如何形成独特的、可持续发展的商业模式，以及如何成功实施商业计划所预测的增长。[①]

　　鉴于相应的市场和执行风险，VC 投资者通常要设定较高的目标收益率，以充分考虑到初创公司的高失败率。在投资之前对目标公司进行估值建模时，风险投资公司所采用的目标内部收益率（IRR）通常在 40% ～ 80% 范围内，具体取决于公司所处的发展阶段。

　　对风险投资来说，他们讨论投资的出发点是创业企业为进入下一发展阶段所需要的资金数量；募集到的资金通常应足以维持公司 12 ～ 18 个月，而后才需募集新资金。以这个资金需求量为起点，风险投资者根据投资的目标 IRR、目标公司的预期未来价值以及到退出之前的年数，倒推出初创公司在投资之后的估值以及风险投资基金所持有的股权比例。由于初创公司通常采取股权融资方式，因此，这些公司的企业价值和股权价值基本相同。图 7.2 就是一个 VC 估值的例子。在这个例子中，考虑到初创公司未来盈利能力的不确定性，我们以预期销售收入和收入倍数来估计目标公司在五年后退出时的价值。VC 投资者以 70% 的目标 IRR 为折现率，对退出时的预期价格进行折现，从而得到初创公司在投资后的估值。投资后的估值减去投资成本，即为目标公司在投资之前的估值。

　　初创公司通常需要进行多轮筹款。随着公司趋于成熟，目标公司的经营稳定性不断提高，投资风险相应下降，因此，进入公司后期的 VC 投资者所需要的目标 IRR 也降至 40%。对初创企业，其估值的增长往往是非线性的，这意味着，在后续进行的每一轮投资中，公司创始人和现有投资者为筹集到 1 美元新资金所需要放弃股权比例越来越小。然后，随后进行的每一轮 VC 融资都会稀释原有股东的持股比例。因此，在初创公司的整个融资过程中，

---

① 有关风险投资公司对初创企业及可投资公司估值的目标，请参阅第二章"风险投资（VC）"。

都要考虑创始人和外部投资者之间的股权分配，以确保创始团队拥有足以激励他们管理好目标公司的股权。

今天，一家VC公司正在考虑对一家初创公司进行200万美元的投资、5年之后退出投资，收入倍数为8倍，且第5年的收入为1 500万美元

 退出时的估值：8×1 500万美元=1.2亿美元

无须进行债务融资；也不需要进行后续股权融资

现金流情况

最低IRR=70%

投资后的估值=12 000/1.70⁵=845万美元

VC对目标公司应持有的股权比例是多少？

持股比例=200/845=23.66%

注意投资前估值（645万美元）和投资后估值（845万美元）的差额

图7.2　对处于早起发展阶段企业的估值

VC 投资者特别关心所谓的折价融资（即初创企业在随后一轮融资中的估值低于以前的估值），因此，通常会在条款清单中加入保护性条款，以避免其持有的股权被稀释。[1]

成长型股权投资及收购
针对成熟公司的估值

成长型股权及收购投资者以成熟的营利性公司为目标，这些企业拥有成型的业务和长期的经营历史；因此，这些投资者可以利用历史数据以及持续经营的内在价值和资产确定目标公司的价值。鉴于这些目标公司已进入成熟期，因此，成长型股权及收购投资者更强

---

[1]　了解风险投资条款清单所包含的规定，特别是反稀释条款的详细情况，请参阅第二章"风险投资（VC）"。

调以利润倍数为目标公司估值；在这种情况下，EBIT 和 EBITDA 要优于净利润，因为它们不受公司资本结构及税收结构的影响。

根据管理层提供的信息以及尽职调查结果，成长型股权及收购投资者可以拟订若干经营情境下的商业计划：基础情境下的财务状况代表目标公司的预期经营业绩，而乐观情境和悲观情境则分别对应于业绩超过和低于预期水平的情况。尽管倍数的扩大和收缩应充分考虑大的行业及市场周期背景，但考虑到以基础情境作为起点更为合理，因此，投资和退出投资时点的估值均采用对应于基础情境的固定倍数。

在杠杆收购的情况下，利用债务为目标公司企业价值提供部分融资的能力是创造投资回报的主要动力。当确定目标公司的估值时，收购投资者首先需要估计银行可为交易提供的债务融资水平。这个估计值最初依赖于整个的行业负债倍数（即每单位经营性现金流对应的有息负债额），而后则取决于具体目标公司的负债能力以及和融资银行的初步磋商结果（在图 7.3 中，负债能力等于公司 EBITDA 的 4 倍）。作为对这个负债倍数所提供融资的担保，银行会要求公司达到最低的股权比例，这个最低股权比例为交易的融资结构提供了一个基本参照点。收购型投资者在确定收购融资的最佳资本结构时，会考虑各种资本结构、债务工具和偿债要求。[1]

图 7.3 是一个简化的收购投资估值模型。在收购和退出时点，收购基金都需要根据 EBITDA 的当期数值和预测值及其可比公司的 EBITDA 倍数，评估公司的企业价值；然后，他们再使用基于市场的债务倍数确定收购的融资结构，并预测偿债时间表。根据这一分析，可以计算出购买目标所需要的股权比例，以及退出时点的预期股权收益。按照这些价值以对投资到退出期间的现金流假设，PE 投资者可以计算出目标收益率——表示为 IRR 和投资成本的倍数（multiple of money invested，MoM）。[2]

有了这些信息，再加上尽职调查得到的结果，收购投资者就可以得出投资收益是否与经营风险及财务风险（因加杠杆而来）相匹配。收购基金可采用情景分析（某些情况下会使用蒙特卡罗模型），进一步对投资的乐观及悲观情境进行分析，并根据分析结果相应调整融资结构。最终，PE 公司的投资委员会将决定目标公司的风险回报特征是否符合基金的特征策略、原则和特征的总体收益率。

---

[1]　有关杠杆收购（LBO）资本结构的更多细节，请参阅第九章"交易架构"。

[2]　有关一笔投资和基金的内部收益率及投资成本倍数的更多内容，请参见第十九章"业绩报告"。

一家PE公司为杠杆收购（LBO）制定了一份商业计划书，并以适度稳定增长作为基本情境。

可比/竞争性定价指标：
进入时点的企业价值倍数约为7×EBITDA（过去12个月）
债务倍数4×EBITDA（过去12个月）

4年后7倍的EBITDA退出

现金流情况

年份	2010	2011	2012	2013	2014	年复合增长率
EBITDA	180	195	210	252	240	7.5%
倍数	7				7	
企业价值	1 260				1 680	

负债倍数	4					
债务支付		55	70	85	100	
负债	720	665	595	510	410	
股权	-540	0	0	0	1 270	

内部收益率IRR=24%
投资成本的倍数=2.4

财务模型给出的4年后预期收益率为24%的IRR，4倍的投资成本倍数

图 7.3　对成熟企业的估值

了解企业价值（Enterprise Value，EV）

格雷厄姆·奥尔德罗伊德（Graham Oldroyd），前 Bridgepoint 私募股权投资公司合伙人

在假设营运资金处于正常状态时，我们可以认为，企业价值（或简称EV）是目标公司在没有借款且银行现金为零的前提下，买方为取得公司100%股权而支付的价格，即它是一家"无债务、无现金"企业的价值。

针对非上市公司的收购价格通常表示为企业价值（EV），相比之下，对上市公司股份的收购价格则表示为证券交易所提供的每股价格和市值。通常情况下，非上市公司即使有借款，现金余额也不会是零。在这种情况下，从企业价值中扣除净债务余额（即负债减去现金的余额），才是最终的股份收购价格。但在对公司进行估值时，PE公司始终采用的是企业价值。因为企业价值可剔除债务结构的影响，有助于对同一行业内

的公司进行估值比较。此外，如果 PE 投资涉及所有权变更（譬如在大多数杠杆收购中，所有权发生的变化），通常会触发现有优先级债务的强制性偿还。作为买方，PE 的资金需求来源于由 PE 基金提供的股权融资和全部新增银行借款，其总和应是收购股份的对价与目标公司现有优先级负债之和，也就是目标公司的企业价值。

因此，我们可以得出如下结论：只要采用足够的数理分析，我们就可以得到任何一家公司的企业价值数字。但不同的指标和基本假设会带来不同的可能结果。因此，全部可能结果通常可以表示为估价"足球场"，如图 7.4 所示，之所以这么说，是因为我们可以将均值作为中央分割线，实际价值可能分布在均值两侧。归根到底，这些计算值仅仅是参考点而已。在向 PE 基金投资者披露被投资公司价值时，这些数值可用作半年度中期估值。然而，在交易中，真正的市场价值则是由自愿买方和自愿卖方之间协商一致得到的价格。

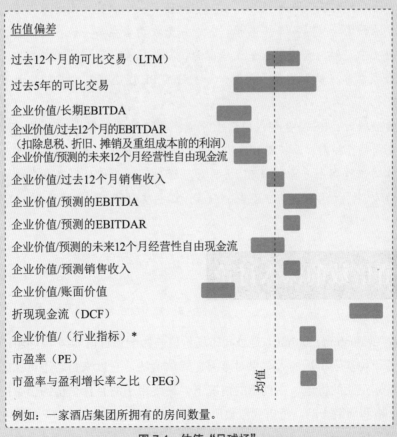

图 7.4　估值"足球场"

　　不过，这并不是说企业价值计算在实际交易中一无是处。相反，它们是 PE 买家形成收购报价的基础，为内部及 PE 基金投资者提出价格建议提供依据，也是估计各种可能预期投资收益的出发点。在卖方聘请专业顾问的情况下，专业机构的计算也有可能强化卖方的价格预期。然而，最终支付的价格还要取决于双方的讨价还价。此时，非财务因素可能会对实际支付价格产生重大影响，进而在实际交易基础上反推出交易估值。

　　总而言之，善于把握这些非财务因素，以尽可能低的价格完成收购，并保证尽可能多的交易成功交割，自然会让 PE 公司受益匪浅。一个常见的例子就是卖方希望以更高的概率在短时间内成交。在这种情况下，卖方可能更希望买家迅速给出公正的报价，而不会采取更激烈的竞争性报价——因为后者必然会受到多种条件的影响，从而导致更大的不确定性。

　　此外，卖家还要适当警惕"价格崩盘"（price chipping）。如果公司进入拍卖流程，那么，通常会在经过至少两轮投标之后，才能确定一个收购方应邀与卖家签署最终合同条款。专业顾问毕竟是一个小圈子。如果一家收购者在第一轮报出高价，但在第二轮或后续轮次中突然对报价做出毫无理由的调整，那么，他们的最初报价乃至其他所有报价的合理性都应受到质疑。因此，一家好的 PE 基金应注意维护作为可靠投标者所需要的声誉。

　　在出售股权时，PE 基金可以借助企业价值确定最低的价格预期。然而，PE 肯定会通过建立竞争性拍卖以及探索 IPO 等其他退出途径，最大程度地提高出售价格。因此，综合买入和卖出这两个方面，当 PE 公司对目标公司进行积极投资并在持有期内大力提高其市场地位，无论是收购方还是投资者，其利益都很可能实现最大化。

有关估值倍数的深入讨论

　　估值倍数（valuation multiple）是公司市场价值与影响该价值的某个关键统计数据之比。倍数法提供了一种基于市场的"苹果对苹果"式估值法，它以来自若干可比公司的数据为基础，确定目标企业的价值。在理想的情况下，最终用于对目标估值的倍数应考虑到行业的长期历史价格和周期影响。考虑到倍数所包含的庞大信息量及其在 PE 投资中对确定公司估值的重要性，选择合适的倍数对于估值过程尤为重要。下面，我们看看合理的估值倍数是如何得到的。

　　确定可比公司：在确定目标公司的可比公司时，PE 投资者通常会使用上市公司以及最近发生的并购交易。为此，他们需要考虑决定目标公司价值的潜在驱动因素，并寻找拥有类似业务和产品线、资产规模、员工数量、收入增长率、利润率、投资回报率及现金流的公司。在这个过程中，PE 公司会重点关注增长率、利润率和负债率等关键指标，以确定一家公司的价值到底是源于经营业绩，还是大盘动态使然。

　　对于拥有独特商业模式和少数已上市竞争对手的公司，仅仅是寻找合适的可比对象就是一个大问题。如果不能根据与目标公司商业模式相符原则找到纯粹的可比对象，PE 公司可以大型企业集团的业务单元做可比对象，或者采用回归分析从复杂的业务中隔离出一部分进行对比。在新兴市场中，要建立一套有效的可比集合可能更具挑战性，因为在这些地区，很多公司由私人拥有，而非公开上市公司，因此，反映公司业绩的数据可能难以取得，或是即使能得到，也不符合国际公认的会计准则。

确定估值倍数

　　在确定了一组作为可比对象的同类企业之后，PE 投资者还需要选择最能反映目标企业具体状况和价值决定因素的估值倍数。对某一笔交易而言，往往需要同时使用多个估值倍数，以获得不同的估值及价格点。图 7.5 为 2000—2015 年适用于电信行业的各种估值倍数。

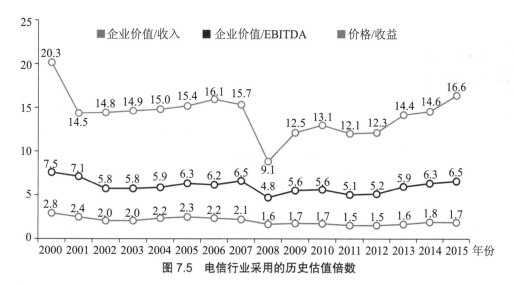

图 7.5　电信行业采用的历史估值倍数

- EV/EBITDA：企业价值与EBITDA之比是最常用的估值倍数，因为EBITDA能在很大程度上隔离全球不同会计准则带来的影响，易于计算，而且最接近于运营性现金流。此外，EV/EBIT也是常用的估值倍数之一。

- EV/OpFCF：企业价值与经营性自由现金流（OpFCF）经常被用于资本密集型行业的估值。经营性自由现金流等于EBITDA减去维护性资本开支和营运资金变动额。因此，经营性自由现金流相当于扣除维持公司盈利能力和竞争地位所需开支后的营业利润。

- EV/销售收入：收入倍数通常用于高速增长、具有明显周期性但盈利能力较低甚至是亏损的公司。但收入倍数只是一种不完整的比较，因为它没有考虑到盈利性或现金流。

- EV/账面价值：企业价值与账面价值或净资产之比适用于资产密集型企业。账面价值可以提供一种直观的简单的数据对比，因为它是资产价值扣除负债价值后的余额，即由公司所有权人拥有的剩余价值。

估值倍数通常需要兼顾历史数据（过去12个月或更长期）和预测数据，以反映公司当期和未来的业绩。此外，根据与资本市场的相关性，股权估值倍数（如价格—收益比或价格—收益增长倍数）也可以从不同角度反映公司的股权价值。而基于对目标公司进行现场尽职调查取得的某些特殊倍数，如 EV/ 集装箱装船数，同样有助于为目标企业的价值提供更多参考依据。

本章小结

取得目标企业的估值是 PE 投资的关键（有时是有争议的）部分，有时也是最容易引发争议的环节，因为它将商业计划和投资理念转化为对投资机会价值的数量。估值是 PE 基金确定对目标公司（或其股权）支付收购对价的基础。但估值显然并不完全等于报价或实际购买价格，我们将在下一章里讨论这个问题。在投资持有期间，同样需要进行估值；第十九章将详细介绍需要对有限合伙人披露的业绩报告。最后一点，当 PE 基金转为卖方角色时，也就是进入投资的退出阶段（第十五章），估值问题再次出现。

基本学习要点

- 详细的商业计划是所有估值过程的核心，因为它将目标公司的预期风险和收益转化为未来若干年的财务预测。

- 对于投资于初创企业的风险投资来说，估值通常是 VC 公司在考虑目标收益率的前提下，确定其既定投资额所需要换取的股权比例。

- 对以成熟企业为目标的成长型股权投资和收购型投资，估值通常依赖于目标企业的利润和现金流以及可比公司的相应估值倍数。

- 在估值过程中，一个重要的部分就是采用一贯性方法对潜在投资进行比较。具体来说，投资者需要使用估值倍数，通过一种以市场为基础的"苹果对苹果"的方法，利用来自一组可比参照物的数据确定目标公司的价值。

参考及补充读物

摘自《私募股权案例》

案例 5：苏拉葡萄园（*Sula Vineyards*）：印度的葡萄酒——那怎么可能呢

案例 10：银瑞达投资公司（*Investor Growth Capital*）：对 Bredbandsbolaget 投资公司的收购

案例 11 和 12：身边的筹码（A 和 B）：对安华高科技（Avago Technologies）的收购

参考文献和附加阅读

Goedhart, M., Koller, T. and Wessels, D. (2005) *The Right Roles for Valuations*, McKinsey on Finance, Spring,http://www.mckinsey.com/business-functions/strategy-and-corporate-finance/our-insights/the-right-role-for-multiples-in-valuation.

International Private Equity and Venture Capital Valuation Guidelines (2015) Developed by the IPEV board with endorsement from over 20 PE and VC associations globally,December,http://www.privateequityvaluation.com/valuation-guidelines/4588034291.

Salman, William A. (2009) Basic Venture Capital Formula, HBS class note, May.

Vild, J. and Zeisberger, C. (2014) Strategic Buyers vs. Private Equity Buyers in an Investment Process, INSEAD Working Paper No. 2014/39/DSC/EFE (SSRN), May 21,http://centres.insead.edu/global-private-equity-initiative/research-publications/documents/PE-strategic-buyer-workingdoc.pdf.

第八章 交易的定价机制

我们在上一章里讨论了目标公司的估值，在私募股权交易中，估值只是确定最终报价或购买价格的第一步。事实上，最初估值中所采用的信息并不完整，商业计划中对收入增长、利润率和不同经营场景发生概率等诸多价值驱动因素还停留于假设阶段，而且估值倍数或折现率等定价参数也不完善，同样依赖于大量的假设。鉴于这些不确定性的存在，随着尽职调查的深入，必然会揭示出过多的风险因素以及公司业务持续完善或增长假设所面临的诸多挑战，目标公司的初始估值极有可能需要进一步调整。

虽然价格通常是交易中最重要的因素，特别是在当期所有者准备出售全部股权的情况下，但价格并不是决定交易是否履行的唯一条件，而且最高的价格也未必能保证一定能赢得卖家的青睐。在现实的交易场景中，卖方在选择合适的 PE 买家或合作伙伴时，还要考虑诸多其他因素，如收购对价的支付形式（比如说，是以现金还是非现金出资）、买方成功交割的可能性（交割的确定性）、收购方给企业带来的经营和战略专业能力以及最终得到退出所需要的专业性和速度。

本章将设计交易定价的三个主要步骤：（1）对交易的报价（即要"赢得"目标公司的信任，你需要花多少钱）；（2）对收购报价制定的价格调整和交割机制；（3）交割之后的价格调整。我们强调的是对成熟企业进行的 PE 投资，具体而言，是竞争条件下的杠杆收购（LBO）及交易，因为这种交易最为复杂。[1]

对交易进行报价
制定价格并赢得交易

在杠杆收购中，PE 公司经常需要通过激烈竞争的股权出售过程赢得目标。在充分考虑目标企业商业计划的假设和执行风险并提高收益（低买高卖）的基础上，尽可能低的报价显然符合 PE 公司的利益。但归根到底，收购方还要满足让出售方可接受的保底价格（或是

---

[1] 风险投资过程则有所不同，具体在第二章"风险投资（VC）"和第七章"目标公司的估值"中有详细阐述。

可以视为"公允"的价格）并最终在竞标中取胜（而且赢得目标公司的手段也并非完全是金钱）。除明示的定价条款和暗示的附加值之外，在大多数竞标过程中，买方还需要赢得信任，以免引起出售方的反感。

在制定对目标公司的报价时，收购方对目标公司的财务、战略和管理的了解是不全面的，也就是说，这个报价是基于不完善的信息得到的。

私募股权公司可以得到的数据量也会在整个尽职调查过程中发生变化，因此，在出现新的事实或是新的竞争对手入局时，投标人就必须相应地修改报价。

比如说，在收购性投资中，估值的两个关键参考点是过去 12 个月（长期）或未来 12 个月的息税、折旧和摊销前利润（EBITDA）以及相应的 EBITDA 倍数。[①] 在这个过程中，随着更多信息的取得，可能需要对 EBITDA 进行调整。而 EBITDA 的调整则会受到以下因素的影响：确认收入和成本的会计政策、对收购和处置的备考调整以及管理层薪酬和费用等。考虑到 EBITDA 对于确定收购过程中债务融资能力的重要作用，因此，这种调整极有可能影响到交易的总体融资结构。此外，随着更多信息的获得，可比公司的业绩及市场调整风险会发生变化，从而形成新的可比交易，这就需要对 EBITDA 倍数进行调整。所有这些变化都会影响并最终改变 PE 基金报价所依赖的企业估值。

在确定投标价格时，另一个关键因素则是交易中的预计债务金额及结构。虽然 EBITDA 和债务倍数[②] 可以为确定负债能力提供依据，但归根到底，收购方还是要与牵头的融资银行共同确定具体的债务规模和结构。在追逐目标公司的过程中，收购方往往要考虑来自银行提供的多种债务，这些银行因争取客户而存在着这种相互竞争；不同的债务产品会对投标的定价带来不同影响。比如说，若采用更多的美元债务，收购公司就可以在提高报价的同时，维持稳定的目标内部收益率（IRR）。如图 8.1 所示，在提高负债水平的情况下，收购方在给出更有竞争力的报价的同时，可以维持相同的目标 IRR（本例中，IRR 为 24%）。在这个例子中，股权资金的总额实际出现了下降，而目标公司的财务风险则相应地增加。选择了最适宜的债务组合之后，收购方还要按债务融资固定和股权融资可变的假设融资结构，对不同投标价格所带来的预期收益进行建模分析。

---

① 　EBITDA 通常用于取代现金流。但在许多情况下，目标公司的业务特征可能要求收购方将由此取得的价格与其他指标（如 EBITDA 扣除维护性资本开支的余额或 EBITDA 扣除为顾客提供卖方融资净成本的差额）进行交叉对比。

② 　债务倍数是衡量公司管理及其偿债能力的指标，等于负债与 EBITDA 之比。

IRR固定				债务固定			
目标IRR	负债	权益	报价	目标IRR	负债	权益	报价
24%	630	578	1 208	30%	720	440	1 160
24%	720	540	1 260	24%	720	540	1 260
24%	810	502	1 312	19%	720	640	1 360

图 8.1　负债率、杠杆收购定价及收益率

在确定最终的债务结构时，目标公司现金流的可预测性以及交易的整体风险收益特征将是最重要的决定要素。

两阶段拍卖

通常，尤其是在大型和超大型收购交易中，会有多方争取对目标公司展开收购的权利。这个竞买过程通常由投资银行（卖方顾问）组织，其目标就是最大限度提高卖方出售股权的确定性和出售价格。在这种出售过程中，潜在收购方以投标人的身份参加结构化拍卖流程，随着竞争过程的持续，潜在收购者的范围不断缩小，直到最后一名投标者成为最终收购者为止。尽管存在不同形式和类型的拍卖，但我们还是以典型的两阶段拍卖过程为例，分析一下拍卖中的竞争机制，具体如图 8.2 所示。

图 8.2　两阶段拍卖的过程

通常，在卖家及其顾问向众多潜在买家发布出售消息之后，拍卖过程才正式启动。根据目标公司提供的有限信息进行初步尽职调查后，感兴趣的潜在收购者在一定时间内提交

无约束力的初始报价，并以此作为参与拍卖的承诺。拍卖过程可以逐步缩小潜在买家的范围，以确定最坚定的投标人。投标人可以根据对目标公司价值的初步评估确定一个价格区间形式的报价。在对第一轮报价的汇总，卖方将邀请部分符合条件的投标人对公司进行正式尽职调查，譬如，与管理层进行深度接触，获取公司的有形或虚拟数据库，或是提供对公司进行现场考察的机会。

除非目标公司是上市公司，否则，投标方和初始报价均对第三方保密。不过，出于自身利益的考虑，卖家及其顾问有足够的动力去实现售价的最大化，因此，拍卖过程很有可能出现虚张声势或布设圈套的情况。卖方及其顾问可能会根据首次投标结果确定一个诱导性价格区间，并通过私下透露这个区间而锁定投标人，或是暗示最可能成功的投标人通过提高报价来赢得拍卖。尽管任何透露投标价格的形式都会违反与投标人签订的保密协议，但卖方顾问有时确实是在扩大这个法律界限。

在对第一轮报价评定之后，卖方将邀请有限数量的投标人进行第二轮报价，这一轮报价对投标人具有约束力，并决定拍卖的最终赢家。除价格之外，在第二轮拍卖中，投标人还会收到招标人拟定的买卖合同（SPA）样本，投标人需签署该协议并在最终投标日将协议返回发卖方。中标者可以就进行确认性尽职调查并就最终交易文件进行谈判要求获得排他性或执行冻结条款（standstill provision），而且出售方通常会接受这一要求。这些措施将限制卖方在指定时间内接触其他潜在买家，保护中标者利益，因为最终签署收购协议及其他交易文件会带来大量的法律和财务费用。如果卖方试图以招标来吸引其他感兴趣买家做出更高报价，那么，投标人还可要求出售方补偿其成本或支付分手费；还可增加与更高报价或最高报价进行匹配的条款。此外，排在第二位的投标人可同意作为候选人，在中标人无法兑现收购或退出收购时取而代之；但考虑到出现这种情况的可能性很小，因此，这个投标人更有可能收到一份慷慨的分手费，或者至少因继续参与而由出售方补偿开销。

补充资料 8.1

拍卖中的投标策略

在拍卖中，确定合理的报价策略完全是一个主观过程。投标人必须在拍卖过程的规定时间内确定估值和投标价格，而且依据的信息集合完全受目标公司的严格控制。在第一轮招标中，受邀参加拍卖各方通常会给出"书面报价"（即所提供的信息备忘录）；在确定如何最大程度提高报价以及如何组织资源进入第二轮投标时，投标者对目标公司吸引力的判断是一个关键要素。缺少关于其他竞争对手及其活动的信息以及某些情况下竞拍者数量的不确定，都会加剧第二轮投标的压力和不确定。因此，所有投标方都会不可避免地依赖于关于招标过程的各种传闻和信息。

在调整第一轮报价时，必须根据卖方提供的针对目标公司的附加信息、卖方及顾问对拍卖过程做出的各种反馈以及投标人的目标收益率，对最新获得的信息进行认真考虑。在第二轮报价中，投标人可以考虑使用跳跃式报价（jump bid），报出一个远高出第一轮投标的价格，以期一举锁定交易。与此同时，投标人还要当心"赢家诅咒"——最终，他们报出的价格不仅高于其他投标人的报价，甚至远高出随后确认的公司公允价值。从理论上说，按基金最低目标收益率推导出来的价格应代表投标人的最高报价。对目标公司感兴趣的PE基金也可能会选择不参与拍卖，而是提前给出先发制人的报价，以期在气势上对参加拍卖的竞争对手取得压倒性优势；也可能会静观其变，一旦拍卖便顺势而入。

金融模型以外的交易定价机制

维罗妮卡英格（Veronica Eng），普米资本（Permira）退休者创业机构合伙人

我们不妨设想如下场景：

尽职调查表明，你拥有一份可行的商业计划。与竞争对手商业计划的大部分参数相比，你在商业计划中采取的假设较为超前，但又不过分。在商业计划中，根据行业过去12个月及未来12个月EBITDA的平均数和中位数以及周期性估值倍数得到的价格区间，似乎完全得到其他估值方法的验证。按照这个价格，并采用拟定的融资结构，最终收益率位于风险调整收益率的可接受范围低端。

你已经提交初步报价，并接到卖方顾问的通知——你刚好进入下一轮拍卖，但你的出价还不够有竞争力，这是他们的一贯说辞！

除传统的估值方法之外，还有哪些其他因素会鼓励你完善报价，或者说，现有估值中的哪些隐含风险让你认定——你已经做到极致、无须再做无谓的冒险？

● 不能假设EBITDA完全等同于现金流

对于一家已取得充足投资且未来无须大量资本开支的公司而言，其估值是否应采用和一家低现金转换率公司相同的EBITDA倍数呢？尽管现金创造是整个杠杆收购

模型中的固有特征，但人们往往忽略目标公司的可持续现金转换能力（自由现金流占 EBITDA 的百分比）。你愿意为能创造更多现金的业务而支付更高的对价吗？

- 管理能力

商业计划能否兑现，在很大程度上取决于目标公司管理团队的质量。一个经验丰富、技术全面的管理团队，会让你对他们实现甚至超越商业计划的能力更有信心。在管理团队中，如果 PE 能出现在首席执行官或是首席财务官的位子上，那么，就可以建立一个更合理、更有经验的管理平台，帮助目标公司从一个大型集团的子公司转型为一个高效、快速增长的独立企业。你会因这种信心而提高报价吗？

- 最终退出资产的独特性

归根到底，最终退出资产的价值取决于其他人在该时点愿意支付的价值。而这又依赖于资产的战略价值和盈利能力。最终退出业务是否具有相对的独特性呢？企业是否会成为某些人"不可或缺"的资产呢？它们是否打算支付溢价但却不是现在支付呢？原因何在？你的管理团队是否有能力创造出这样的企业？在这种情况下，你是否准备掏腰包呢？

- 外汇风险

大多数 PE 基金均以美元或欧元计价。在基金的投资中，有些被投资企业所在地使用的货币可能不同于基金所在地使用的货币。此外，无论是在境外出售股权，还是在国外寻找投资机会或是通过海外运营取得竞争优势，大多数公司都要受到外汇转移的影响。尽管 PE 在构建交易结构时，通常会考虑减少被投资公司层面所承受的外汇风险，但在基金层面上，如何应对这种这些风险尚不存在共识。你会在计算投资收益时考虑到未来货币流动对价格影响吗？如果是这样的话，你会因为不清楚退出时的数量或时间而使用远期利率或期权成本吗？在你为目标公司计算的收益率中，这种风险的哪些方面是隐含的呢？在这笔投资中，相比以不同货币计价的基金给出的报价，你的基金在币种上拥有优势吗？

- 基金的投资组合结构

PE 基金本身就是一笔业绩优良的投资吗？如果是这种情况，即使收购价格相对较高且投资的预期收益率较低，也不可能对基金总体上可接受的收益区间带来实质性影响。在这种情况下，基金是否会为了完成投资计划而接受较低的风险调整收益率呢？这显然是值得思考的问题，毕竟，投标人不会因为参加第二次拍卖而受到奖励。

收购交易的定价调整与交割机制

一旦中标者已确定了整体购买价格，即原则上双方约定的价格，买方和卖方就开始协商最终收购价格。虽然框架性原则已在招标文件或已签署的收购协议中确定，但还需交易收入的具体金额和结构进行一系列定价调整。这些调整不仅需要清晰定义资产负债表中的两个项目——净负债和目标营运资金，还要明确其衡量方式和时间的交割机制（closing mechanism）。定义净债务和目标营运资金的起点，通常是目标公司的历史财务报表。对两个项目的定义及交割机制最终由收购协议正式确立。有关初始定义请参见图8.3。

 净债务 =（有息负债+负债类义务）-（现金+现金等价物）

目标营运资金 =（应收账款+存货+预提费用）-（应付账款+待摊费用）

图 8.3 净债务和目标营运资金的定义

净债务（net debt）：从整体购买价格扣除公司的净债务，就是出售方股东取得的交易收益。净债务的主要组成部分包括有息银行借款和现金，这两个组成部分由资产负债表即可界定，通常无须借助谈判确定。构成其余组成部分的成分、负债类义务和现金等价物也被纳入净债务中，但这些要素的确认往往需要经过激烈的谈判。

负债类义务债包括资本租赁和融资租赁、养老金债务、递延税款、应付税款、目标公司及其关联公司之间的存款和结余。现金等价物包括未结支票、受限制使用的现金、外币现金以及信用卡的过渡性付款。

营运资金（working capital）：通常，买方和卖方需要确定目标企业在"稳定状态"下从事生产运营所需的常规性运营资金或默认状态下的运营资本。而定义这个默认状态可能是一个容易引发争议的问题，尤其是在业务快速发展的背景下，在签署收购协议和交割之间，收入可能会出现大幅变动。对于按无债务、无现金[1]基础定价的交易，营运资金应包括应收账款（扣除坏账准备后的净额）、存货、待摊费用、应付账款和预提费用。在这些交易中，需要通过谈判确定的关键问题就是如何确定营运资金重要成分的价值——应收账款、存货和应付账款，以及待摊费用和预提费用应包括哪些项目。不过，为维持正常的生

[1] 大多数并购交易的定价均采用无负债和无现金假设，这意味着，卖方在出售时已收到应收的全部现金，并偿付应偿付的全部债务。

产经营，企业通常需要保留一定的现金余额，因此，收购方可能要求卖方在资产负债表中保留少额的现金，在这种情况下，应通过营运资金的调整将现金余额加入到收购价格中。

交割机制

交割机制由交易的收购协议设定，它定义了衡量净负债和目标营运资金的方式。收购中，最重要的两种交割是锁定机制和交割账户机制。

锁定机制（Locked-box Mechanism）：在签署股权收购协议之前，将债务净额和净营运资金价值锁定在特定日期（称为锁定日期）的价格固定机制。这个特定日期通常为最近一期年度资产负债表基准日和签署收购协议日期之间的某个较近日期。在采用这种机制时，目标公司的经济风险自锁定日起转移给买方，买方从这个日期起取得目标公司此后产生的全部现金利润。由于净负债和目标营运资金的价值均在收购协议中予以明确界定，因此，交割之前由现有股东占有的收入金额是可以精准确定的。由于卖方还要在锁定期限和交割日期之间继续运营目标公司，因此，买方通常会以付利息或日利润率的形式对继续运营目标公司的卖方进行补偿。

交割账户机制（Completion Accounts Mechanism）：根据公司债务净值、约定的目标营运资金及成交时实际净资产价值的差额，对最初购买价格进行调整的定价机制。因此，这种机制可以避免资产负债表项目在交割前出现的偏离对买方和卖方产生影响。此外，也可以对包括目标资本支出和实际资本支出在内的项目进行调整。交割账户机制通常在交易交割后的约定期间内设立。收购价格的调整既有可能导致卖方收到较低的调整后收购价格，也可能会提高买方支付给卖方的付款。在使用交割账户时，目标公司的经济和法律风险只有在交割时才转移给买方。

锁定机制与交割账户机制之间的主要区别就在于转移目标公司经济风险的日期。对于锁定机制，目标公司的经济风险在锁定日转交给买方；考虑到买方在签署收购协议后到交割之前这段时间里尚未控制目标企业，因此，买卖双方在财务风险转移和法律风险的转移以及对管理控制权转移上并不匹配。通过在收购协议中设置相应条款，授予买方对目标公司拥有某些控制权，以及在锁定日和交割日之间保护买方受收益漏出[①]（leakage）的影响，可以减轻这种不匹配。另外，通过交割账户，在交割时将经济和法律风险转移给买方。

---

① 收益漏出，是指价值在锁定日和交割日之间从被收购企业转移到卖方，通常体现为股息、奖金或其他现金转移的形式。不构成利益漏出的转移通常需要在交易文件中予以明确。

交割后的价格调整及补偿措施

由交割机制确定的最终购买价格也就是最终交割时提交的价格。但在某些情况下，最终的完整收购价格还有可能发生变动，而且交割日之后的收益可能需要交接。这包括两种情况：或有支付构成购买价格的一部分；出现违约。

或有支付（contingent payment）：或有支付会导致全部收购价格的一部分被推迟结算。这笔最终支付的款项依目标公司的业绩而定，通常与 EBITDA 等财务指标挂钩，并在交易结束后的指定期间内支付。在或有支付机制下，如目标公司的业绩超过（或低于）预期，或有付款将提高（或降低）收购方最终支付的总收购价格。

违约：交割之后，因违约而出现的货币补救措施通常是由出售方支付给收购方的，违约行为包括卖方违背其"声明和保证"及交割后约定。[1] 收购协议通常会包括赔偿条款，约定对特定合同违约行为提供的货币补救措施以及计算具体补偿金额的方法。赔偿机制通常会对如下三个金额做出规定：针对特定违约行为的最高赔偿金额（上限）；就特定违约行为提出索赔的最低金额（底限）；针对所有补救措施需要赔偿的累积性临界金额，一旦超过该临界值即可触发赔偿责任（起赔金额）。这个起赔额可以通过两种方式确定：如达到临界金额，则赔偿人要么支付其违约行为招致的损失总额，要么仅支付超过起赔点的损失。在确定一笔索赔的最终赔偿金额时，需要对双方之间的其他赔偿或索赔做调整，并以抵销后的余额作为最终赔偿额。

补充资料 8.2

上市公司退市

在对上市公司实施退市的交易中，收购基金收购一家公开上市公司并使之退市，从公众公司变为私人公司。对上市公司实施私有化的目标包括：通过集中所有权来降低代理风险，通过实施治理架构来增加管理团队的责任感，采取更激进的融资结构并开始调整公司的战略或运营定位。目标公司的公开性以及旨在保护散户投资者的法规为出售过程引入了独特的要素。在 2006—2007 年的收购高峰期，退市业务特别盛行，分别占当年收购总投资的 43% 和 50%（见图 8.4）。

---

[1] 有关声明和保证以及交割后约定的更多信息，请参阅第十章"交易文件"。

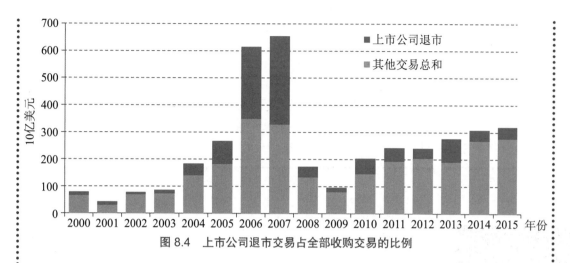

图 8.4 上市公司退市交易占全部收购交易的比例

资料来源：Preqin。

　　退市交易受金融监管机构及目标公司所在的国家证券交易所严格管制。因此，相关规定可能在各个国家有所不同。一般来说，收购型投资者可通过如下三种方式对上市公司发起退市交易：执行合并协议、提出重组方案以及公司股票进行收购要约（tender offer）。合并协议和重组方案均要求收购者与上市公司及其董事会进行协商，因而被视为善意收购；要约收购报价则是未经被收购公司同意情况下进行的主动收购，因而被视为敌对收购。无论采用何种方法，上市公司董事会都需要与潜在投资者进行谈判，并决定是否依据对受托责任向股东提议收购要约。最后，由股东通过投票决定是否通过该提案。

　　董事会的信托责任增加了退市收购的复杂性。公司董事会的首要职责就是在收购事件中追求股东价值的最大化。如果收购方是控股股东，或是包括出席董事会的公司管理层成员（如管理层收购），将由独立董事委员履行董事会的职责；在决定接受或拒绝交易进行的表决中，参与收购的现有股东无权投票。在有多个潜在收购方参与竞价时，目标公司董事会有责任寻求报价最优的交易；除价格之外，投标人在资金上的可靠性也是一个需要考虑的关键因素，与资金来源不可靠的较高报价相比，出售方完全有可能会选择报价较低但资金来源稳定的报价。为满足董事会选择最优报价的义务，并购协议中可能会包含"询价"（go shop provision，也称为竞购条款期或寻购条款），按照这一条款，董事会可在一定期限内征询竞争性报价，只要找到更优报价，与此前报价人签署的并购协议即告终止。

在通过上市公司退市进行的收购交易中，PE 公司通常最终会支付超过目标公司市值的溢价。对此，一种常见的误解是：这个定价的依据就是，为取得控制权就必须支付溢价；或者说，是一种所谓的控制权溢价。但事实上，溢价的真正来源是 PE 公司计算得到的估值与当前市值（目标公司的市值＋非上市部分的少数股东权益－净负债）的差额，其用意在于吸引现有股东卖出股份。在对交易进行的最终审核中，投资银行或会计师事务所将对交易，尤其是价格是否公允发表第三方意见。

本章小结

本章介绍了 PE 交易过程中涉及的一些可见及不可见因素，如报价策略、定价调整以及交割机制。尽管全面了解杠杆收购的交易定价机制至关重要，但它依旧是投资过程中最模糊而且也是最容易受经验影响的一部分。它需要收购方拥有与相关各方进行沟通和协商的能力，还要及时认清形势并根据环境的变化不断调整，尤其需要调动收购方在业内的关系网。在随后的几章里，我们将进一步专注于这个话题，并着重讨论交易架构和交易文件这两个问题。

基本学习要点

- 根据目标公司初步估值确定的招标价格，只是并购流程的起点。在选择适当的 PE 买家时，出售方还要考虑其他众多因素，如收购者支付对价的形式、交割的确定性、在经营和战略方面的专长及其买方参与出售过程的专业能力和速度。
- 在很多情况下，会有若干潜在收购者为取得收购目标公司的权利而展开竞争。为此，他们需要参与结构化的拍卖过程，其中最常见的就是两阶段拍卖，这种拍卖的目的就在于不断缩小感兴趣买家的范围，并最终圈定中标人。
- 对于杠杆收购交易，重要的是了解 PE 收购者经常采用的各种报价策略、交易的交割机制以及交割后的调整。

参考及补充读物

摘自《私募股权案例》

案例 13："钱"途无量：对 Amadeus 全球旅行分销网络的收购

参考文献和附加阅读

Benson, M. and Shippy, J., The M&A Buy Side Process: An Overview for Acquiring Companies, Stout Risius Ross, http://www.srr.com/assets/pdf/mabuysideprocess.pdf.

Brams, Steven J. and Mitts, Joshua (2014) Mechanism Design in M&A Auctions, Delaware *Journal of Corporate Law* (DJCL), 38(3), https://ssrn.com/abstract=2422577.

Davis Polk and Wardwell LLP, Going Private Transactions: Overview, https://www.davispolk.com/files/uploads/davis.polk.going.private.pdf.

Fidrmuc, Jana P., Roosenboom, Peter, Paap, Richard and Teunissen, Tim (2012)

One Size Does Not Fit All: Selling Firms to Private Equity versus Strategic Acquirers, *Journal of Corporate Finance*, 18(4): 828–848.

Hege, Ulrich, Lovo, Stefano, Slovin, Myron B. and Sushka, Marie E. (2013) Asset Sales and the Role of Buyers: Strategic Buyers versus Private Equity, February 25, available at SSRN https://ssrn.com/abstract=1787465 or http://dx.doi.org/10.2139/ssrn.1787465.

Moore, R. and Jenkins, A. Issues in Negotiating Cash-Free Debt-Free Deals, RSM US, http://rsmus.com/pdf/wp_tas_cash_free_debt-free_transactions.pdf.

Sautter, Christina M. (2013) Auction Theory and Standstills: Dealing with Friends and Foes in a Sale of Corporate Control, *Case Western Reserve Law Review*, 64(2), https://ssrn.com/abstract=2207693 or http://dx.doi.org/10.2139/ssrn.2207693.

Tattersall, C., Roth, P. and Pütz, V. (2012) *Share Purchase Agreements: Purchase Price Mechanisms and Current Trends in Practice*, Ernst & Young, http://www.ey.com/Publication/vwLUAssets/EY_TAS_-_Share_Purchase_Agreements_spring_2012/$FILE/EY-SPA%20brochure-spring-2012_eng.pdf.

第九章 交易架构

在搭建交易架构过程中，私募股权（PE）公司取得为收购交易提供融资的各种形式资金，并建立一套实现资金流动的投资工具。从 PE 基金经理的角度看，这个流程的核心在于从时间、成本以及合同义务方面优化被投资公司的资本结构，并通过建立投资工具的法律结构，在维护资金提供者权益的同时，最大限度地减少税收和监管约束。这两个过程是同步进行的，因为资本来源会影响最优法律结构，反之亦然。

PE 投资者可以使用多种企业融资工具为投资于目标公司进行融资。所采用的融资工具种类直接决定了投资者对目标公司现金流和资产索取权的优先性。PE 基金通常需要通过采用一系列特殊目的载体（SPV）来构建投资架构，以明确界定全部利益相关者的索取权顺序。

由于风险投资（VC）或成长型股权投资很少使用负债，因此，其工具和结构相对较为简单，而在杠杆收购（LBO）中，债务的大量使用则导致交易结构非常复杂。

在本章里，我们将重点讨论杠杆收购（LBO）投资中使用的融资工具和 SPV，它们也是设计交易结构时需要考虑的核心要素。而股权融资则普遍存在于风险投资及成长型股权投资中。

收购采用的融资工具
债务融资与股权融资

收购性投资者通过债权和权益工具的组合为收购目标公司提供融资。债务融资部分通常来自形形色色的贷方人（主要是银行），而股权融资部分则来自收购基金及参与收购的管理团队。收购性投资者通常采用分层式债务及股权融资工具，以便协调资本供给方的利益、成本和经济风险。

图 9.1 概括了 PE 交易常用的融资工具及其基本特征。本节只是泛泛地探讨了"市场标准"，但适用于债务或股权协议的条款还是服从于交易的具体属性，因而是可以通过谈判协商自主确定的。

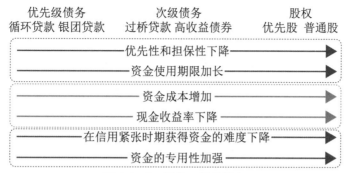

图 9.1　PE 融资工具的特点

债务工具

在 LBO 中，收购公司需要大量使用多方提供的债务为交易提供融资。在收购交易中，可提供融资的债务金额取决于目标企业以创造现金流偿还债务的能力以及债券市场的形势。[1] 在尽职调查期间，收购公司与贷款人接洽，并与卖方谈判，为交易拟定适当的融资利率，并为收购制定合理的融资结构。各种主要类型债务工具的特点如下。

优先级债务（Senior Debt）： 在典型的杠杆收购中，由投资银行提供的优先级债务构成了负债的绝大部分，并对目标公司的现金流和资产拥有优先于其他交易融资方式的索取权。此外，优先级债务通常由目标公司提供具体资产（抵押品）做担保，因此，在破产情况下，有利于强化优先级债权人对目标公司的权利。优先级债务协议通常会包括需要定期测试的维持条款（maintenance covenant）——比如利息覆盖率（EBITDA/ 利息费用），使得优先级贷款人可以随时监督债务人企业的业绩。[2] 优先级、担保和维持条款的使用，有效降低了优先级债权持有者的风险，从而可以让他们按资本结构中的最低利率为目标企业提供贷款。

收购公司通常会以竞标形式选择优先级贷款人，贷款人在签署保密协议后取得交易信息，通过这种方式，收购者可以为交易取得最有利的融资条件。在大型收购中，如果贷款总需求超过单一贷款人的承受能力时，往往若干家银行组成银团，也就是说，由若干家银行为一笔收购交易同时提供贷款。由牵头银行主导尽职调查，拟定债务协议的商业条款并进行谈判，在整个投资和债务持有期间代表银团处理债务问题；其他银行接受邀请，按与牵头银行相同的条款共同提供贷款。后期，牵头银行可能将部分头寸出售给其他银行。此外，优先级银行债务也可作为个别杠杆贷款或担保债务凭证（CDO）进行证券化并转手出售。

---

① 有关调整债务部分规模的更多详情，请参阅第四章"收购"。
② 有关债务契约的更多信息，请参阅第十章"交易文件"。

按优先性顺序，优先级债务通常包括如下几个层次：

- **循环信用额度贷款**（revolving credit facility）：循环信用额度贷款（或称循环贷款）是一种银行信贷额度，主要用于满足目标公司的营运资金需求。在收购时点，新的循环贷款可以用来偿还目标公司的现有循环贷款，并为目标公司收购价的调整性营运资金提供资金。交割之后，在整个贷款期内，借款人可以约定限额内提取循环贷款、偿还原贷款。这种贷款通常规定每年强制性还款一次或两次，而且可以要求，超额现金在用于向股东派发股息之前，必须先行偿还循环贷款，即所谓的"现金清算"（cash sweep）。

- **第一留置权贷款**（first lien term loan）：第一留置权贷款在杠杆收购融资中占有很大一部分比例。这些贷款通常采取优先级担保，因而可在破产情况下对公司资产享有优先索赔权。杠杆收购的融资通常采用多层第一留置权贷款（如定期贷款A、B和C）。其中，定期贷款A的利率最低，期限最短（5～7年），且在贷款期限内逐年摊销或偿还；定期贷款B和C的利率通常略高于定期贷款A，期限较长（5～8年），采取一次性到期偿还（尽管这种贷款可能也要求某种形式的名义摊销）。

- **第二留置权贷款**（second lien term loan）：第二留置权贷款被用作核心性第一留置权贷款和次级债务之间的过渡性贷款。第二留置权贷款的提供者既包括银团，也有其他的机构性债务投资者。这种贷款的利率高于第一留置权贷款，期限长于第一留置权贷款，通常为9～10年，且多为一次性偿还本金。尽管第二留置权抵押和第一留置权贷款一样都设有抵押，但只有在第一留置权债务持有者得到全额偿付后，第二留置权贷款持有者才享有受偿权。但对于非抵押资产，第二留置权债务人通常与第一留置权债务人享有同等的受偿权。

- **次级债务**（junior debt）：次级债务包括一系列无担保的次级债务工具，且在破产清算中的索赔权排在优先级债权人之后。次级债务的期限通常延长到优先级债务到期日之后的几年，并在到期日一次性偿还本金。次级债务的特征是兼有现金利息和实物利息（paid-in-kind），其中，实物利息可以让一部分利息支付推迟到偿还贷款本金的日期。次级债务的条款在数量上相对有限，而且大多设计为仅在特定条件下测试（比如在公司计划发放股东红利时）的发生性契约（incurrence covenant）。因此，次级债务的持有者通常会让优先债权人牵头监督公司的经营业绩。为弥补较高的风险，次级债务工具的定价通常包含远高于优先级债务的溢价。

次级债务的常见形式是夹层贷款和高收益债券。

- **夹层贷款**（mezzanine loan）：这种形式的次级债务属于私人性的机构市场，贷款来自单一贷款人或少数贷款人群体；夹层贷款的提供者包括专业性的夹层基金、私募基金、对冲基金和机构投资者。除满足上述的次级债务条款之外，夹层贷款还可通过可转换债务功能或附带认股权证带来的"股权收益"效应（equity kicker），让贷款人额外享受一部分权益增值带来收益。[1]将这些"收益"纳入到债务工具中，往往可以增加债务的收益能力，进而吸引投资者认购这些债务工具。

- **高收益债券（high yield bond）**：高收益债券在公开债务市场上销售和出售。与优先级和夹层融资不同，高收益债券的发行受严格监管，而且通常需要进行债券评级，在证券交易所公开发行并在全部债务期限内进行信息披露。[2]鉴于针对向公众投资者推荐和遵循有价证券的规则及监管条例，因此，和私募债券相比，发行高收益债券可能需要一个相对漫长的过程。在这种情况下，高收益债券通常用于在收购项目交割后替代过桥贷款或其他短期债务。[3]由于公开发行过程以及与这种债券相关的持续性义务需维持较长时间，而且要投入较高成本，因而可以预见，PE公司愿意支付的利率要低于夹层贷款及其他形式的次级债务。

过桥贷款（bridge loan）：过桥贷款通常为短期性的担保信贷工具，在交易结算时提供临时性的债务资本，交割使用的长期资金则来自PE基金。尽管过桥贷款通常由投资银行提供担保，但在某些情况下也可能直接来自PE基金或其他资本提供者。在很多情况下，过桥贷款承诺永远也不会被使用，因为收购方在签署协议后到交割前大多可以取得长期融资。如果需动用一笔过桥贷款，公司就必须尽快取得永久性长期借款，以偿还这笔过桥贷款，因为过桥贷款的利率通常高于LBO融资中其他级别的贷款，而且使用时间越长，利率上涨得越多，直至达到约定上限。如借款人在到期时不偿还过桥贷款，过桥贷款将自动转为长期贷款，且利率高于市场利率。利率的上调意在刺激借款人及时筹措资金、按时偿还过桥贷款。

卖方融资（vendor financing）：卖方融资可通过转换或推迟支付全部交易收益来减少执行交易所需要的现金。这种融资通常采取两种形式：卖方借款及盈利能力支付计划（earn-out，也称或有对价支付法，类似于对赌）。顾名思义，卖方债由目标公司的现有

---

① 认股权证是在某些触发事件发生时（如控制权变更、公司出售或内部发行）可凭预定价格购买目标公司股票的期权。

② 评级机构需要在债券的整个期限内对债券进行监测，债券评级会影响到债券的发行价格及市场对债券的接受程度。

③ 由于高收益债务的发行时间可能要长于过桥贷款，因此，在LBO交易结束之前，高收益债券还处于发行阶段，尚未交割。

所有者提供，从根本上说，就是卖方收益的一部分转回目标公司。卖方债务通常无担保，在受偿优先权上弱于次级债务和优先级债务，但优先于股东贷款和股权融资；利息通常高于平均水平，也高于实物利息。另一方面，盈利能力支付计划则意味着需要在未来时日支付卖方收益的一部分。盈利能力支付计划的数量通常依赖于目标公司在交割后的经营业绩，只有超强的业绩表现才需要向卖方支付额外的对价。如果卖方在交割后继续管理——譬如管理层收购，且甘愿在一定程度上和企业患难与共，那么，通常就可以采用这种盈利能力支付计划。

股东贷款：股东贷款属于受偿权排在最后的次级债务，由股东提供；这种贷款主要来自收购基金，个别情况下由管理团队提供。股东贷款通常提供实物利息，并在退出或再融资时偿还累计利息及贷款本金。股东贷款大多用于确立股权投资者的优先性及构建管理层薪酬计划。由于股东贷款具有准股权性质，因此，在很多国家的税法规定，因股东贷款而支付的现金利息不得在税前扣除。

权益工具

在杠杆收购中，股权融资部分通常由单一 PE 基金或一组 PE 基金及公司管理层提供；且由私募股权基金提供股权资金的绝大部分，而管理团队则进行联合投资，以实现公司经济利益与 PE 公司的相互一致。管理层往往将他们对目标公司持有的现有股权转入到 LBO 融资结构中。最常见形式的股权融资特征详述如下。

优先股：优先股是一种优先级别为高级的股权形式，与普通股股东相比，优先股股东享有一定的优先权。尽管管理层的跟投可能也会选取优先股，但 LBO 中的大部分优先股通常由 PE 基金持有。持有优先股享受的经济权利通常包括清算剩余财产的优先分配权（即在退出投资或公司破产时，优先股股东对残余现金流享有优先索取权）及股利的优先分配权（即优先享受现金或累积年度股利分配）。优先股股东享有的控制权包括特别表决权以及强制出售公司全部股权的决定权。

普通股：普通股是公司资本结构中优先级别最低的融资工具，只有在其他全部资本提供者的索取权得到满足后，才对公司剩余现金流及资产享有索取权。在 PE 交易中，普通股所有权是通过管理层激励计划协调 PE 出资者与管理团队利益的最主要工具。在管理团队成员持有的全部股份中，通常有很大一部分为普通股——在激励计划中使用期权时，则为完全稀释的普通股。因此，在公司业绩良好时，这种"甜蜜的股权"可以带来更高的投资回报率；

但是在投资表现不佳时，管理层就得冒着利益消损的风险。[1]

搭建交易架构的艺术

葛涵明（Guy Hands），泰丰资本（Terra Firma）董事长兼首席投资官

与公开市场相比，私募股权有两大优势。第一个优势是其股份无须逐日形成市场价格；其次是投资者的持股时间更长。2015 年，美国公开市场的股票平均持有期约为 17 周，而私募股权公司对收购型投资的持有时间则达到甚至超过 5 年半。

参与运营的 PE 公司可以充分利用这种长期性，通过对企业进行根本性改造而创造出明显价值。这种改造可能包括调整公司的经营战略，强化管理团队，追加资本开支，通过并购推动增长，但最重要的，还是改善目标公司的资本结构。凭借稳健的资本结构，无论市场走势如何，只要拥有合理的战略，企业就应该取得成功。

很多私募股权投资者试图以改变资本结构而实现收益最大化，而他们所依赖的前提，则是最初商业计划合理而可行。但在现实中，商业计划很少能完全符合预期；企业的实际绩效总会超过预期或是低于预期。

通过在 30 多年的投资生涯，我深刻地认识到，必须为每一项业务设想出符合现实的悲观场景。而后，你还要确保现有资本结构必须足够稳健，以抵御这种预期的不利局面，乃至现实金融市场所遭遇的大幅下跌。如果你的资本结构足够稳健，那么，你的公司就有可能在艰苦环境中生存下去。否则，无论企业拥有怎样的经营实力，你都有可能丧失控制权，而且无法在企业未来的复苏中受益。

在 2007—2008 年的全球金融危机之后，泰丰资本就经历了这两种情况。首先是德国高速公路服务站及加油站公司（Tank & Rast），泰丰资本于 2004 年收购了这家德国最大的高速公路服务及加油站运营商；其次是百代唱片（EMI），世界上最大的音乐公司之一。

2007 年，这两家企业以当时尚且可行的条款进行了再融资。但就在几个月之后，全球金融危机爆发，最初商定的条款对贷款人来说已不再合理。

Tank&Rast 最初约定的贷款人包括四家公司，但没有一家公司愿意接受贷款条款，所有贷款人都认为没有必要采取行动。于是，泰丰资本只好独自对 Tank&Rast 进行战

---

[1]　有关管理层激励结构的更多介绍，请参阅第十二章"管理团队的维护"。

略转型，最终的结果是，EBITDA 从 2007 年的 1.79 亿欧元增长到 2011 年的 2.08 亿欧元，为投资者创造出了更多价值——在 2015 年度最终出售这笔投资时，实际收回的投资达到最初已投资本的 7.5 倍。

相比之下，百代唱片只有一家贷款人，其对百代唱片发放的贷款也是公司最大的单一贷款。此外，泰丰资本也对百代唱片进行了战略转型，到 2011 年，改造初见成效。百代唱片的 EBITDA 从 2007 年的 6 800 万英镑增长到 2010 年的 3.34 亿英镑，特别是考虑到同期收入略有下降的情况下，其利润率的增长显然超乎寻常。

尽管成效斐然，而且百代唱片也确实在按期支付利息，但根据贷款合同约定的资产负债表破产条款，贷款人还是在 2011 年强制没收了抵押资产。但自 2012 年起，市场和估值倍数指标均开始反弹；随着转型的深入，百代唱片的 EBITDA 和估值倍数均有所改善，因此，百代唱片的价值很有可能远远超过债务金额，因此，其股权的价值是实实在在的。

通过这些经验，我们领悟到两个非常有价值的体会。首先，必须在整个经济周期中紧紧把握对企业的控制权。其次，应尽可能地实现债务结构多元化，以降低单一贷款人因个体认识而强行遏制公司转型的风险。

这一点很重要，因为历史一再表明，金融市场每隔 5 ～ 15 年就会爆发一轮大规模危机；对于私募股权行业，这就意味着每三只基金中就会有一只遭遇惨败。因此，建立强大而稳定的资本结构，才可以让企业以坚实的战略去追求长期成功，而不必依赖市场为实现成功去创造所谓的外部环境。

投资结构和特殊目的载体（SPV）

典型的杠杆收购（LBO）结构由一系列新创建的 SPV 构成，且每个 SPV 均由单一的债务或权益工具提供融资。每个 SPV 的资金都通过相应的投资结构流向一家控股子公司——即，专门从事向出售方收购目标企业的法定实体。通过这种投资结构输送资金，有助于强化不同资本提供者的契约权。

为说明 LBO 投资结构的原理和机制，我们将探讨两种假设性的结构——首先是一个相对简单的结构（见图 9.2），随后，我们再看一个较为复杂的结构。

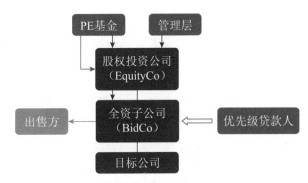

→ 股权及公司间贷款 → 股东贷款 ⇨ 优先级贷款 → 现金

图 9.2 简化的 PE 投资结构

依据偿债的优先性，简单的杠杆收购模式由优先级债务、股东贷款和普通股进行融资。优先级债务由全资子公司（BidCo）直接担保，另一方面，由 PE 基金所提供的股东贷款及 PE 基金注入普通股所形成的资金，与管理层一并进入了一个独立载体，我们将这个载体称为股权投资公司（EquityCo）。随后，投资于 EquityCo 的全部资金通常会通过公司间贷款流入 BidCo，并由 BidCo 利用全部资金对目标公司进行收购。考虑到资金结构中每一层面采用的融资工具的性质，EquityCo 可以控制目标公司，进而让 PE 基金和管理层成为目标公司的控制者。

那么，PE 基金为什么要采用这种类型的股权结构呢？一方面，通过在不同的法律环境下设立 SPV，可以让贷款人最大限度地获得抵押品，并优化 LBO 的监管及税收。采用个体化实体可减少债务资本被视为股权以及利息支付将被视为股利支付的风险，因为股利支付消除对债务人的利息支付的免税额。虽然全资子公司 BidCo 通常与目标公司处于相同的法律监管环境，但投资结构中的其他 SPV 则有可能设立在不同的在岸和离岸法律体系中，以最大限度享受股利、资本利得和利息的税收优惠。此外，在不同司法管辖区设立控股公司，不仅可以满足个别资本提供者的需求，同时可以让企业为实施未来的战略行动做好准备，包括 PE 投资者的退出。

债务方面的考虑——结构性从属与契约性从属问题

收购需要协调各利益相关者的关系，尤其是涉及多个债权人的时候；因此，必须确保对目标企业求偿权的从属关系进行明确的定义和记录。契约关系依赖于结构从属关系，对此，我们可以参照图 9.3 所示的复杂投资结构做出解释。在这个例子中，我们为每个融资工具均建立起单独的载体，包括优先级贷款、夹层贷款、股东贷款以及普通股（按优先性顺序排列）。正如我们的简化结构一样，资金通过公司间贷款流通，并最终为 BidCo 收购目标公司提供融资。

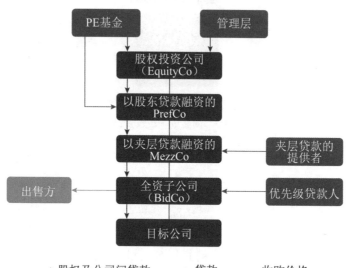

图9.3 复杂的 PE 投资结构

所谓的结构性从属关系（structural subordination）是如下方式实现的：在以现金向更多次级 SPV 偿付公司间贷款之前，必须满足各 SPV 贷款人对现金流和资产的求偿权。比如说，在向 MezzCo（以夹层贷款融资的 SPV）发放现金之前，必须满足优先级贷款人对 BidCo 的求偿权。在向 PrefCo（以股东贷款融资的 SPV）发放现金之前，必须偿付夹层贷款人的求偿权，以此类推。因此，通过这种方式，采用行使收购职能的 SPV 即可强化由贷款文件确立的求偿权优先顺序——即所谓的契约性从属关系（contractual subordination）。在杠杆收购中，这种类型的投资结构符合债务提供者的要求。

在完成杠杆收购之后，优先级贷款人往往需要对债务进行下行转移，即将对全资子公司 BidCo 的债务转移到运营公司。[1] 通过合并目标公司与 BidCo，将创造收入的资产从目标公司转移到收购载体（BidCo），可以实现债务下行转移，并由目标公司向同一优先级贷款人发行新债务或通过以新换旧的方式而偿还收购债务，即可实现债务转移。[2] 借助于债务转

---

① 履行债务下行转移的义务通常在优先级债务的贷款协议中约定。

② 以新换旧是指将合同中的一方替换为另一方；比如说，在优先级债务提供者和 BidCo 签订的债务协议中，将 BidCo 替换为运营公司就属于这种情况。

移，优先级贷款人可对经营公司的资产拥有直接求偿权，并消除优先级贷款人相对于目标项目债权人的结构性从属关系。此外，债务转移还可享受税务方面的优惠，因为这种做法允许直接从经营企业创造的收入中扣除利息费用，从而消除了利息支付是否可扣除的不确定性。

股权融资需要考虑的问题

在 PE 投资中，股权资金提供者往往以多个 SPV 对收购中使用的资金进行隔离。为说明这个过程，我们在简化的 PE 投资结构（见图 9.2）中增加了一个联合投资者（跟投者），并重点关注图 9.4 中流入 EquityCo 的资本。在这笔交易中，资本从 PE 基金和联合投资者流入一个中间 SPV，这个 SPV 拥有由 EquityCo 股份构成的预定组合，也就是通常所说的机构隔离带。管理层资金则流入另一个独立载体，这个载体持有由 EquityCo 股份构成的不同组合——我们姑且称为管理层隔离带。EquityCo 的全部资本通过公司间贷款再次转移给 BidCo。

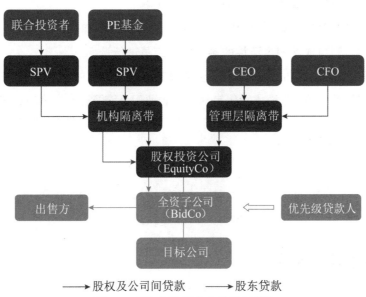

图 9.4　股权投资结构中的股权载体

通常，每个资本提供者都要建立自己的 SPV，以清楚地分离出拥有不同权利的股权资本流。此外，以这种方式的投资安排，还可以让 PE 基金屏蔽特定被投资公司的债务，为个别希望（而且允许）退出的股东提供更大的灵活性。除此之外，这种方式还可以带来税收上的好处（具体依赖于 SPV 所在的司法体系）。对于收购而言，通常需要设立不同实体对不同的联合投资者实施隔离，或是将私募股权基金与管理层分离开来；而对于成长型股权资本或风险投资来说，则可以在银团融资中采用不同的 SPV 进行投资隔离。

本章小结

　　构建（收购）交易是一项非常复杂的任务。在选择首选工具和投资结构时，需要考虑多种因素（税收、优先性和成本）。尽管专业顾问可以在每个环节提供帮助，但在架构方面的经验显然是一种竞争优势——不仅有助于加快执行速度，而且提高了交割的确定性。

基本学习要点

- 收购型投资者使用多种具体特征的债务和权益工具为杠杆收购融资；而风险投资和成长型股权投资者通常只使用股权融资工具。
- 在市场创新持续和快速扩张的大背景下，投资者在构建债务组合时，可以在拥有不同期限、利息成本和灵活性的多种债务工具进行选择。
- 为杠杆收购提供融资的债务和股权资金通常经过一系列的 SPV，这些 SPV 通过结构性从属关系，强化了资本提供者对目标企业现金流及资产所享有的经济索取权。

参考及补充读物

摘自《私募股权案例》

案例 11 和 12：身边的筹码（A 和 B）：对安华高科技（Avago Technologies）的收购

案例 13："钱"途无量：对 Amadeus 全球旅行分销网络的收购

参考文献和附加阅读

Axelson, Ulf, Jenkinson, Tim, Weisbach, Michael S. and Striberg, Per (2007)

Leverage and Pricing in Buyouts: An Empirical Analysis, Swedish Institute for Financial Research Conference on the Economics of the Private Equity Market, August, available at SSRN: https://ssrn.com/abstract=1027127 or http://dx.doi.org/10.2139/ssrn.1027127.

Darley, Mark (2009) Debt, in A Practitioner's Guide to Private Equity, Soundy, Mark,

Spangler, Timothy and Hampton, Alison (eds), Sweet and Maxwell, https://www.skadden.com/sites/default/files/publications/Publications1877_0.pdf.

Demiroglu, Cem and James, Christopher M. (March 5, 2010) The Role of Private Equity Group Reputation in LBO Financing, *Journal of Financial Economics (JFE)*, 96(2 May): 306–330, available at SSRN: https://ssrn.com/abstract=1032781.

Gompers, Paul, Ivashina, Victoria and van Gool, Joris (2013) Note on LBO Capital Structure, Harvard Business School Module Note 214–039, October.

Ivashina, Victoria (2013) Note on the Leveraged Loan Market, Harvard Business School Module Note 9-214-047.

Yates, G. and Hinchliffe, M. (2010) *A Practical Guide to Private Equity Transactions*, Cambridge University Press.

第十章 交易文件

所有风险投资、成长型股权投资和收购交易都非常复杂，都需要以明确而详细的文件确保相关各方了解每一笔交易中的风险、权利和义务。利益相关者的具体数量因交易而异，可能包括一个或多个私募股权（PE）公司和 PE 基金、目标公司、目标公司的股权所有者、债务的提供者以及数量不等的咨询师、顾问及其他服务提供商。法律文件明确了交易的关键条款，确定相关各方的权利，保护各方在持有期间的利益，并为未来的退出过程提供指导。

本章首先讨论 PE 交易中的关键性谈判要点以及各种基本文件。注意提醒的是，本章是一个专业性非常强的章节，其目的在于澄清各种交易文件需要考虑的重要商务要素。本章架构是围绕针对债务和股权投资文件的介绍而展开的。

PE 交易文件

PE 基金需要和目标公司及其所有者签署一系列契约性合同，明确相关各方在投资过程中的权利和义务。尽管采用的文件会因所处的司法体系和具体交易而有所不同，但我们还是总结出适用于交易搜索、尽职调查以及谈判流程的主要交易文件。此外，我们对交易文件的讨论以收购成熟型企业为对象，如图 10.1 所示。

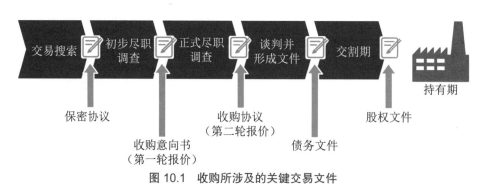

图 10.1 收购所涉及的关键交易文件

保密协议（Non-Disclosure Agreement）：在任何尽职调查过程开始之前，PE 基金都需要和目标公司就保密信息的交换而签署保密协议。保密协议规定双方不得在签署协议之后向第三方披露保密信息；该义务不适用于在保密协议生效时可通过公开渠道获取的信息，以及非因相关方过失而被披露的信息。保密协议涵盖尽职调查、谈判及交割清算过程中所涉及的全部保密信息，即使在收购未能兑现情况下，保密协议依旧适用于相关各方。可以通过保密协议维护单向或双向的信息流动。对于 PE 交易，保密协议通常采用限制单项信息流的方式，因为目标公司一般无须获取关于 PE 基金的保密信息。在针对保密协议进行谈判时，主要问题包括期限、覆盖面以及发生违约时确定货币赔偿额的补偿条款。此外，在投资过程中签署的其他保密协议可以取代或扩大原保密协议确定的义务。

收购意向书（The Letter of Intent）：意向书发挥着招标文件的作用，它为收购过程中需要进一步谈判所依据的主要经济及流程条款。通用性经济条款包括 PE 基金报价的金额、资金来源以及预期交易结构。这些经济条款没有法律约束力，而是被视为基金意图的"真诚"表示以及对收购协议相关条款的初步预期。通过意向书，PE 公司和出售方可以确保在发生进一步尽职调查费用并就最终收购协议进行谈判之前，双方在关键条款上已取得基本一致。最终意向书通常包含排他性条款，赋予 PE 基金在特定时期段独家收购目标公司的权利。已签署意向书允许各方启动针对交易的监管和政府审批流程，对 PE 基金而言，可以就交易融资事宜接触可信赖的银行及其他资本提供方。

收购协议（Sale and Purchase Agreement）：收购协议是 PE 基金和目标公司现有所有者之间签署的最重要的协议；它约定了预期交易及收购过程的条件和条款。收购协议体现了尽职调查、目标估值、交易定价、交易架构的关键性结论以及 PE 公司和出售方谈判所涉及的其他商业、会计和法律事项。收购协议包括两个最关键的阶段：协议的"签署"或执行——各方签订收购协议并同意履行交割之前的特定义务；协议的"交割"或完成——当收购协议的全部条款生效时，为交易投入资金，并由 PE 基金正式对目标公司进行收购。签署和交割可能在同一时日发生，但两者之间通常会有一段时间间隔。

虽然每个交易都是独一无二的，但大多数收购协议均包括一整套约定买方及卖方责任和义务的通用条款。这些协议通常会涉及目标公司资产（资产收购协议）或现有股权（股权收购协议）买卖的详细过程。本节列示了收购协议的通用条款。

- 购买和出售（Purchase and Sale）：在收购协议的这项条款中，基金同意收购目标公司的资产或股权，而目标公司的现有所有权人则同意出售公司的资产（如权利、所有权和权益）或股权。本条款还需详细说明交易的购买价格以及交易所采用的具体工具。[1]收购协议双方可约定采取"锁定"机制——按签署时确定的固定价格进行收购，或是通过"交割账户机制"，按交割时对初步收购价格调整后的价格进行收购。[2]此外，购买及出售条款还约定了交割的时间和地点，并约定交割的最终完成日期（long-stop date），即交易必须完成或是协议方可正式终止该协议的最终日期。

- 陈述和保证条款（Representations and Warranties）：陈述与保证条款是指合同各方对收购协议所述合同相关的各种事实与承诺所做的声明。所谓陈述，是指可影响并引导买方或卖方签署收购协议的事实所做出的陈述；保证则是对所陈述事实真实性的承诺。陈述和保证的最主要作用，就是保护收购方因出售方对目标企业的事实进行虚假陈述而受到损失，将目标公司的一部分业绩风险转移给出售方，并为收购方提供一个获取目标公司更多信息的机会。尽管违背陈述和保证条款的结果以及对受害方提供的补救措施在不同司法体系中会有所差异，但大体上包括赋予受害方终止收购协议的权利以及对受害方进行损失赔偿等。

- 约定及承诺条款（covenants）：约定及承诺是要求收购协议签署方在交易交割之前或之后采取或不得采取某种特定行动的契约性承诺，承诺通常由卖方做出，其目的在于保护买方。承诺可对一方必须采取的行动（肯定性承诺）或必须避免的行为（否定性承诺）做出描述。对于交割之前的承诺，其主要目的在于确保买方在交割时所看到的目标企业应与签署收购协议时处于同一状态。而对于交割后的承诺，其主要目的则是限制卖方在约定时间内采取有损目标公司竞争力或破坏价值的行为。出售方未能遵守交割前承诺构成违约行为，受害方可采取的补偿措施包括终止收购协议以及要求损害赔偿等。违背交割后的承诺同样构成违约，受害方可采取的补偿措施仅限于追究损害赔偿。

- 赔偿条款（indemnification）：赔偿条款对货币性补偿措施做出规定，旨在保护合同一方免受企业已知风险带来的损失。这些条款明确了买卖双方在发生特定违约行为情况下的法律权利和义务，以消除将争议诉诸法院或仲裁的不确定性。赔偿条款通常适用于出售方违反陈述和保证条款或是和目标公司业绩相关的交割后的承诺条款，且为收购方提供的货币性补偿措施仅限于约定的最高金额。因此，赔偿条款是影响交割后风险配置的关键驱动因素，因为卖方对交割后损失所承担的义务往往是有限的。为确保出售方有足够资金支付相应的赔偿额，收购方通常在交割时将购买

---

① 有关 PE 交易的常用融资工具，请参阅第九章"交易架构"。
② 有关锁定机制及交割账户机制的介绍，请参阅第八章"交易的定价机制"。

价款的一部分支付给赔偿托管账户。

- 先决条件（conditions precedent）：先决条件是指交易继续进行所必须满足或放弃的特定事件或状态。收购协议规定，买方或卖方均有义务尽最大努力满足先决条件。如果一方未能满足先决条件，交易对方可选择退出交易或放弃这一权利。对买方和卖方而言，先决条件的主要目的在于限制另一方退出交易的自由度。交割前承诺是构成收购协议先决条件的基础。对中大型规模的交易，标准先决条件就是相关政府机构对反垄断及其他监管事项的批准。

- 重大不利变化条款（material adverse change）：按照重大不利变化条款，在出现有损目标公司价值的重大事件时，买方有权终止收购协议。构成目标公司发生重大不利变化的具体定义则因交易而异，需要在收购协议中做出正式约定。收购方当然希望对重大不利变化做出最广义的定义，以最大限度提高自身的可选范围，而出售方显然希望从狭义角度约定重大不利变化的范围，以限制买方终止收购协议的能力。

- 终止权和分手费：终止条款（termination）描述了允许协议一方在交割之前可终止收购协议的各种情况。可提前终止协议的常见情况包括双方以书面形式表示同意、严重违反陈述和声明条款、未履行承诺、未能在最终交割日期之前满足全部交割条件或是因法律障碍而无法满足。在某些情况下，收购协议可包括对提前终止协议一方采取经济处罚的条款，即出售方提前终止协议时需要支付给收购方的分手费或终止费（break-up fee）或是买方提前终止协议时支付给出售方的反向分手费（reverse break-up fee）。这些费用用于补偿未终止交易一方的交易成本。

债务承诺函件（debt commitment letters）：在杠杆收购（LBO）的债务融资中，债务承诺函通常由融资牵头者[1]签发给收购基金的收购载体。在签署收购协议之前，卖方通常需要取得债务承诺函，以获得对收购资金的确定性。为保证预期贷款的兑现，这些函件往往需要满足某些具体条件——最主要的就是对贷款文件的谈判。通过市场变化条款（market flex provision），可以在贷款市场形势发生重大变化时对某些条款做出调整。

股权承诺函（equity commitment letters）：股权承诺函是由 PE 基金签发给收购载体，旨在为收购协议中详细约定的股权融资提供有限担保。在签署收购协议之前，私募基金经常需要签署这种函件，以满足对买方融资做出的陈述和保证。股权承诺函通常需要规定基金兑现承诺必须满足的具体条款。在某些情况下，PE 基金可能直接为交易的权益融资部分提供有限担保。

---

[1]　有关杠杆收购的牵头银行及其他银行的作业，请参阅第九章"交易架构"。

交易文件——"净身而退"以及对收购方的保护

海纳·布劳恩（Heiner Braun），英国富而德律师事务所（Freshfields Bruckhaus Deringer LLP）

目前，并购交易大多采取竞争性拍卖方式，而交易文件则是在拍卖中成为赢家的关键因素。在选择首选投标人时，卖方不仅要看投标人提供的估值和收购价格，还会考虑投标方采取的文档方式。而收购协议往往会成为协调各方利益的焦点。

通常，投标人都会寻求一定程度的自我保护，因而要求对其投资做出保证。相比之下，私募股权投资者更希望实现"净身而退"，而通过尽可能地排除交割后负债即可达到这一目的。在理想卖家的情况下，收购协议下的保证仅限于针对股份的能力（约束签约方的权力）和权利。

与战略收购者相比，作为收购方的私募股权在"净身而退"的概念上更具灵活性，因为战略型收购者必须在一定程度上维护内部股东的利益并满足合规性目的。这种情况尤其适用于中国等国家的上市公司及国有企业。实际上，私募股权收购者可以通过商业手段提高自己的地位，而不是寻求交易文件所提供的保护。也就是说，可以根据法律、财务和税务等方面的综合尽职调查结果，对目标企业的潜在风险做出评估，并在收购价格中予以考虑（即扣除）。

在出售公司时，私募股权公司需要在过程开始时便尽早考虑采用处理文件的方式。具体而言，PE公司应该从战术角度确定适当的配置，充分考虑资产有可能会吸引哪些投标者以及如何把握招标过程的竞争性。如果一笔有吸引力的资产卖给其他私募股权投资公司，可能让卖方在启动出售过程时只做出少数保证甚至不做任何保证。凭借进可攻退可守的位置，卖方可以为买家提供更广泛但责任有上限的保护措施。

卖方可以从一开始就为所承担的担保及赔偿责任设置保险，当然，也可以根据判断选择整个流程中的任意时点。尽管需要支付保费，但这种措施可以最大限度地减少卖方责任，甚至可以将卖方承担的最大义务限制到1美元，将实际风险转移给保险商。在成熟的并购市场，这种保险产品在近几年里已非常普及，但在资产普遍被认为风险更高的新兴市场中，此类产品则相对少见。

通过拍卖过程，出售方不仅可以和买家签署更友好的收购协议，还可以让收购者接受并签署"捆绑式"的担保及赔偿保险。此外，卖方还可以要求投标人自行购买保险，从而将自己承担的义务限制在非常小的额度内。这种随用随到的"影子式保证"可以帮助卖家快速做出反应，在出现赔偿义务时迅速与收购方达成一致。

在市场不太成熟、资产缺乏吸引力或是战略收购者比财务投资者占有优势时（比如通过协同效应或其他方式取得的优势），如卖方知道需要向买方提供保证，那么，最好应与目标公司管理层密切合作提出一套切实可行的保证。这样可以让卖方在保证和义务界定上提出合理而明智的建议。

收购中的债务文件

在杠杆收购中，私募股权基金需要和债务提供者就两项主要协议进行谈判，通过这些协议约定借款人和贷款人在交易期间的权利及贷款期限：贷款协议和债权人协议。我们在下文中列示了这些合同中的基本条款。

贷款协议（loan agreement）

贷款（或信贷）协议由 PE 基金负责收购的 SPV 和 LBO 的债务提供者签订。贷款协议约定了债务发行过程的条款和条件、贷款人的经济权利以及目标公司在贷款发放后的业绩要求。贷款协议的主要条款及其商业内涵如下。

贷款金额和期限：贷款协议的这一部分描述了贷款的具体特征，包括但不限于：

- 依照贷款提供的本金金额
- 贷款的利率，通常为市场利率（如LIBOR）与利差之和[①]
- 与贷款相关的费用（通常列示在单独的收费函中）
- 贷款期限及还款计划
- 为偿还贷款所提供的任何抵押品（通常以单独的抵押担保文件予以详细约定）

陈述和保证：在贷款协议中，陈述和保证的基本功能是为贷款人提供一种提前终止贷款协议的机制，以防止违约事件发生。包含在贷款协议中的具体陈述和保证通常与收购协议中允许买方终止交易的陈述和保证条款保持一致。这些条款均侧重于目标公司的状况和

---

① 对不同类型债务的成本和其他特征的介绍，请参阅第九章"交易架构"。

描述目标企业信息的准确性。借款人的陈述和保证通常需要在贷款期限内的约定日期予以重新确认，以重新判断经营企业的实际状态及所提供信息的准确性。

先决条件： 如前所述，先决条件是指交易继续进行所必须满足或放弃的特定事件或状态。在贷款协议中，先决条件分为两类：文件性（documentary）先决条件和事件性（event）先决条件。同样，贷款协议中的先决条件通常也需要和收购协议中包含的先决条件密切协调，以减少不确定性（两者是"背靠背"的关系）。文件性先决条件可以包括提供尽职调查报告、法律意见、最新财务报告以及双方约定基准情境下的财务模式，当然，最关键的是收购协议已诉诸执行。事件性先决条件则包括陈述和保证的准确性以及无违约。

后置条件（condition subsequent）： 后置条件条款约定了交割时的目标公司状态以及和借款人必须达到约定状态的日期（通常为 90 天）。在某些情况下，如借款人未能按时满足提款的先决条件，那么，只要借款人同意在未来某个日期满足上述条件，贷款人仍可向借款人支付贷款。在约定时间段内未能满足条件，通常即被视为发生违约事件。

约定和承诺： 承诺是贷款发放后的主要监测机制，可划分为财务承诺和非财务承诺。财务承诺约定了目标公司必须达到的经营业绩临界点；如经营业绩未能达到这些临界点，即可导致违约。常见的财务承诺包括利息覆盖倍数及债务权益比；图 10.2 详细列示了如何利用公司的财务指标确定其是否满足承诺——在这个例子中，承诺的标的为现金流与总偿债额之比以及公司所拥有的允许波动区间（即不至于导致违约的业绩变化区间）。财务承诺要么属于维持性（maintenance）承诺，要么属于招致性（incurrence）承诺。[1] 非财务承诺可换分为一般性信息承诺及商业承诺，其目的在于确保向贷款人提供监督目标企业所需要的信息，并保证目标公司的运行符合适用的法律和商业规则。这些承诺的数量和严格性各不相同，既有最宽松的所谓"轻契约"或称"低门槛"契约，也有重大约定。违反这些承诺即被视为发生违约事件。

违约事件： 在贷款中，违约事件包括大量可导致贷款人只享有权利但不视为其义务的事件或状况，比如说，要求借款人提前偿还贷款或立即偿还贷款。常见的违约事件包括借款人未能按期偿债利息或本金、违反财务承诺以及违反其陈述或保证等。此外，针对一个贷款协议的违约时间也可触发针对另一个贷款协议出现违约，即所谓的交叉违约（cross-default）。

---

[1]　有关适用于不同类型债务的各种承诺和契约，请参阅第九章"交易架构"。

承诺时点		2015			
		第一季度	第二季度	第三季度	第四季度
财务业绩	现金流	251.6	274.5	283.6	291.1
	净利息成本合计	−109.6	−108.6	−107.4	−105.5
	债务偿还额	−44.5	−63.5	−63.5	−86.7
	偿债额合计（过去12个月）	−154.1	−172.1	−170.8	−192.2
承诺测试	实际偿债率（倍数）	1.63	1.60	1.66	1.51
	承诺偿债率（倍数）	1.00	1.00	1.00	1.00
	允许波动区间	97.3	102.4	112.8	98.9
	允许波动率（对现金流的比例%）	38.7	37.3	39.8	34.0

图 10.2　现金流偿债能力比——现金流与偿债金额之比

债权人协议（intercreditor agreement）

债权人协议规定了杠杆收购中各债务提供者的优先性及权利。债权人协议的主要作用，就是通过明确界定各债务提供者在违约情况下的权利，以此来保护优先级贷款人的权利。在杠杆收购中，除债务提供者以外，包括收购 SPV、目标公司以及股权投资者在内的贷款协议交易对方，均可以成为债权人协议的合同方。债权人协议仅在收购协议完成时生效。下面，我们逐一介绍债权人协议的关键条款。

付款的从属性（payment subordination）：付款的从属关系确定了公司债权人在违约情况下对无担保资产索取权的顺序。这种类型的从属关系可以确保优先级债权人在次级债权人取得赔偿之前获得全额偿付。

留置权的从属性（lien subordination）：也称为担保从属，留置权从属关系确定了公司的担保债权人在违约和执行担保时对抵押品索取权的顺序。有担保的贷款人又可划分为第一留置权人和第二留置权人；当发生违约事件时，在第二留置权人对剩余价值行使索取权之前，第一留置权持有者提供的债务总额必须全部清偿完毕。在第二留置权人行使担保索取权之前，债权人还可以对第一留置权债权人的索取权设定偿付上限。

静止期条款（standstill periods）：静止期可以防止次级债务的持有者在发生违约时采取强制执行其索取权的行为，包括率先宣布违约、加速偿还其债务或者诉诸法定诉讼。静止期的目的在于让优先级债务的持有者有充分的机会确定最佳行动方案，免受次级债务持有者的干预。

付款限制（payment blockage）：在出现违约的情况下，付款限制条款可以限制借款人在优先级贷款人的求偿权得到满足之前向次级贷款人偿还债务。如果仅针对优先级贷款协议的财务承诺出现违约，那么，付款限制期可能是无限的。有些次级贷款人要求限制既定年份内的付款期限总时间，并要求允许债务人在优先级债务的违约事件消失或解决后对次级贷款人进行追加偿付。

转回条款（turnover provision）：在发生违约事件时，如果次级债务人确实在优先级债权得到完全偿付之前取得偿付，那么，按照转回条款的规定，可以要求将次级债权人取得的还款转交给优先级债权人，首先满足优先级债权人的求偿权。

优先级债务限额（senior debt limit）：该条款限制了借款人在未经次级债务人同意的情况下可额外发行的优先级债务总额。优先级债务限额条款的目的在于保护次级债务人，增加他们在违约时取得赔偿的概率。

股权文件
针对控股权和少数股权投资的文件

鉴于风险投资（VC）、成长型股权及收购基金都需要取得目标公司的股权，因此，我们将在下文中详细介绍适用于这三种类型 PE 的股权文件和相关条款。针对具体的投资策略，不同条款的重要性也有所不同。[①]

在私募股权投资中，公司章程（the articles of association）和股东协议（shareholder agreement）是规定股东权利及义务最关键的文件；在不同的司法体系中，公司章程也被称为"公司条例"（the articles of incorporation）或其他名称。公司章程是被投资公司与股东之间签署的具有强制约束力的协议，需要在交割后提交给相应的政府机构；公司章程通常只包括公司及其股东必须披露的有限数量的信息。而公司章程没有涵盖的其他股东权利及义务，则包含在股东协议中，股东协议是无须对外披露的私人协议，它约定了全体股东之间以及股东和被投资公司之间的关系。股东协议比公司章程更为灵活，它几乎可以包括任

---

① 对风险投资具体条款有兴趣的读者，可参考第二章"风险投资（VC）"有关条款清单的内容；有关成长型股权交易中对少数股东权利的介绍可参考第三章"成长型股权基金"。

何条款；作为一项私人文件，股东协议通常会包括仅存在于股东之间的敏感协议。

从广义上说，公司章程定义了不同股权持有者的经济权利，而股东协议则定义了每个股东的控制权以及由此带来的经济权利，如图 10.3 所示。我们将在下文中详细介绍公司章程和股东协议。

经济性条款	控制性条款
股东结构	董事会
在清算分配中的优先受偿权	董事会僵局
在股利分配中的优先分配权	对股份转让的限制
正常离职者与非正常离职者	拖售权条款和随售权条款

图 10.3　股权文件的基本条款

经济条款

在 PE 出资的公司中，股权文件的经济条款主要包括公司发行的股票种类及其收益特征。

股权结构：大多数由 PE 出资的公司至少会发行两类股票：优先股和普通股。在收购交易中，私募股权基金通常将绝大部分资金投资于优先股，仅以少量资金投资于普通股。而对管理团队而言却恰恰相反，他们通常将大部分甚至是全部资金投资于普通股。这种股权结构有利于实施管理层的激励计划，以确保双方利益的一致性。[①] 在风险投资或成长型股权投资中，PE 基金通常投资于新发行的优先股。

清算优先权：优先股股东对清算所得（包括直接出售公司、控制权变更及破产）的求偿权通常优先于普通股股东。优先进行清算分配的金额通常等于对优先股的投资额。只有在满足清算优先权和股利优先权之后，才可将剩余收入向普通股股东进行分配。

股利优先性：优先股股东有权通过股利优先权优先取得股利分配。一般情况下，按本条款分配的股利不予支付，而是在持有期间累积计算，在退出时一并结算。对于优先股股东的应收现金股利，必须在向普通股股东支付股利或退出收益之前予以支付。

正常离职者与非正常离职者条款（good leaver/bad leaver）：如果管理团队的成员在投资退出前离开公司，可由正常离职者 / 非正常离职者条款确定该成员所持股份的价值。按照这一条款，可以将有正当理由辞职的管理团队成员定义为"正常离职者"，将辞职理

---

① 有关管理层激励计划的更多介绍和示例，请参阅第十二章"管理团队的维护"。

由不可接受的离职管理团队成员定义为"非正常离职者"。对此类股权赋予的价值自然会有所不同，对正常离职者而言，其所持股份的价值在最好的情况下可达到公允市场价值，而对非正常离职者来说，在最不利的情况下，股份价值仅能弥补该管理者的投资成本。这项条款为辞职管理人提供了确定其合理补偿的机制。

控制

无论是对于少数股权投资还是控股股权投资，股权文件都需要列出董事会的细节信息，确定股东的控制权以及对流动性的管理权。

董事会：该项条款规定了董事会的结构，并界定股东的表决权。在有 PE 参与的董事会中，通常由来自 PE 基金的代表、现有的所有权人、公司的 CEO 或首席财务官等管理团队成员及独立董事组成。[①] 如有联合投资人（通常为 PE 基金的有限合伙人或另一个 PE 基金）参与收购，该投资者有权指定一名董事会代表或列席代表。

董事会僵局（board deadlock）：董事会决议未能取得大多数人的支持时，就会陷入僵局。董事会僵局条款约定了防止出现这种情况的机制。

拖售权和随售权条款（drag-along/tag-along）：拖售权条款规定，大股东有权强迫其他股东在第三方交易中出售其股份。这一规定使得大股东得以出售公司的全部股份，从而在退出时实现完全清仓，它通常是向战略投资者出售股权的先决条件。相反，按照随售权条款：在大股东与第三方进行交易时，少数股东有权与大股东一同出售股权的权利，这就使得少数股东可以按现有大股东相同的比例参与破产清算。

本章小结

作为一个技术性话题，交易文件在 PE 基金的复杂投资背景下确实至关重要，也是 PE 最终完成的标志。在交易完成、投资已顺利实现之后，下一个话题就是如何管理被收购公司，兑现投资原则，并谋划在未来几年内成功退出。

---

① 关于董事会的结构及其在收购中扮演的角色和少数股权设置等方面的更多细节，请参阅第十一章"公司治理"。

基本学习要点

- 交易文件主要包括保密协议、收购意向书和收购协议，它们是 PE 基金与目标公司所有者在投资过程中签署的最重要的协议。
- 债务文件主要包括信贷协议和债权人协议，它们约定了贷款人和目标公司 PE 持有和退出期间的权利和义务。
- 股权文件主要为目标公司的公司章程和股东协议，它们规定了股东在 PE 投资期间及退出时的经济权利和控制权。

参考文献和附加阅读

Cunningham, R.L. and Galil, Y.Y. (2009) Lien Subordination and Intercreditor Agreements, *The Review of Banking & Financial Services*, May, http://www.gibsondunn.com/publications/Documents/Cunningham-Galil-LienSubordinationInter reditorAgreements.pdf.

Darley, Mark (2009) Debt, in *A Practitioner's Guide to Private Equity*. Soundy, Mark, Spangler, Timothy and Hampton, Alison (eds). Sweet and Maxwell, https://www.skadden.com/sites/default/files/publications/Publications1877_0.pdf.

Marrocco, A.J. (2016) Negotiating Critical Representations and Warranties in Franchise Mergers and Acquisitions—Part I, *Franchise Law Journal*, 36(1), Summer, http://www.americanbar.org/content/dam/aba/publications/franchise_lawyer/summer2016/fljv36-1-marrocco.authcheckdam.pdf.

第三部分
PE 投资的管理

本书第三部分将着重讨论投资后期间的问题——即创造价值并最终成功退出的过程。这或许是投资过程中最关键的阶段，在这个阶段里，有效落实预期计划的能力是实现正投资收益的保障，而且私募股权公司必须面对尽职调查过程中未予以揭示出的风险和机会。正如 PE 专业人士所言："任何一个傻瓜都可以投资，但真正重要的是投资之后的事情。"

投资后阶段的关键在于 PE 投资者能否实施稳健的公司治理模式，而这个过程的起点就是明确监督机制，以确保全部利益相关者随时了解并履行公司对有限合伙人（LP）承担的信托义务。

然而，PE 投资者一向被视为事必躬亲的所有权人，善于通过积极参与甚至是直接收购的方式，牢牢控制公司董事会，从而达到监督、指导并最终改善公司前景和价值的目的。当然，最高管理层及高管团队是公司实现成功转型的关键，毕竟，是他们将战略规划转化为切实可行的议程项目，并负责项目的实施和执行。高管人员当然愿意和积极参与、全身心投入的 PE 所有权人并肩合作，把握真正变革的机遇，并共同体验收获经济收益的快乐。但从此之后，PE 所有者也会变成尖酸刻薄的监工，而且会无休止地推进变革，不断为管理层提出新的要求，而由此带来的高压环境显然不是所有经理人都愿意接受的。

通过建立适当的治理结构和协调一致的管理团队，可以让创造运营价值成为 PE 模型中的核心价值驱动因素和真正的超额收益源泉；事实上，这或许是 PE 公司在长期内有别于同行的唯一要素。要创造运营价值，就需要找到潜在影响最大的关键措施，为之提供适当资源，并在整个过程中密切监督，直到完结。这些措施的目标既可能是提高公司的盈利能力，也可能是为了降低投资风险，但两者的最终目的是一致的，即提高公司价值。

在 PE 行业的早期发展中，降低风险投资是他们将可持续性和负责任的投资标准纳入被投资公司体系的主要推动力。今天，私募股权公司已广泛采用环境、社会和治理（ESG）行动原则来改善运营，厘清公司脉络，从而提高收益。

PE 组建的是封闭式基金，而且有限的存续期限也要求 PE 公司及时退出投资；现金回报率 (cash on cash return) 对 LP 而言至关重要。风风火火的公开募集市场掩盖了一个事实：绝大多数 PE 的投资退出是将股权出售给战略收购者或其他金融买家，而且后一种情况正日趋普遍。但无论选择怎样的退出路径，只有成功出售股权才能验证最初的投资理念，让基金显示出强大的回报能力，并允许 PE 公司重启新的筹资周期。

本部分概述

本部分的几个章节将为读者介绍投资之后直至退出的整个过程。

第十一章 "公司治理"：PE 公司治理的关键特征体现为紧迫感、积极所有权以及和被投资公司管理层的利益协调，这些特征是私募股权基金在退出过程中的重要因素。我们将讨论被投资公司的董事会在控股权特征和少数股权投资中扮演的角色。

第十二章 "管理团队的维护"：PE 公司必须和被投资公司的管理团队紧密合作。因此，确保他们的利益与 PE 投资者协调一致至关重要，而实现这一目标的机制就是分享股权。我们将探讨管理团队与 PE 所有者之间的弥合动态，进而讨论 PE 管理层薪酬计划的结构。

第十三章 "运营价值创造"：通过积极的所有权模式和亲力亲为的治理，可以让 PE 公司在投资持有期间推动被投资公司创造运营价值。本章介绍了创造运营价值的基本动力，并探讨了如何衡量这些举措给被投资公司带来的影响以及这种衡量的必要性。

第十四章 "责任投资"：随着对财务回报以外因素的关注，LP 开始越来越多地认识到非财务因素对公司绩效可持续带来的强大推动力。在这一章里，我们将探讨 "环境、社会和治理" 原则在当今投资环境中扮演的角色，并揭示它何以成为现代私募股权投资中的一个组成部分。

第十五章 "投资退出"：PE 公司以有利方式及时退出投资的能力，是 PE 投资取得成功的关键。只有退出投资，私募股权公司才能向其投资者返还资金，并成功募集后续资金。本章将详细阐述影响退出过程的若干关键事项，并对参与各方的动机加以讨论。

第十一章 公司治理

对于私募股权（PE）而言，公司治理是实现所有权人、投资者与管理层利益协调的各种实践、流程及规则。健全合理的公司治理体系对监督和协调基金对被投资公司所采取的行动至关重要。公司治理可以有效地实现决策民主化，确定适当的绩效考核指标和激励机制，并通过有效的工具对绩效进行监督；毋庸置疑，在 PE 实现成功的诸多要素中，公司治理是最基本的元素。

通过与 PE 投资的从业者以及 PE 被投资公司管理层的沟通，我们可以归纳出 PE 治理的三个核心原则：紧迫感、积极所有权和 PE 基金与管理团队之间的利益协调。这些基本要素为实现被投资公司转型提供了最基本的架构（见图 11.1）。

图 11.1　收购的核心治理原则

在定义了 PE 背景下的公司治理之后，我们再来近距离剖析 PE 投资公司控制或影响被投资公司（即董事会）的主要机制，并区分控股性投资（收购）和少数股权投资（风险投资和成长型股权投资）。

紧迫感

在 PE 中，从董事会到最终负责实施商业计划的管理团队，正式的治理、监督和决策流程始终是不折不扣、义不容辞的核心任务。必须在预定投资期内实现的超常收益期望，会给私募股权投资带来一种紧迫感。要兑现这种期望中的收益，PE 公司就必须较短持有期内给被投资公司带来翻天覆地的转型。作为 PE 标准的收益衡量指标，内部收益率（IRR）同样加剧了这种紧迫性——因为它的计算就已充分考虑到了货币的时间价值以及持有期的长短。

虽然不存在任何单一成分或是"秘诀"能给 PE 投资者带来成功，但在诸多要素中，在总体上打造与众不同的所有权文化，并由此营造出高压的环境和共同的方向感，才是 PE 投资的核心与当务之急。

战略协调：PE 投资者、管理团队和独立顾问共同致力于业务的重新定位，重塑公司的经营战略，并对投资后的进展情况实施密切跟踪。被投资公司的初始策略，比如会先入为主地考虑现任管理团队对业务及其他领域的愿景——这些已被 PE 投资者在尽职调查中揭示。在整个交易前的过程中，投资者已经和管理层就公司战略进行讨论，在听取其意见的同时，确保对这些战略达成一致并付诸实施。但战略显然不是固化不变的，因为 PE 的主动所有权模式会不断审视并修订原有的公司战略和商业计划。[1]

杠杆：在杠杆收购（LBO）中，巨额债务的存在不仅给企业带来约束，也是企业必须关注的新焦点。考虑到商业计划中固有的不确定性——也就是所谓的经营风险，PE 公司和被投资公司管理层必须关注如何以债务偿还来降低财务风险，当然，最理想的情况就是提前还款。如果能尽早在财务上取得更大活动余地，那么，企业在遭遇经营困境时会变得更有灵活性和生命力，或在业绩强势上升时，股权在初期阶段即会显示出更高的价值。显然，尽早实现去杠杆化的秘诀，当然就创造超额自由现金流——毕竟，这是一个可以清晰定义的绩效指标，也就是说，它是一个具体的单一数字。

推动经营变革：PE 投资者，特别是拥有控股权的 PE 投资者，经常会创建由董事会成员、中高层管理者及外部专家（根据需要）组成的特别任务组或工作组，以实施公司最优先的任务。这些工作组实现了决策层级的扁平化，以提高实施者的责任感、集中资源并推动决策的执行。在任何时候，董事会都很少会设置两三个以上的任务组，以便于集中资源把握增值潜力最大的机会。PE 公司的专家也可以参与这些群体；但 PE 所有者必须保证这些任务组的决策与董事会层面的决策实现有效隔离，以避免造成由 PE 公司"经营"公司的不良印象。

管理层的变革：因为首席执行官及其执行团队是将商业计划转化为可操作行动及业务流程的实施者，因此，支持正确的管理团队，是 PE 投资成功最重要的组成部分。对拥有控

---

[1]　有关 PE 公司如何制定和执行战略的详细分析，请参阅第十三章"运营价值创造"。

股权或是能对被投资公司董事会施加重大影响的 PE 投资者，最常见的一种选择就是调整管理团队。事实上，研究资料显示，在收购中，高层管理人员的更换率超过 50%。[①] 对于现有管理团队，这种很容易理解的行为再加上自我保护意识，也促使他们执行公司战略规划。[②]

监督：在 PE 参与的公司中，董事会需要持续跟踪关键性的绩效指标和企业绩效，并在必要时出手干预。PE 合伙人和独立董事需要定期参与公司事务——既可以通过与董事会全体成员的频繁会晤，或是针对财务业绩的专门对话，也可以是与低级管理人员、中层管理者以及一线员工的讨论，从而对价值创造动因和相关业务风险取得全面而深刻的见解。通过强大而有效的监督机制，实现及时的信息共享以及对现有业绩的清晰认识，是做出最佳决策的基本前提。在杠杆收购背景下，董事会需要紧密跟踪组织内的自由现金流，以确保公司切实履行债务契约，并按与贷款人的约定按时还本付息。

作为积极所有权人的私募股权

1989 年，迈克尔·詹森（Michael Jensen）在《哈佛商业评论》上发表了名为"公众公司的衰落"（*Eclipse of the Public Corporation*）的文章，而文中提到的"积极的所有权人"（active ownership）也就此成为 PE 投资的基石。[③] 积极的所有权人与被投资公司密切合作，共同制定经营战略，塑造企业的管理风格，监督公司绩效，并大力推动公司变革。基于这种程度的参与以及对企业的深刻认知，使得 PE 投资者能充分利用自身经验，并在适当时刻为公司的执行团队出谋划策，及时做出反馈并给予指导。

图 11.2 显示了私募股权的积极所有者模式。公司董事会是 PE 投资者履行其作为所有权人并影响被投资公司业绩的主要渠道。此外，PE 公司的参与往往不局限于董事会，尤其是在他们的专业知识可以为被投资公司创造价值时，譬如并购和融资。作为收购市场的重要参与者以及相关服务最常见的购买者，PE 公司可以将他们的专业技能带给被投资公司。凭借强大的影响力，私募股权公司得以撬动整个由投资公司、经理人和外部顾问构建起来的网络。

---

① Cornelli & Arakas (2012); Gilligan & Wright (2012); Schneider & Lang (2013).
② 要进一步了解有关最佳管理团队以及管理层更替的观点，请参阅第十二章"管理团队的维护"。
③ Jensen（1989）.

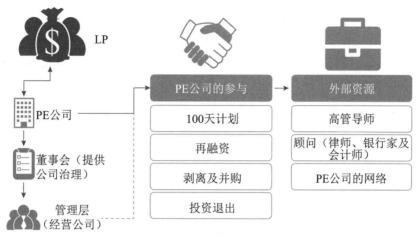

图 11.2　PE 的积极所有权人模型

收购及控股股权交易中的董事会

在控股投资的情况下，PE 投资者以董事会作为监督和影响被投资公司及其管理层的主要机制。虽然可以通过非正式工作关系或现场业务团队与管理层直接沟通，但重大战略审核及规划活动还是发生在董事会层面。

因此，与公开上市公司相比，PE 参与的董事会开会次数更频繁，而且独立董事的比例要低得多。鉴于大多数收购的股东人数很有限，因此，董事会通常规模较小，而且工作效率较高；董事会由拥有控制权的 PE 公司合伙人、被投资公司的管理团队成员和少数独立董事组成。每位董事都应关心被投资公司，并信守忠诚和保密义务，这就要求他们尽最大努力代表被投资公司行事。通常，PE 公司（在"俱乐部交易"[①]情况下，则为多家 PE 公司）的合伙人及员工至少在被投资公司董事会中占据一半席位，并有权在出现董事会僵局时做出决定。[②]

下面，我们详细介绍一下各类董事会成员的职责。

PE 投资者： PE 公司在被投资公司董事会中的代表负责制定业务发展的战略导向，并成为 PE 基金和被投资公司之间的重要接口。PE 公司通常会提名交易团队中的高级成员或运营合伙人担任董事会成员。交易团队的牵头合伙人通常要在董事会中占据一席，以监督

---

① 　"俱乐部交易"是指收购过程由两家或更多私募股权基金共同出资，为执行交易提供资金。
② 　有关董事会僵局的更多介绍，请参阅第十章"交易文件"。

投资理念的执行情况，对投资负整体责任。经营合伙人通常是具有广泛社会网络和专业知识的前任高管，他们将运营知识和行业专长带入董事会。PE 的财务合伙人应在管理、重组和指导业内企业方面拥有丰富经验，因此，他们的意见对公司来说价值连城，而且往往会成为公司高管的有效补充。[1]

独立董事：独立董事拥有强大的网络和令人尊重的声望，因而有利于增强和补充 PE 基金在具体业务上缺少的运营、行业及战略专长。在经历全球金融危机之后，随着对运营价值创造的日趋关注，独立董事的专业知识也开始对企业变得越发得重要。有时候，拥有公司治理经验的高级董事会被要求担任董事长；一种非常可取的方法是让若干前任所有权人进入董事会，因为公司需要通过稳定过渡来平衡各方利益。独立董事通常会接受股权激励外加少量董事费，以弥补他们参与公司事务的投入。

来自被投资公司管理团队的成员：在收购结束之后，来自被投资公司管理层的董事会代表可由一两名董事组成，通常为 CEO 和首席财务官（CFO）。这些董事会成员发挥着联系所有权人和二级管理层的重要作用。清晰、明确的战略规划有助于打造并维系管理团队与公司投资者之间的协调。首席执行官需要和与他们的管理团队及董事会成员密切合作，共同将企业的战略重点转化为在日常工作中的具体行动。

补充资料 11.1

少数股权投资情况下的公司治理

风险投资及成长型股权投资

在 PE 采取少数股权投资者身份的情况下，董事会中的公司治理机制完全不同于我们在收购中所看到的公司治理。虽然上面提及的很多治理行动（即战略上的协调和严格的监督）也适用于少数股权投资，但它们之间最大的区别在于，风险投资和成长型股权投资基金缺乏（股权）控制（见图 11.3）。因此，少数股权投资者不能通过董事会的多数派力量来展开活动。相反，风险投资和成长型股权投资者则必须和大股东（如创业者、所有权人或经理人）步调一致，通过能力互补来推动价值创造过程。在某些情况下，少数股权权利也可以让投资者拥有阻止大股东决策的权力，但

---

[1]　在被投资公司董事会任职时，PE 合伙人必须了解他们需要承担的多项受托义务。除对各自公司承担的义务之外，他们的行为还需要服务于基金有限合伙人或者说基金投资者的最大利益。让问题更加复杂性的是，PE 合伙人可能会进入多家被投资公司的董事会。在这种情况下，他们还有义务独立思考每一家被投资公司的需求。因此，他们必须保证，不应将代表某一家公司时取得的信息透露给其他被投资公司。

考虑到控股股东会采取抵御措施的风险,因此小股东不可能经常性地行使这种否决权,而且行使这种权利有很高的风险。①

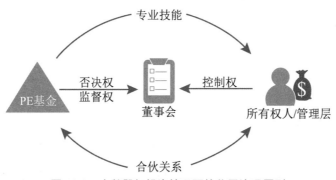

图 11.3　少数股权投资情况下的公司治理原则

　　新进入的风险投资或成长型股权投资者通常会获得董事会席位,或者至少是通过列席董事会参加正式公司决策的权利。② 除正式的董事会职能之外,少数股权投资者的参与尚无设定模式,有些少数股权投资者显示出高度积极性,扮演着亲力亲为的角色,而其他少数股权投资者则仅仅作为被动型投资者。无论投资者的正式或非正式参与程度如何,少数股权投资者都享有信息获取权,以便于定期获取被投资公司的业务及财务信息,如每月的损益表,有权实地造访被投资公司的场地,与管理层进行沟通以及调阅被投资公司书面资料的权利。在风险投资和成长型股权投资的公司中,董事会运行的具体模式如下所述。

　　风险投资(VC):初期介入的风险投资基金通常是初创企业的第一个机构投资者,风险投资基金的代表或许会发现,和他们同在董事会的共事者还有创业者和天使投资者,而第一次成为董事会成员的天使投资者几乎都毫无经验可言。由于创业团队的优势大多偏重于技术,但却缺乏商业运营方面的能力,因此,董事会中 VC 代表的一个重要角色就是导师。由于创业企业需要持续筹措资金,因此,随后可能会有更多的 VC 基金加入董事会,尽管这有利于进一步丰富公司的运营专长,但也增加了厨房里大厨的人数,给日后的冲突埋下了伏笔;在融资轮,当投资者形成合作时,会让掌握公司控制权的创业者在决策中受到更多约束。相比之下,在有 VC 出资且已进入发

---

① 有关少数股权权利的更多介绍,请参阅第三章"成长型股权基金"和第十章"交易文件"。
② 列席权允许基金派出代表列席所有正式的董事会会议,但不享有表决权;少数股权投资者更倾向于取得列席权,而不是谋取董事会的席位,以避免承担董事会带来的受托义务。

展后期的公司中，随着企业家为换取资本而放弃越来越多的控制权，董事会的控制权可能会从企业家手中转移给一批风险投资者及成长型股权投资者，他们当中通常会有一个牵头投资者。①

成长型股权投资：对于中小企业特别是家族企业，成长型股权投资往往是被投资公司募集的首例外部股权。由于企业的所有权人已习惯于独立经营，因此，成长型股权投资者只能去间接影响多数股权的所有权人和管理者。即使如此，对于PE公司来说，还是有很多非常重要的事项需要他们去提前谈判协商的，其中最主要的当属投资退出条款，使得少数股权投资者可以控制其退出的时间——某些情况下甚至可以控制退出的价格。这些条款可以包括将PE持有的股权回售给被投资公司的"出清"权，或是强制将公司整体出售给感兴趣的战略收购者的权利，即所谓"拖售权"。为确保投资在总体上取得成功，少数股权投资者会试图通过增加流程和制度，推动被投资公司治理的"制度化"。

"管理一个家庭，就得像烹制一条小鱼②——务必要轻拿轻放，温和而小心"：关于针对新兴市场中家族型小企业的成长型股权投资

艾德瑟特·波尔斯玛（Idsert Boersma）和马丁·斯坦恩德尔（Martin Steindl），荷兰开发银行（FMO）

很多少数股权投资的对象是所有者与管理者集于一身的中小企业（SME），他们的治理结构和我们在所有权高度分散型公司中看到的情况截然不同。这意味着，公司的日常管理基本由单一的所有者或者极少数所有权人所掌控。尽管这种模式可以有效降低委托代理风险，但也严重抑制了权力制衡机制的作用，因为所有者身兼数职，很容易导致权力过度集中，毕竟他们是在自己监督自己。

在这些家族型中小企业中，家族成员可能是公司的所有者、董事会成员或是管理者，更有可能将上述身份集于一身。事实上，家族本身也是反映所有者、董事会成员和管理者这个权力三角形的另一个维度——在理论上，三者遵循着不同的激励机制和动机，以至于几乎不可能将它们无摩擦地完全融入一体。家族这个维度往往是导致标

---

① 有关VC的风险及收益的更多介绍，请参阅第二章"风险投资（VC）"。
② 中国谚语。

准 PE 模型在现实中难以兑现的一个关键因素,因为在这个以财务激励为基础的模型中,各方利益基本上是协调一致的(见图 11.4)。

这样说可能会有人反对,毕竟家族成员之间特有的凝聚力往往是很多企业走向成功的关键。因此,这是我们必须理解的,也是少数股权投资者参与家族企业的基本前提。

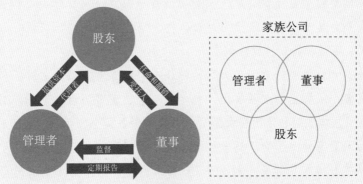

图 11.4 典型的公司治理三角形与家族企业的治理

在投资家族企业时,即使某些家族成员不参与公司决策,但在家族应如何进一步塑造业务这样的重大问题上,他们仍有可能掌握着强大的话语权。尤其是和那些以投资者身份经常接触公司经营的家族成员相比,他们可能对外部管理者参与公司运营的程度持不同看法。换句话说,在和家族企业打交道时,务必认清一个前提:有些决定并不一定总是像我们想象的那样。比如说,我们在印度的一项投资中,所有重大问题都需要在几代同堂的家庭晚餐上进行讨论,毫无疑问,这让我们很头疼,而且让我们提名的董事会成员很难施展其影响力。

在这种情况下,持有少数股权的成长型股权投资者只能与拥有大多数股权的原始发起人及发起人家族保持一致。尽管投资者依旧享有提名董事会成员的权利,但这种权利也只能体现少数股权应该享有的地位而已。因此,从风险角度看,在以少数股权持有者身份进入公司时,公司治理以及有可能进行的修订是一个最关键的尽职调查项目,也是影响未来退出的最重要驱动因素。

在某些情况下,通过向被投资公司的董事会提名拥有特定专长的董事,可以有效缓解尽职调查过程发现的治理风险。

● 我们在亚洲还有一笔投资,被投资公司从事卡车装配业务,也为客户提供信用及贷款。但信贷决策由商务人员,而他们的决策动力显然只是卖出卡车,而不会考虑销售是否有利于减少不良贷款(NPL)。为此,我们聘请了一家卡车公司的前首席财务官加入被投资公司董事会,这位CFO过去也处理过同样问题,这样,我们就可以强化信贷部门,在有效减少不良贷款的同时,则为商务人员设计了相应的激励机制。

● 在东亚地区的另一笔交易中,我们在尽职调查中与家庭成员进行了一对一的交流。我们发现,在"创始人"持有的股份中,很大一部分是其母亲委托持有的,因此,这就允许其母亲在生前有权决定这些股份的处理方式——当然也包括退出。但是,以我们牵头并有其他投资者跟投的基金,并没有在一般性的尽职调查方法中发现这些没有形成文字记录的"特殊权利"。

在持有被投资公司股份期间,公司治理还有可能涉及另一个关键因素——如何管理家族企业在各个层面上的继任规划,包括所有者、董事会以及管理层层面。这个问题可能直接触及根本利益,因而引发矛盾,并最终深入到整个家族"最隐私"的方面,尤其是在创始人最宠爱的子女不适合接管公司的情况下,矛盾或将进一步激化。在这种情况下,以控股股东导师而不是一个 PE 商人的身份与创始人家族进行多层面反复沟通,有助于支持控股股东采取决策最大限度地造福于他们的"其他宝贝"——公司以及公司的全体股东。

PE在特定场合下的治理

PE 基金参与被投资公司的程度和形式因其所有权条款而各自不同。投资后的短时期以及再次退出时刻,往往是 PE 公司参与最为活跃的阶段,他们会根据被投资公司的业绩及其所采取的行为而给予特殊的关注。我们可以深入探究一番如下的具体情况。

前 100 天:在投资交割之后,PE 投资者会深度参与到被投资公司的事务中,此时,需要根据尽职调查及初步参与业务的情况实施所谓的"第一个百天"计划。PE 公司派驻董事会的代表及独立董事将和管理层紧密合作,加深对企业复杂性的认识,并建立良好的合作关系。在此基础上,董事会需要明确现时的业务重点,在公司战略上达成共识,进行工作岗位和职责的设计及配置,审核决策及监督流程。

稳定状态:持股期间的互动程度因公司而异,而且会随着交易的复杂程度、公司战略以及绩效的不同而有所变化。当被投资公司业绩良好时,PE 公司会投入最低水平的资源,以旁观者身份监督公司活动。在投资遭遇危机时,PE 公司可能会鼓励合伙人或独立董事利用其行业经验为公司提供支持。尤其是在管理团队组成发生变化时,更要求 PE 公司积极参与,以确保公司实现顺利过渡,并将丧失制度体系的风险降至最低。在某些情况下,PE 公司的代表甚至可以临时接管某些高管职务。

　　整合、收购及债务融资：当被投资公司实施整合战略，收购多个竞争对手以追求规模经济并提高其市场地位时，PE 公司作为合伙人的参与度将会增加。由于整合是 PE 所有权人经常采用的策略，因此，经验丰富的合作伙伴可能是确保整合顺利实施的最有效资产。PE 投资者对各种金融工具的熟悉，不仅能带来价值，也创造了重建初始投资的效应：这些投资者频繁参与和协助被投资公司发行新债务、开展债务再融资并对公司履行债务契约及偿还债务所需要的现金流进行监督。

　　退出管理：随着投资即将退出，企业正在为出售而做准备，潜在买家已确定，出售过程已经启动，PE 合伙人对被投资公司的参与程度必然进一步加强。PE 公司与管理团队之间的沟通和协调，对确保基金实现其所持股权的全部价值和降低利益冲突至关重要。在投资退出之前，PE 基金与管理层的激励机制在退出之前是一致的，但在 PE 退出之后，则意味着他们将与管理团队分道扬镳，这种预期很有可能会引发管理团队（可能在希望 PE 基金退出后继续留下）和 PE 基金（一旦退出即与公司成为陌路人）之间的利益冲突。最容易爆发冲突的问题包括优先选择的退出路径、[1] 退出时的公司估值以及管理层股权的转换。

利益调整
管理层激励

　　在我们的三大 PE 治理要素中，最后一个要素或许最为普遍。适当激励 PE 管理团队及董事会的外部成员，使之与 PE 所有者的目标相一致，是 PE 模型中最关键的组成部分。通常，可以要求管理者和 PE 基金一起进行联合投资，以促使他们与 PE 基金风险共担、收益共享，从而实现利益协调。除此之外，将看涨期权纳入管理层的薪酬计划中，可以在 PE 基金取得正投资收益时，让管理者有机会分享业绩改善带来的超额收益。因此，邀请管理层成为联合所有者，和他们一起分担风险并分享企业价值的（额外）上升收益，PE 公司可以有效缓解现代企业理论中普遍存在的委托代理冲突。我们将在第十二章"管理团队的维护"中进一步讨论这个重要的公司治理问题，并提供制订管理层薪酬计划的例子。

---

[1]　有关退出程序及各方利益的讨论，请参阅第十五章"投资退出"。

本章小结

私募股权基金是以积极方式对待其投资的投资者，而且这种投资经常和"事无巨细的关注"或是紧迫感这类的词语联系在一起。明确的目的和简洁的沟通方式与 PE 所有权哲学的结合，使得 PE 投资者可以根据基金授权以及对 LP 承担的信托义务对投资进行有效控制，并对被投资公司的价值创造过程施加影响。

基本学习要点

- 在 PE 公司内部，公司治理可以归结为三个核心原则：强烈的紧迫感、积极的所有者以及和管理层之间的利益协调。
- 紧迫感源于基金对股权的短期持有以及 PE 背景下的首选收益指标（即 IRR）。
- 无论 PE 基金的身份是控股股东还是少数股东，制定战略和监督业绩的主要渠道都是被投资公司的董事会。
- 在整个持股期间，PE 基金对被投资公司的参与程度各有不同，而且在很大程度上取决于被投资公司的业绩。

相关案例研究

摘自《私募股权案例》

案例 10：银瑞达投资公司（Investor Growth Capital）：对 Bredbandsbolaget 投资公司的收购

案例 11 和 12：身边的筹码（A 和 B）：对安华高科技（Avago Technologies）的收购

案例 13："钱"途无量：对 Amadeus 全球旅行分销网络的收购

参考文献和附加阅读

Acharya, V., Kehoe, C. and Reyner, M. (2008) The Voice of Experience: Public Versus Private Equity, McKinsey, http://www.mckinsey.com/business-functions/strategy-andcorporate-finance/our-insights/the-voice-of-experience-public-versus-private-equity.

Beroutsos, A., Freeman, A. and Kehoe, C.F. (2007) What Public Companies Can Learn from Private Equity, McKinsey, http://www.mckinsey.com/business-functions/strategy-and-corporate-finance/our-insights/what-public-companies-can-learn-fromprivate-equity.

Cornelli, F. and Karakaş?, O. (2012) Corporate Governance of LBOs: The Role of Boards, May, available at SSRN https://ssrn.com/abstract=1875649 or http://dx.doi.org/10.2139/ssrn.1875649.

Cumming, Douglas J., Siegel, Donald S. and Wright, Mike (2007) Private Equity, Leveraged Buyouts and Governance, *Journal of Corporate Finance*, 13(4): 439–460,SSRN: https://ssrn.com/abstract=983802.

Davis, E.H. (2009) Minority Investments by Private Equity Funds, Kirkland & Ellis LLP, November 5, https://www.kirkland.com/siteFiles/Publications/8E62BE0BF5EC88C8FCDEF4065D6180E3.pdf.

EVCA Corporate Governance Guidelines (2010), https://dato-images.imgix.net/45/1459783870-F_EVCA_CorporateGovernanceGuidelines_2010.pdf?ixlib=rb-1.1.0.

Gilligan, J. and Wright, M. (2012) Private Equity Demystified: 2012 Update, ICAEW.

Jensen, Michael C. (1989) Eclipse of the Public Corporation, *Harvard BusinessReview*, retrieved from https://hbr.org/1989/09/eclipse-of-the-public-corporation.

McDonald, John J. (2008) Actions That Private Equity Fund Representatives on Corporate Boards Can Take to Help Avoid Liability, *Journal of Private Equity*, 11(4 Fall): 6–11.

Schneider, A. and Lang, N. (2013) Private Equity and the CEO, The Boston Consulting Group, November.

Van Den Berghe, Lutgart A.A. and Levrau, Abigail P.D. (2001)The Role of the Venture Capitalist as Monitor of the Company: A Corporate Governance Perspective, SSRN https://ssrn.com/abstract=294280 or http://dx.doi.org/10.2139/ssrn.294280.

第十二章 管理团队的维护

私募股权（PE）的成功秘诀之一，就是 PE 公司与被投资公司管理团队的合作方式。管理者和 PE 专业人士之间频繁的深度互动，为他们进行开诚布公的沟通提供了基本渠道。但要真正实现协调一致，唯有分享被投资公司的所有权。虽然董事会的运行动态和股份所有权的形式不尽相同，但 PE 投资者的目标及其对被投资公司的参与是始终不变的：优化决策，并以明确的经济激励追求超过平均水平的投资收益。

对于高管人员，管理由 PE 控股的被投资公司会给他们带来与众不同的机遇和挑战：一方面，作为公司的所有权人，PE 为管理团队提供了大多数上市公司或家族企业所无可比拟的自由度和慷慨大方的薪酬方案；另一方面，作为投资者，PE 基金追求的是短期业绩，一旦公司业务遭遇危机，这些控制者就会将毫不犹豫地替换某些经理人甚至是高管团队。对于和 PE 公司首次合作的高管人员来说，可能还需要适应这种不同的行动步调并和这些讲求高度参与的所有权人紧密配合。

本章将从投资者和管理层面探讨 PE 专业人士和管理团队之间的关系，分析管理层薪酬计划的特点及其现实方案。在最后一节中，我们将讨论风险投资（VC）作为投资者的场合下，如何实现公司创始人和投资者之间的利益协调。

与管理层合作
基于 PE 的视角

在 PE 控股的公司中，被投资公司的基调和高层战略由董事会决定；但归根到底，管理团队才是负责战略并将其转化为日常具体行动方案的执行者。考虑到管理层的核心角色，PE 公司需要投入大量的时间和资源去评估管理者，为他们提供适当的激励，并在必要时引入新的管理者补充或取代现有团队。图 12.1 对 PE 公司与管理层的合作进行了总结。

评价和评估：从尽职调查到签署投资协议并最终完成交割，在这紧张而刺激的几个月时间里，被投资公司的管理团队与 PE 交易团队逐渐相识相知。PE 合伙人可以观察管理层的行动，对他们实施和执行公司战略规划的能力做出评价。在这个过程中，潜在的新所有权人会考虑这样几个问题：这是适合于公司未来的管理团队吗？他们是否拥有在持股期内提高公司业绩的专业技能和经验以及和投资者在个性上相互匹配吗？投资后所需要的高管"类型"往往与投资前的需求不尽相同，这种情况在 PE 基金通过收购上市公司进行的"私有化"中尤为突出：在上市公司中，首席执行官（CEO）扮演股东面对的"主席式"角色，而在被收购之后，他们需要转变为以成本和变革为核心的"首席执行官式"人物。

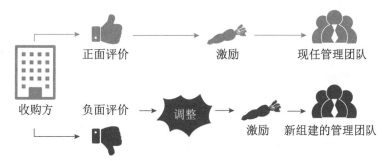

图 12.1　收购中对管理团队的评估和激励

监督：一旦投资交割，PE 所有权人就必须和管理层并肩合作，建立适当的治理机制和监督流程。管理团队，尤其是缺乏甚至完全没有在 PE 控制企业从业经验的团队，必须快速适应直线性沟通渠道和以绩效驱动的环境。在理想情况下，管理团队可以和这些经验丰富、善于实操而且精通财务所有权人形成稳固的合作关系，在这种情况下，PE 可以进入最佳状态，与公司董事会进行高度透明的定期沟通，尤其是在形势与计划脱轨时，这种沟通更为重要。

除正规渠道以外，管理团队的成员和 PE 所有权人还可以在非正式基础上检验观点，保持开放的沟通渠道。这种非正式的互动有利于打造积极有效的关系，为管理层提供理性的董事会，并限制了每一次互动所需要的正规化准备工作。

有的时候，PE 公司可以在更细微的运营层面上与被投资公司展开互动。随后，作为 PE 公司的关联企业或是以提供特定专长为目的而参与的顾问，运营合伙人和经营团队将与管理层携手合作，确定并实施可以创造价值的项目。[①] 和提供专业化现场专长的运营合伙人一样，它们也是管理团队必须精心管理的另一种沟通渠道。

激励措施：通过管理层薪酬计划，PE 所有者可以实现他们和被投资公司高管人员

---

① 有关运营合伙人的更多介绍，请参阅第十三章"运营价值创造"。

在经济利益保持一致。在采用股票期权或是享受绩效收益的股权时，只要投资取得成功，管理团队就可以有机会实现若干倍于 PE 基金的收益；但被投资公司表现不佳，管理团队成员就会面临失去投资的风险。有关各种薪酬激励计划的详细介绍，请参阅本章后面部分的内容。

改变管理团队：PE 所有者需要认真选择并监督被投资公司的管理团队，并在必要的情况下及时进行调整。针对杠杆收购进行的研究表明，在收购过程中以及最初持有股权期间，对管理层进行调整的现象尤为普遍；在持股期内，管理层更替的频率基本接近或略低于可比上市公司的管理层更迭率。[①] 针对这个问题的研究报告还指出，在收购杠杆中，高层管理者的替代率则超过上市公司 50%。[②]

但是和一般看法相反的是，即便是对大多数来自 PE 的所有权人来说，与现有管理团队合作依旧是他们的首选。毕竟，取代最高管理者不仅操作困难而且需要付出高昂代价，而且还有可能延迟商业计划的实施，进而引发不必要的干扰。但如果现有团队确实无法兑现预期的业务改进，调整当然是别无选择之举。

私募股权公司经常会以以前被投资公司有经验的管理者来取代新公司的高管；事实上，高管人员跟随 PE 所有者从一家被投资公司转移到下一个被投资公司并不罕见。有的时候，来自 PE 公司的业务合伙人也有可能担任被投资公司的领导职位，但这通常只是找到新管理者之前的权宜之举。

与 PE 所有权人的合作
管理层视角

与 PE 控制的董事会合作，就意味着必须积极推动、发展和拓宽业务，在不放弃公司整体扩张战略的同时，引导管理团队去满足短期目标。这样的角色显然不可能符合每个管理者的行事风格。因此，要通过转型进入由 PE 出资的被投资公司，就必然彻底转变原来的预期：对已处于稳定状态的上市公司来说，尽管较为保守的 3% 年增长目标似乎足矣，但公司当下的目标或许是通过实现国际性扩张，是 3 ～ 4 年的投资期内实现营业利润增长

[①] Acharya, Kehoe, C. and Reyner (2009); Cornelli and Karakas (2015); Gong and Wu (2011); Why some private equity firms do better than others (2010).

[②] Cornelli and Karakas (2012); Gilligan and Wright (2012); Schneider and Lang (2013).

一倍。

　　面对这些具有变革意义的增长预期，管理团队不仅要以快节奏以及有限资源和关键绩效指标（KPI）约束的环境中带领企业不断进步，还要密切关注公司的资产负债表；考虑到杠杆收购（LBO）带来的高债务水平及财务契约，管理团队能否始终创造正的现金流、严格控制成本及实现财务目标的能力尤为重要。与此同时，高层管理者还要实施战略变革，在 3～7 年的持有期内，增加收入和利润，为实现投资成功退出做准备。对于新管理团队来说，挑战更为严峻，因为在实现这些目标的过程中，他们必须在最短时间内了解到组织的每个细微之处。

　　对合适的管理者来说，这或许是一次令人兴奋的旅途：因为在有 PE 参与的环境下，可以为企业提供一种与众不同的生态环境。PE 投资者不仅会给予被投资公司最有价值的支持，他们在兼并和收购方面的经验及其广泛的网络，尤其是特定行业板块的网络，还可以为被投资公司管理层提供高质量的专长。作为所有权人，PE 会取消针对管理者的某报告要求（尤其是与上市公司相比），从而让他们能集中精力，在整个持有期间致力于改善绩效的KPI。在 PE 参与的公司中，较小的公司规模、精益的管理团队和有限的层级制度，使得管理者可以迅速落实变革，并影响公司的各项活动，这一点显然不是公众持有公司所能比拟的。但精益模式也是一把双刃剑，因为 PE 所有权人往往需要将有限的资源配置给某些业务职能部门，制定严格的预算，并减少非核心性活动，从而限制了管理者进行责任分配的空间。

　　某些个性特质和经验类型确实有利于管理者在 PE 参与的环境中取得成功。以前在被投资公司的经历当然是举足轻重的优势，因此，私募股权公司经常会委派同一名管理者在多家被投资公司中任职。众所周知，大型 PE 组织会在被投资公司设立顾问委员会，委员会由来自被投资公司的高管人员构成，他们定期开会，讨论共同关注的问题和创造价值的机会，尤其是被投资公司面对的关键时刻和重大事务。

　　熟悉公司各关键岗位而且善于身先士卒，同样是高管人员身上最被人欣赏的品质；能应对多方面的任务，并且能在相互冲突的 KPI 中分清主次，也是高管人员不可或缺的基本素质。此外，PE 公司还需要经历过各种场景的管理者——比如说，主持过企业重整、分拆或整合策略，尤其是与公司特定需求或发展阶段相匹配的经历。

　　另一方面，如果领导者拥有令人信赖的道德水平、理性的信心和谦逊的品质、不受外界干扰的独立决断能力、拥有随时审视和调整战略及手段的灵活性以及在困境中做出决策的能力，就有可能在 PE 参与的情况下做出良好表现。

补充资料 12.1

管理层与所有者之间的冲突

在 PE 参与的公司中，随着时间推移，不同方面会对各自角色和责任形成不同的看法，这就有可能导致管理团队和 PE 所有者之间出现矛盾。波士顿咨询集团开展的一项调查（Schneider & Lang，2013）显示，对于 PE 公司在经营和收入等相关方面所扮演的角色重要性上，被投资公司的 CEO 和 PE 投资者之间存在重大差异（见图12.2）。尤其是对于投资后首个百日规划期及关键绩效指标的定义，这也是 PE 所有权人最关注的两个方面。两者存在矛盾的其他方面还包括缺乏透明度和问责制，当然，最突出的问题莫过于被投资公司的业务不佳。

尽管因 PE 专业人士亲身参与会加大工作压力、工作的保障性下降以及出现分歧的可能性增加，但波士顿咨询公司的这项调查显示，绝大多数被投资公司的 CEO（超过90%）认为，PE 作为所有者，给公司业绩以及促使他们履行职责等方面带来的影响是积极的。提及与 PE 打交道的经历，这些高管人员大多会强调，这个行业对绩效的投入以及当机立断的风格，使得他们成为上市公司的首选雇主。

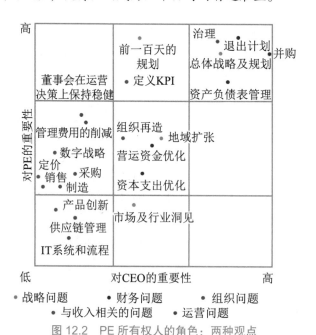

图 12.2　PE 所有权人的角色：两种观点

资料来源：波士顿咨询集团。

基于收购视角的管理层薪酬计划

在 PE 参与的公司中，管理团队发挥的关键性作用在收购业务中采用的激励计划上体现得淋漓尽致。在 PE 基金实施收购的过程中，这些计划将被收购公司的相当一部分股权分配给管理层，从而以高度有效的方式实现执行团队与 PE 投资者在经济利益上的协调一致。这些薪酬计划通常仅适用于高管人员，也就是说，适用对象局限于管理团队最高两层管理者，对他们授予的股权通常合计可以得到公司总股本的 20%。但取得这种薪酬激励计划的机会总是要付出代价的，因为高管人员本人必须和 PE 基金同时进行联合投资，以确保其股权收益和其对公司的投入相适应（即显示出他们与 PE 投资者共担风险、共享收益）。

在确定管理层对 PE 进行跟投的投资额度时，可以使用多种方法，包括工资倍数法、从管理者在前一笔交易中取得的收益对公司进行再投资或是按管理者个人财富的一定比例。PE 专业人士经常说，他们更喜欢管理者对公司的投资仅次于房产抵押贷款，成为个人财产总额中的第二大投入。事实上，合理的平衡才是最重要的：尽管个人投资的本性不鼓励承担过度风险（这也是个人在拥有可自由选择权情况下最常见的趋势），但股权升值空间的无限性依旧会让管理者关注股权价值的最大化。

用于构建管理层薪酬计划的具体工具取决于适用法律的规定。在欧洲，管理团队通常持有普通股权，而 PE 基金则同时持有优先股和普通股或是普通股与股东贷款。通过这种双层的持股结构，管理层的跟投可以享受"甜头"[①]——也就是说，管理层取得的股权价值可以达到投资价值的 5 ～ 7 倍，因此，如果投资表现良好，可以提供数倍于 PE 的收益率（相关示例见补充资金 12.2）。[②]另外，在美国，管理层通常持有普通股期权或是分享公司利润，其中，期权可在一定时间后或是公司达到某些绩效标准时行使。而在亚洲，管理层薪酬激励计划的范围更大，不同的市场可以使用"甜蜜股权"、股份期权或是利润分成，但实践中尚不存在名副其实的最佳实践。

这些薪酬计划的预期支付情况与上市公司的激励计划相去甚远。比如说，一项针对美

---

① 也称为"甜蜜股权"（sweet equity）。
② 优先股或股东贷款每年通常提供 8% ～ 12% 的实物利息收益，也就是说，利息收入累积计算但不支付现金。在投资退出时，必须优先偿还按复利计算的累积优先股股利和本金，之后，才能向普通股股东分配剩余利润。有关优先股的其他介绍，请参阅第九章"交易架构"。

国杠杆收购的研究发现，作为在杠杆收购中实施的薪酬激励计划，CEO 取得的平均股权数量超过可比上市公司的两倍，这进一步强调了股权支付在 PE 参与型交易中的普遍性。[①]同一研究还指出，对于 PE 支持的 CEO，其每年领取的平均薪酬水平低于可比上市公司10%，并且在他们的年现金收入中，超过 13% 的部分为可变收入，这部分收入取决于公司绩效。上市公司对管理者支付的股权报酬通常采取逐年行权的股票期权，且有可公开交易的金融工具做依托，而在 PE 参与的公司中，管理层持有的股权基本没有流动性，通常只能和 PE 投资者一起出售，这就进一步强化了双方的利益协调性。

补充资料 12.2

管理层的薪酬计划

来自欧洲的示例

为强化管理层薪酬计划与企业价值上涨收益和下跌风险的关联性，我们以一个假设的杠杆收购为基础，勾勒出一个拥有简单双重"甜蜜股权"结构的例子。

假设"资本合作"投资公司收购一家半导体企业，对应的企业价值为 10 亿欧元，收购资金的 65% 采取银行贷款，剩余 35% 采取股权融资。现有管理团队继续留在公司，并与资本合作公司联合投资 300 万欧元，且全部资金都将投资于普通股。[②] 按照资本合作公司和被投资公司管理层约定的股权结构,管理层占有的普通股比例低于7%。除普通股之外，资本合作公司还将持有年实物股息率为 10% 的优先股，故被投资公司的资本结构如图 12.3 所示。

交割时点的交易结构		
有价证券的类型	有价证券的持有者	金额
债务	银行	6.5亿欧元
优先股	资本合作投资公司	3.05亿欧元
普通股	资本合作投资公司	0.43亿欧元
普通股	公司管理层	0.03亿欧元
股权合计		3.50亿欧元

管理层甜蜜股权		
	投入资本	普通股权益
资本合作投资公司	99.1%	93.3%
公司管理层	0.9%	6.7%

管理层提供的股本占比为1%，却持有近7%的普通股

图 12.3　双层的"甜蜜股权"结构

---

① Leslie and Oyer (2008).

② 在这里，我们用一个简单的股权结构为例。但在实践中，管理层的参股往往采取普通股和优先股或股东贷款的混合结构。

我们可以通过如下几种经营场景以及可能的退出结果来说明这种激励结构的影响——不利场景、基本情况和有利情况。我们假设资本合作公司对这笔投资的持有期为 5 年，且在退出时尚存在不同金额的银行债务。5 年之后，优先股股东在被投资公司中的投资余额为 4.91 亿欧元，其中包括本金 3.05 亿欧元，年度股息收益 1.862 亿欧元。三种场景对应的现金流和收益率如图 12.4 所示。

如图 12.4 所示，按照一个结构合理的管理层薪酬计划，只要管理层能够为 PE 公司提供基本场景所对应的收益率（在这个例子中，基本场景的收益率约为投资资本的 2.5 倍）或超过设定目标，它就可以为管理团队带来显著的收益增长。相反，不利场景则强调管理层所持股权在投资业绩不佳时被抵消的风险，尤其是在采用股东贷款且 PE 投资者仅持有优先股的情况下。

然而，在投资业绩不佳属于管理层不可控的情况下（或引入新的管理团队接管被投资公司），PE 公司则需要经常性地调整管理层薪酬计划，以确保激励机制与管理层业绩的一致性，并在实现新绩效目标时兑现部分薪酬。

交割时点的资本结构			
金额：100万欧元	不利场景	基本场景	有利场景
退出实现的收入	820	1 300	1 600
减去：银行负债	500	400	300
归属于股东的退出收入	320	900	1 300
优先股股本	305.0	305.0	305.0
优先股的年收益	15.0	186.2	186.2
资本合作投资公司持有的普通股	0.0	381.5	754.9
被投资公司管理层持有的普通股	0.0	27.3	53.9
资本合作投资公司——已投资资本	347	347	347
被投资公司管理层——已投资资本	3	3	3
资本合作投资公司——已返还本金合计	320	872.7	1 246.1
被投资公司管理层——已返还本金合计	0	27.3	53.9
资本合作投资公司——MoM	0.9	2.5	3.6
资本合作投资公司——IRR	-2%	20%	29%
被投资公司管理层——MoM	0.0	9.1	18.0
被投资公司管理层——IRR	不适用	55%	78%

图 12.4　退出时的现金流和"甜蜜股权"的收益率

如何在私募股权企业中成为一名伟大的 CEO？

托尼·德伦索爵士（Tony DeNunzio CBE），英国最大的宠物连锁店"宠物在家"（Pets at Home）董事长，前欧洲零售商网站（Maxeda BV）董事长

在改进被投资公司业绩这方面，私募股权的成功并没有什么秘籍。在很多方面，管好一家私人公司和管好一家公众公司并没有区别。因为在两种情况下，都需要清晰的领导、令人信服的愿景、明确的战略和强有力的执行能力；都需要找到能满足顾客需求进而改善企业业绩的员工。然而，成为一名私人企业伟大的 CEO 还是有一些细微不同之处。多年以来，我曾招聘过很多 CEO，有些人在我的企业取得巨大成功，但也有些未能达到我的期望，我从中归纳了私募股权企业 CEO 取得成功所需要的五大要素：领导力、团队建设、企业家精神、变革管理和以财务为动力。

领导力（如履薄冰！）

在私募股权企业，最优秀的 CEO 在制定价值创造策略、建设执行计划和改善经营成果方面展现出非凡的能力。与此同时，他们还要做到以人为本，注重成果。他们习惯于高标准严要求。他们必须管理好股权投资者、贷款人、客户、社区、同事和高层管理者等所有利益相关者的利益，并满足这些人的需求。直升机法（helicopter approach）的价值就在于它可以让 CEO 占据高地，把公司的方方面面尽收眼底，在此基础上，分清主次，抓大放小，把握大事件和大机遇。最后，优秀的 CEO 也是优秀的沟通者，他们善于营造信任，激励整个组织。用福克将军（General Foch）在一战时说过的话就是："世界上最强大的武器，就是开火的人类！"

团队建设者（微笑刺客！）

杰克·韦尔奇曾说过："我从来没有在用人决策上后悔过。我只后悔没有更早一点下决心。"速度是 PE 公司的竞争优势之一，速度不仅是推动价值创造战略的关键，也适用于最佳团队的打造。首席执行官必须以最快速度完成对团队的评估，并决定谁应该留下来，谁应该被替代。在当今竞争激烈的世界，给企业带来非凡业绩的人并不是站在职场金字塔顶的某个男人或女人，它需要一个激情四射、步调协调的人才团队。

创业精神（基于所有者的思维）

作为私募股权公司的领导者，最激动人心的方面在于，这个职位能为他们带来最接近于拥有和运营自己公司的感觉。CEO 被赋予巨大的自由度（当然还是要受制于公司治理的基本框架），成为公司的真正领导者，推动公司业绩的改善。他们需要和公司同舟共济，因为当他们投资于管理层的股权激励计划时，公司利益就成为他们魂牵梦绕的事情。在很多投资决策中，我们都会听到管理者说："我们谈论的可是我自己的钱啊！"这种高度的关注有助于达成风险和收益的均衡，促使管理者采取更积极大胆的战略、运营计划以及名副其实的创新。

变更管理（从平凡到卓越的飞跃！）

最杰出的 CEO 都是变革管理的高手。他们可以将表现不佳的企业变成拥有顶级业绩的企业，或是把行将破产的业务变成拥有可持续发展战略的业务。所有这一切就是变革管理的内涵，引导组织将有限资源集中于最有效的战略性价值助推器，帮助企业实现从平凡到卓越的飞跃。它们不会面面俱到，不分主次——那只会一无所获！对此，马里奥·安德烈蒂（Mario Andretti）做出了精彩绝伦的总结："如果你认为自己还能控制，那只能说明你的速度还不够快！"只要有合理的计划与协调，组织就有能力应对任何重大变化。

以财务为动力（一切向钱看！）

最后，顶级的首席执行官在薪酬和绩效两方面都以财务为基础。有人或许会说，他们只是对成功如饥似渴。他们投资于管理层股权激励计划，而且渴望就此改变生活。对此，最容易的计算方法当然就是用最简单的数学。我们不妨假设，一支管理团队拥有公司 10% 的股权，公司的企业价值为 10 倍的 EBITDA。因此，EBITDA 每增加 100 万欧元，企业价值就会增加价值 1 000 万欧元，并由此带来 100 万欧元的现金流。假设管理层股权激励计划的累积价值为 1 000 亿欧元和现金流的 10%，那么，EBITDA 每增长 100 万欧元，管理层的钱袋里就多出了 110 万欧元。这对管理层的激励效应是显而易见的。在这种情况下，他们当然愿意接受私募股权投资者的业绩考核和监督。他们乐见 EBITDA 的增加和净债务的下降。

一个伟大的私募股权 CEO 深知，要让公司实现退出价值的最大化，他们就必须创建一个具有可持续增长战略的企业、强大的管理团队和始终如一的财务业绩。只要找到这个正确的公式，他们就有可能赚得盆满钵满！

风险投资（VC）基金与创业者的磨合

对于一笔成功的风险投资，其核心要素就是找到和支持合适的管理团队。风险投资支持的创始人通常是连续性创业者，而且风险投资者可能也会不止一次地支持同一位创业者，寄希望于将一路上汲取的经验和教训应用到未来的创业企业身上。考虑到初创企业的不确定性，因此，即使没有完全成型的商业模式，投资者心仪的团队也能获得资金支持，因为投资者相信，随着风险投资企业的发展，他们有能力适应新的形势并带领企业实现转型。相反，不管创意有多好，一支孱弱的管理团队都很难得到 VC 的支持，因为在投资之后再去重组创始团队绝非易事。

对处于初创时期的公司来说，其未来价值取决于创始团队实现公司愿景和成长机遇的能力。对风险投资企业，尤其是处于早期发展阶段的企业，投资者几乎没有任何手段去改变管理团队：股权控制通常在于创业者。考虑到早期投资的风险，风险投资机构多采用享有特殊权利的优先股组织其构建投资架构（见第二章）。但这种优惠待遇是以牺牲持有普通股的创始人为代价的，因为在随后的每一轮后续融资中，他们的股权都会被稀释。

实际上，只要而且也只有在投资者成为赢家时，创始人才会成为赢家，而且是更大的赢家。因此，创始人最初领取的现金薪酬和工资通常保持最低水平，并随着后续融资轮的完成而有所增加。与此同时，风险投资基金也需审时度势，判断创始团队是否在投资后依旧持有相当比例的股份，以确保他们有足够动力继续参与公司运营。这种情况尤其符合处于最早期的初创企业（即尚未取得盈利和收入），因为未来或将出现更多轮次的融资活动，从而导致其股权被不断摊薄。在出现某些里程碑事件时，风险投资可能会考虑增加创始人对公司持有的股份比例；这种激励管理者的方法被称为"购股选择权"或"挣股权"（earn-ins），也就是说，一旦触发所谓的里程碑事件，VC 即可从所持有的股份中让出一部分，作为对创业团队的额外激励。

为初创企业建立一套适当激励机制的出发点，就是每个融资轮次制定的具体条件。通常情况下，应由投资者享受优先受益权（即清算优先权）；不过，只要满足了投资者的清算优先权，创业者和管理层即可在更大程度上参与业绩上涨的收益分配，这也是他们追求退出收益最大化的最有效激励。对实施剥离的创始人则适于采取相反的顺序。假设发起人约定取得 10% 的分拆股份（carve-out），那么，这笔分拆股权对退出收益（扣除全部债务后的净额）的索取权优先于所有 VC 的优先股。

随着公司的发展，创始人和投资者双方都会致力于实现商业计划所约定的指标。毕竟，后续资金轮次通常会在 12 ～ 18 个月内完成，而达到公司发展的下一个阶段——达到所谓的"可融资"（fundable）标准，则有助于支撑更高的企业估值，这一点至关重要：在估值不断提高的情况下，筹集同样数额的资金不仅有利于创始人（筹集到相同资金所需放弃股份更少），还可以防止前期风险投资者遭遇折价融资陷阱（获得相同股份所需投入的资金减少）。[①]

本章小结

考虑到管理层在执行被投资公司商业计划中所发挥的关键作用，PE 公司花费大量时间挑选高管人员并对他们进行监督和制定激励计划，自然也就不足为奇。对于一个成功的管理团队来说，尽管良好的绩效自然可以为他们带来不菲的财务报酬，但需要指出的是，在一家由 PE 投资的公司中，管理者通常都要面临高压环境、严格的目标、有限的资源以及因不能胜任而被撤换的风险。但对某些人来说，全身心投入的所有权人和专业团队的支持，这很可能是他们推动真正变革并最终因成功执行既定战略而得到超额回报的大好时机。

基本学习要点

- 与拥有高度积极性的管理团队密切合作，是 PE 投资成功的动因之一。
- 和 PE 控制的董事会进行合作时，管理者必须调整自身期望，并适应快节奏的环境和深谙投资之道的新所有权人。
- 在由 PE 投资的公司中，管理层薪酬计划是营造合理激励机制的关键所在。

参考及补充读物

摘自《私募股权案例》

案例 8：新兴市场的私募股权：经营优势能否提升退出价值

案例 15：荷兰文德克司零售集团（Vendex KBB）：危机中的前 100 天

---

① 有关风险投资及股份稀释的更多介绍，请参阅第二章"风险投资（VC）"。

参考文献和附加阅读

Acharya, V.R., Kehoe, C. and Reyner, M. (2009) Private Equity vs. PLC Boards in the U.K.: A Comparison of Practices and Effectiveness, *Journal of Applied Corporate Finance*, 21 (1 Winter): 45–56.

Cornelli, F. and Karakas?, O. (2012) Corporate Governance of LBOs: The Role of Boards. http://ssrn.com/abstract=1875649.

Cornelli, F. and Karakas?, O. (2015) CEO Turnover in LBOs: The Role of Boards, December, available at SSRN https://ssrn.com/abstract=2269124 or http://dx.doi.org/10.2139/ssrn.2269124.

Gilligan, J. and Wright, M. *Private Equity Demystified: 2012 Update.* London: Institute of Chartered Accountants in England and Wales.

Gong, J. and Wu, S. (2011) CEO Turnover in Private Equity Sponsored Leveraged Buyouts, *Corporate Governance: An International Review*, 19 (3): 195–209, http://ssrn.com/abstract=1851603.

Jensen, Michael C. (1989) https://hbr.org/1989/09/eclipse-of-the-public-corporation.

Leslie, P. and Oyer, P. (2008) Managerial Incentives and Value Creation: Evidence from Private Equity. Working Paper. http://www.nber.org/papers/w14331.

Management Compensation: Eu vs. US vs. Asia. http://peblog.wpengine.com/wp-content/uploads/2016/02/95615261_1.pdf.

Schneider, A. and Lang, N. (2013) Private Equity and the CEO. The Boston Consulting Group.

Stenholm, G. (2006) *Positioning the Private Equity Portfolio Company CEO for Success.* Spencer Stuart.

普华永道在 2016 年进行的这项研究揭示了管理层薪酬的基本趋势 : http://www.pwc.com/us/en/hr-management/publications/assets/pwc_private_equity_stock_compensation_survey_2016_pwc.pdf.

在过去的 15 年里，强劲的业绩以及投资者兴趣持续发酵，私募股权投资（PE）旗下的资产规模已增长了近五倍。[①] 随着可用资产的稳定增长，辅之以全球金融危机带来的深刻教训，PE 行业正在越来越多地将关注力集中到决定 PE 业绩的根本动因上。

随着行业已趋于成熟，开展债务融资和结构性交易的能力不再被视为 PE 企业所独有的差异化技能（除超大型交易和极其特殊情况之外）。相反，运营价值的创造已成为当下 PE 议事日程中的核心话题。在向 PE 基金承诺出资时，有限合伙人（LP）认为这是私募股权投资最核心的差异化要素；而且确定谁是合适的投资者之前，他们一定要了解运营支持情况。

创造运营价值的核心在于推动公司现有业务的绩效改进，以打造更有效、运营更完善的企业。利用 PE 的积极所有权模式和手把手的治理机制，私募股权投资者完全有能力将有限的公司资源集中到最重要的任务上，实现最有意义的改进。作为重复性的公司收购者、改进者和出售者，最好的 PE 公司可以将行业专长、模式识别和量身定做的流程带给被投资公司，从而有助于企业识别并规划最合理的价值创造方案。

在本章里，我们将介绍管理层落实被投资公司商业计划、成功实施业务改进所采用的工具。随着市场对私募股权投资的价值创造能力日益关注，LP 也开始寻求如何衡量 PE 所有权对公司绩效的影响；为此，我们将讨论由欧洲工商管理学院私募股权中心开发的模型，以识别并考量 PE 在不同时期所带来的运营价值。

价值创造路线图

在 PE 的持有期内，进行业务改进需要对有限的公司资源精挑细选，充分考虑各种机会的轻重缓急，并进行合理的配置及管理。尽管大部分业务改进措施都有可能增加价值，但绝不能把它们看作购物清单上的商品，在使用上不分场合。实际上，PE 往往是非常挑剔的，在任何时刻，对任何既定业务，它们都会有选择地关注三四个领域；试图涉足更多领域，

[①] 资料来源：Preqin。

只会让管理层不堪重负并造成不良后果。在确定了初始核心业务之后，就可以在后续阶段中不断实施改进。

通过私募股权公司在投资之前进行的尽职调查，将为价值创造找到唾手可得的果实——也就是说，具有明显业务改进潜力的领域，这些领域很有可能成为最初"100天计划"的核心。[1] 仔细剖析以前所有者的经营模式，不仅是为了巩固公司的现有优势，也是为了寻找释放更多现金或进一步提高利润率的手段。在这个方面，典型措施包括营运资金控制以及采取更复杂的定价策略。

如果一项改进措施的实施预计可完全使用自有资金，那么，PE 将采用投资回收期、投资回报率以及资本回报率等常规措施对这个机会进行评估。相比之下，如果一个项目需由外部注入新的（股本）资本，那么，PE 公司将评价该项目是否会提高公司价值，并达到新注入股权所要求的最低资本回报率。一旦价值创造计划付诸实施，就必须确定明晰的运营和财务指标，以便于对运营计划的进展状态进行跟踪考量。

补充资料 13.1

创造运营价值的工具

在由私募股权投资的公司中，推动运营价值创造的工具与向公众公司或家族企业采用的手段没有任何差别；但 PE 公司在执行方面却有着更好的口碑。图 13.1 列示了用于改善运营绩效的常用工具，并在 PE 投资的背景下对这些工具进行讨论。

图 13.1　创造营运价值的工具

销售增长：通过 PE 投资者对价值创造工具排名的调查以及对 PE 所投资公司以往业绩的分析，以增加销售量来推动收入增长是 PE 创造价值的首选手段。[2] 进入新的市场、新产品的推出以及提高销售队伍的效能是推动销售收入增长的主要措施。考虑到实现

---

[1]　"100天计划"对需要在投资后前几个月内完成的变革做出了清晰规划。

[2]　Gompers，Kaplan and Mukharlyamov（2015）Capital Dynamics and the Technische Universit München（2014）.

这些战略性变革需要一定的时间，因此，应在持有期间内尽早推出收入增长计划。

提高毛利率：PE 所投资公司可以通过增加销售收入和节约成本的综合措施来提高利润率。价格上涨、供应链和分销体系的优化、降低采购成本和提高产能利用率，是提高利润率的主要措施之一。虽然并非独一无二，但 PE 公司的关注依旧会督促管理层降低 SKU、降低业务复杂性及相关的制造成本。如上所述，对销售的高度重视以及与之相关的投资（包括来自 PE 公司网络的偶然性新客户），不仅有可能带来更高的销售量，还可以提高平均销售价格，从而进一步提高毛利率。

削减管理费用：降低管理费用是 PE 基金在投资完成需要对被投资公司立即采取的常见工具之一。尽职调查期间通常需要对管理费用进行认真评估，毕竟，降低管理费用可以对增加盈利带来立竿见影的效果，从而大大缩短投资回报期。PE 投资的公司通常都会关注减少一般管理费用，并倾向于将非核心功能进行外包，另外，将研究和产品开发工作集中在拥有最高（短期）商业潜力的产品上。在实施整合策略的情况下，在收购后进行有效的整合，有利于减少存在于合并实体中的冗余环节和间接成本。相反，在收购后的公司中，有可能增加成本的一个领域往往就是因为强化控制及监督模式所带来的财务及报告（如 IT 系统）以及大量采用的债务融资业务。

提供资金效能：PE 投资者与被投资公司紧密合作，优化短期和长期资金的使用，帮助被投资公司将更多现金从业务中释放出来。对资金使用的管理在杠杆收购（LBO）中尤为重要，因为企业可以使用超额现金偿还债务，或是对 PE 基金进行提前分配，并提高投资的内部收益率。短期资金管理侧重于现金优化，并通过减少库存和改善与客户及供应商的支付条件来永久性地从运营资金中释放现金。固定资产优化的核心在于确保资本开支在整个 PE 持有期内持续提供价值，并识别需要关停或出售的资产，从而释放出被固定资产占用的现金。

服务共享：私募股权公司可以通过引入共享服务和利用所有被投资公司的综合谈判能力，推动基金的全部被投资公司在整体上改善盈利能力。实现共享服务优势的方式往往是联合采购以及对通用的后台办公和业务服务进行外包。联合采购可以为拥有行业专用资金的 PE 公司创造额外的红利，因为被投资公司之间的联合采购可以扩展到库存和易耗品。联合采购的常见项目是销售及一般性开支账户（SG&A），利用规模效应实现成本节约（见下面有关价值创造工具的介绍）。私募股权公司还可以聘请专业人士——比如环境、社会和治理以及信息技术方面的专家，充分利用他们在不同被投资公司取得的专长。

作为实干家的私募股权

威廉·科诺格（William L. Cornog），KKR 集团凯普斯通部（Capstone）成员兼负责人

　　就其本质而言，私募股权应该是实业家做的事情。公司所有者担负着巨大的责任，也对员工、客户、供应商以及公司所在社区的福利有着重大影响。因此，对私募股权公司的判断不仅要看回报，还要看回报是如何产生的，这一点已经越来越成为共识。在薪酬和福利、国内外就业职位的创造、供应商的选择、员工健康和安全实践以及基础设施工程等问题的决策上，需要经受诸多利益相关者的审查。这些决策不仅会影响公司的竞争力，还会影响到公司的声誉，甚至会影响到最基本的经营资质。因此，私募股权公司必须借助其对公司的所有权和治理，关注公司本身以及公司以外的诸多事务。

　　此外，私募股权公司还需要关注运营价值的创造，因为运营价值才是创造卓越回报的基石。随着行业趋于成熟，成千上万的私募股权公司和数十亿美元的资本蜂拥而至，回报的来源已远不再是通过去杠杆和多元化扩张来促进 EBITDA。今天，要在盈利能力上排在前 1/4，不仅需要做好收购以及合理运用杠杆，而且更重要的是打造更优秀的企业。最好的公司在发现、收购和改善被投资公司的过程中，善于将运营思维运用到交易周期的每个阶段。

　　业务增值始于尽职调查阶段，在这个阶段，公司需要做出最重要的决策——是否要收购一家公司。巧妇难为无米之炊，私募股权公司当然也没有能力将稻草编织成金条，把一家无可救药的公司变成一家好企业。成功当然需要"好材料"。在针对运营进行的尽职调查中，必须审查公司的终端市场、商业模式和进入壁垒，并找出成功所需要的利润提升机会。

　　一旦公司被购买，第一项任务就是强化公司治理，因为私募股权的核心就是拥有"公司治理套利"（governance arbitrage）优势。此时，需要从运营角度提高业务的透明度，也就是说，对考核指标和报告体系进行优化升级，强化薪酬和绩效之间的挂钩，并将董事会议事日程的重点转移到最优先的机会上。很多上市公司董事会习惯于以防御的态度处理公司治理问题，他们强调的是风险和声誉管理；而私募股权的董事会则以成功为使命，因此他们所强调的，是通过对仅仅把握所有权和治理这两把利器，推动企业绩效并创造出名列前茅的收益率。

　　在这个行业，"100 天计划"已成为协调所有权和管理运营价值创造优先性的通

用手段。模棱两可会破坏执行，因此，只有不可动摇的优先性才能保证管理层和整个组织集中精力做好最优先的事情，提供执行的效率和效果。

最优秀的团队往往也是最后的胜利者，因此，PE 公司必须以最快的速度对管理人才做出评估，并在必要时进行优化升级。在以前从事企业顾问的经历中，我最初接触被投资公司业务的角色，就是帮助我所在的公司确定要做什么，以及如何做到最好。而在今天，我关注得更多的是由"谁"来做，而不再是"做什么"和"如何做"的问题，强调以最快效率进行人才的选择和定位，而不是去支持原本就不适合岗位要求的高管。如果 PE 公司未能做到这一点，就有可能付出巨大的机会成本。没有任何价值创造工具能比得上建立人力资本优势。

在拥有健全的公司治理的基础上，管理层和战略重点的最终成功将取决于执行。学术研究几乎无一例外地证实，与行业上市公司相比，PE 拥有的企业增长速度更快，更善于推动生产力的提高，在创新方面更胜一筹（创造的专利更多）。这种执行层面的优势来源于强有力的公司治理、更集中的战略、高质量的管理以及来自 PE 公司对价值创造的直接支持。

私募股权公司不应停留在被投资公司的日常业务。经营业务是管理层的责任，而且必须为它们管理企业提高足够的自由度。然而，私募股权公司必须积极参与价值创造项目并给予足够的支持，促进被投资公司在市场中取得成功，并为投资者带来回报，正因为这样，当下最优秀的私募股权投资公司不仅是优秀的投资者，也是技术娴熟的实业家。

创造运营价值的资源

尽管 PE 公司和董事会在监督和推动运营价值创造方面发挥着不可或缺的作用，但归根到底，还是须有由管理团队负责各个方面的执行并创造出预期结果。考虑到 PE 所支持的管理团队必然要面对更高的要求和更大的压力，因此，他们在某些时候可能会缺乏足够的视野，或是需要改变管理层的专长，以便于独立地制订计划并以最优方式执行这些计划。因此，在整个规划及执行价值创造计划的过程中，PE 投资的公司可以利用四种主要资源为被投资公司提供支撑，其中，两种资源直接来自 PE 公司，另外两种属于外部资源：高管导师、运营合伙人、顾问和运营团队。在实践中可以同时使用其中的几种资源，因此，图 13.2 所示的例子仅为个案示例。

图 13.2　对运营价值创造的支持

管理咨询

PE 投资会聘请经验丰富的公司主管（corporate executive）为其管理团队提供咨询。作为高管人员，他们在企业环境中拥有多年的经验和良好的声誉，如果有必要的话，这些公司主管可以随时动用他们的个人网络，为公司打开局面，加快决策进程，并协助公司取得监管部门的审批。特别需要指出的是，这些公司主管还可以参与业务改进机会的评估以及价值创造计划的制订。他们还可以成为连接 PE 所有者和被投资公司高层管理团队之间的关键性纽带，而且可以在公司董事会中取得正式席位。这种辅导对第一次和 PE 投资者打交道的管理团队来说尤为重要，因为他们更有可能需要外部指导帮助他们适应新的职责（例如，将关注重点从净利润转移到现金或是和贷款银行打交道）和高压性的经营环境。

高管导师（executive mentor）：私募股权公司经常会从现有的高管人员网络中选派高管导师，和某一家投资公司进行合作。高管导师通常会参与这家被投资公司的事务，但大多采取兼职身份。高管导师可以为这家公司带来特定行业的专长或是调整管理团队方面的经验，高管导师也可以来自 PE 以前所投资的公司。作为对他们的激励措施，这些高管导师通常可以取得公司股份，股份的安排类似于管理层薪酬计划。[1]

经营合伙人：有些私募股权公司设有专职的经营合伙人，他们和交易团队共事，并随时针对价值创造的管理提供建议。运营合伙人可能不仅拥有广泛的一般性管理背景，还拥有在特定行业从业的经验或特定业务的专职特长（如采购或信息技术）。通常，经营合伙人可以同时与多家公司的管理团队合作，并形成他们和 PE 公司沟通的直接桥梁。

---

[1]　有关管理层激励机制的更多介绍，请参阅第十二章"管理团队的维护"。

这些专业人士是在 PE 公司领取薪水的员工，对他们的激励措施通常为基金的业务提成或是被投资公司的股权。在被投资公司的管理层过渡期间，经营合伙人也可能会临时性地担任首席执行官。

全方位的价值创造

在私募股权投资的公司中，专业团队经常会参与到运营价值创造规划和执行的各个方面。作为顾问，他们需要和被投资公司管理层携手合作，为他们提供高水平的指导和现场执行能力。

顾问：管理团队可以借用拥有深厚行业、技术或职能专长的顾问，协助他们落实价值创造计划。顾问团队还可以补充 PE 公司的运营团队或其他内部资源。这些顾问通常投资之前或投资之后按项目聘用，也可以采取合同聘用制，在尽职调查期间，他们可能会收取较低费用，以便于在投资后获得更多的参与机会。

经营团队：运营团队由 PE 公司直接聘用，参与被投资公司的运营价值创造，对基金的投资进行管理。前文所述的经营合伙人负责领导这些团队，并以拥有丰富经验的顾问为补充。通常，这些团队的建立是为了向被投资公司提供一般性支持，但也可能侧重于特定的技术或功能领域。除参与投资后的事务之外，运营团队的成员还有可能参与投资过程，甚至在最初的交易搜索阶段就开始提供运营建议，而且经常会在尽职调查过程中成为交易团队的正式成员。但大多数经营团队仅有在交易显示出较高成功概率的情况下才开始参与，以避免将有限资源用到尚存在不确定性的投资机会上。

考虑到由此带来的管理费用，通常只有较大规模的私募股权公司才会设立运营团队。这些公司拥有充足的财务资源和大量的被投资公司，因此，运营团队可以服务于多个项目，以达到充分利用内部资源的目的。较小的基金不太可能聘请专门的财务和运营专家；在小型基金中，拥有多样化技能的合伙人往往可以担负起对投资和被投资公司的管理职责。

补充资料 13.2

使用内部力量还是借助外包？

PE 公司必须决定，在投资持有期间，到底是建立内部团队还是依靠外包能力推动运营价值的创造。除了对维持内部资源和根据需要随时聘请外部资源所需负担的全部成本进行比较之外，PE公司还必须考虑到由哪个实体（PE公司、基金及被投资公司）来承担内部团队成本这个问题。

由以往情况看，经营团队因提供服务而花销的费用由投资公司支付，但最近，业内已开始重新认识这种模式，并对某些做法进行修正。目前，大多数有限合伙协议都会规定，管理费用就是支付内部团队发生的费用。在被投资公司为普通合伙人提供这些服务进行补偿时，LP会辩称这属于重复收费。因此，有些普通合伙人一开始缩减内部团队，并试图进一步独立于普通合伙人，或是改进对有限合伙人的披露；很多GP还会对以前支付的费用抵消向LP收取的费用。不管运营团队提供的服务最终是由被投资公司承担还是由GP承担，启动计划所需的初始投资均来自PE公司本身。

此外，虽然内部资源可以在参与现场项目的运营合伙人和其他决策者之间提供直接沟通渠道，但它也有可能在运营团队和交易团队以及运营团队和管理团队之间造成冲突。

使用内部资源的PE企业必须悉心管理它们对公司运营的参与，这背后有两个主要原因：首先是责任风险，其次是与管理层直接的潜在冲突。尽管密切监督和积极支持是积极所有权模式的基本原则，但过度参与也有可能会导致PE公司承担由被投资公司活动带来的责任风险。此外，过度控制被投资公司的经营事务，也有可能造成管理层失灵，引发对PE公司资源的依赖性，或是在PE公司与管理层之间造成隔阂。因此，内部的运营专业人员必须权衡利弊，在制定战略导向、在日常经营中扮演配角、发挥反馈作用、为管理层提供资源并授权管理团队实现预期变革等方面，建立起合理的平衡关系。

如果PE运营团队过度分散到众多被投资公司并导致分摊到每家公司的力量过于单薄时，就会引发另一个问题。CEO可能会觉得自己已成为"海鸥式管理"的受害者——在出现问题时，一大群人蜂拥而至，众说纷纭，在扔下了大量噪声之后，便鱼贯而出，而问题却依旧没有得到解决。按照这种方法往往会是因为信息需求量，但却没有解释应如何使用这些信息。对CEO来说，运营团队似乎只对监督感兴趣，而不在乎能否为企业提供真正的支持。在企业业绩不佳时，出现这种紧张局面的可能性更大。

对运营价值创造的考量

　　确定合适的工具、制订合理可行的计划并及时进行资源配置，是推动运营价值创造过程的关键步骤。要制定出具有系统化和可重复性的方法，最关键的前提就是精准衡量所创造的运营价值，而后计算它们对基金收益的贡献率。但这显然不是一件轻而易举的小事。在价值创造上的种种分歧中，相当一部分在于 PE 公司为衡量被投资公司投资回报来源而采用的指标。以往，普通合伙人均采用图 13.3 所示的三个动因对推动业绩的因素进行分解。

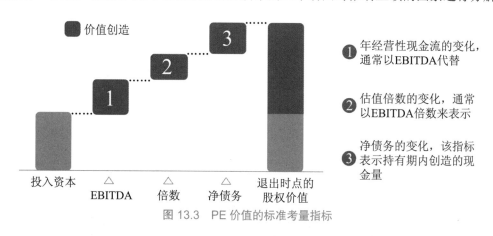

图 13.3　PE 价值的标准考量指标

　　虽然它是一种行业标准，但这种非常简单的模式既不能考量公司在 PE 持有期间运营变化的动因，也无法将 PE 所投资公司的业绩进行纵向的动态比较（相对于 PE 投资之前）或是与整个行业趋势进行比较。

　　为解决这些局限性，欧洲工商管理学院（INSEAD）的"全球私募基金投资研究小组"（GPEI）开发的模型澄清了针对运营价值创造的分歧。[①]INSEAD 开发的"Value Creation (IVC) 2.0"模型融合了现有模型的主要优势，并引入了一些新概念。具体来说，它衡量了各种经营和财务工具的总体价值创造效果，并分离出 PE 投资者和管理团队在持有期间为具体公司所创造的价值。图 13.4 显示了将 IVC 2.0 模型用于某美国中等规模 LBO 投资的考量结果。

---

① 有关 IVC 2.0 所采用方法的深入分析，可阅读 http://centres .insead.edu/global-private-equityinitiative/documents/INSEAD-ValueCreation2.0.pdf。

IVC 2.0 将投资回报（表示为已投资资本的倍数[①]）分解为五种类型的价值创造。前四个类别的价值创造体现为收入变化、毛利润变化、估值倍数变化以及现金流变化，它们均可归因于行业绩效或公司特定绩效的变化，并以"阿尔法"（Alpha 或 α）表示。比如说，在我们提到的例子中，通过收入变动创造的总价值（阿尔法系数为 0.51）主要归结为行业绩效（阿尔法系数为 0.10，对总价值创造的贡献率为 20%）和公司具体绩效的改善（阿尔法系数为 0.41，对总价值创造的贡献率为 80%）。

此外，IVC 2.0 还清晰地分解出第五个价值创造因素（可称为资本结构）对投资回报产生的杠杆影响。"杠杆效应"（leverage effect）体现为通过在交易中大量使用债务融资而增加的资本回报率。而"自由现金流效应"（FCF）则表现为因由额外利息费用而减少了归属于股东的现金，但这部分利息费用可以通过公司的税盾（tax shield）增加而被抵消。针对最后这一类别，IVC 2.0 根据持股对象（在这里应为 PE 和被投资公司的管理层）和投资轮次（首次融资和后续融资），将投资创造的总收益（图 13.4 中的 ΔIV）分解到不同的资金来源身上。

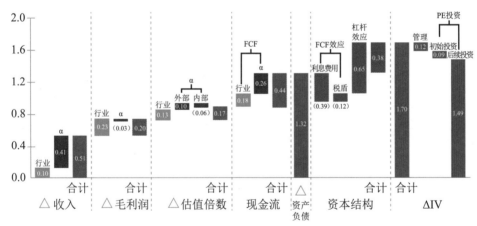

图 13.4 按 IVC 2.0 模型得到的价值创造动因

资料来源：INSEAD GPEI。

按照这种方式分解得到的价值创造杠杆，我们可以将 IVC 2.0 的结果进行重新组合（见图 13.5），分离出完全由 PE 所投资公司创造的价值。在这个例子中，在全部 1.7 倍的估值倍数中，0.64 来自有利的整体行业态势，0.38 是通过使用价值创造杠杆带来的，0.68 来源于 alpha——PE 模型所拥有的超常能力。

---

① 超额收益（即按行业惯例计算的总投资收益率）为 2.7 倍。

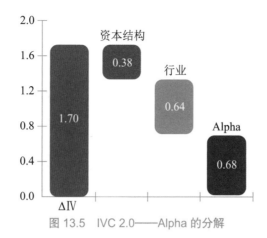

图 13.5　IVC 2.0——Alpha 的分解

资料来源：INSEAD GPEI。

本章小结

在每个 LP 的心目中，运营价值创造都是不可替代的核心（正因为这样，大多数私募股权公司都会将运营能力作为投资者推介的关键），因此，我们需要不同的方法论进行检验，既有彻底放手不管的方法，也有深入参与性的模式，既可以建立经常性的内部资源，也可以根据需要随时聘请雇佣最优秀的外部专家。但 PE 基金的工具箱中没有任何与众不同的秘密武器；对一名经验丰富的执行者或是管理咨询师，这些工具都是他们再熟悉不过的。唯一的不同之处就在于 PE 所有者坚决执行的决心以及随时为管理层实现既定目标所需的资源和激励的能力。

主要学习要点

- 实现被投资公司的业务改进已成为 PE 之间最大的差异化特征。
- PE 为推动这些改进所采用的工具与其他所有公司没有任何不同；但 PE 持有的公司并不止步于找到正确的工具，更重要的是，他们擅长通过集中精力去使用这些工具。
- PE 公司通过运营合伙人、高管导师、顾问和具体的运营团队，为他们的被投资公司和管理层提供支持。
- 可以用模型对 PE 在持有期间创造的价值进行衡量。

相关案例研究

摘自《私募股权案例》

案例 8：新兴市场的私募股权：经营优势能否提升退出价值？

案例 11：身边的筹码（A）：对安华高科技（Avago Technologies）的收购

参考文献和附加阅读

Borom, M.P. (2012) Assessing Operating Teams and Capabilities across Different Private Equity Models, Strategic Resource Group, www.thl.com/media/17856/cie_rg_whitepaper.pdf.

Capital Dynamics and the Technische Universitat Munchen (2014) Value Creation in Private Equity.

Davis, S.J., Haltiwanger, J., Handley, K., Jarmin, R., Lerner, J. and Miranda, J. (2014) Private Equity, Jobs, and Productivity, *American Economic Review 2014*, 104(12 December): 3956–90.

Ernst & Young (2014) *Taking Stock: How do Private Equity Investors Create Value? A Study of 2013 European Exits.*

Gompers, P., Kaplan, S.N. and Mukharlyamov, V. (2015) What Do Private Equity Firms Say They Do? Harvard Business School Finance Working Paper No. 15-081, available at SSRN http://ssrn.com/abstract=2600524.

INSEAD/Duff & Phelps (2014) Value Creation 2.0, INSEAD GPEI, http://centres.insead.edu/global-private-equity-initiative/documents/INSEAD-ValueCreation2.0.pdf.

Lieber, D. (2004) Proactive Portfolio Management: Manage Now to Realize Returns Later, *Journal of Private Equity*, 7(2 Spring): 72–82.

第十四章　责任投资

除商业计划所预期的业务改进之外，私募股权（PE）公司还会影响到参与被投资公司的诸多利益相关者。在正常的业务过程中，这种影响可以体现为创造就业机会、改善被投资公司的工作条件以及因 PE 所投资公司收入增长所带来的税收增量。

但好处显然不止于此，今天，人们开始对 PE 公司提出越来越多的要求，要求它们在投资中以更系统、更主动的方式去考虑多方面的利益相关者，我们将这种趋势称为责任投资（responsible investment）。这种观点不仅强调财务收益，还有有限合伙人越来越重视的非财务因素，这些因素同样对价值创造、可持续的公司业绩以及文明社会的健康带来积极影响。

之所以在一本介绍 PE 的书中增加一个有关责任投资的章节，是因为笔者认为，PE 本身可以作为一种追求善良的正能量。积极所有权及公司治理模式，使得 PE 公司天然就有能力实施负责任的投资策略，推进可持续的商业行为。经历了几十年的发展，PE 行业已在发达经济体中创造出巨大的财富和无数的就业机会；随着这个行业不断扩展到新兴市场，他们影响社区经济、社会和生态环境的能力有可能会进一步得到强化。

本章首先将介绍责任投资在广义上的各种方法和定义，进而将讨论的重点集中于环境、社会和治理（ESG）因素在 PE 行业内部所扮演的角色。我们将深入探讨 ESG 在当今投资环境中所发挥的作用，解释它为什么会成为现代 PE 投资中的一个基本构成要素。

责任投资的定义

虽然针对负责任的投资目前尚无普遍接受的定义，但我们认为，这是一项超越财务回报狭隘目标的任务，它融入了对善良的追求，或者它至少应对被投资公司及其监护人负责。

事实上，私募股权基金实施责任投资策略的方式是多样化的：从负面筛选到主动实施的 ESG 管理策略，再到对投资基金的直接影响。我们在下文介绍的模型中（见图 14.1），将根据对社会收益所赋予的重要性，区分出五种主要的投资方法。[①] 按社会收益的重要性从

---

① 摘自 INSEAD（2016）的研究："Impact Investing & Marketing to the Bottom of the Pyramid"。

小到大的顺序，存在着从纯粹的财务性投资到纯粹的公益创投（venture philanthropy）等五种投资方法。

图 14.1　责任投资的类型

股东模式：传统上，私募股权基金只强调财务回报，通过实施目标明确的"股东模式"，将被投资公司的投资决策和管理与其他广义利益相关者区分开来。在理论上，这种模式应会形成最有效的资源配置。按照这个模式，是否将部分利润用于更广泛的社会事业完全取决于股东。[①]

负面筛选：在这个框架的第二类投资中，PE 基金的使命就是"不做坏事"。这个投资原则可能会禁止私募股权基金源自有争议的行业，如烟草、赌博、化石燃料的开采或武器制造。从投资公司合伙人的道德观出发，可能会倡导这种做法，以最大限度减少声誉受损风险或是对基金有限合伙人的要求。尽管负面筛选很容易被纳入标准尽职调查过程中，但这种方法只会缩小可投资机会的范围。

主动的 ESG 管理：与之前的投资类别相比，采用这种策略的 PE 公司以强制、主动的方式对责任投资的基本原则做出定义——即只做好事。有限合伙人和私募股权公司已开始以系统方式主动管理环境、社会和治理因素，其手段就是建立将 ESG 政策和程序纳入投资前及投资后投资决策过程的结构性计划。私募股权公司通常会要求被投资公司在投资前即执行这些政策，或者将提高 ESG 标准纳入业务改进计划中。虽然财务回报始终是这类投资的重点，但它以明示或暗示的方法认为，遵循主动的 ESG 投资方法，不仅造福于公司的各方面利益相关者，还可以通过创建更优秀、更稳健的企业而有利于改善投资业绩。

影响力投资：影响力投资基金完全有别于传统的 PE 基金，因为这种投资在财务收益目标维度上增加了社会收益要素，旨在在这两个方面同时做出调整。创造和监督社会收益的工具和关键绩效指标（KPI）是多种多样的，具体取决于基金的重点及其所处行业，但至少会包括拥有特定目标的 ESG 标准，比如为融资金字塔底层的企业提供融资机会，改善就业

[①]　INSEAD 近期在《知识》杂志上发表的一篇文章指出了在上市股权投资中纳入社会责任的重要性（Vermaelen，2016）。

和教育机会，提供满足社会消费能力的医疗和住房以及可持续的农业及清洁技术。有竞争性的财务收益和正面的社会影响并不是相互排斥的：相反，大量证据表明，增加社会收益的目标并不意味着财务收益会因此而受到影响，一大批采取影响力投资模式的公司在实现目标内部收益率后，已开始进行后续资金的募集。[①]

公益创投项目： 在投资类别的另一个极端上——或者说与纯粹寻求财务收益的投资者相对立的，是以慈善事业为代表的纯社会责任性投资。与单纯的慈善事业相比，公益创投项目更多地是通过严谨、协调和监督来提高慈善赠予过程的效率和影响。公益创投项目家经常性地参与更广泛的主题，并通过一系列的融资来推动变革。虽然公益创投项目少不了社会影响力目标，但除了延长资本金的使用之外，很少会设定利润目标，这也是这种融资区别于影响力投资的主要特征。因此，它考虑更多的是基础行动，而不是一般合伙人或私募股权公司。

当今 PE 行业的 ESG

以往，私募股权行业一想强调以最低成本规避因 ESG 问题带来的负面形象或其他方面的声誉损失，往往以遵守当地法律法规为重点。2005 年，联合国环境规划署金融倡议项目组（the United Nations Environment Programme Finance Initiative）发表了一份报告，将对 ESG 因素的管理与投资者的信托义务联系在一起。这份报告引起了 PE 行业参与者的关注，并促使 ESG 成为投资行业的一股清流。

此后，ESG 管理逐渐成为 PE 在满足基础监管要求之外的另一项重要活动。虽然普通合伙人对 ESG 的兴趣最初源于有限合伙人的期望，但随着时间的推移，很多普通合伙人在判断商业利益时，开始将 ESG 实践纳入他们的投资计划中。业内的意见领袖开始利用综合性的结构化流程来利用风险管理和价值创造机会。随着 ESG 思维的不断演进，它已被纳入正式性的行业规范。图 14.2 显示出 ESG 在 PE 行业中的演进趋势。

有限合伙人的期望： 在环境和社会问题上，随着全社会对投资者群体及其委托人责任和透明度要求的日益提高，也促使 LP 开始推行 ESG 意识。针对有限合伙人 LP 在 ESG 规

---

① 尽管已取得了这样的成就，但由于可投资范围受财务和社会双重责任的制约，因此，影响力投资还需为扩大规模而努力。影响力投资制度化所面对的制约，源自非财务收益的信托风险和代理成本等因素。不过，有些司法体系已通过立法，允许获得授权的投资者在继续履行信托义务的同时，对非财务条款做出明确规定。

模的要求已逐渐正式在内部规范中予以明确，并成为他们对受益人承担的一部分职责。对于美国的公共养老金计划（也是 PE 的最大出资人）及其他与政府关联的有限合伙人，来自政府机构的直接监督和监管要求也促使人们更多地强调 ESG 原则。由于作为有限合伙人的受益人通常是大型公众群体，因此，机构投资者有足够动力去改善可持续实践，也进一步强化了他们所承担的责任。

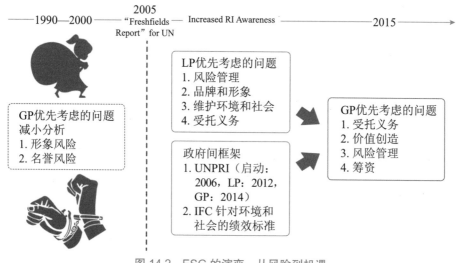

图 14.2 ESG 的演变：从风险到机遇

　　GP 的动机：LP 是 GP 认真看待 ESG 的最初引导者。面对当下竞争激烈的融资环境，现有私募股权投资公司应该以更完善的方式对待 ESG，并在投资持有期内建立起值得信赖的模式，采取切实可见的 ESG 项目和行动。但很多公司都深知，积极的 ESG 计划可以在股权持有期间成为创造价值和维护保护的有效工具。从 ESG 视角看待企业，注定会增加企业创造价值的机会——既可体现为生态效益的增加，也可是员工流失的减少或是公司治理流程的完善。通过采取及时性措施和有针对性的项目，可以主动降低 ESG 风险（如污染、停工、腐败和洗钱等），从而维护被投资公司的价值。因此，一个完善的 ESG 政策在筹资和价值创造等方面带来的积极影响，是实施 ESG 项目的强大动因。

　　行业规范：形形色色的机构和行业实体都在通过制定最佳实践的框架和准则参与 ESG 的对话。由国际投资者网络起草并由联合国协助发起的《责任投资原则》（*Principles of Responsible Investment*，UNPRI）已成为 LP 和 GP 的基本指南。对于 LP，该原则提供了一份标准尽职调查问卷，并将根据现有最佳实践开发的一套准则用于收益分配过程。对于 GP，按照 UNPRI 提供的框架，可持续性和 ESG 因素被纳入投资决策和所有权实践中。在新兴市场，开发型金融机构大多制定了相关标准并进行推广。例如，国际金融公司（IFC）提出了《环境与社会可持续发展绩效评价标准》（*Performance Standards on Environmental and Social Sustainability*），为制定优先考虑全球成长型市场的框架提供指导。

行业规范与内部的责任投资政策相结合，往往可以成为 PE 公司制定 ESG 框架的基础。

衡量 ESG 影响力的难点

毋庸置疑，衡量 ESG 举措的影响是一个严峻的挑战。

通常，PE 董事会和 ESG 小组委员会针对 ESG 确定具体的关键绩效指标，并以此标准，对公司的绩效发展情况进行对比考虑。尽管跟踪大多数 ESG 关键绩效指标（如温室气体的排放量）相对简单，但要衡量它们对公司价值的影响，往往就不会轻而易举了。由于缺乏财务成分或难以量化，很多关键绩效指标可能难以用金额来表示。

因此，作为对直接财务指标的最佳替代，或许就是随时间的推移对绩效的改进情况进行跟踪，从而建立其与价值的对应关系。这种做法的关键就在于收集切实可信的数据，并采用有针对性的分析。董事会需要和被投资公司管理层合作，在尽量避免投入非必要资源的前提下，找出与业务相关而且有实际意义的考核指标。

目前，环境改善已毫无争议地成为最重要的标准，它包括生态效益的提高以及绿色产品的开发等。尽管声誉风险管理强化、改善公司治理或提高劳动力待遇等间接价值也受到广泛认可，但往往缺乏明确的衡量标准。但考虑到业务风险较低，与 ESG 相关且可量化程度较低的影响或许可以成为提高退出估值的一种方法，或者至少成为降低公司资本成本的一种手段。

目前，有些研究已开始着手开发相关工具，全面评估 PE 投资带来的经济和社会效益，并在条件成熟时推出一套普遍接受的标准。最近发表的一篇论文对外部收益率指标进行了研究，并提议建立一个平台——利用多种社会效益参数，被投资公司、投资者和第三方以更高的透明度披露其活动，并利用该平台进行同类对照。[1] 不过，要确立一套全球公认的标准，显然还需开展更多的工作。

---

[1]　Florman，Klingler-Vidra and Jacinto Facada（2016）.

补充资料 14.1

你的公司表现如何？

Esg、eSg 还是 esG

对不同的 GP 来说，与投资决策最相关的 ESG 要素也会有所不同。对某些 GP 来说，环境因素是他们最看重的；但对一些 GP 而言，社会或者治理问题可能更为重要。归根到底，ESG 需要优先考虑哪个方面，在很大程度上依赖于基金的个别投资、地域上的集中性以及投资基本目标。图 14.3 对 ESG 的三个类别进行了总结，并列示了每个类别的创建措施。

公司优先强调以改善生态效益来削减成本，或是开发具有环境可持续性的产品和服务来扩大产品市场，换取消费者对更高价格的接受意愿。KKR的"绿色投资项目"和卡莱尔的"生态价值筛选"项目均以帮助被投资公司降低成本和减少环境烙印为目标。

PE公司对产品开发给被投资公司股东带来的影响进行细心管理，这种管理从劳动力、健康和安全标准入手，并涵盖员工的培训及培养计划。而对社会要素以及对被投资公司所在社区的影响进行管理，对新兴市场而言尤为重要，因为在这些地区，提供适当价格住房和医疗卫生已成为社会的核心商业模式，其目的就在于解决收入金字塔底层群体的问题。

PE公司保证被投资公司拥有稳健的公司治理结构，以实现有效的业务监督和控制。有效的公司治理早已成为PE所有权模式中不可分割的一方面；与此同时，强调针对ESG问题的反贿赂及反腐败政策。在董事会下设拥有相应章程的分委员会、制定管理层在环境和社会问题上的报告制度并改善公司治理，是PE创造价值的关键驱动力。

图 14.3　ESG 的三个类型

新型的 ESG 制度框架

通过 PE 公司的 ESG 制度体系，可以保证对所有被投资公司采取相同的标准，做到平起平坐，始终如一。框架范围灵活多变，既有宽泛的弹性指导方针，站在整体层面上对 PE 公司的活动进行管理，也有高度针对性的目标尽职调查清单和流程。私募股权基金可在内部设置专门人员牵头负责 ESG 事务，也可以完全依赖外部顾问来开展此项工作。如上所述，实施 ESG 框架的原因各不相同，而且往往是多方面的，包括行业最佳实践、有限合伙人的期望以及针对具体 GP 投资策略量身定做的规范。

在 PE 投资领域，独立管理环境、社会和治理事务已不是什么新概念，但是，开发并应用一种宽泛性治理框架，对 ESG 事务在投资中的影响进行全面管理，显然是一种新的理念。鉴于 PE 行业还处于相对较早的发展阶段，因此，业界仍在探索具有普遍适应性的最佳实践。然而，INSEAD 全球私募基金投资研究小组（GPEI）[1] 在最近开展的一项研究中，对多家私募股权公司的经历进行了检验，通过这项研究，我们总结出目前管理 ESG 事务的三种常见结构。这些框架之间不存在相互排斥的关系，而且任何一家 PE 公司采取的结构都有可能兼有多种结构的特征。由于 ESG 概念在全球范围内的定义以及对 ESG 事务进行管理的能力还在不断发展中，因此我们预期，各种技术和方法将逐步趋近于最佳实践（见图 14.4）。

在各 PE 公司纷纷提出各自参数的情况下，有必要在结构、能力以及资源方面制定具体的标准。有了统一的标准，就可以将 ESG 框架运用于整个投资过程。

- 在投资之前，普通合伙人关注的是有可能带来导致负面投资决策的ESG风险以及在投资持有期内创造价值的机会。利用详细的ESG尽职调查问卷，投资专业人士往往可以找出投资对象的重大ESG风险和机遇。除识别风险或机会之外，规模也是必须考虑的。例如，即便造成环境污染的风险是真实存在的，但风险可能只影响到小型的分子公司，因而很容易获得缓解或是与主营业务隔离开来。这种初步评估的目的，在于发现需要由外部问题专家进行深入尽职调查来确定的具体问题。

- 重大ESG事务通常需要纳入PE基金投资委员会最终形成的投资备忘录，而且需要与出售方进行谈判（如赔偿）。在首个"100天计划"中，这些问题也是需要高度关

---

① INSEAD GPEI（2014）.

注的因素。

- 在持有期间，ESG因素也是被投资公司诸多价值创造动因中的一个。[①] 在PE合伙人和外部顾问的支持下，管理团队承担着执行具体ESG项目和行动的责任。有些私募股权公司制订了跨组合计划，以充分利用它们的知识，为所有被投资公司提供ESG解决方案，从而帮助它们应对共同面对的挑战。此外，改进ESG政策还可以让被投资公司降低风险等级，从而以更低的成本取得资金。即使从最保守的角度看，这些措施至少有助于提高公司的声誉，从而降低企业形象和声誉受损的风险。

- 对ESG因素的考虑还可以延伸到投资退出时的审核过程，在这个过程中，需要对ESG绩效进行全面评估，并对潜在购买者的经营能力和声誉进行初步筛选。

风险关注

对ESG风险因素的评估主要在投资之前进行，评估的主要内容是标的公司遵守当地法律制度的情况。风险关注型ESG项目的主要目标是降低被投资公司及PE公司形象及声誉受损的风险。重大的ESG风险往往会导致投资委员会否决提议的项目，除非有切实措施可降低上述重大风险。

项目驱动

PE公司通过针对性措施对投资涉及的ESG因素进行主动管理；积极采取量身定做的步骤，满足具体公司、行业板块以及整体投资组合的需求。实施这一体系的公司通常会聘请有经验的ESG专家了解被投资公司的需求，寻找创造价值的机会，执行相应的行动，并对绩效进行验证。

综合性方法

在PE公司中，将投资、投资者关系和法律等各相关职能部门从事的ESG活动定义为泛泛的制度框架。相应的政策和流程通常被纳入现有制度，并由ESG监管机构进行审核。这些制度框架为投资专业人士及ESG专业人员在基金存续期内管理ESG事务提供规范。

图 14.4　新型的 ESG 制度框架

---

① 有关运营价值创造的更多介绍，请参阅第十三章"运营价值创造"。

新兴市场的 ESG

在新兴市场中，ESG 事务扮演着尤其重要的角色，因为与发达经济体相比，这些地区的投资往往会对当地社区带来更大的影响。在发达地区，针对不同利益相关者的参与，已经形成了明确的规章制度，如社会契约、法律法规和政府规制。但在新兴市场，现有的社会经济框架往往还无法达到这样的水平，这就给公司的自我裁量留下了很大的空间——到底怎样才算是负责任，往往由企业自己来决定。

环境影响：与发达国家相比，环境问题对新兴市场的重要性丝毫不逊色；在现实中，考虑到当地社区生态环境的脆弱性以及政府在克服资源问题上缺乏足够的资源，因此环境问题可能更为关键。在这种情况下，实施标准化的最佳运营做法可能会对资源效率产生重大影响，而且有利于减少浪费，提高能源效率，提高农业和渔业产量。

社会影响：虽然发达国家的关注度往往是环境和公司治理因素，但活跃于新兴市场的 PE 公司，更有机会通过管理投资中的社会因素而创造价值。为此，它们需要大量使用专为新兴经济体投资而量身定做的一系列可持续发展和治理框架，特别是国际金融公司提出的《环境与社会可持续发展绩效标准》。尤其需要指出的是，针对性的投资与改善的管理和运营技术相结合，有助于创造出更高质量、更安全的产品和更低廉的服务。反过来，这也驳斥了另一个全球发展悖论——即最贫困的人需要为满足日常生活的基本需求支付最高的价格。此外，随着被投资公司不断增加商业活动：一方面，工资水平的提高必然会改善员工及其家庭的生活水平；另一方面，培训、医疗保健和教育方面的普及也会改善公司的投资效果。当然，社区也会得益于税收收入的增加和基础设施的改善。

治理影响：与发达市场一样，活跃在新兴市场的私募股权公司往往将公司治理视为其商业模式的核心。然而，公司治理的完善不仅有助于具体公司的具体目标——也就是说，向外界展示公司对透明度的关注，而且还有利于形成有效的制衡监督机制（往往与新兴市场采用的常用手段相悖）。公司治理的完善源于对现有管理层进行经常性的培训，通过外聘人员扩大管理团队的专业知识，通过任命外部董事和真正的独立董事提高董事会的透明度。对财务及非财务关键绩效指标进行考核和披露，则为推动业务绩效和控制力的不断完善提供了辅助的治理工具。

责任投资：成长性市场的常态

汤姆·斯皮希里（Tom Speechley），阿联酋阿布拉吉私募股权投资集团（Abraaj）合伙人

通过对最近调查结果的判断，我们可以看到，私募股权基金和有限合伙人正在越来越多地认识到，环境、社会和治理事务已成为投资过程和投资实践中的关键构成要素。但是，借用最近一项研究的标题[①]，在认识解如何实现负责任的投资目标这个问题上，基金经理和投资者仍存在着"有待于弥合的巨大反差"。诸多字母缩写和形形色色的定义让这个问题显得尤为混乱。毫无疑问，人们的预期和方法显然尚未实现统一。

在我们所投资的成长型市场中，我们所看到的关于"影响"的种种定义，其实远不及一个简单的事实那么有意义：所谓负责任的投资，归根到底就是遵守最基本的常识。无论是对于有限合伙人还是普通合伙人，遵守公司和投资者所在市场的政策和规程是理所当然的事情，因为不仅有助于减少声誉和财务风险，还可以创造价值。但在很多国家尚未颁布公司治理、劳工和环境规范的情况下，私募股权已成为推动企业向着盈利性和可持续性方向发展的重要动因。任何成功都是有社会意义的。

透过过去15年的经历，我们深刻地意识到，要取得令人叹服的收益回报，就必须让ESG成为整个投资过程中不可或缺的一个要素——从项目筛选和尽职调查，到运营管理和监督，最后再到退出，每个环节、每个流程都不能缺少ESG的身影。经验告诉我们，ESG已不仅仅是我们必须履行的义务，也不再只是降低风险和负债的工具，它更是我们提高业务绩效和强化估值的机会。

我们不妨以索瑟控股集团（Southey Holdings）为例，作为南非最大的私人企业集团之一，他们将"安全性服务"的投资理念置于公司船舶和石油钻井平台维修业务的核心。通过加强员工培训、设备升级和严格监控，Southey不断改进ESG绩效，并因此而赢得众多大型石油公司的订单，这些石油公司大多是因安全问题而放弃本地承包商，转而将业务交给更让它们放心的Southey。这到底是健康安全实践还是良好的经营实践呢？应该是两者兼而有之。

雄鹰旅行集团（Condor Travel）是秘鲁最大的入境游经营企业，他们的业务为大量的本地小微企业提供了市场机会，因为没有他们的存在，这些小微企业就无法接触到客户，更没有机会去推广它们的服务。目前，康德旅游还提供以美国和欧洲为目的

---

① https://www.pwc.com/gx/en/sustainability/publications/assets/bridging-the-gap.pdf.

地的生态游旅游套餐，套餐中引入碳排放量信用额度，其目的就是减轻亚马孙盆地坦博帕塔国家保护区的森林砍伐。他们到底是在拯救地球还是进行更有智慧的营销？同样，两者兼而有之。

而在泰国最大的跨国货运运营商克罗斯兰德物流公司（Crossland Logistics），高管团队根据行业标准制定驾驶员的薪酬水平，而且将替班司机的薪水直接计入公司的工资单。这种做法在这个行业中是不常见的：通常，公司只支付主要司机的工资，然后由主要司机支付替班司机的薪水，但替班司机得到的薪水要远远低于主要司机，而且不享受任何福利保障。对长途运输来说，同时使用两名司机是非常重要的，因为这种做法可以提高司机的安全与保障，并提高了卡车的利用率。而这种实践的结果就是，工伤率下降了 30%，事故率下降 14%。它们到底是在工人保护或监工还是在强调客户服务呢？从这个角度来看，负责任的投资并不是一个非此即彼的权衡过程，它不一定需要付出"做生意一定要付出的代价"。因此，创造这更健康的企业和更健康的社会，是一个永不泯灭的投资命题。

和以往任何时期相比，ESG 因素之于当下企业的重要性显得尤为重要——所有迹象都表明，ESG 对价值的保护和提升作用必将成为共识。但在此之前，我们至少应该接受这样两个事实：负责任的投资不只是我们必须要做的正确事情，更是我们应该优先考虑的明智之举。

本章小结

责任投资最佳实践的制度化，正在让普通合伙人的受托义务和有限合伙人群体的 ESG 利益不断趋于一致。当 PE 的使命已超越传统意义上的扩大财务收益时，强化监管和改善基准参照工具将成为必然趋势，通过进一步推动 ESG 事业的发展和落实，使得 PE 行业不断趋近于能带来积极社会的实践，远离有损社会利益的实践。

> **基本学习要点**
> - 在当下的 PE 议事日程中，责任投资正在变得越来越重要。相应的，投资策略据此出现分化：在一个极端上，是纯粹追求财务收益的投资策略；而在另一个极端上，

则是追求纯社会义务的投资策略。因此，针对收益能力不同的投资策略，我们定义了各种策略所依赖的基本动因。

- 在追求财务目标以外的其他投资使命时，不同的利益相关者（如 GP、LP 和行业组织）有着不同的动机。
- 对责任使命带来的影响进行跟踪和衡量，显然是一个巨大的挑战。目前尚不存在全球公认的标准；因此，PE 委员会和 ESG 小组委员会需针对 ESG 制定具体的关键绩效指标，以便于有效监督企业在 ESG 事务上的进展。

相关案例研究

摘自《私募股权案例》

案例 17：以非洲的粮食解救非洲：坦桑尼亚的水稻农场和农业投资

参考文献和附加阅读

Florman, Mark, Klingler-Vidra, Robyn and Jacinto Facada, Martim (2016) A Critical Evaluation of Social Impact Assessment Methodologies and a Call to Measure Economic and Social Impact Holistically through the External Rate of Return Platform. LSE Enterprise Working paper #1602, February.

Freshfields Bruckhaus Deringer (2005) A Legal Framework for the Integration of Environmental, Social and Governance Issues into Institutional Investment, Asset Management Working Group of the United Nations Environment Programme Finance Initiative, October, accessed here http://www.unepfi.org/fileadmin/documents/freshfields_legal_resp_20051123.pdf.

INSEAD (2016) Impact Investing in the Spectrum of Responsible Investment Approaches, INSEAD, January.

INSEAD/GPEI (2014) ESG in Private Equity: A Fast-Evolving Standard, http://centres.insead.edu/global-private-equity-initiative/research-publications/documents/ESG-inprivate-equity.pdf.

InvestEurope (2013) Environmental, Social, and Corporate Governance (ESG) Disclosure Framework for Private Equity, http://www.investeurope.eu/media/21433/ESG_disclosure_framework.pdf.

Malk Sustainability Partners (2015) ESG in Private Equity – 2015, June, 见如下网址：http://

malkpartners.com/wp-content/uploads/2015/06/ESG-in-Private-Equity-%E2%80%93-2015.pdf.

　　《责任投资原则》（PRI）报告是由国际投资者与联合国"环境规划署金融倡议"（UNEP Finance Initiative）和联合国"全球契约"（UN Global Compact，2014/15）协作的一项全球投资者声明。https://www.unpri.org/about/pri-teams/investment-practices

　　WWF/Doughty Hanson & Co., Private Equity and Responsible Investment: An Opportunity for Value Creation, http://www.doughtyhanson.com/　～　/media/Files/D/Doughty-Hanson-Co/Attachments/WWF%20report%20Final.pdf.

　　Vermaelen, T. (2016), Doing Good by Investing in Sin, INSEAD Knowledge, http://knowledge.insead.edu/blog/insead-blog/doing-good-by-investing-in-sin-4774.

第十五章　投资退出

在私募股权（PE）领域中，唯一的策略就是退出投资，而不是享受持有的快乐，这意味着，只有实现现金收益并进行分配之后，有限合伙人（LP）才能知道，基金是否达到预期。而中间过程中的估值，最多也只是衡量公允价值的一种尝试，但绝不是投资的完整状况，而且也不能保证最后一定会取得成功的结果。[①] 私募股权的投资在时间上是有限的，而且拥有非常明确的目标，即在实现利润的前提下出售股权，并向基金投资的 LP 返还资金。正如我们在第一章中所强调的那样，从根本上说，PE 只是一项简单的业务：购买、改进并最终卖出被投资公司，而退出才是 PE 投资过程的收官阶段。

PE 公司能否在盈利前提下及时退出各个基金，是考量金融市场参与者是否成功的关键指标；退出不仅可以让 PE 公司按基金的委托约定向投资者返还资本和超额利润，还可以招揽机构投资者参与未来融资。因此，"退出整形"（exit shaping）——即为被投资公司准备出售并选择最佳退出策略进行定位的过程，从一开始就是 PE 公司合伙人的首要任务。对于现实的投资而言，PE 的投资委员会更喜欢拥有多种清晰的未来退出途径的潜在被投资公司。

在本章里，我们将介绍影响退出流程的关键因素以及退出整形如何影响投资流程中的各个阶段。我们将对 PE 基金采用的主要退出策略做出解释，在这个方面，我们强调的不仅是流程，还有相关各方的动机。为了让讨论更加直观，我们在图 15.1 中总结了自 2000 年以来 PE 投资组合中未实现价值的金额——也就是说，已进行投资但尚未退出的 PE 投资。[②] 其中，尤其值得关注的是，截至 2015 年，尚有 1.6 万亿美元的未实现投资价值，并（按基金的投资起始年份细分）有待于在未来几年内退出。

---

① 有关临时估值的更多解释，请参阅第十九章"业绩报告"。
② 图 15.1 中所示的未实现价值包括风险投资、成长型股权投资和收购性投资策略。

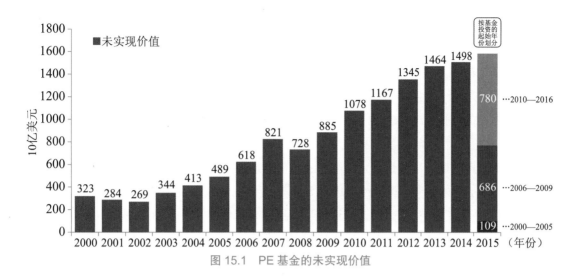

图 15.1　PE 基金的未实现价值

资料来源：Preqin。

退出过程中需要考虑的因素

要了解从被投资公司退出投资的过程，建议读者重新回忆一下 PE 基金的管理模式：向外部机构投资者募集封闭式基金，筹集资金用于投资非上市公司，在持有有限期限之后，通过成功出售对被投资公司持有的股权，向基金的投资者返还资金，所有这一切均在基金的有限存续期内完成。由此产生的回报（总计）决定了基金层面的利润，并对 PE 公司募集后续资金的能力带来直接影响。

首先需要提醒的是，并非所有的 LP 都对收益以及衡量收益的方式有着统一认识。目标收益率依赖于每个个别投资者如何认识基金投资策略和投资对象的风险，以及特定基金在整体投资组合中的作用。此外，在面对大量有吸引力的再投资机会时，某些 LP 可能会优先考虑较高的内部收益率（IRR），而不是较高的估值倍数收益（"至少不能以牺牲 IRR 为代价"[1]），从而实现实际收益的最大化。

选择退出的时间点也会影响到 PE 的回报，尤其是基金期限的起始时点和关闭时点。

---

[1]　这是 PE 行业的一句至理名言，也是橡树基金创始人霍华德·马科斯（Howard Marks）写给客户的一份备忘录标题（2006-12-07）。

　　基金存续期初期阶段的退出注意事项：在募集后续资金后，尽可能在基金周期中的初期阶段成功退出非常重要；将现金按早于 LP 预期的时间返还给 LP，有助于向他们显示重启下一代基金的必要性。此外，按照 IRR 模型中的隐含假设，快速退出投资还会对基金本身的 IRR 产生积极影响（即所谓的"锁定"IRR）。但另一方面，由于资金退出投资而丧失价值创造能力，因此，尽早退出也会给投资所实现的现金收益总额（或估值倍数）带来不利影响。

　　基金存续期晚期阶段的退出注意事项：在基金期限的下半段时限内，情况会发生逆转，PE 模式带来的激励会导致基金经理选择延期退出，以最大限度地提高现金收益倍数以及由此而取得的附带收益（即假设基金的业绩超过目标收益率），而这就有可能牺牲以尽早取得回报为目标的 LP 的利益。对于"僵尸"基金来说，由于 PE 合伙人管理的基金无法筹集后续资金，而且在剩余持有期内只能取得收费，因此他们在退出时点问题上的矛盾会更加突出。[①]

为出售股权而准备——退出整形

　　私募股权基金要实现在整个持有期间内创造的价值，就必须将其持有的股权出售给适当的收购方。为出售成功而进行的规划早在数月甚至数年之前就已经开始。有些公司将其称为 500 天计划，在此期间，它们需要对投资进行自上而下的详尽审查，为潜在买家制订相应的价值创造计划。在投资之前和持有期间需要考虑的退出因素如下所述。

　　交易搜索、尽职调查及执行阶段：在投资委员会对潜在目标公司进行初步审议时，退出途径及其可能性是需要考虑的一个重要因素。在 PE 中，可选性往往是关键因素，因为这意味着，被投资公司在理想情况下应拥有一系列可能采取的退出渠道，只需在后期结算中确定最终选择的渠道。随着对投资进行评估和结构化工作逐渐展开，私募股权公司会寻求以具体的合同条款，最大限度强化它们对未来退出进程的影响力或控制力。这对成长型股权投资和风险投资基金而言尤为重要，因为这些条款可以约定登记权、拖售权和随售权以及赎回权等重要条款。[②] 此外，为实现更有吸引力的投资退出，PE 在设置管理层激励计划

---

① 有关尾部基金的更多介绍，请参见第二十章"基金的终止"。
② 关于针对少数股权投资者保护性条款的详细介绍，请参阅第二章"风险投资（VC）"及第十章"交易文件"以及本书的"词汇表"。

时通常会约定，只有管理层在退出后继续留任公司达到一定时间后，才有资格取得相应的奖励（即行使期权或股份）。通过这样的安排，在被投资公司的股权转让之后，可以为新买家带来一定的稳定期。这些合同条款通常需要纳入股权协议、公司章程以及登记权协议中。

对被投资公司的管理：PE 投资者会在整个持有期间定期调整退出计划，以反映不断变化的现实。在监督公司绩效和商业计划执行情况的同时，PE 投资者尤其需要关注增值项目对公司退出价值的潜在影响（即项目在退出时点左右会带来多少经常性利润，这个利润流可以支撑的估值倍数是多少，以及利润与项目成本和将资金用于其他项目带来的收益相比如何）。投资者也会关注流程和公司治理的加强，这不仅是为了改善公司业绩，降低风险，也有助于强化退出预期；在准备向大型跨国战略型收购者出售或是通过上市退出时，这项工作尤其重要。最后一点，必须密切关注退出环境的变化，从包括流动性、负债倍数以及首次公开发行活动等整体市场状况，到资本支出周期、并购活动、收购价格以及付款倍数等行业的具体动态，通过全面的监测与分析，实现退出时机的最优化。

退出准备：一旦选择退出时点，PE 公司就必须着手被投资公司的出售前准备工作（见图 15.2）。出售过程当然不能一概而论，没有任何标准可以借鉴，选择的具体路径和参与出售的各方依附于多种变量，既包括被投资公司的固有能力，也包括 PE 公司可投入的资源，还要考虑经营业务的复杂性。

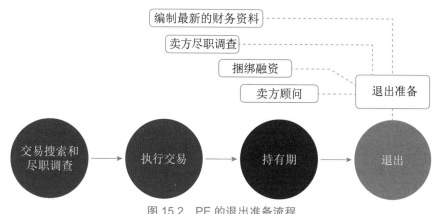

图 15.2　PE 的退出准备流程

不过，出售方至少应编制最新的历史财务报表和预测性的备考会计报表，并收集关键性的经营、财务及法律信息。通常情况下，应将全部信息汇集为信息备忘录，并向多个潜在收购方提供该信息备忘录，并采取分阶段的方式，逐步向潜在买家提供电子版的全部信息。

为推进出售过程，被投资公司可以委托开展卖方尽职调查，了解公司的财务和法律状况，偶尔也涉及公司的商业地位。由于卖方尽职调查可以减少所有参与投标人在尽职调查方面的开支,因此,使用卖方尽职调查往往会充分体现各种可能性的出售过程和更激烈的投标。尽管执行卖方尽职调查的服务供应商由被投资公司聘请并付费,但尽职调查工作及其全部法律责任最终还是要转移给中标人及贷款银行。

为加快出售流程、提高出售价格和交割的确定性,经常采取的一种方法是捆绑融资(staple financing)。在捆绑融资中,由银行预先安排收购资金,并为参与出售过程的任何投标人提供这种融资安排,以满足收购方的融资需求。捆绑融资由卖方根据卖方尽职调查报告的结果与银行协商确定,并根据最终签订的交易文件,完全由银行信贷批准和提供。使用捆绑融资可以最大限度减少收购方的执行风险,由于银行对债务组合提供担保,并在资本结构中对股权部分做出合理假设,因此这种安排就为收购价格设置了底限。此外,通过捆绑融资,买家可以和自己的银行一起研究如何构建更有吸引力的债务组合。

最后,PE 公司可能会聘请卖方顾问(通常是为资银行)管理整个出售过程。对于有多方参与的大型复杂交易,这种做法已逐渐成为惯例。通常,PE 公司和被投资公司不仅要履行公司的日常事务,在出售股权时,还要承担额外的责任,这增加了他们的压力,而在聘请卖方顾问的情况下,只有高管层才需了解并参与出售流程,因而节约了 PE 公司和被投资公司的资源。

退出路径

实现成功的退出不仅是 PE 投资的核心,还会影响到整个投资过程中的决策。PE 投资者必须认真权衡不同退出情景和市场状态的利弊,最大限度地提高财务收益率。在图 15.3 中,我们可以看到,在过去的 10 年里,收购型投资最常用的三种退出路径为:出售给战略投资者、其他 PE 基金和 IPO。

显然,最常见的退出途径是将股权出售给第三方——包括战略投资者或是其他 PE 基金,其次是 IPO,最后才是仅部分收益兑现的股利再投资。PE 投资者可以采用双重或是三重路径,尝试以多种策略实现退出,这不仅可以增加退出路径的可选空间,更重要的在于,可以形成溢价并限制退出失败的风险。但这种方法也会带来额外的财务成本,而且对管理层提出了更高的要求。

无论是向第三方(战略收购者或是财务投资者)出售、IPO 还是股利再资本化,每一种退出战略都有其优点和劣势,进而影响到退出的速度、复杂性和确定性。

图 15.3　各种投资退出方式在 2006 年以后的分布

出售给第三方

对绝大多数投资来说，最常见的退出路径都是出售给第三方投资者。[1] 这种直接出售的交易通常可以确保以全部退出，并取得全部现金对价。和交易条款基本依赖于证券法、证券交易所规则和承销商的 IPO 相比，这种退出方式可以让 PE 基金在交易中取得更大的灵活性，并对退出过程拥有更大的控制权，而且通常比 IPO 的价格速度更快，成本也更低。

第三方买家既可以是战略投资者——即国内外的公司，也可以是金融投资者——尤其是 PE 基金，当然也包括对冲基金和家庭办公室。对于由战略收购者参与的退出，其优点和缺点可能与 PE 买家作为接盘者的退出相去甚远，我们不妨将两者之间的差异归纳如下。

战略买家：战略投资者在一个行业内的运营状况及专长，将最终影响到他们参与出售过程的方法。现有业务和待收购业务之间的预期协同效应，往往会引发他们产生新的"战略"，提出远高于财务投资者的目标公司估值。对某个行业的熟悉，往往可以减少对目标公司进行尽职调查的需求，从而减少被投资公司管理层为出售而消耗的时间和资源。但在这个过程中，还是需要拿出一定的时间，去评估可能发生的协同效应。此外，在签署交易协议之后，可能还要花费时间提交申请并说明遵守反垄断法的情况。上述要求以及并购资源的匮乏（涉及经常性并购活动的战略毕竟是有限的），都有可能限制它们快速完成交易的能力。

战略投资者在投资企业时，通常会寻求取得控股权（或以其他方式取得控制权），这显然会导致少数股权投资的退出更加复杂。另外，在出售过程中，业内同行的加入也会带

---

[1]　La Lande（2011）.

来风险——竞争对手在尽职调查期间获得公司的敏感信息。当然，考虑到收购后带来的种种问题和不确定性，被投资公司的管理层可能不支持向战略投资者出售。

私募股权收购者：私募股权基金经常会通过二级和三级市场收购其他 PE 投资者持有的股权。作为经验丰富的买家，PE 基金不仅拥有远超过战略投资者的执行速度，还拥有可专门用于预定投资期内的资金，而且实现交割的确定性也更高。考虑到他们的需求与现有 PE 投资者的需求大致相似，因此，对目标企业在公司治理方面的要求以及与目标公司实现战略协调的要求，均处于最低水平。此外，在市场条件不利的情况下，财务收购者也可以先行收购部分股权，从而提供部分退出。在这种情况下，对财务收购者的部分出售，为随后通过 IPO 或战略卖家收购实现全面退出提供了一种过渡手段。但不同于战略收购者的是，财务收购者大多会借助全面尽职调查去熟悉公司及其各业务板块，因此，他们往往是棘手的谈判对手，此外，财务买家通常对价格更敏感。

补充资料 15.1

通过二次交易退出时需要关注的事项

大型 LP 经常会在投资于同一行业或地区的 PE 基金中持有股份，然而，在 PE 与 PE 进行交易或是二级市场收购的背景下，这一事实就会带来问题，而二级市场则是在可动用现金处于高位时最受欢迎的退出策略。当 LP 同时投资于作为收购方和出售方的基金时，他们的整个投资组合并没有因此而实现流动性；相反，他们会发现，当同样资产在这个左手倒右手的过程中发生增值时，自己还要支付管理费、交易费和收益提成。此外，在多个 PE 所有权人尝试着优化和改善同一家公司之后，通过二次或三次交易出售的资产在增值空间上已经非常有限了。

在极个别的情况下，由同一发起人管理的两只基金可能会成为二次交易中的双方，这就是所谓的关联交易。对有限合伙人来说，同时投资该发起人管理的两只基金或许并不罕见，因为在发起人取得先前的成功后，有限合伙人当然愿意参与他发起的后续基金，在这种情况下，交易就会引发上述问题。但是在有限合伙人仅投资于一只基金时，缺少外部估值就有可能招致潜在的冲突，因为对一只基金来说，无论是估值过低还是估值过高，都会影响基金的业绩。因此，为减少出现这种冲突的风险，通常要求由外部第三方进行独立评估，或者要求另一个独立的 PE 基金跟投。此外，基金章程中也会对这种情况做出规定，即在进行这种关联交易之前，必须同时取得两只基金 LP 的批准。基于上述原因，PE 公司往往会尽量避免进行这种关联交易。

设计拍卖过程：PE 投资者在寻求向第三方出售时，必须在制定出售流程时兼顾营造有利的竞争氛围和交易的速度、确定性及成本，并做出合理的权衡。在这里，第三方的概念非常广泛，既可以是单一投资者，或是拥有相近诉求的投资者群体，也可以是由投资银行牵头的拍卖——大量投资者参与多阶段的投标过程。[①] 出售过程通常会引入战略投资者和财务投资者，因为他们的存在增加了抬高估值的可能性，而且有助于提高交易的确定性。征询较少的投资者可以减少交易的复杂性、管理层投入的时间和信息泄密风险，而取得大量潜在的买家则有助于增加竞标者的数量，从而形成更有利的中标价格。然而，如果竞标过于激烈，也有可能降低投资者投入更多时间和资源的意愿。

如果在通过向第三方出售而实现成功退出的情况下，PE 投资者会尽量限制出售所形成的负债总量和期限，并以此为谈判条件，从而与被投资公司彻底隔离（clean break）。一般情况下，所有卖方都需做有约束力的陈述和保证，对交易文件所列示的被投资公司的具体状况给予说明和保证。如果这些陈述和保证有失公允，那么收购方有权向出售方索取赔偿。赔偿条款列明了收购方在发生违约时可寻求的赔偿措施（通常使用现金或流动资产），并对赔偿的有效期做出界定。另一方面，PE 投资者不仅会尽量限制赔偿条款的有效期，并将赔偿额度限制在收购价格的一定百分比内（最高限度为 100%），以避免基金遭到索赔。托管账户、设置交易保险和购买价格的延期付款，都是为收购方取得可追索资产而提供的担保措施。

首次公开发行（IPO）

通过 IPO，PE 投资者可以在证券交易所挂牌和出售所持股票，从而退出对被投资公司持有的所有权。但在公开募集中，很少允许私募股权基金从被投资公司中完全脱离；相反，首次公开发行股票的收入通常只能满足 PE 的部分退出要求，因为在 IPO 募集的全部收入中，相当一部分将用于业务本身，或是归还杠杆收购形成的债务。在大多数情况下，PE 投资者在通常会在 3 ~ 12 个月的锁定期届满后，通过后续股票的发行而全面退出。

优势：从以往的经验看，IPO 为 PE 投资公司带来的退出收益，高于其他所有退出策略的回报。[②] 除通过上市实现的价值以外，保留部分股权还可以让 PE 投资者享受未来股价上涨带来的收益，而上市股份固有的流动性和日复一日的价格发现机制，则为他们优化后续安排创造了条件。除财务收益之外，IPO 本身的宣传和声誉效应，则为私募股权公司的下一轮融资提

---

① 虽然需要支付高昂的费用，但聘请一家或两家卖方顾问主持交易，依旧有利于让管理层从繁杂的交易流程中摆脱出来，将更多精力用到公司的业务管理方面。在初步筛选和选择感兴趣的买家时，这些顾问发挥的作用可能是不可估量的。即便如此，管理团队仍然需要大量与个别投资者的谈判以及尽职调查期间所发现问题的解决过程。

② Chinchwadkar and Seth (2012).

供了良好的铺垫。[1] 通过 IPO 实现退出，大多会得到管理层的支持，因为所有权的高度分散有助于维持公司运营的独立性，避免了在战略投资者接手后经常出现的减员措施。最后一点，仅仅是一份 IPO 公告，就足以吸引战略投资者和财务投资者的加入，即使 IPO 并未兑现，PE 投资者通过向第三方出售而退出，也有可能给他们带来更高的退出价格。

　　缺陷：寻求以 IPO 退出投资也有诸多缺陷。在上市过程中，任何阶段的失败都可能对公司和 PE 公司的信誉带来不利影响，从而影响到后续的退出措施。IPO 市场的周期性令人恐怖，市场和宏观经济的任何风吹草动，都有可能导致投资者对新股的需求迅速回落。此外，如何选择合适的发行场所同样至关重要，这也加剧了实施过程的复杂性，因为市场的流动性、对上市资格的竞争以及本地投资者对企业的熟悉程度在不同的市场上各不相同。此外，并非所有公司都适合上市，特别是那些不希望通过招股说明书披露敏感信息的企业。

　　相对于其他退出策略，IPO 的成本是非常昂贵的。为鼓励投资者参与，公司往往会采取折扣发行，而这就要求 PE 投资者至少需要在首次发行时接受所持股份被"折价"（take a haircut）的现实。其他上市带来的固定成本包括承销商、法律和会计费、印刷费以及上市成本等，总额相当于所募集资金的 5%～15%，对于规模较小的募集来说，这笔费用无疑是一个巨大的负担。[2] 此外，管理团队也需要花费大量时间参与上市流程，包括投资者路演等。

　　上市之后，基金在锁定期结束时变现所持有的剩余股份，同样需要面对挑战。通过后续发行实现全面退出，可能需要数年的时间，而且大宗交易可能对流动性不足的股票造成价格下行压力。尽管 IPO 也为剩余股份享受股价上涨收益提供了机会，但部分退出也让基金不得不面对股价下跌的风险。在基金清空仓位时，和 PE 基金有关的全部董事通常会需要辞去上市公司董事会的职位，以避免内幕交易之嫌。这就造成基金很难去影响这家尚且持有相当数量股份的公司。

　　在某些情况下，私募股权基金会将剩余股份直接分配给基金的 LP（即所谓的"实物分配"）。虽然这或许有助于机构投资者优化税收敞口，但由于管理上市公司股份的责任落到同一机构投资者内部的不同团队，由此增加的管理上的复杂性，甚至有可能给 PE 基金整体带来负面影响。

股息资本重组（dividend recapitalization）

　　通过股息资本重组（或称股息的再资本化、分红重置法），目标公司通过债务融资或

---

① Chinchwadkar and seth(2012).

② PwC (2012).

其他方式向收购方支付特殊股息，让收购方通过上市或是在以收购而退出之前收回股权投资。这样，PE 投资者可以从被投资公司中抽出现金，在降低资本风险的同时，不影响到被投资公司的所有权结构。支付特殊股息的资金通常来自被投资公司的库存现金（相当于"无杠杆的股息资本重组"）或是发行新债券取得的债务融资（相当于"有杠杆的股息资本重组"）。在无杠杆的股息资本重组中，资金来源于过剩的经营现金流或业务部门的剥离，其规模通常小于发行新债务可提供的资金量。如公司的偿债能力因经营业绩强健而得到改善，或是当前信贷市场的条件比此前实施收购交易时更有利，往往适合于采用有杠杆的股息资本重组。当然，信贷市场是瞬息万变的，只有要风吹草动，就会改变债务融资可提供的现金量。

优点：股息资本重组方式有几个方面的好处。首先，通过偿还部分或全部基金的已投资资本，可以减少甚至消除基金的投资遭遇业绩下行风险，并为剩余股权提供免费的看涨"期权"。不存在股权稀释问题或是引入新股东，这样，收购型投资者就可以维持对投资的控制——因为董事会保持不变。其次，股息资本重组缓解了以实现出售向 LP 返还资金的部分压力，并在其他退出策略失败时提供一种备用解决方案。最后，两种形式的股息资本重组方案均可快在高管有限参与的情况下快速完成。

缺陷：首先，股息资本重组只能为投资者提供部分退出。也就是说，不可能完成一劳永逸的全部退出。其次，不存在外部投资者做出的独立估值，因而无法为公允定价提供依据。有杠杆的股息资本重组不仅加重了被投资公司的偿债要求，还要形成一套更严格的新契约，这两个方面限制了公司在运营方面的灵活性，也增加了违约风险。

如图 15.4 概括了各种退出方案的优点和缺陷。

退出路径	优点	缺陷
出售给战略投资者	①全部退出 ②退出需要支付溢价（协同效应） ③现金支付对价	①买家缺少经验，造成出售过程较长 ②从战略角度看，买家应该是多数股权持有者
出售给PE基金	①可动用资金较为充裕 ②可以将被投资公司作为储备，直至完成IPO	①买家经验丰富且非常挑剔 ②持有少数股权可能会减少潜在投资者的数量
IPO	①存在取得高收益的可能性 ②可充分利用上市后的市场流动性 ③更受管理层的青睐 ④实现高调退出	①股份存在锁定期 ②上市过程本身存在风险 ③收益具有不确定性 ④给管理层带来时间和精力上的压力
股息资本重组	①以现金形式返还LP的出资 ②不引入新股东 ③所持有的股份不会受到稀释	①部分退出 ②投资价值不可知 ③不可能实现高调退出

图 15.4　各种退出方案及其特征

唯有退出才是证明

马克·本尼德特（Marco De Benedetti），凯雷集团董事总经理兼欧洲区收购业务联席负责人

实现对被投资公司的最优化退出，是私募股权业务模式中最有挑战性的部分之一。作为普通合伙人，你要面对诸多变量——可比公司的估值倍数、融资来源、交易条款的有利性、并购活动的策略、资本市场和外汇市场的形势，所有这一切，都是在出售前的决策以及确定最终退出方式时需要考虑的因素，从而在风险调整基础上为基金及其投资者或是所谓有限合伙人（LP）创造最大价值。

在投资机会兑现之后，就需要以大量时间去评估未来的可能退出路线，以及实现最终退出所需要达到的条件。在大多数情况下，除通过"私有化"而形成的投资，都会在不同程度上缺乏公众公司所需要的某些治理、财务报告、法律与合规性以及管理能力。因此，即使在企业不适合IPO的情况下，以上市公司标准对企业进行专业化改造也是有好处的，因为这有利于提高公司的透明度，通过高效可靠的财务报告体系为交易团队迅速发现并解决问题创造条件，更重要的是，"专业化"这个标签最终必然有助于推高出售价格。

与顾问、行业专家和管理层保持积极对话，并结合定期的内部估值分析，将有助于改善周期性估值趋势的透明度，从而为确定最终退出时机提供参考。但考虑到基金本身的生命期是有限的，因此，估值的周期性本质未必总能与退出时间保持同步。即便存在这些制约因素，也不管行业或板块的未来走势如何，只要企业能始终创造出强劲的现金流，普通合伙人就可以通过股利再资本化向基金股东返还资本。

此外，在评估基金的退出机会时，被投资公司的管理层也发挥着重要作用。鉴于基金自身存续期是固定的，LP的预期自然无法成为确定模式符合的决定性要素，也就是说，基金的要求优先于LP的要求。因此，在某些情况下，持有投资享受价值上涨的收益，对个别投资反而更有吸引力；但是，从被投资公司管理层的角度看，普通合伙人最终可能还会决定以退出来管理投资组合的整体风险。另一个需要考虑的问题是，任何既定投资都受制于基金本身的存续期。在已为有限合伙人带来可接受收益的情况下，普通合伙人可能希望加速清算基金，转而投资后续基金。必须提醒的是，有限合伙人不仅关心每一笔个别投资，更对基金的整体业绩感兴趣。

退出过程永远不会是一个急功近利的事情，因为它需要投入无数的时间——为潜在买家准备材料，参加形形色色的路演或管理层会议，编制复杂的监管文件，对收购

协议的最终条款进行谈判。在整个过程中，被投资公司的管理层扮演着重要角色，因为他们不仅要参与退出过程，还要保证公司的正常运营不受影响。考虑到管理层承受的巨大压力，当构建投资时，必须通过经济和时机两个方面的激励，营造基金和管理团队之间的协调，以确保相关各方在利益一致的基础上，实现退出价值的最大化。

任何退出路径都不会是一帆风顺的。无论是 IPO、出售给战略投资者还是采取双轨模式，所有退出机会都需要对更大的市场进行详细全面深入的持续评估。但在某些情况下，某些方案可能完全不可行，或是不合时宜。比如说，增发市场可能会长时间被关闭；但这并不一定意味着并购活动会因此而减弱，或是一定要面对不利定价。因此，在时间安排和退出路线上维持足够的灵活性，是实现最大化价值的重要一环。

本章小结

在 PE 行业，退出活动是所有金融市场参与者的关注焦点，毕竟，它是维持 PE 生命的核心所在。成功的退出就是未来融资的好兆头，因为只要 PE 以成功的退出取得回报，LP 才愿意对后续基金进行投资。

但是，退出对被投资公司的投资很可能是一个非常棘手的过程，它充满了不确定性；即便被投资公司管理良好，业绩优异，但起伏不定的市场状况和意想不到的宏观经济冲击依旧会让原本顺利的出售遭遇寒流。在流动性难以预料的新兴市场，这种危机尤为明显。此外，少数股权投资者还需要管理多数股的持有者，确保他们的退出预期符合自己的时间安排和要求。

主要学习要点

- PE 的退出至关重要；它们是对 GP 投资策略的最终验证，也是这笔投资在持有期内所创造价值的唯一证据。
- 退出整形，是被投资公司为出售或上市做准备的过程，作为 PE 投资者最关注的焦点，它始于尽职调查，并贯穿整个持有期间。
- PE 公司需要在退出方式上拥有可选择权：它们必须兼顾未来出让股权的诸多渠道。
- 控股型投资的三种主要退出路径：出售给战略投资者或 PE 投资者、IPO 以及股息的资本重组。

相关案例研究

来自发展中和新兴市场的行动案例研究中的私募股权

案例 8：新兴市场的私募股权：经营优势能否提升退出价值？

案例 9：费尽周折的终点冲刺：凯雷集团对蒙克勒（Moncler）投资的退出

参考文献和附加阅读

Aggarwal, V.A. and Hsu, D.H. (2014) Entrepreneurial Exits and Innovation, *Management Science*, 60(4): 867–87.

Bayar, O. and Chemmanur, T.J. (2011) IPOs versus Acquisitions and the Valuation

Premium Puzzle: A Theory of Exit Choice by Entrepreneurs and Venture Capitalists, *Journal of Financial and Quantitative Analysis*, 46(6): 1755–93.

Chinchwadkar, R. and Seth, R. (2012) Private Equity Exits: Effect of Syndicate Size, Foreign Certification and Buyout Entry on Type of Exit. SSRN Electronic Journal, 08/2012.

Ferreira, D., Manso, G. and Silva, A.C. (2014) Incentives to Innovate and the Decision to Go Public or Private, *Review of Financial Studies*, 27(1): 256–300.

La Lande, Rashida K. (2011) Private Equity Strategies for Exiting a Leveraged Buyout, Gibson, Dunn & Crutcher LLP via Practical Law Company.

PwC. (2012) Considering an IPO? The Costs of Going and Being Public May Surprise You.

第四部分

基金管理以及 GP 和 LP 的关系

在此之前，我们讨论的侧重点始终停留在私募股权（PE）的投资层面，即如何识别、执行、管理和退出一笔投资。在这一部分里，我们的目光将转向 PE 内部的核心关系：普通合伙人（GP）和有限合伙人（LP）之间的关系、筹集和管理资金的 PE 公司以及为基金提供资金和支持的投资者。GP-LP 模式为设置专门角色提供了前提，它将投资职能与资本配置职能分开来，从而限制了 LP 承担的责任。凭借这一原则，整个行业在过去的 40 年中实现长足发展。

然而，角色上的分离也给 PE 模式带来大量的法律和融资成本。为减少法律层面的复杂性，相关文件及流程标准始终在不断完善，尤其是有限合伙协议。

此外，行为上的分离也会导致基金的 GP 与其 LP 出现资源和信息的不对称。从 LP 的角度看，选择基金经理和管理 PE 基金组合是最重要的任务，因而需要占用大量资源（而这些资源并不总是可以得到的）。

模型中内嵌的一个最有利于减小委托代理冲突的特征，就是基金本身的有限寿命。这一特征突出体现 GP 的原则性，引导他们将注意力集中到通过退出投资，向投资者返还资本，并赋予 LP 定期重新考虑双方关系的机会。

本部分概述

第四部分的几个章节介绍了构成 GP-LP 基金模式的基本要素，从基金的筹集到关闭（针对 GP），再到制订 PE 计划（针对 LP）的分配决策等等。

第十六章"创建基金"：私募股权基金模式决定了普通合伙人和有限合伙人在 PE 基金存续期内的参与规则。为此，我们将讨论有限合伙制的结构基础和契约基础，研究 GP 和 LP 需要考虑的关键事项，并对有限合伙协议进行讨论。

第十七章"基金的筹集"：筹集资金是 PE 基金生命周期中的第一步。向投资者募集到的资金，不仅可用于对被投资公司进行投资，还要为基金经理开展经营提供所需资金。我们将描述这一过程所涉及的标准化步骤以及需要重点强调的关键事项和文件。

第十八章"LP 的投资组合管理"：必须在基金的总体投资目标和整体投资架构内考虑 LP 对 PE 的资金配置分配。本章讨论的关键要素包括 PE 这一资产类别所具有的优势和面对的挑战、对 PE 项目的相关参数进行定义，基金经理的选择以及对现有的 PE 基金组合实施管理。

第十九章"业绩报告"：评价 PE 绩效的最大挑战来自它作为长期性投资所具有的非流动资产特质。本章将介绍计算基金总体绩效和净绩效所需要的步骤，并突出强调在此过程中需要考虑的诸多潜在问题。我们将通过深入研究 PE 业绩和上市公司股权收益的比较方法，并在此基础上做出评价。

第二十章"基金的终止"：本章通过讨论如何通过逐步缩小私募股权基金及终止相关各方的义务而关闭基金。为此，我们将介绍解散、清算和终止基金的标准流程，并针对常规和非常规性基金（僵尸）存续期结束这两种情况下存在的未实现资产，对具体的基金终止方案进行探讨。

第十六章 创建基金

无论是风险投资基金、成长型股权投资基金还是收购基金，当今的私募股权（PE）基金都是全球市场上运作的，吸引着拥有各种诉求的投资者，通过单一基金工具进行资产配置。随着 PE 行业在过去 40 年内的高速增长，投资者已开始越来越多地透过更大的透明度和灵活性满足其特定需求。伴随着 PE 资产类别的普及，人们对 PE 的兴趣也逐渐升温，对构建新资金的需求也在日益扩大。

资金的构建过程决定了普通合伙人（GP）和有限合伙人（LP）在 PE 基金存续期内的参与规则。虽然基金创建文件中的许多条款都属于标准条款，或者至少是紧密贴近于市场标准，但对于一个有效、专业的基金构建过程而言，还需要体现基金结构及其针对 GP 和 LP 关键条款的优化。考虑到基金的存续期是有限的——通常为 10 年或更长时间，因此，制定清晰、明确、透明的规则至关重要，它在很大程度上决定了 GP 能否吸引投资者，并在运营过程中降低潜在风险、驾驭复杂多变的监管、税收和投资环境。

在本章里，我们将介绍 PE 基金的结构基础和契约基础——即 PE 的有限合伙制，并详细阐述了第一章讲述的各项条款。首先，我们可以看看 GP 和 LP 在基金创建过程中需要考虑的关键因素。然后，我们将介绍引导资金进入基金并进行投资所常用的各种工具。最后则是基金构建过程中最重要的法律文件：有限合伙协议（有限合伙协议）。需要提醒的是，本章内容具有较高的技术含量，因而更适合于作为普通读者的参考资料。

PE 基金的设立

创建基金的主要目标非常简单：构建一个工具的集合，让资本以最优方式从 LP 进入基金，转而从基金进入被投资公司，并最终在退出时返回 LP——在这个过程中，最理想的情况就是实现基金层面的税收最小化。[①] 最常见和最有效的基金结构应该在整个 PE 投资周期

---

① 关于税收的说明：有限合伙制通常无须缴纳企业税收。每个 GP、基金经理和 LP 根据自己的情况分别纳税。但需要特别注意的是针对退出交易时所得收入的预提所得税。另一个关注点就是附带收益（收益提成）的税收待遇问题，到底应该将这笔收入视为资本性收益还是一般性收入，这个问题不只存在于美国，在很多司法体系都存在较大争议。

（即投资阶段 / 剥离阶段）对基金资本进行灵活管理，并避免基金的 LP 在收入和资本金上受到双重征税。

私募股权基金通常设立为有限合伙的封闭式基金；本章将重点讨论这一法律结构。其他不太常见的基金结构包括搜索资金、按项目效益分配收益（deal-by-deal）模式、选择权基金（opt-in/opt-out）以及开放式（常绿）工具等。[①]

适用于境内有限合伙企业的法律包括：适用于以美国为主要投资对象的《特拉华有限合伙企业法》，适用于以英国为主要投资对象的《英国有限合伙企业法》以及适合于欧洲和亚洲地区的其他各种有限合伙关系法规。此外，私募股权基金还可以使用离岸有限合伙结构——包括按开曼群岛、泽西及格恩西有限合伙企业法设立的基金，优化基金的资金募集。当使用离岸结构时，通过双边税收协定及其他双边或多边协议，可帮助缓解离岸基金承受的不利税收待遇。

一方面，私募股权公司的目标就是建立一个简单的融资结构，因此，其实体应尽可能涉及更少的司法管辖区，从而最大限度降低基金运营、管理、报告和合规方面的成本和复杂性。另一方面，来自 LP 的要求以及在多个国家开展业务的愿望，却有可能让这种努力成为徒劳。从 GP 的角度看，在最理想的情况下，PE 基金应采用被投资公司所在司法管辖体系和地域内的在岸结构。这有助于消除针对外国投资工具设置的各种规程和限制，而且有利于为基金在公众面前打造更有利的形象。但在通常情况下，现实却有可能导致基金采取更灵活的离岸工具——比如将基金设立在开曼群岛、卢森堡或是泽西岛。在这种情况下，主基金设立在海外，资本通过全资子公司或是按在岸司法体系在境内设立的收购工具进行投资。

当考虑对 PE 基金的资本配置时，LP 会在其认同的在岸或离岸司法体系内寻找熟悉的结构。在选择适用结构和司法体系时，投资者必须保证这种结构能限制他们对基金所承担的出资义务，而且熟悉支持这种有限义务的法律，更重要的是，这一法律本身是健全的。对于美国境内的 LP，按美国现有的税收和监管规则——如非主营应税业务收入（UBTI）、《雇员退休收入保障法》（ERISA）、受控外国公司（CFC）以及被动外国投资公司（PFIC），经营结果的最优化是对基金结构提出的第一要求。

---

① 有关这些资金工具的简单定义，请参阅本书的"词汇表"。

基金工具

在设立封闭式私募股权基金时，GP 可以从多种基金结构及配套工具中进行选择。针对一个或多个 LP 在税收、监管和其他方面的具体架构需求，通常可以构建多种基金工具，和单一主基金进行共同投资。这些工具包括平行基金、从属基金和联合投资基金（co-investment vehicle）。图 16.1 是一个拥有各种配套工具的基金结构示例；我们将在下文中详细介绍它们的主要功能。

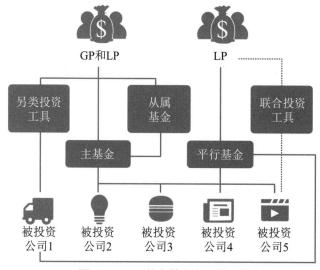

图 16.1　PE 的主基金和互补工具

主基金（primary fund）：主基金是 GP 和大多数 LP 承诺出资的主要工具。主基金的有限合伙协议条款对相关所有工具进行的全部投资、剥离和资金管理活动做出规定。

平行基金（parallel fund）：设立平行基金通常是为了满足参与基金募集的个别或多个 LP 在法律、税务、监管、会计或其他方面的特殊需求。所有工具按固定比例和主基金进行同步投资和剥离，且每一种工具的投资和剥离比例通常取决于其认缴的资本；在基金的整个存续期内，各基金通常均会维持固定的投资—出资比。在平行基金中，LP 分担与基金管理和基金投资相关的全部费用。平行基金的条款与主基金基本相同，除非因 LP 提出合理且必要的需求而对平行基金另行规定。平行资金的设立通常是为了满足个别要求，譬如，方便适用于在岸工具进行纳税的外国投资者、有选择退出需求的 LP（如符合伊斯兰教义）或者某个投资者的条款难以全面披露给其他基金投资者。

从属基金（feeder fund）：从属基金汇集了一个或多个投资者的认缴资本总额，并以 LP 的身份直接投资于主基金。设立从属基金的主要目的是满足税收要求；因此，从属基金可以向特定管辖区申报和缴纳税款（而不是每个投资者缴纳各自的税款），也可能拥有特殊的税收属性。从属基金可以让外国投资者规避在岸税收。从属基金也可以由银行及其他机构建立，以便于将多个客户的资金汇集到一起，以满足对 PE 基金进行投资所需要的账户最低限额；在这种情况下，从属基金有时也被称为"平台基金"。 在从属基金中，投资者的义务是在基金付出缴款通知时足额认缴，和主基金的 LP 按相同条件支付管理费及其他收费。

另类投资工具（Alternative investment vehicles）：构建另类投资工具的目的，是为了在主基金（以及平行基金）之外进行一笔或多笔特殊性投资。在主基金因税收、监管或其他法律原因等而不适于作为这些投资的工具时，可以转而使用这些另类投资工具。尽管 GP 在是否建立另类投资工具问题上拥有广泛的裁量权，但这些工具通常还是针对特定交易或为一组相关交易而设立的。另类投资工具可与主基金平行投资或是代替主基金进行投资，并享有等同于主基金的条件利用 LP 认缴出资的全部权利。

联合投资工具（co-investment vehicle）：这种工具由 GP 设立，按一笔投资的一定比例和主基金及平行基金共同投资。联合投资工具通常由一个或多个基金的 LP 出资，基金管理费用低于主基金，甚至无管理费，附带收益也低于主基金； 在某些情况下，资金也可以从外部获取资金。在投资退出前后，联合投资者可以获得比基金 LP 更多的灵活性，因而在主基金退出之后选择继续持有。LP 的联合投资权是可以谈判的，而且可以基石 LP 提供优先跟投机会，或是由 GP 在个案基础上酌情授权。在联合投资出资之前，主基金一般应完成对投资机会的全部出资，且联合投资的金额通常要小于主基金的出资。

有限合伙协议（limited partnership agreement）

基金的有限合伙协议规定了适用于 PE 基金全部参与者的通用条款。该协议约定基金普通合伙人和有限合伙人在资金募集、出资催缴及分摊、费用和利润分配，基金的治理和报告以及资金终止等方面的权利和义务。下文将详细介绍有限合伙协议的关键条款。

基金的组织

有限合伙协议的这个部分约定了的基本信息，其中包括但不限于：

- 规定创建合伙企业的法律法规
- 合伙企业的名称、营业地点和注册代理人
- 合伙企业的目的及其所进行的投资类型
- 合伙企业的期限，通常为10年，并附有两次一个年度的展期
- 在GP开展后续基金之前，必须完成基金约定的投资期限和最低资本金
- 与基金相关的其他基金工具

合伙人及出资

在有限合伙协议的这个部分中，需定义关键的利益相关方及其对基金出资的方式。与发起方 PE 公司存在关联关系的实体将成为基金的 GP，对基金承诺认缴的出资比例通常为总资本的 1% ~ 5%，实际上，GP 承诺的出资比例很少会超过基金资本总额的 10%。GP 接受第一批 LP 对基金的出资，随后由 GP 启动投资。

出资催缴（capital call）：在基金完成首次交割之后，GP 公司可以向 LP 发出出资催缴，使用资金进行投资和承担相应的交易费用，支付基金费以及设立基金的其他管理费，结算对合伙企业的常规义务和负债。基金催缴并由 LP 认缴的资本即所谓的认缴资本（contributed capital）。LP 必须在收到出资催缴通知的有限期限（如 10 ~ 20 天）内履行出资义务，实际认缴其承诺的出资；如果 LP 不能按时认缴出资，会遭到严厉处罚，如丧失未来出资的权利、丧失或减少对现有投资中持有的股权或是被强制出售其对基金持有的股份。但如果 LP 按时履行出资义务会有可能导致其违反法律或法规，那么，LP 可豁免因未能按时出资而受到处罚。GP 可要求其他 LP 因不可豁免违约或可豁免违约留下的出资缺口。

后续出资（subsequent closing）：在首次交割之后，GP 可以根据自身判断，确定是否在特定时间段（通常为 9 ~ 18 个月）内允许 LP 对基金进行额外出资。对于获准在首次出资后进入基金的 LP，通常需要参与基金在此前进行的投资，而且必须支付相应的全部基金费用及管理费用，也就是说，视同他们已在首次出资日履行出资义务。在认缴出资时，这些 LP 的出资必须以基金的实收资本与利息之和为基数，按相应的出资比例向基金出资。这笔出资需要分配给基金的现有 LP，以便于调整全体 LP 的出资比例。另外，新加入 LP 支付利息则是为了补偿原 LP 因先行出资而付出的时间成本。

LP 的有限责任：LP 对基金承担的责任以其承诺的出资为限；在基金存续期内的任何时刻，LP 均没有在已实缴金融之外承担其他额外出资的任何义务。在投资期内，如投资在一段时间内（通常是 1～2 年）退出即所谓的"快速退出"（quick-flip），或者所分配的收益对应于回收应从管理费中提取的资金，那么允许 GP 按约定比例重新出资。此外，还可以要求 LP 将已分配资金返还给基金，用于基金支付赔偿或合伙企业的负债。

退出后的分配及附带收益（或业绩提成）

有限合伙企业可用于对 LP 和 GP 的分配总额，包含基金投资所创造的现金收益以及出售基金投资所得的收益，并扣除未偿还的合伙企业费用及负债。分配可以采用现金或可交易的有价证券形式；可交易有价证券通常为首次公开发行或二级市场增发形成的"实物"分配。有限合伙协议对必须向投资者分配当期收入和销售收入分配的期间进行了规定，比如说，当期收入所对应季度结束后的 60 天以及取得出售基金资产所得收益后的 45 天。此外，还可以按比例将分配所得用来弥补基金投资者在组合中所持有投资带来的税收费用。

分配瀑布（distribution waterfall）：有限合伙协议规定了对基金 LP 和 GP 进行分配的顺序及分配时间。分配顺序通常被定义为由四个级次构成的分配瀑布，其中：前两个级次的分配对象为基金的 LP，第三个级次是对 GP 进行收入分配，第四个级次则同时对基金的 LP 和 GP 进行分配。在第三和第四级次对 GP 进行的收益被称为 GP 的附带收益（或利润提成）——这也是对 PE 专业人员最重要的激励措施，分配比例（提成比例）通常设定为基金净利润的 20%。如图 16.2 [①] 所示定义分配瀑布各层级时最常用的术语。需要指出的是，风险投资基金通常不设定必须实现的最低目标收益率或门槛收益率（hurdle rate）。

附带收益（carried interest）：也称为业绩提成或绩效收益，私募股权基金以两种常用方法确定 GP 可以得到的附带收益：本金优先返还模式（all capital first）和亏损结转的按项目收益分配模式（deal-by-deal）。本金优先返还模式也被称为"欧洲式分配模式"（European-style waterfall），按照这种分配方式，基金并不是就单个项目来进行利润分配，而是将所有项目的利润进行统一计算，只有在 LP 收回对基金的全部投资本金及以及按最低目标收益率取得的收益之后，GP 才有权取得附带收益。

对于结转亏损的按项目收益分配模式——也被称为"美式分配模式"（American style waterfall），则是按每个投资项目的收益情况进行分配，也就是说，在基金退出一笔投资出

---

① 近年来，某些最抢手的资金已开始降低甚至取消最低收益率（以往常用的最低收益为 8%）。

售之后，只有返还 LP 对这笔投资的出资以及按最低目标收益率计算的收益，而且此前退出项目的收益均已实现，GP 才有权取得附带收益。

在交易中携带损失结转（也称美式瀑布）的情况下，只有在 LP 的所有投资已经收回，且该投资和所有以前退出的投资的回报率都已经实现的情况下，GP 才有资格分配附带权益。参见框 16.1，了解所提出的两种利益方法的实例。

第一级次：实缴出资的返还
LP收到对投资的全部实缴资本、管理费和基金费用。

第二级次：最低目标收益率
按照实缴资本实现最低目标收益率（或优先收益率，年收益率通常设定在8%～10%范围内），开始对每个LP进行收益分配。

第三级次：GP的追补
在GP按第二级次对LP的已分配资金及第三级次对GP的已分配资金的20%取得附带收益后，才开始进行补充性分配。

第四级次：80%/20%的分配
在剩余待分配资金中，80%分配给LP，20%属于GP。

图 16.2　分配瀑布和附带收益

　　GP 的回拨条款（clawback）：在基金存续期结束时，如果 GP 收到的附带收益已超过按基金利润总额约定比例（通常为净利润的 20%）计算的收益提成，或是在 LP 尚未实现最低目标收益率之前取得附带收益，就会触发回拨条款，允许 LP 收回任何超额分配的收益，从而让基金利润的最终分配比例与有限合伙协议规定的比例保持一致。[①]回拨条款在美式分配模式最为常见，而很少出现于欧式分配模式。回拨机制覆盖基金的整个存续期，从基本上说，确定是否存在超分配收益的基准是基金在全部投资项目结束后的总利润（即，所有投资均已完成并退出后的最终收益分配）。某些情况下，有限合伙协议可能会设置临时的回拨条款。在这种情况下，需要回拨的超分配收益需按期中分配的具体情况确定，如有必要的话，可将超额分配"回拨"给 LP，或是将未来的收益分配转移到 LP，直到恢复合同约定的收益分配比例。除了金额极少、级别极低的接受者之外，在 PE 公司中，所有取得附带收益的接受者均承担回拨付款义务，GP 的一部分附带收益可保存在代管账户（特别是在没有担保的情况下）。[②]但需要补充的是，经验丰富的 PE 合伙人会尽力避免出现回拨情况，

---

① GP 的回拨付款通常需扣除税款。
② 如果 GP 为特殊目的载体，GP 的"所有者"通常需对 GP 的回拨义务提供担保。在某些情况下，发起人本身可以为回扣提供担保，在极个别情况下，"关键"负责人可以为所有附带收益接受者的回拨义务提供连带担保。

而且在出现超额分配的风险时,会自动放弃附带收益。

其中:前两个级次的分配对象为基金的 LP,第三个级次是对 GP 进行收入分配,第四个级次则同时对基金的 LP 和 GP 进行分配。在第三和第四级次对 GP 进行的收益被称为 GP 的附带收益(或利润提成)。

附表 16.1

附带收益的实际操作

本金优先返还模式及按项目收益分配模式

下面这个例子两种附带收益模式对 GP 和 LP 在分配退出收益时取得现金流时点的影响。

我们的样本基金只进行了两笔投资:在第一年度,对公司 1 投资 1 亿美元,第二年度对公司 2 投资 1.4 亿美元,两笔投资均在五年后退出。公司 1 退出时的出售价格为 3 亿美元,取得超额回报 2 亿美元(投资增值 3 倍),公司 2 以 2.8 亿美元的价格出售,超额回报为 1.4 亿美元(投资增值 2 倍),如图 16.3 所示。为简单起见,我们进一步假设,投资的年最低目标收益率为 8%,附带收益的提取比例为 20%,无管理费或投资费用。

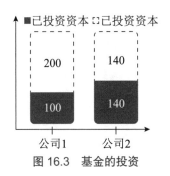

图 16.3 基金的投资

本金优先返还模式按图 16.4 所示的顺序进行分配,详细的分配过程按如下所述。

退出公司 1(3 亿美元)→资金用于如下分配:

- 步骤 1:返还基金所提取的全部 LP 出资(2.4 亿美元)。
- 步骤 2:向 LP 支付按最低目标收益率计算的 1.13 亿美元[1]收益中的第一部分(1.6 亿美元)。
- 无 GP 附带收益——将全部退出收益分配给 LP。

---

[1] 最低目标收益率的计算 =(2.4 亿美元 ×1.08^5)−2.4 亿美元。

退出公司 2（2.80 亿美元）→资金用于如下分配：

- 完成步骤 2：向 LP 支付按最低目标收益率计算的 1.13 亿美元收益中的第二部分（5 300 万美元）。

- 第 3 步：GP 取得"追补"性的附带收益。

- 第 4 步：退出的剩余收益在 LP 和 GP 之间按 80% 和 20% 进行分摊（合计 1.99 亿美元，其中：LP 取得 1.59 亿美元；GP 取得 4 000 万美元）。

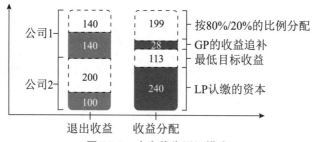

图 16.4   本金优先返还模式

按项目收益分配模式的分配顺序如图 16.5 所示，详细的分配过程按如下所述。

退出公司 1（3 亿美元）→资金用于如下分配：

- 步骤 1：返还 LP 对公司 1 所投入的全部资本（1 亿美元）。

- 步骤 2：按最低目标收益率向 LP 支付的对公司 1 的最低目标收益（4 700 万美元）。①

- 步骤 3：GP 取得"追补"性的附带收益（1 200 万美元）。

- 步骤 4：退出的剩余收益在 LP 和 GP 之间按 80% 和 20% 进行分摊（合计 1.41 亿美元，其中：LP 取得 1.13 亿美元；GP 取得 2 800 万美元）

退出公司 2（2.80 亿美元）→资金用于如下分配：

- 步骤 1：返还 LP 对公司 2 所投入的全部资本（1.4 亿美元）。

- 步骤 2：按最低目标收益率向 LP 支付的对公司 2 的最低目标收益（6 600 万美元）。②

- 步骤 3：GP 取得"追补"性的附带收益（1 600 万美元）。

- 步骤 4：退出的剩余收益在 LP 和 GP 之间按 80% 和 20% 进行分摊（合计 5 800 万美元，其中：LP 取得 4 600 万美元；GP 取得 1 200 万美元）

---

① 最低目标收益率的计算 =（1 亿美元 ×1.08⁵）− 1 亿美元。

② 最低目标收益率的计算 =（1.4 亿美元 ×1.08⁵）− 1.4 亿美元。

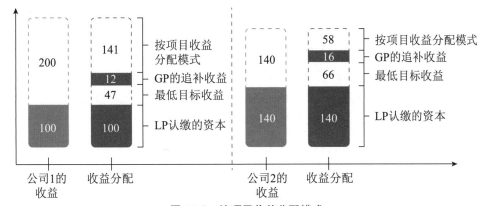

图 16.5　按项目收益分配模式

在这个简单直接的例子中，我们假设，基金 GP 收到的附带收益完全相同，与所采用的分配模式无关；但按项目收益分配模式中的分配时间对 GP 更有利（收到附带收益的时间相对较早）。

GP的权利和义务

私募股权基金的 GP 全权负责有限合伙企业的经营、管理、行政及控制事务，其中主要包括与基金开展和退出投资相关的所有决策。为了让基金取得合法地位，GP 需向具有相关职能的权力机构进行申请并取得授权，从而在相应的司法管辖区内履行职责，从事运营，或指定取得授权的投资经理代表其履行职能。虽然基金的 LP 不参与投资决策，但有限合伙协议规定了某些针对 GP 投资和被投资公司管理活动的限制和义务，以维护 LP 的利益，并与基金在募集期间制定的策略保持一致。这些规定和条款可包括但不限于如下事项：

- 在单一年度或是在实现某些基金里程碑事件之前，限制GP对单笔投资的资金数额
- 对基金可投资的板块、地理位置、战略和工具类型进行限制
- 有义务对被投资公司进行估值并定期报告这些估值
- GP有义务代表合伙企业编制纳税申报表和纳税，并需采取某些措施代表基金LP取得相关的免税或退税
- 在基金没有动用全部投资额的情况下，有权向某些LP提供联合投资权
- 有责任保证基金的债务规模、预提费用并代表基金对被投资公司风险敞口保持在适当水平上
- 有权聘请顾问和咨询师，执行投资和被投资公司的管理活动

关键人条款（key person clause）：有限合伙协议需明确界定负责基金活动的关键人员或关键人群体，尤其是高级合伙人。一般来说，关键人员必须将大部分时间用于基金的管理。在一个（或极少数）或若干关键人员离开基金的情况下，基金可以采取以下补救办法：终止投资期限（这是最常见的情况）、撤销 GP 或是解散基金。

存在关联关系的附属基金（affiliate fund）：有限合伙协议需明确规定针对基金 GP 及其关联公司投资活动的限制。这些条款通常会对 GP 或其关联公司在基金投资期间筹集后续基金进行限制，或是必须在已认缴资金用做投资的资金达到一定比例之后，才允许筹集后续基金。具体而言，这些条款详细规定了关键人物需要在基金中"投入的时间"以及针对基金家族的"交易流分配"。任何违反这些规定或义务的行为都有可能导致终止基金的投资期。对于 GP 及其附属公司在基金以外从事的投资活动，通常仅限于现有基金中以前指定的投资、对现有基金被投资公司的后续投资、不属于基金指定范围内的投资以及附属公司和附属基金对基金进行的跟投项目。此外，GP 也可能需要向基金的 LP 咨询委员披露属于基金任务范围内、但由基金附属公司实施的投资机会，这种可能需要在取得批准后才能由附属公司予以实施。

基金管理费、被投资公司管理费及其他费用：基金的有限合伙协议通常包括一项条款，要求基金与第三方投资顾问（通常为 GP 的关联公司）签订投资咨询协议。投资顾问负责管理 PE 基金的日常活动，包括但不限于评价投资机会、为被投资公司提供咨询服务以及管理的基金审计和报告业务，并针对提供的服务收取管理费。投资期间的管理费率通常在 1.3% 至 2.5% 之间，在投资期满后，通常会逐步下调管理费率的百分点或是降低费率基数——计费基础通常采用已投资的资本，而不是已认缴的资本。投资顾问、GP 及其关联公司根据其为基金或其被投资公司提供服务而收取费用，包括但不限于交易费用、监督费用、中止协议费、董事费以及收购和处置费用等。这笔额外费用收入的大部分（以往通常为 50% 至 100% 之间，目前已趋近于 100%）通过与管理费抵销的形式由基金的 LP 承担。

基金层面的费用：在建立 PE 基金及其整个存续期内，基金的 GP 和投资顾问都要发生大量的费用。为此，有限合伙协议约定了费用承担机制：在 LP 认购订阅基金后，GP 立即发出初始出资催缴通知，由基金补偿 GP 在设立基金过程中发生的组织费用。管理私募股权基金过程中发生的其他开支则包括终止交易费用、对合伙企业征收的税费、基金层面的借款费用以及律师费、会计师费、顾问和咨询师费用等。对于潜在被投资公司或实际被投资公司不予以支付的基金层面费用，则由基金直接支付或补偿给 GP，或是由投资顾问支付这些费用。

赔偿（indemnification）：本条款的目的在于保护或限制基金参与者所承担的个人最大责任。按有限合伙协议相关赔偿条款的规定，基金 GP 及其投资顾问、管理职员、合伙人、董事、雇员、代理人和其他关联公司的责任款，可豁免因善意作为或不作为而给基金带来的负债、权利主张、成本或费用。赔偿条款通常不适用于因欺诈、故意行为不当、违法或违约而带来的责任。赔偿条款通常包括回拨条款，即允许 GP 扣除一部分应分配给 LP 的费用用于赔偿。

其他条款

LP 顾问委员会：设立有限合伙人顾问委员会的目的，是为了私募股权基金存续期内就选举事务 GP 提供建议。LP 顾问委员会的成员由 GP 提名，主要由基金中最大的 LP 组成。基金的 LP 顾问委员会通常不对该基金或其 LP 承担受托责任，LP 顾问委员会的活动应严格限制于审查基金事务事项——以区别于主动性管理，从而保证作为 LP 顾问委员会成员关联方的 LP 仅承担有限责任。LP 顾问委员会的主要功能包括：

- 审查估值方法、被投资公司估值以及对基金资产进行减值或注销的提案
- 审查所有潜在交易可能出现的利益冲突，尤其是涉及关联方的交易，并做出同意或否决的决定
- 对与基金管理文件变更有关的问题进行审查，并做出同意或否决的决定，其中包括但不限于延长投资期限、取消投资限制以及核准基金内关键人员的变动

基金权益的可转移性：有限合伙协议针对 GP 或 LP 向其他方转移对基金享有的权益约定具体指导原则和条件。

- GP的权益转移：GP从基金中自愿退出或是被强制退出，通常需要通过基金LP的投票表决，并以取得绝大多数投票支持为前提。在转让权益时，作为转让方的GP依旧需要对与基金管理有关的所有活动负责，直至完成转让为止，而且需要保留基金制定的相关赔偿责任。GP转让权益的具体处理方式需通过谈判确定；例如，作为转让方的GP可以保留其有权取得部分被投资公司享有的附带收益。除因终止权因发生的转让之外，很多有限合伙协议还规定，LP有权在非违约情况下解除和替代GP的权利。可触发GP权益被解除"原因"以及所需要的最低表决权比例往往需要经过大量协商确定。
- LP的权益转移：在未取得GP明示性同意的情况下，LP通常不得转移其对基金中持有的权益。在LP转让权益时，基金中的其他LP可享有优先购买该LP权益的权利，

因此，LP在寻求提供优惠收购价格的外部买家之前，需先行向基金现有的其他LP征询报价。

基金的解散、清算和终止条款：有限合伙协议通常会约定关闭一只基金的具体流程。一般情况下，有限合伙协议会定义将导致 PE 基金解散的具体事由，譬如，包括出售基金的全部投资、取得基金 LP 以绝大多数投票表决通过或 GP 破产。基金在解散之后，应在规定期限内以审慎方式清算基金的剩余投资。如基金的 GP 或其指定的清算受托人确认，在该时间段内出售投资将给基金带来不当损失，则该投资的清算可以延迟。基金终止则导致基金的合伙关系宣告结束。[①]

报告：有限合伙协议通常就 GP 必须向各 LP 报告的基金活动制定具体的指导性条款。GP 需发布正式的季度报告，并在每个财务年度结束时发布年度报告，报告内容应涵盖基金净资产（NAV）、对新投资和后续投资的描述、基金资产的出售、现金或实物分配以及管理费的数据等。需要披露的关键信息之一就是基金的净资产，净资产报告按季度编制，为每一笔投资公允市场价值的总和。[②]基金的资产净值是尤其需要关注的项目，因为它决定了可用于实物分配的股份数量，或是为出售 LP 对基金所持权益提供总体价格。

补充协议（side letter）

补充协议属于契约性条款，它们可在不影响有限合伙协议及主导性文件的前提下，修改针对个别参与 PE 基金的投资者条款。这些协议在募集资金过程中使用广泛，为基金的大型投资者或基石投资者提供优先权，或是在无须就基金有限合伙协议重新谈判的前提下，满足 LP 的具体需求。附函中的常见条款包括：

- 优先收费（管理费或关于管理费抵扣条款）
- 优先知情权或披露权
- 联合投资权
- 与投资者税务、法律或监管状况有关的条款
- "最惠国待遇"（MFN）条款

---

① 有关这个主题的全面介绍，请参阅第二十章"基金的终止"。
② 有关估值方法的介绍，请参阅第十九章"业绩报告"。

"至关重要"的补充条款

安德鲁·奥斯特洛格内（Andrew M. Ostrognai）德普律师事务所（Debevoise & Plimpton）合伙人

在私募股权基金的谈判中，最明显的一大趋势体现在交割前的"补充条款"（the side letter），从字面上理解，这个词的含义是"靠边站的事项"，这个名字似乎有点讽刺意味。补充条款完全是投资者与基金普通合伙人或基金经理签署的补充性协议，作为补充协议的当事人，普通合伙人或基金经理的权利已被市场广泛接受，而且通常被纳入基金的有限合伙协议和私募备忘录。但是，如此简单的解释显然掩盖了补充条款日渐凸显的角色和日趋加剧的重要性。

在过去十年左右，签署补充条款的做法已取得了长足发展——最初的地位确实非常有限而且是名副其实的补充事项，如定制税收问题的确认或是授权投资者开立财务账户的权利；而今已变成冗长而繁杂的协议条款，而且成为很多筹资过程的核心条款。它们可以也确实涵盖了所有我们可以想象到的问题，从有利的利益配置、报告或合规事务（甚至包括普通合伙人在其他情况下无须遵守的法规）到退出权，项目繁多，几乎无一不包。

对于顶级基金中深谙业内之道的投资者，补充条款绝非是"靠边站"的事情；它们或许是最大的吸引力，也是募集资金期间需要谈判的最重要的问题。事实上，对已完成多次资金募集的成熟型基金来说，有限合伙协议或其他制度性文件可能大同小异，但不同基金的补充协议则在解决问题的数量和本质上相去甚远。

老于世故的发起人会花费大量时间考虑有限合伙协议和补充协议的相互作用。例如，如果发起人将补充协议中的条款纳入到有限合伙协议中，那么就有可能减少进行某些谈判的必要性；但如果接受投资者需要的某些条款，那么，发起人也有可能无法在谈判中表达诚意。另一方面，如发起人对所有条款采取补充协议形式——甚至是发起人不愿给予全部投资者的条款，那么发起人就只能与一大群投资者就大量条款进行谈判，如此艰难而令人折磨的过程，有可能让原本希望满满的投资者感到难以承受。

除此之外，发起人有时也可能希望将某个特殊条款隐藏在补充协议中——抑或是出于隐私的目的，也可能是因为他们不想把这些事情塞进原已满满的有限合伙协议谈判中——但他们最终却有可能发现，除非放在有限合伙协议中，否则这些条款根本就一无是处。这些条款包括履行某些义务可将相应负担或义务转嫁给其他投资者的权利，如撤出股份权。

　　好像所有这一切还不够复杂，于是，我们把补充协议的谈判放入到"最惠国待遇"的背景下，给谈判再增加一点难度和复杂性。按照最基本的最惠国条款，发起人必须以补充协议形式公平对待所有投资者。但这个过程永远不会如我们想象的那么轻而易举。

　　在当下的市场环境中，将投资者按认缴资金分组是非常普遍的现象，这种做法通常被称为"经济分层"（economic tiering）。以这种方式，某个投资者所能取得的收益，仅限于对基金出资相同或更少基金的投资者给予的条款。在针对最惠国条款（如在基金顾问委员会中享有席位的权利）签署的补充协议中，某些量身定做的条款也有可能进一步限制最惠国待遇给投资者带来的收益。此外，针对某个投资者，最惠国待遇仅适用于该投资者的某些收益权也并非罕见的事情，例如，非美国纳税人不能享有只适用于仅有美国免税投资者才能享有的特权。

　　这只是对"最惠国待遇"概念进行的部分最常见的修改和调整，而在现实中，可调整和变化的空间远不止于此。因此，尽管"最惠国待遇"是一个以平等为目标的概念，但却可以附加形形色色的限制和附加条件。

　　补充协议的大量使用似乎不值得大惊小怪。毕竟，对于私募股权投资这个行业来说，"私"这个字是非常有分量的。仅仅是凭借这样一个名称，我们就应该预期到，即便是对于最完善、最精明的投资者和基金，交易也会少不了私下甚至是不可见人的一面。

本章小结

　　在确保相关各方了解其权利和义务的前提下，针对他们的参与权制定合理的法律结构和参与规则，是创建基金中的关键；毕竟，GP 需要承担诸多责任和义务，其中最主要的义务自然就是对投资承担者的信托义务。考虑到典型封闭式 PE 基金的存续时间较长，因此必须以足够的结构，保证投资者的权利具有足够的灵活性，从而适应不断变化的形势。

基本学习要点
- 私募股权基金通常设立为封闭式的有限合伙企业，以便于按照基金所处的司法体系开展投资和实现投资剥离。

- 在设立私募股权基金的法定架构时，GP 需要在税务问题上认真考虑 LP 的要求。可以通过设立从属基金、平行基金和联合投资工具等形式，适应不同类别投资者的需求。
- 有限合伙协议规定了适用于基金各参与方的条款，并据此确定他们的权利和义务。
- 尤其需要强调的是，有限合伙协议明确约定相关的分配规则、附带收益、费率结构、GP 的权利和义务以及终止和解散基金的流程。

相关案例研究

摘自《私募股权案例》

案例 1：贝罗尼集团（Beroni Group）：GP 和 LP 关系的管理

案例 6：阿黛拉风险投资公司：打造一家风险投资公司

案例 18：前沿市场的私募股权：在格鲁吉亚创建基金

参考文献和附加阅读

Debevoise & Plimpton. (2015) Private Equity Funds: Key Business, Legal and Tax Issues, Debevoise & Plimpton LLP.

Naidech, S. (2011) Private Equity Fund Formation. Chadbourne & Parke LLP, with Practical Law Corporate & Securities.

第十七章　基金的筹集

私募股权（PE）公司募集资金的速度，是行业收益能力最明确的一个指标，它反映了投资者对基金历史业绩的满意程度及他们对未来的期望。在 2008 年之前的几年时间里，基金的资金筹集时间在 8 ～ 12 个月内，达到了史上最快的速度。而在全球金融危机之后，这一数字却延长到超过 24 个月——这显然是有限合伙人（LP）在动荡中异常谨小慎微的重要信号。但近年来，PE 公司的筹资时间再度恢复到 2008 年前的数字，和其他诸多资产类别的业绩低迷相比，这一事实凸显 PE 行业所拥有的超额收益能力。

筹集资金是 PE 基金生命周期中的第一个阶段：没有钱，就没有交易。募投资金的使用不仅在于投资于被投资公司，还要为基金经理进行业务运营提供资金。尽管在整个存续期内与基金 LP 维持良好的关系至关重要，但还是需要普通合伙人（GP）在筹集资金过程中检验这种关系的真正价值。

在接洽潜在投资者之前，私募股权公司必须就如何统一战略、体系和人员以实施投资策略并最终实现所要求强劲业绩而做出明确阐述。

本章将介绍筹集资金过程中所涉及的标准流程，并对整个资金筹集过程使用的主要文件进行解释。

GP 的筹集资金过程

在与潜在投资者举行初次会议时，资金筹集活动早已启动。筹集资金的方式取决于 PE 公司的存续期及其历史业绩。对于首次设立的基金，私募股权公司必须制定出明确的差异化投资策略，组建拥有专业知识的团队，并在接触第一批投资者之前执行其规定战略。对于和现有基金族连锁经营的成熟性 PE，筹集资金活动将首先从参与其此前设立基金的 LP 开始；通常，基金会邀请他们"再度出资"，并投资于新募集的基金。

成功的筹集资金活动没有任何秘密可言：它们在很大程度上取决于是否在战略上有吸引力以及基金团队相对于市场中其他竞争性基金的历史业绩。令人信服的战略考量，与能创造超额收益的合理计划相结合，是确保 LP 做出出资认缴承诺的关键。在基金的整个存续期内，对每个方面做出妥善且令人信服的处理，以实现成功的退出——从有效地进行资金配置，到持有期间通过合伙人的参与创造新增价值，并将这些安排明确反映在资金筹集文件中。

在制定了适当的策略、团队和目标基金规模之后，由 PE 公司的合伙人以及相应的投资者关系团队负责筹集资金流程的管理。没有任何两家公司会以完全相同的方式募集资金；但封闭式基金的筹资过程通常可分为图 17.1 所示的阶段，我们将在下文详细说明这些阶段。

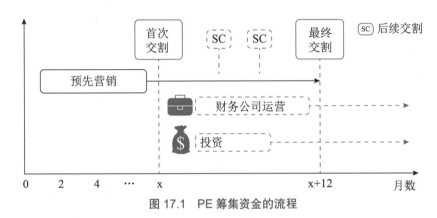

图 17.1 PE 筹集资金的流程

预先营销： 经验丰富的专业人士经常会说"筹集资金是一个持续性过程"，或者说"我们一直在筹集资金"。毕竟，与 LP 建立起关系和信任是需要一定时间的，只有这样，才能确保他们愿意考虑认缴公司未来准备筹建的基金。在对 PE 公司及其团队的熟悉程度和信心达到一定水平之前，投资者是不会为任何人掏腰包的。

在这个所谓的预先营销阶段——即加大为下一轮筹集资金周期进行的准备工作，PE 公司会通过一对一的会面和路演方式与投资者进行接触，以确定他们是否对基金的整体战略感兴趣，并建立相互信任所需要的牢固关系。在这个阶段里，PE 合伙人将分享未来待筹建基金的常规性信息，同时，开始尝试如何按投资者的需求量身定制正式的资金募集方式。在正式启动筹资流程之前，通过推广之前的工作，还可以通过了解投资者的投资兴趣或是对被抑制的需求做出评估，从而大大减少 PE 基金在市场中的正式营销时间。对于拥有大型基金族和多样化投资活动的成熟性私募股权公司，与 LP 群体保持联系并确定其需求是一个持续性过程。

对基金推广的监管规定

近年来，各种新的国家法规不断出台，使得 PE 基金和其他投资工具的预先营销活动更复杂性，也更艰难。这些法规规定了 PE 基金可以在哪些市场上投资，以及如何向投资者群体宣传他们的资金。对于前者，虽然规则在不同国家而有所不同，但几乎在所有情况下，PE 基金都必须通过私募形式筹集资金，且募集对象仅限于合格投资者（通常按可投资资产的最低金额确定或是通过注册成为合格投资者）。某些司法体系允许基金对高净值和资深投资者进行营销，且向散户投资者进行的公开性募集或营销则通常是被禁止的。因此，GP 必须亲自联系合适的投资者，而不会采用大众媒体进行基金营销。

此外，政府监管机构可能会执行形形色色、有时甚至是难以理解的规则。例如，全国性法规可能会对在岸和离岸基金的营销作出完全相反的规定；它们也可能会要求 PE 公司在对任何基金募集获得进行营销前必须进行注册，也可以不做这样的要求。而不遵守这些规定的 PE 公司，就有可能受到监管、刑事甚至是民事诉讼。

大多数司法体系均针对这些规定提供了一些豁免条件，如针对本地区少数投资者进行的募集，或是低于一定金额的筹集资金获得。此外，私募股权公司还可以不受约束地向现有基金的 LP 推广新基金，或是通过反向征询[①]（reverse solicitation）接触其他潜在投资者——即潜在投资者可以自行查询新基金的募集情况。但反向征询也是有风险的，而且受监管机构密切关注，因为在这个过程中，很难确定到底是谁发起对话。

营销：在通过预营销试水之后，PE 公司就可以进行最终的基金募集工作，并正式启动营销流程。在这个阶段，基金首先需要向投资者推介基金的所有重大事项，包括基金的目标规模[②]、投资策略、与基金相关的关键人员、LP 和 GP 的最低认缴金额以及基金的收益分配情况。这些信息通常列示在基金的条款清单中，通过基金的私募融资备忘录予以详细解释。PE 公司还可以在基金募集补充文件中说明基金的管理团队、历史业绩以及针对以往

---

① 反向征询，也称消极营销，即由潜在投资者主动联系基金发起人，申请参与基金投资。——译者注
② 目标规模是在筹集过程开始时定义的，目标规模受所谓"软上限"（soft cap）的限制，并最终以"硬上限"（hard cap）为准。在 LP 有强烈的投资兴趣且和基金出现超额认购的情况下，基金可以突破硬上限，但必须事先经过现有基金 LP 的同意。然而，在允许基金大幅突破目标规模时，GP 必须始终清醒地认识到——他们是否有能力在规定任务范围内开展额外或是更大规模交易的能力。

投资的详细数据包或针对投资者尽职调查所采用的虚拟数据库。

约定新基金规模背后的原因，可以用一个例子来解释：不妨假设，一家公司正在筹集一个中等规模的欧洲收购基金，并已确定，在未来几年里，公司可通过大量的投资机会进行资本配置。在基金的 6 个合伙人中，所有人在未来 4 年平均可参与两笔投资及随后被投资公司的管理。因此，对于该基金的"甜蜜点"或者说与 PE 团队专长相匹配的每项投资的目标股权规模，约在 2 亿欧元左右。考虑到该基金将投资 10 ～ 12 家公司，因此这一轮融资的合计目标金额将达到 20 亿欧元，但最高限额不得超过 25 亿欧元。

在联系基金的潜在投资者时，私募股权公司很可能会采取特定的层次结构。很自然，最先联系的对象应该是参与先前基金且和 GP 始终保持联系的投资者、联合投资合伙人或是已盯上新基金的 LP。对于筹集后继基金的 PE 公司，则会尽力从有过合作经历的核心 LP 群体入手，争取从他们身上获得第一批出资承诺，这样，他们就可以向投资者群体释放出的信号——他们的筹资请求已经得到"用户的批准"。但首先联系现有 LP 可能也有缺点：虽然可以提高筹资的确定性（以及完成首次交割的速度），但一个成功的 GP 可以从新投资者那里取得更优惠的条款。然而，私募股权公司的长期投资者当然希望接受出资邀请（或是也有出资权），而且在基金业绩不佳时，投资者群体的稳定性和持续性是对 GP 最好的回报。因此，GP 需要适应现有 LP 的特征和要求，调整他们的多样化需求，强化自己的投资者基础，在自身需求与 LP 需求之间取得均衡。

针对新基金的募集为潜在投资者提供信息和辅导是一个漫长的过程，需要大量的耐心。通常，基金要通过多次会议才能取得感兴趣投资者的信任，帮助他们熟悉投资募集的各个方面，即便是现有 LP 也不例外。因此，基金必须为每次会议量身定制一份有针对性的股权融资项目建议书，对整个过程中出现的各种问题提供更多信息和答案。除面对面的会议之外，对基金感兴趣的投资者还会提交详细的尽职调查问卷，要求 GP 抽出一定的时间和精力予以答复。

如投资者对尽职调查的结果感到满意，那么他们会要求取得拟设立基金的基础治理文件，其中最重要、最常见的当属有限合伙协议。在一只 PE 基金中，大多数投资者会在承诺认缴之前，要求对拟定的有限合伙协议和认购协议进行更改或删减[①]。和几个潜在投资者同时进行协议条款谈判，很可能是一个艰难、微妙而且耗时耗力的过程，因此 PE 公司通常会尽量限制可接受的变更数量。如果 PE 公司和投资者同意对协议进行变更，那么相应变更将被写入基金的有限合伙协议，且变更适用于基金的所有投资者，也可以通过补充协议形式

---

① 在首次交割中，约定投资条件的认购协议规定了每个投资者认缴的金额以及首次交割前需要满足的条件。

确定仅适用于个别 LP 的条款变更。①

基金交割：通过在 6～18 个月时间内完成的一系列交割程序，私募股权基金的 GP 取得投资者认缴的出资。每次交割时，基金的 LP 都要签署认购协议和有限合伙协议，与此同时，GP 可以开始提取资金，用于投资和支付资金费用。在首次交割中，投资者认缴资金的金额通常为 PE 公司目标筹资规模的很大一部分；在最短时间内收到更多的资金，是向 LP 群体发出的一个重要信号。只有在确认认缴承诺的金额足够执行其投资策略时，GP 才会进行首次交割。在基金交割期内实际认缴的出资可立即用于投资。②

在首次交割后，基金的有限合伙协议允许设定一段固定时段——通常为 6～12 个月，在此期间，GP 可通过后续交割取得剩余的承诺出资。除主要投资者提出要求之外，基金的有限合伙协议在首次交割后几乎不会出现重大调整，因为任何调整都必须经现有 LP 批准。一旦 GP 取得的认缴承诺达到基金的目标规模，就可以进行最终交割，此后不会再有新投资者进入基金（这也是封闭式基金的一个基本标准）。图 17.2 显示了达到最终交割所需要的平均月份数量和以 2006—2015 年为起始年份的基金达到目标规模的百分比。我们很容易看出，在 2008—2009 年的全球金融危机之前，基金交割速度很快，而且通常会超过硬上限，但这在金融危机期间发生了变化，在此期间，基金很少实现筹资目标。

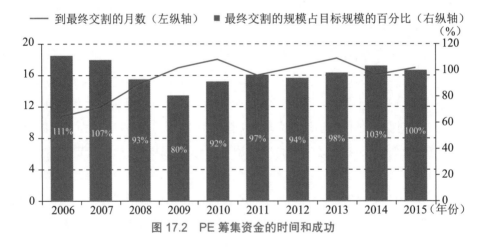

图 17.2　PE 筹集资金的时间和成功

资料来源：Preqin。

---

① 有关补充条款的更多介绍，请参考第十六章"创建基金"。

② 私募股权公司需要持续创造现金流，以确保稳定可靠的交易通道，一旦开始筹建新基金或是交割已实现，即可提取资金并进行资本投入。

基金的资金筹集文件

在整个筹集资金过程中，PE 公司需使用各种文件。

股权融资项目建议书（pitch book）：私募股权公司需为潜在投资者编制并提交股权融资项目建议书，以用于一般性讨论。项目建议书不仅要为投资者概括性地介绍基金在商务层面的基本情况，还要为投资者提供基金战略、目标收益率、相应的风险、基金的历史业绩、投资流程、支持基金的投资团队及其个人历史业绩等方面的信息。通常，GP 会根据投资者的具体情况，为不同投资者量身定做有针对性的融资项目建议书，以便于突出策略和团队的某个具体方面。

条款清单（term sheet:）：条款清单提供了募集基金在主要商务和法律等方面的详细信息。这些便于阅读的文件是对有限合伙协议相关条款的简要概括。条款清单的内容可以可能包括但不限于图 17.3 所示的内容。

基金结构	有限合伙企业
基金规模	目标金额
LP的最低认缴出资额	通常为基金目标规模的5%
GP的认缴出资额	认缴出资总额的1%～10%
分配顺序	本金优先返还模式或按项目收益分配模式
管理费	投资期每年的费率为已认缴资本的2%；此后，通常以投资资本为基础，并采用较低的费率
附带收益	通常为基金净利润的2%，但基金需达到8%的最低目标收益率
组合结构	投资期包括8～12笔投资
投资限制	对单一投资的限制——投资金额不得超过基金总实缴资金的20%

图 17.3 PE 基金的条款清单

资料来源：Preqin。

私募融资备忘录（PPM）：或称基金认购说明书，私募融资备忘录是对股权融资项目建议书和条款清单中主要项目的强调，也是对所募集基金和发起基金的 PE 公司进行的高度概括。该文件通常需要在初次会面后提交给投资者。它向投资者提供了有关募集情况的基本信息，并保护基金经理免于因出售未注册有价证券而承担责任。

在私募融资备忘录中，最关键的一个部分是管理团队的历史业绩。通过对历史数据的研究，人们发现，以往业绩与未来业绩之间存在强烈的关联性（即所谓的"黏性"），因此，投资者对基金投资团队及其个别成员的历史业绩注定会特别感兴趣。[1] 作为最佳实践，常见的做法就是披露投资团队以前管理过的全部基金和投资，以进行选择性的披露。

首次筹集的基金

贾瓦德·莫夫索莫夫（Javad Movsoumov），瑞银亚太私募基金集团（APAC Private Funds Group）董事总经理

这是一个首要基金的理想情况：

一批多年密切合作的专业人士（剥离团队）离开目前公司，创建了一个新基金。剥离团队由几位资深基金从业人士组成，他们曾全程领导多家被投资公司的投资过程。在他们参与的这些投资周期中，剥离团队的历史业绩达到基准回报的前1/4。剥离团队取得了前雇主提供的正规证明信，声明该团队已负责领导的大量投资，对投资回报进行了确认，并允许该团队将该证明信作为业绩证明。离职之后，剥离团队继续保持了原有获取项目资源、创造价值或退出投资的能力，而且有能力在以前所在机构的系统之外有效运营。团队的投资策略既有历史业绩的证明，也有当前宏观经济环境以及团队投资机会的支撑。

但很少有几个新资金会这么幸运，拥有全部甚至是大部分这样的成功要素；然而，要成功筹集到机构资金，某些不可或缺的最低限度还是要达到的：首先是强大且可重复的历史业绩记录；其次是证明你拥有重演历史辉煌的能力。

LP 需要接受 GP 的投资理念，其中包含让 LP 从过去投资经历中获得信心的必要前提。不过，无论是投资理念或是取得历史回报的环境都已经发生了巨大变化，那么以往投资经历对 LP 的吸引力和说服力就会大打折扣。

这也是所有首次创建资金时必须面对的最大障碍，因为投资环境显然已出现了重大变化。

新公司能否找到与过去相同的投资机会呢？它能复制历史并提供同样出色的回报吗？具有讽刺意味的是，要说服 LP 投资于首次创设的基金，最好的办法就是将新团

---

[1] 尽管历史收益率和未来业绩之间的相关性在最近十年内似乎已不太可信，但 LP 仍然习惯于将历史业绩作为认识基金和判断未来的起点。毕竟它有助于了解 GP 的投资风格，评价这些潜在合伙人的经验是否符合新基金拟定的投资原则。

队打扮为一个经验丰富的机构性投资平台，即不是没有经验可言的新基金，以缓解他们的担忧。

作为一般性指导意见，首次创设的基金可考虑采取以下步骤：

1. 编制营销文件和尽职调查文件，详细记录历史业绩、历史业绩的证明书及其他有助于锁定投资者进行分析的基本材料：

2. 留住被锁定的潜在投资者，并进行首次交割；

3. 完成全套的尽职调查文件；

4. 开展第一笔投资；

5. 接触更广泛的 LP 群体，以最终完成资金筹集活动。

对首次创建的新基金（即使是拥有强大说服力的历史业绩证明）来说，筹集资金绝对不会像在公园里散步那么轻松。首先需要的一点是，大多数机构投资者不会投资于没有首次创建、毫无运营经验的新基金。因此，可吸引动员出资的 LP 范围非常有限。而导致这个过程更复杂的是，很多 LP 经常遇到新的基金管理人，因而在完成全面尽职调查之后依旧有可能拒绝投资。

即使 LP 可能会参与首次创建的新基金，但让 LP 参与首次交割依旧困难重重。因为一旦参与新基金的首次交割，LP 将会冒着下一步交割无法兑现而多被锁定在小型基金的风险。在这种情况下，针对这种小型基金，可能需要改变既定的投资策略，以便投资于小规模交易，或是将投资过度集中于小范围目标。相应的投资者就是所谓的锚定投资者（anchor investor）[①]。

锚定投资者通常是较大的 LP，他们的投资构成基金所筹集资金的大部分（比如说，达到基金规模的 20%～30%），但这种情况需要设置特殊条款。此类特殊条款可能包括设置优惠的经营条件（减少基金经理的管理费和 LP 提取的附带收益）、特别联合投资权甚至可持有管理公司的股份。但最重要的是，这些措施必须在锚定投资者和基金经理之间形成强烈的相互信任感。通常，锚定投资者会通过从业经验了解新的基金经理。在某些情况下，他们甚至会以承诺提供支持为由，鼓励基金经理离开所在公司并创建新公司。取得原公司锚定投资者的认缴承诺可能有助于：（i）验证首次创建基金的理由（尤其是这个 LP 是业界有声望的成熟性 LP）；（ii）为开展投资提供资金；以及（iii）为新 GP 提供管理费。

---

① 锚定投资者，和基石投资者一样，他们也是基金的主力投资者，发挥着稳定基金的作用，但和基石投资者不同的是，他人持有的股份没有锁定期。——译者注

尽管为首次创建的基金筹集资金并不容易，但应该牢记的是，任何一位基金经理总要经历为首创基金筹集资金这样的事情。而且只有不断出现新的私募股权团队，才能给这个行业带来新的刺激和竞争。

筹集资金的路线图

筹集私募股权基金的时间和复杂性各不相同；现有私募股权公司可以在几个月内筹集到数十亿美元的资金，而首次创建的基金可能需要数年时间进行融资，但最后也未必一定能成功。PE公司的成熟性、市场上其他竞争对手的资金实力以及投资者对PE投资的需求，都会影响筹资过程所需要的时间和成功的可能性。

对所有PE公司来说，最关键的一个步骤就是确保找到可靠的LP，有时甚至大型LP，参与基金的首次交割。拥有诚信且成熟的投资者，有助于基金向LP群体证明其价值主张，并大大加快剩余筹集资金的过程。为吸引投资者参与首次交割，基金往往为他们提供优惠的基金条款，比如说，降低管理费率和优惠的联合投资权。有时候，锚定投资者甚至有可能在基金的GP中占有一席之地。

为了降低来自基金出资认缴承诺来源的风险，现有GP会有针对性地通过类型和地理位置多元化配置，为基金构建合理的LP基础群体。此外，他们还会进行深入的背景调查，从而在潜在投资者做出认缴承诺之前，对他们的质量、可靠性和投资限制性做出评估。

对于为首次创建基金筹集资金的基金经理和负责后续基金募集资金的基金经理来说，PE基金的筹集流程和难度相去甚远。并非配置给PE的所有投资者都会投资于首次创建的基金，这就缩小了投资者的范围。因此，首次创建的基金经理在确定筹资目标应定位于那些在风险承受能力与基金匹配且有以往有过投资初列基金历史的投资者。首次创建基金的常见投资者包括捐赠基金、家庭办公室、专业的基金中基金和开发性金融机构。

首次创建基金的PE团队在筹集资金时，常见的封闭式基金结构或许不是最简单的模式。按以当交易项目为基础进行投资融资，可以让新创建的私募股权公司展示他们的专有交易流程、配置资金，并与投资者社区建立关系，而无须要求LP为封闭式基金出资并长期锁定其资金。此外，按个别交易项目进行的投资，对项目支付的管理费通常也低于为整个基金支付的费用，而且"附带"的收益或者说利润提成分配基本相近；因此，这种结构对LP显然更有吸引力。但是对于GP而言，这种方法则具有较高的实施风险，因为按个别交易项目进行筹资，不仅需要额外的时间，而且不能保证如期收到资金。

即便是为私募股权公司的第二只基金筹集资本，仍然是一个重大挑战，因为基金的大多数投资尚未退出，绝大部分收益尚未实现。但第一只基金进行的投资至少可以提供有关 GP 的重要信息，尤其是他们执行既定投资策略的能力。当第三只基金开始募集资金时，潜在 LP 会有大量数据对 GP 进行评估——特别是第一只基金的现金回报率，这是基金投资理念合理与否的最有力证据。

此外，私募股权公司还筹集小型基金，通过规模相当的联合投资方式[①]为大额交易提供资金。与此同时，如果某个 GP 的出资占基金认缴资本总额的大部分，或是高于平均水平，那么，这些 GP 会有助于提高产品的吸引力。所有新创建基金都应考虑使用承销代理机构（placement agent），帮助他们提高信息质量，强化宣传效果，接触更广泛、更有针对性的目标受众群体。

补充资料 17.2

承销代理机构

承销代理机构的作用是在筹集资金过程中代理 PE 基金，向潜在投资者介绍基金经理，并提供与融资各方面事务相关的服务，包括制定基金的融资项目建议书、提供有关市场趋势的信息以及协助开展尽职调查过程。承销代理机构可改善和加快筹集资金流程，从而让公司将更多的时间用于投资管理。类似于 LP 和 PE 基金之间的关系，GP 和承销代理机构之间的关系通常也是长期性的，同一承销代理机构往往参与多个基金的筹集资金活动。

承销代理机构提供的主要服务就是借用他们的 LP 网络。考虑到他们与 LP 社区的长期未来，因此承销代理机构对 LP 的具体需求有着清晰认识。此外，他们对 GP 状况的全面了解，同样有助于提高 LP 投资过程的效率；但聘请承销代理机构的通常是 GP。对 GP 而言，扩大与 LP 社区的接触面尤其有利于首次创建的基金、希望募集规模越来越大的基金经理以及试图实现 LP 基础多样化的基金管理人。

承销代理机构通常采取两种形式——精品店式的专营机构，以及作为投资银行的一个部门。作为专营机构，他们通常每年只承担有限数量的任务，并提供量身定制性的解决方案。而投资银行可以为 GP 提供全球分销网络和一系列后续服务。对某些 GP 而言，选择或许很简单——风险投资基金倾向于聘请专营承销机构，而收购基金则与投资银行存在着共生关系——虽然精品店式的专营承销机构有能力筹集大规模的基金，

---

① 有关联合投资策略的更多介绍，请参阅第十八章"LP 的投资组合管理"。

但往往也会蹚浑水。

　　承销代理机构通常按预付费形式收取咨询费，在承销成功时，再由基金经理支付一笔奖励费。后者是承销代理机构的重要收入来源，具体金额依赖于基金的目标规模，通常在筹资总额的 1% ～ 5% 的范围内。除了与融资直接相关的费用外，投资银行经常会将全部后续服务打包，收取一次性费用。

本章小结

　　PE 基金筹集资金是基金开展投资以及基金经理开展业务活动不可或缺的前提。专业化的筹集资金流程由多个步骤构成，而且必须遵守某些协议，其中就包括一些标准文件，但归根结底，证明投资理念最令人信服的证据还是历史业绩和公司的资源实力。成功地筹集资金，是基金经理和投资者建立长期合作关系的第一步。

基本学习要点

- 资金筹集活动及其执行速度是最适合于衡量 PE 公司成功的指标。它也是衡量整个行业收益能力和业绩表现的基本标准。
- 在确定了团队（GP）和总体战略之后，即可为新基金筹集资金，而首先需要明确的就是基金的目标规模、清晰明确的营销计划并考虑如何争取到 LP。
- 筹集资金文件包括股权融资项目建议书、条款清单和私募股权备忘录；有些时候可以聘请承销代理机构协助进行。
- 对于首次的创建基金和现有的成熟基金，基金经理所面对的筹集资金过程是不同的。

相关案例研究

摘自《私募股权案例》

案例 3：Pro-invest 集团：如何发起私募股权不动产基金

案例 6：阿黛拉风险投资公司：打造一家风险投资公司

案例 17：以非洲的粮食解救非洲：坦桑尼亚的水稻农场和农业投资

参考文献和附加阅读

Debevoise & Plimpton (2015) Private Equity Funds: Key Business, Legal and Tax Issues, Debevoise & Plimpton LLP.

InvestEurope (2015) AIFMD Implementation & Fund Marketing: A Closer Look at Marketing Under National Placement Rules across Europe, edition 3, March, http://www.investeurope.eu/media/453360/AIFMD-Fund-Marketing-Guide_March-2015.pdf.

InvestEurope (2016) European Private Equity Activity—Statistics on Fundraising, Investments and Divestments, May, http://www.investeurope.eu/media/476271/2015-european-private-equity-activity.pdf.

Sorrentino, T., Wainwright, F. and Blaydon, C. (2003) Note on Private Placement Memorandum. Dartmouth College Center for Private Equity and Entrepreneurship, https://www.tuck.dartmouth.edu/uploads/centers/files/Private_placement_memo.pdf.

Stone, Heather M. (2009) Raising Capital for Private Equity Funds, Aspatore, https://www.amazon.com/Raising-Capital-Private-Equity-Funds/dp/0314209905.

更多相关内容的介绍：

有关欧洲 PE 行业相关的政策，可参考 InvestEurope 的资料库 (http://www.investeurope.eu/policy/key-topics/)。

有关欧洲 PE 行业相关的政策，可参考 NVCA (http://nvca.org/research/statsstudies/) 或美国投资协会（American Investment Council）(http://www.investmentcouncil.org/news-and-policy/)。

有关新兴市场 PE 行业相关的政策，可参考全球新兴市场股权投资基金协会（EMPEA）(http://empea.org/research/legal-regulatory-issues/)。

第十八章　LP 的投资组合管理

作为私募股权（PE）这一资产类别的投资者，有限合伙人（LP）需要通过一系列 PE 基金建立和维持自己的投资组合。由于 LP 配置给 PE 的投资往往只是他们资产管理规模中的一小部分，因此，他们必须在投资原则和整体投资组合的广泛背景下考虑 PE。

LP 首先需要依据诸多因素，确定需要对 PE 这一资产类别配置多少资本（通常形式为占资产管理规模的一定百分比），这些需要考虑的因素包括他们每年的现金流需求量、风险偏好、投资组合的总体目标收益率以及可用于管理 PE 的内部资源。PE 具有某些特殊的属性，如非上市和非流动资产的性质、基金经理选择过程的不透明性、拥有顶级业绩的基金经理人数有限以及 PE 投资组合实现现金流时间上的不确定性，因此即便是极端精明且经验丰富的公开市场投资者，也会对这一资产类别的投资感到棘手。尽管存在这些担忧，但 PE 本身的发展毋庸置疑，它已经从 20 世纪 70 年代不起眼的行业发展成为大多数机构投资者投资组合中不可或缺的组成部分。[1]

在本章里，我们首先介绍 LP 在考虑向 PE 配置资金时需要了解的利弊。如 LP 决定投资于 PE，那么下一个步骤就是构建、维护和管理 PE 投资组合。要成功地做到这些，投资者就必须为其 PE 投资计划制定明确的原则和绩效目标，并搭建管理者以及管理投资组合的内部流程，这就是我们将要在本章讨论的全部内容。

决定投资 PE

我们首先从一个假设的 LP 开始：这是一家大型机构投资者，譬如养老金计划或捐赠基金，它已投资全球市场几十年，但投资方式仅限于上市公司股权和固定收益工具。虽然它也会聘用外部基金经理，而且愿意探索包括衍生工具在内的各种创新型工具，但迄今为止，还没有将它们纳入投资组合。公司的投资委员会认为，有必要认真考虑这种增长快速而且

---

[1]　出于本章讨论的目的，我们将采用广义上的机构投资者范畴，即不仅包括养老金计划、捐赠基金和主权财富基金，也包括家庭办公室。

乍看起来颇有吸引力的资产类别，并开始针对这一方案收集两方面的意见；无须多说，IC
当然要考虑到不为 PE 配置资金进而丧失这种投资模式的潜在收益风险。

　　对不熟悉该资产类别且已习惯于高透明公开市场的投资者来说，首先需要做的事情就
是调整期望，不仅是对资产流动性和透明度方面的预期，还要考虑是否具有衡量 PE 投资风
险并根据情况进行轻易调整的能力。

投资PE资产的优势

　　基准收益率和超额收益能力（阿尔法）：如放弃持有 PE 头寸，投资者就有可能错过市
场投资组合带来的阿尔法（α）或者说超额收益。和以往其他资产类别相比，收益能力排
在前 1/4 的 PE 基金拥有超强的收益能力，这种超额收益不仅显示出一定的持续性，而且在
不同市场周期内始终表现强劲。图 18.1 对广义上的 PE 资产与公开市场股权及全球债券市
场进行比较，比较期间分别为 5 年期、10 年期和 15 年期的收益率。[①]

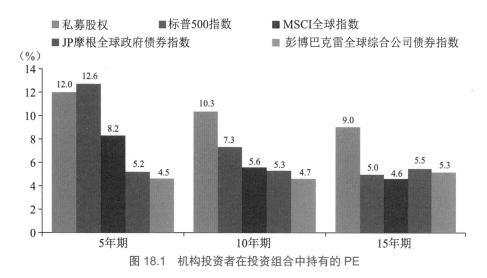

图 18.1　机构投资者在投资组合中持有的 PE

资料来源：Bloomberg，INSEAD-Pevara，作者分析。

　　相关性和多样性化：从理论上说，增加对私募股权的资金配置，在整体投资组合中纳
入 PE 投资，从而持有对私人、非上市公司 PE 基金的头寸，将会进一步提高 LP 收益来源

[①]　PE 收益率的计算以 INSEAD-Pevara 针对 3 000 只基金的数据库为基础，并采用按季度调整的内部收益率计
算得到。摩根士丹利资本国际（MSCI）全球指数及 JP 摩根全球政府债券指数的数据来自彭博。

的多样化，从而降低投资组合波动性和整体业绩出现大幅下降的风险。当然，这种观点是否成立还需经过检验，对比投资者的现有投资组合以及依据现有投资与所选择 PE 基金之间相关性得出的自然结果。其目的就是在投资组合中增加非相关性收益来源。

涉足新兴经济体：与 PE 投资相比，流动性和总体上易于执行的特点，使得公开市场投资似乎是分散股权投资敞口的更优选择。在发达市场可能确实是这种情况，但对于全球成长型市场或新兴市场，这种观点显然就不成立了。在新兴市场，公开市场交易仅占整个经济的一小部分，其重要性和份额往往低于很多更有吸引力的高增长行业。而私募股权基金对私人公司的投资则为参与这些行业提供了一种渠道。

投资PE资产的挑战

将 PE 引入公开交易股权和固定收益工具构建起来的传统投资组合，必将为 LP 带来了一系列全新的挑战。基于 PE 投资的某些特征——如流动性不足、现金流管理和组织上的挑战，因此挑战主要来自执行层面。我们不妨逐一进行讨论。

流动性不足：PE 需要投资者投入长期性资金，而且投资者必须能承受较低的流动性；向 PE 基金提供可使用 10 年期的资本，是执行投资策略的基本前提，无论是风险投资、成长型投资还是收购投资，概莫能外。在 4 ~ 5 年的投资期内，LP 承诺认缴的资本逐步下调；一旦接受基金发出的认缴通知，投资者的资金通常就会被投资占用 3 ~ 7 年之久，在很多情况下，资金需要更长时间才能退出。

现金流管理：募股权基金的盲池结构使得 LP 仅对基金承担有限责任，这就要求投资决策权完全属于 GP。[1] 除定期报告以及和 GP 的非正式对话之外，LP 对现金流入和流出的规模和时间几乎一无所知。因此，在 GP 发出缴款通知时，LP 必须拥有足够的闲置资金，履行其出资义务及其他义务。

大型机构投资者通常会投资于一百个以上的 PE 基金；尽管持有多个基金头寸，有助于抚平单一基金造成的现金流不稳定现象，但在市场错位时，私募股权基金往往会表现出与市场同步的行为（有时甚至会和其他轻度相关的资产形成同步）。同步行为的典型例子，就是 2008 年全球金融危机后两年内近乎彻底崩盘的总体分布以及随后的牛市高分布率，两者均给资产配置带来挑战（当然，第二个例子属于良性问题）。

组织挑战：与传统资产类别（如公开市场的股权或固定收益）相比，PE 相对新颖的特

---

[1] 第一章"私募股权基金的基本概念"对私募股权基金的机制做出了明确分析。

性以及建立和维护 PE 头寸的挑战，要求 LP 的投资委员会必须为有效执行和监督这种投资策略提供相应的资源。这就要求组织必须建立一个全新的团队，而且这个团队不仅需要从组织以外吸收拥有特定专长和经验的新型人才，还要拥有足够的预算，尤其是时间，去制订一份全面的计划。

要真正实现有价值的回报自然需要很多年的时间，而计划最终能否取得成功，显然就需要更长的时间了。对业绩进行评价和跟踪，首先需要建立合理的基准，以反映实际投资组合的具体特征，因为现有的通用性行业收益率只是一个有参照价值的起点；反过来，这又要求为建立足够的知识库而投资于系统和人员。一方面，成功的私募股权投资项目需要较长的时间和高度的一致性，而在投资组织（尤其是公共养老基金及其他与政府有关的机构）内，人才的停留时间趋于缩短，因为他们更有动机通过不断更替角色追求更具竞争力的薪酬计划和更高的自主权。显而易见，两者之间存在着不可调和的矛盾。

投资组合架构方面的注意事项

一旦决定确定启动 PE 计划，就必须着手制定相应的流程和指导原则，以确定计划的投资组合构建、基金经理的选择及整体决策过程。这个过程中，如下几点需要考虑。

目标配置结构：投资者的风险偏好将决定对 PE 的目标配置情况。不同类型的机构投资者有着不同的目标，并直接影响到他们对 PE 的偏好。公共及私营部门养老基金，在绝对数量上是 PE 最大的资金来源，依据其经常性的现金需求以及与这些计划相关的投资限制，PE 投资在其资产管理规模中平均份额在 6% ～ 8%。家庭办公室和养老基金对流动性的需求较低，就平均水平而言，为 PE 资产配置的资金比例通常可以达到两位数。图 18.2 为不同类型机构者对 PE 的目标配置占资产管理规模的百分比。

分散风险：在 PE 投资组合中，多元化的程度和具体的分配决策取决于 LP 的风险偏好、资产类别的目标收益率以及可用于构建和管理 PE 投资组合的资源。LP 可以在多个维度上实现 PE 配置的多样化，包括基金经理、投资策略（风险投资、增长型股权投资或收购投资）、地域、行业和起始年份等。除全部多样化措施所共有的"风险平滑"特征之外，在基金起始年份上的配置还有助于创造更稳定的投资计划，尤其是考虑到个别资金配置的 J 曲线效应。通常，LP 的多样化投资战略和资金配置决策依赖于对宏观经济环境的判断、对某些国家和投资策略的偏好以及投资团队的总体经验。在某种程度上，这些动态要素也适用于针对公开交易股权的主动投资和被动投资。

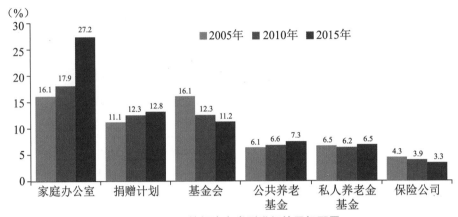

图 18.2　PE 按投资者类型进行的目标配置

资料来源：Preqin。

目标收益率：LP 对 PE 投资设定的目标收益率会直接影响到基金经理的选择、投资组合的架构及区域配置。发达市场的收益预期往往低于新兴市场的收益预期；针对处于发展后期的投资策略和针对早期阶段的投资策略，也存在类似情况，即前者的收益预期高于后者。投资组合的分散度也会影响收益预期：覆盖面更广的多样化投资组合，可以通过平滑个别基金超过或低于平均水平的业绩，降低总体收益的波动性，而集中型投资组合受个别基金业绩的影响更大，因而会出现覆盖面更大的预期收益（更好或更坏），因为将更加明显。

使用内部团队还是外包团队：LP 必须决定，是使用内部团队还是外包投资机构执行 PE 计划。这种针对自建还是外购的投资决策，将决定需要多少内部资源和专有知识。自建计划要求投资团队拥有投资专长，能构建多样化的投资组合，拥有选择基金经理方面的经验和开展基金募集所需要的庞大网络。LP 通常使用基金中基金[①]向 PE 配置资金，或是聘请顾问拟定适合于 PE 的投资目标，并通过这些途径逐步培养为 PE 基金配置资金的内部专长。即使是经验丰富的 LP，有时也要依靠外部管理者的技能（尤其是针对新兴市场）进入陌生的市场；而对于大型投资者，由于基金规模有限，无法满足这些投资者的最低投资额度，因而也需要借助外部力量向这些基金进行投资。此外，二级基金市场投资、联合投资以及

---

① 基金中基金汇聚了多个投资者的出资总额，并投资于 PE 基金的多样化组合。它们的作用是作为基金中的个别 LP，而且可以代表其客户向基金争取费率折扣。

少数股权的直接投资，往往都是借助外部优势逐步向内部投资的自然过渡。[①]

　　投资限制：机构投资者通常对允许投资的对象，尤其是不允许投资的对象（负面筛选）制定严格的限制原则。限制的对象可以是行业、地域或治理特征，以反映当地的法律规范（如伊斯兰教义）或具体的环境、社会及治理要求。[②] 补充协议的目的就在于体现个别投资者的要求并通过协议正式化。

补充资料 18.1

LP 的认缴策略

　　实现和维持对 PE 的预期资金配置是一个持续性过程，因为 LP 对这种资产类别持有的敞口受制于出资催缴的不可预测性以及基金净值的分布和演变。在通过主基金认缴建立 PE 投资计划时，随着基金经理提取资金并用于投资，LP 对这种资产类别的敞口逐渐增加；因此，LP 的目标资金配置很少是一次性实现的，而是要经历一定的时间。即使是一次性完全投入，维持对 PE 的敞口稳定依旧是一个挑战：在基金的投资期内，如果在早期出现投资退出的话，GP 就有可能已开始向 LP 返还资本，由此导致 LP 减少对 PE 的投资资本完全是不可预期的。

　　考虑到 GP 通常不会一次性催缴基金的全部已承诺认缴资金，由此 LP 会预期在已投资资本和已承诺认缴资金之间存在一个差额。为达到对 PE 的预期敞口，LP 通常会人为做出更高的承诺认缴资金，比如说以资产管理规模中对 PE 的目标配置额度为基础，外加 20% 或 30% 向 PE 做出认缴承诺。二级市场投资、联合投资以及直接投资等工具，为 LP 主动管理现有投资组合、尽快达到对 PE 的投资敞口创造了条件，不过，它们的规模通常远小于对一级市场的投资。

　　在图 18.3 和图 18.4 中，我们可以看到一个假设 LP 所持有的 PE 投资组合是如何变化的，其中，这个 LP 对 PE 投资设定的目标分配投资额为 10 亿美元。如图 18.3 所示，LP 持有的这个 PE 投资组合，只是多个 J 曲线 [③] 的叠加，而每个曲线分别代表了不同基金的现金流分布。

[①]　有关 LP 联合投资和直接投资策略的更多介绍，请参阅第二十一章 "LP 的直接投资"。

[②]　有关环境、社会和治理方面的考虑，请参见第十四章 "责任投资"。

[③]　第一章 "私募股权基金的基本概念" 对 J 曲线进行了介绍。在图 18.3 中，J 曲线为 LP 分四次分别向 PE 承诺认缴 1000 万美元对应的现金流连线。

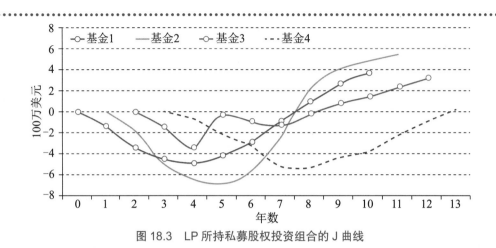

图 18.3　LP 所持私募股权投资组合的 J 曲线

图 18.4 显示了该 LP 所持 PE 投资组合的总体演变情况。[①] 为完成对 PE 的 10 亿美元目标配置，这个假设的 LP 决定，每五年内为该资产类别提供 12 亿美元的出资承诺（超额承诺了 20%）。由图中可以看到，该 PE 投资组合从第八年开始产生净现金流入，在此之前的七年时间里，每年的情况均为净现金流出。

必须审慎看待图 18.4 所示的现金流和资产净值，因为实际的资本催缴通知、基础资金的分配以及资产净值，都会可预测性较低的方式发生变化。

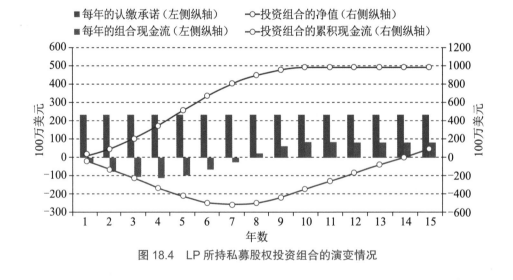

图 18.4　LP 所持私募股权投资组合的演变情况

① 在假设 LP 持有的投资组合中，所有基金均具有第一章所述 J 曲线的现金流特征，而且基金的资产净值呈现出稳定变化的趋势。此外，我们还假设 LP 在每年 1 月 1 日向投资组合做出认缴承诺，且假设的 LP 可以按相应的金额向该假设基金认缴出资。

PE 基金经理的选择

PE 投资策略的成功，在很大程度上取决于能否找到正确的基金经理和基金；业绩处于前 1/4 和后 1/4 的基金（见图 18.5）在收益率上存在巨大差异；排在前 1/4 的基金管理人的业绩具有黏性；他们拥有持续创造超额收益的能力。所有这些结论以前确实曾得到过验证，但在最近几年里，它们已开始遭到质疑。[①]

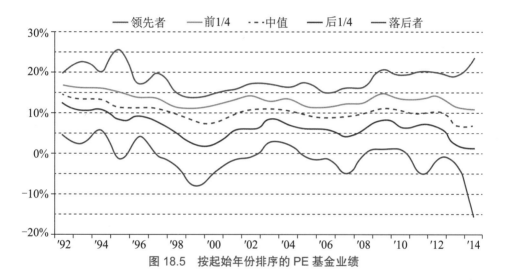

图 18.5　按起始年份排序的 PE 基金业绩

资料来源：INSEAD-Pevara。

此外，要找到来自知名经理管理的基金，也会带来更大的挑战——这些基金通常会被超额认购，并且优先认购权通常会给予有名气、有资历的 LP，因此这就增加了启动新 PE 项目的难度。

制定了清晰的多样化认缴策略，LP 的投资团队即开始对市场上形形色色 PE 基金进行评估，而后，对少数选定的潜在目标开展尽职调查，并最终锁定几个承诺出资的投资者。目前，全球共有 8 000 多家私募股权投资公司[②]，因此，LP 显然不缺少投资机会；但 LP 制定的投资策略越具体，它们的可选择范围可能就越有限。在这里，我们将详细介绍基金经理甄选过程的四个主要阶段，如图 18.6 所示。

① Harris, Jenkinson, Kaplan, and Stucker (2014).
② 相关数字指专业基金管理公司；但针对活跃基金经理的人数估计则存在很大出入（数据来源：Prequin, 2016）。

图 18.6   LP 选择基金经理的流程

自上而下的评估：投资过程的起点，就是对现有 PE 投资组合进行自上而下的审查，判断其是否符合 PE 的目标配置策略（除非是投资者不熟悉且不持有任何头寸的 PE，在这种情况下，第一个步骤是筛选）。在组合内部，对某个特定投资策略、行业或地域持有的敞口过度或不足，都可能需要通过调整恢复均衡，并借此控制新投资者认缴的优先顺序。结合对投资组合的审查，LP 通常会在当前宏观经济环境、资本市场动态和 PE 竞争格局下，评估其总体战略的竞争力。

筛选：LP 在开始基金经理甄选过程时，首先需要评估如下：基金 GP 的历史业绩、GP 投资团队的历史业绩、基金的策略及其与 LP 现有投资组合的匹配性。初步筛选的深度因基金而异；与以前接受过 LP 出资的 GP 相比，首次打交道的 GP 需要接受更深入的审查。在初期参与期间，LP 需确定是否对基金募集获得进行正规尽职调查。

尽职调查：在这个步骤中，需要深入了解与基金投资策略、团队和结构有关的每个方面。基金必须制定与当前市场环境相适应的可持续发展战略；而且这种战略必须与团队的技能、经验、历史业绩及合作经历保持一致。过去由 GP 开展且与基金战略相关的全部投资都进行接受审核，并通过与 GP 互动，评估基金经理在价值创造中发挥的作用。除投资活动以外，LP 通常还要审查投资团队的结构、GP 对基金的投资（即所谓的"风险共担，利益共享"）、GP 的治理结构，责任投资政策以及总的基本风险因素。此外，还要确保基金的法律、税收结构及其激励制度有利于实现 GP 和 LP 的利益协调。

建议和认购：在尽职调查结束后，需要向 LP 的投资委员会提交一份投资建议书，概括此次基金经理募集资金的相关风险和机会。在投资委员会层面的审议中，也有可能提出此前未曾涉及的问题，因此要通过第一轮审核，就必须通过进一步尽职调查予以澄清。得到投资委员会批准的项目将进入认购过程，即对有限合伙协议、补充协议及其他文件相关的条款达成一致。当然，每个 LP 都希望或是只允许将资金投给排在前 1/4 的基金。但收益的可预测性永远都是个难以捉摸的目标。因此，以前曾有过强劲表现的 PE 公司，会引来无数投资者的青睐。于是，这些基金往往会出现超额认购，结果反而导致投资者难以进入。这种偏向（群体性行为），再加上某些大型投资者减少 GP 关系数量的愿望，造成了 GP 的分化，将私募股权公司划分两大类：能以最快速度完成资金筹集的 PE 公司和无法实现首次交割的 PE 公司。

提高组合收益的相对价值法

克里斯托弗·鲁贝里（Christoph Rubeli），瑞士合众集团（Partners Group）合伙人兼首席执行官

随着这一资产类别越来越规范化，私募股权投资在过去 5～10 年时间里经历了巨大变迁。促成这种转型的因素是多方面的：首先，目标公司日趋国际化，而且收购交易也变得越来越复杂。其次，人们已逐渐认识到，非公开市场的收益动因与公开市场的可比公司基本相似。一方面，它们为投资者提供了价值创造机会所带来的收益；另一方面，也要经受市场波动，反映全球转型趋势。

对私人市场投资组合进行管理，已不再只是挑选最优秀的管理人：管理人可能会因不能按时筹集后续基金而暂时搁浅业务，或是因为根本找不到新投资者而彻底歇业。如果在不利条件下进行资金配置，即便是最优秀的基金经理，也有可能会比同行略逊一筹，比如说，对于 2001 年为起始年份的美国风险投资和以 2006 年及 2007 年为起始年份的欧洲风险投资，无论是多优秀的管理人，都难逃厄运。与此同时，由于深度的 J 曲线效应和居高不下的成本，LP 已不再希望采取基金中基金的运营结构。因此，私人市场已从自下而上、精品店式的机会主义模式，发展成更成熟、以流程为驱动力的系统行业。

LP 的日渐精明也让这种趋势变得更为复杂。相应地，LP 对私人市场投资组合管理的期望也发生了变化，并导致他们的需求出现了大幅升级。对强调国家或板块的 GP 来说，他们的需求通常仅限于寻找一流的基金经理者，或是追求投资的多样化。另一方面，很多 LP 正在整合对 GP 的敞口，这就将他们对整个私人市场的敞口集中到少数经理人手中。越来越多的机构投资者开始寻求提供综合性全球投资方案的 GP，通过一级市场、直接投资与二级市场投资的结合，有效缓解 J 曲线效应，降低基础费率，加快形成并提高流动性。对于公共养老基金、私人养老基金、主权财富基金或其他机构投资者，大多数情况下，他们需要的是通过混合性基金或直线对接来实施的定制目标型解决方案。

所谓直线对接，就是通过针对具体量身定做的工具，为单一投资项目配置资金；这些工具可以满足客户的不同具体投资需求，如：

- 加快对私人市场投资组合的进度，以实现预期的目标配置
- 满足特定的责任投资标准
- 强调收益率或资本增值的投资组合

● 采取在特定时间点具有相应动态的相对价值投资法，即在区域、投资类型、融资阶段或更细微层面上衡量投资的相对价值，以确定可通过转型性为资产创造收益的领域。

　　这种相对价值法往往已超越私募股权的覆盖范围，延伸到其他私人市场产品，如私募债券、私人基础设施或私人房地产等。按照这种覆盖面更广的方法，可以将资金配置到私人市场所包含的诸多领域，通过相对价值的最大化推进投资组合实施的最优化。例如，在私募股权的二级市场中，更激烈的竞争会推高产品价格，而在房地产的二级市场上，相对有限的竞争会提供更有吸引力的投资机会。

　　此外，实证证据也表明，将私募股权纳入到传统公开市场的投资组合中，有助于大幅改进组合的收益能力。扩大私人市场资金配置范围，不仅可以提高回报（或许不仅增加私募股权带来的收益提高），而且可以通过大幅降低投资组合的预期波动，实现了有效的风险分散。

　　LP 已开始寻找能以长期解决方案满足其投资需求的基金经理。我们的很多 LP 不仅要求对私人市场的资金配置达到整体投资组合的一定比例，而且要超过构建投资组合时设定的初始比例，希望以长期战略来维持这个目标配置。归根到底，对 LP 来说，这种产品应具有提高其投资组合实施积极管理的能力，如风险管理、定制型报告或是结构化的解决方案能力进行整合，并进一步拓展传统的基金中基金模式，从而实现整合性组合解决方案。

对现有 PE 组合的管理

　　一旦 PE 投资组合成型，就需要接受持续不断的加速，以维持 LP 的目标配置结构，管理不规律的现金流，并对来自各个 GP 的基金报告进行合并和评估。在这个过程中，PE 的投资者始终要面对各种挑战，我们将在下文中详细介绍其中的部分挑战。

　　监督：监督资金绩效是一个持续不断的过程，也是投资组合管理中的一个关键要素；这一点对非上市公司股权和上市公司股权投资没有任何不同之处。必须跟踪基金的变化——包括基金 GP 的投资、剥离活动以及其他所有行为，而将积极业绩与其他资产类别的业绩及基金同业业绩做比较，显然是一种明确的操作方式。业绩监督是风险管理和优化目标分配的基础。但是，以积极主动的方法进行监督，往往需要耗费大量的资源。

流动性管理：LP 管理未通知认缴资本的方式，将会影响到整个投资组合创造的收益。不同于从一开始就需要收到全部认缴资金的共同基金或对冲基金管理人，私募股权基金在整个投资期间都在向 GP 催缴资本——也就是说，根据需要，随时发出催缴出资通知。因此，这就要求 LP 在管理已认缴出资时，必须保证他们能在第一时间满足投资的资金需求。当然，以积极方式管理这些闲置资金以提高净收益或许也是一个很诱人的想法，但这种策略会提高整体 PE 投资组合的流动性风险。[①] 从长期来看，LP 可以从总体上进行规划，在已成熟基金进行投资退出形成的收入中，拿出一部分满足其 PE 投资组合的新的资金需求。因此，对一个 PE 基金组合进行积极管理，可能有助于维持 LP 对 PE 的目标敞口，保证资金在使用和分配上达成协调。

投资组合的膨胀：大多数投资者都会力求按投资委员会确定的目标，维持投资组合中对每个资产类别的总敞口相对不变（即占资产管理规模的百分比）。对于私募股权投资，这就要求将退出成功后取得的大部分收入立即进行再投资。当然，新的出资承诺只适用于正活跃于市场上的 PE 基金——也就是说，那些正在筹集资金的 PE 基金。因此，随着时间的推移，基金的 GP 数量必定会逐渐增加，这就带来一个问题：基金需要管理越来越多的 GP 关系。当然，通过将后续基金的出资权优先配置给现有 GP，可能会降低这些待管理关系的增加。但在正常的运营过程中，"膨胀性"的关系依旧难以避免，另外，考虑到投资专业人士的数量有限，因此 LP 很难与越来越多的 GP 在一对一基础上进行有效合作。我们在图 18.7 中即可明显看到，"补充资料 18.1"中替代的假设 LP 就面对这样一种情况，图表中显示，在维持每年向 PE 持续认缴 2.4 亿美元这一投资策略的前提下，投资组合中的基金数量以及基金经理关系的数量在总量上均表现为持续增长。[②]

二级市场交易、联合投资及直接投资：除对基金的基本配置渠道以外，LP 还可以通过其他方式增加对 PE 资产类别持有的敞口。例如，他们可以通过二级市场交易收购成熟基金的股份，调整 PE 组合的起始年份结构，为接触潜在 GP 创造机会，并进一步实现投资组合的多样化。[③] 此外，还可以通过二级市场交易，清空 LP 持有的股份，缓解组合膨胀带来的压力。通过二级市场交易，增加组合中现有 PE 基金的敞口，也是防止投资组合持续膨胀（即加大对已知基金的比例，从而减少了对未知基金的配置）的一种有效选择。经过长时间的感悟，很多经验丰富的 LP 可能会喜欢上联合投资（或称跟投，即和 GP 同步直接买入被投资公司

① 有关 PE 的风险以及降低风险的深入讨论，请参阅第二十三章"风险管理"。
② 我们假设，在投资组合中，所有基金的存续期均为 10 年，按照这个假设，从第 10 年起，由于新的基金会取代到期的基金，因此在整个投资组合中，基金的数量以及基金经理关系的数量开始停滞。
③ 有关二级市场交易的其他介绍，请参阅第二十四章"私募股权的二级市场"。

的股权），或是通过直接投资改善组合的财务特征，对投资组合的配置进行微调。①

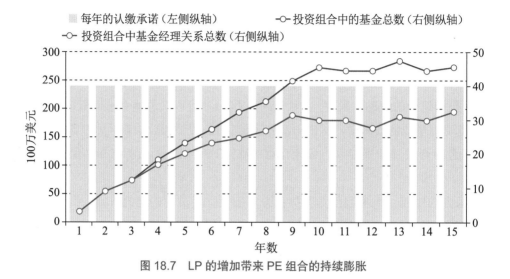

图 18.7　LP 的增加带来 PE 组合的持续膨胀

　　分母效应（denominator effect）：分母效应是指市场在进入强烈震荡时，由于 LP 持有的股票投资组合价值出现大幅暴跌，从而造成资产配置问题。在市场剧烈震荡期间，流动资产，尤其是 PE 的估值调整相对缓慢，甚至有可能维持不变。因此，LP 的投资组合总价值（分母）下跌速度要快于配置给 PE 资产（分子）部分的贬值速度，这就导致 LP 所持有的 PE 敞口占资产管理规模的比例相对提高，而且通常会大大超出设定的目标配置率。按照既定的投资目标，很多 LP 会要求将 PE 资产类别的比例压缩到目标配置率以外，因此，这种情况就有可能促使它们采取二级市场交易等方式，强制性减少对 PE 的敞口，或在压力期内暂时停止进行新的投资。

本章小结

　　近年来，将投资组合的主要部分专为持有 PE 已成为很多大型机构投资者的头等大事；由于市场利率接近历史最低点，因此以传统投资组合实现可接受的长期目标收益率已成为他们的最大挑战。然而，要成功兑现 PE 投资策略，不仅需要熟知这个行业的方方面面，还

---

①　有关直接投资的其他介绍，请参阅第二十一章"LP 的直接投资"。

需要有长期性战略并投入大量难以转换的资源。

基本学习要点

- 在投资 PE 基金这一资产类别之前，机构投资者必须用大量时间去了解和评估 PE 的诸多特征（特征和优点）。
- 在构建多样化的投资组合时，必须充分考虑 LP 的风险偏好、目标收益率、内部能力和投资限制政策。
- 在既定政策范围内选择合适的私募股权基金和管理现有投资组合，是 LP 投资流程中的最后一步，但也是一项需要持续不断的工作。

相关案例研究

摘自《私募股权案例》

案例 2：走向直接化：来自教师私募投资公司（Teachers' Private Capital）的启发

案例 4：达成目标：以瑞士合众集团实现私募股权投资组合的优化

参考文献和附加阅读

Harris, Robert S., Jenkinson, Tim, Kaplan, Steven N. and Stucke, Rüdiger (2014) Has Persistence Persisted in Private Equity? Evidence from Buyout and Venture Capital Funds, Darden Business School Working Paper No. 2304808; Fama-Miller Working Paper, February 28, https://ssrn.com/abstract=2304808 or http://dx.doi.org/10.2139/ssrn.2304808.

Jenkinson, T., Harris, R. and Kaplan, S. (2016) How do Private Equity Investments Perform Compared to Public Equity? *Journal of Investment Management*, 14(3): 1–24.

Lichtner, K. (2009) How to Build a Successful Private Equity Portfolio, *Thunderbird International Business Review,* 51(6), Version of record online: October 19, http://onlinelibrary.wiley.com/doi/10.1002/tie.20296/pdf.

Private Equity Navigator (PEN). Model portfolio published twice annually by INSEAD's Private Equity Center (GPEI). http://centres.insead.edu/global-private-equity-initiative/research-publications/private-equity-navigator.cfm.

第十九章　业绩报告

业绩报告是普通合伙人（GP）在整个持有期内必须履行的一个正规程序，旨在向有限合伙人（LP）沟通基金活动和中期收益情况。虽然投资或基金的现金收益率在完全退出（或实现）之前还无法确定，但基金的中期业绩仍然可以为基金中的 GP 和 LP 提供重要信息。对 GP 而言，基金的中期业绩在筹集后续基金过程中发挥着关键作用；而对于 LP，中期业绩则是他们确定如何在投资组合中配置私募股权供重要依据。

鉴于中期业绩报告的核心作用，因此，它所采用的方法和指标以及使用情况均需受到基金 LP 的深入审核。虽然确定基金中期业绩所需要的步骤相对简单，但在这个过程中，每个步骤中采用的不同估值技术都有可能造成结果不可直接比较。再加上对未实现投资估值所依据的主观性假设，使得中期的基金估值成为 GP 和 LP 关系中最容易引发争议的问题之一。

本章介绍了编制基金中期业绩报告所采取的步骤，从而取得对个别公司的估值以及基金层面的业绩总额和业绩净额，并强调在此过程中需要考虑的潜在问题。在本章最后，我们深入探讨了对 PE 和公开市场表现进行比较所采取的方法。

中期基金业绩

PE 基金的业绩表现按季度向基金的 LP 提交。这些季度报告涵盖了基金在该期间内所投资公司的价值以及基金的整体业绩表现。图 19.1 显示了将基金所投资公司的价值转换为基金业绩总体指标和净指标所采用的基本步骤。

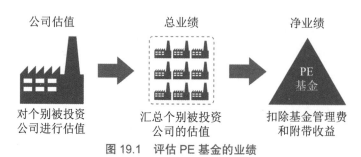

图 19.1　评估 PE 基金的业绩

大多数有限合伙协议要求 GP 需要报告基金投资在基准日的公允市场价值、基金的资产净值（NAV）和总投资倍数（multiple of money invested, Mom）及其内部收益率（IRR）。（有关如何进行这些计算的详细介绍，见下文关于总体业绩的部分。）首先从总体业绩数据开始，通过进一步调整，扣除与基金相关的收费和附带收益的结果就是净额，即 LP 所得到的现金收益。实际上，由 GP（或 GP 的外部基金管理人）计算总收益和净收益已成为通行做法。LP 只需能复制报告即可，并在必要的情况下将 GP 提交的报告与其他基金进行对比。

在下文里，我们深入探讨一下中期业绩报告涉及的三个步骤。

公司估值

在估值过程中，首先要确定每个被投资公司已实现和未实现价值。确定一笔投资已实现价值的方法较为直接，也就是说，已实现价值等于基金从被投资公司中成功退出部分或全部仓位所带来的收入。确定公司的未实现价值更为重要，而且主观性也更强。以往，GP 在估算对被投资公司的未实现价值时，完全以 LP 的实际投资成本为准，并在整个持有期内保持不变，直到退出时才会考虑是否发生减值，而且即使发生减值，也很少会调整投资估值（除进入新投资轮或出售主要资产等市场性交易，才会考虑调整公司估值）。但在 2009 年全球金融危机之后，"公允价值"概念已成为市场的通行标准。[①]

基金的"公允价值"（fair value）可定义为：通过报告日在市场参与者之间进行的交易中，基金通过出售资产实际可收到的价格。GP 按照确定公司初始估值的方法估算被投资公司未实现的公允价值，即使用近期同业交易、可比上市公司或被投资公司本身投资实现的估值倍数。在确定了投资的未实现的非流动企业价值之后，必须扣除全部多余资产或负债。最后，再扣除求偿权优先于 PE 基金的财务工具根据，即为基金在被投资公司所持有股权的公允价值。

虽然 GP 在确定非上市投资未实现价值时需要一定程度的判断，但仍要首先考虑风险和收益的市场化度量方法，以最大限度减少会计方法的影响。除采用可比公司和近期的指标以外，公允价值还要考虑当前的市场状况，剔除因暂时性市场失衡或快速变现造成的非正常增值或减值。用于确定基本面价值的技术——包括贴现现金流或实物期权估值，也可以为公允价值提供参考，并用于对市场化估值进行调整。

---

① 在国际私募股权及风险投资 2009 年首次发布的《国际私募股权及风险投资估值指南》中，最早对"公允价值"概念作出了明确解释，这个概念已得到全球 20 多家 PE 和风险投资协会的采纳。（《估值指南》的最新版本见 http://www.privateequityvaluation.com/valuationguidelines/4588034291）。

针对非上市公司投资的未实现价值，相关学术研究均强调 GP 和 LP 之间的分歧和潜在利益冲突。譬如，最近一项研究结果显示，[①] 在某些情况下，长期以来，未实现投资的估值一直被用于平滑中期业绩，最明显的手段就是在熊市期间人为放大被投资公司的估值。同一研究还表明，在基金存续期内，被投资公司在初期的未实现价值与基金的最终现金收益能力不存在明显的相关性。

> 补充资料 19.1
> ## 公募股权的未实现价值
>
> PE 也会投资于上市公司——譬如因直接投资于上市公司而持有的股权，首次公开发行后没有退出的剩余股份，或是上市公司收购被投资公司，这种股权需要采用不同的方式进行估值。虽然可以使用上市公司股票的市场价格作为估值基础，但要反映股权的公允价值，可能还需要进行一定的调整。比如说，PE 基金可能持有公司较高比例的自由流通股或上市股份；虽然持有上市公司大多数股权可能会带来"控制权溢价"（尤其是在通过优先股或控制董事会等其他权利实现控制的情况下），但也可能造成非流动性折价，因为这部分股份一旦出售或者预期出售，股价就有可能因大量减持而下跌。
>
> 此外，对于上市公司未实现的投资，GP 和 LP 对市场风险可能会有不同的判断。有些人可能更愿意长期持有——以最大限度地提高投资倍数，或是利用特定行业的稀缺投资机会。有些人或许更希望尽早退出——以实现投资的 IRR 达到最大化，规避因持有上市公司股份而向 PE 支付费用。因此，GP 可以决定将上市公司股份进行"实物"分配，让每个 LP 都根据他的偏好进行操作。[②]

总体业绩指标的计算

有了被投资公司的已实现价值和未实现估值，GP 就可以计算出一系列基金层面的业绩指标，包括基金的投资倍数、资产净值和内部收益率。计算每笔投资的投资倍数乃至基金投资倍数的方法较为简单直接：股权的已实现价值和未实现估值之和除以对被投资公司的实际投资成本，即可得到投资倍数。同样，在计算资产净值时，只需将基金对被投资公司所持股权的未实现价值加总，即为可投资的净值。但基金的内部收益率计算过程相对复杂，

---

① Phalippou & Gottschalg (2009).
② 有关对 PE 基金的相关费用和成本，请参阅第一章"私募股权基金的基本概念"和第十六章"创建基金"。

而且还存在诸多争议之处，因为按照不同的内部收益率计算方法，基金的业绩也不尽相同。

图 19.2 显示了一份虚构的基金业绩报告，该报告提供了按各季度提交给 GP 的详细总体业绩统计数据。在这个图表中，我们尤其要关注针对基金资本的 IRR，结果之所以不同，就在于选取的计算方法不同。从基金本身整体业绩层面上看，针对同一被投资公司的 IRR 各不相同，在 12% ～ 33% 不等，造成这种差异的唯一原因，就是选择的计算方法。（针对 IRR 报告存在的种种分歧和矛盾，可参见下文"IRR 难题"。）

	假设的基金								背景		

大收益成长基金
投资计划，2015年9月30日
金额单位：100万美元

公司名称	行业	起始投资日期	投资总额	已实现价值	未实践价值	价值合计	投资倍数合计	总IRR	价值基数	退出年度	退出方式
公司1	服务	3月12日	18.5	18.5	0.0	18.5	1.0	0%	已实现价值	2013	回购
公司2	技术	4月12日	15.0	60.0	24.0	84.0	5.6	65%	已实现价值/约定价值	2015	市场转让
公司3	大宗消费品	9月13日	22.1	0.5	0.0	0.5	0.0	-100%	已实现价值	2014	注销
公司4	清洁技术	9月13日	9.1	0.0	40.9	40.9	4.5	136%	报价	2015	IPO
公司5	工业	6月14日	61.5	0.7	82.1	82.8	1.3	25%	估值倍数	未退出	
公司6	金融服务业	9月14日	32.2	0.0	45.0	45.0	1.4	36%	第三方交易	未退出	
公司7	金融服务业	11月14日	65.9	0.0	65.9	65.9	1.0	0%	成本	未退出	
合计			224.3	79.7	257.9	337.6	1.5				

算数平均值	23%
加权平均值	12%
总现金流的IRR	33%

图 19.2　针对总业绩的统计数据

业绩净指标的计算

为得到基金的净业绩指标，LP 必须调整最先得到的总体业绩指标——包括投资信数和内部收益率，考虑支付给 GP 的所有费用或是对 GP 的利润分配，其中就包括（但不限于）每年支付给 GP 的管理费和附带收益。[1] 这些费用或提成会给基金投资者最终得到的净业绩或是拿到手的净利润带来非常大的影响。按韬睿惠悦咨询公司（Towers Watson）提出的模型估计，如果一只基金的年度总收益率为 20%，那么在扣除全部费用总额的净收益率则是 13.7%。[2] 图 19.3 中的例子解释了基金净业绩指标的计算方法。

---

① 有关对 PE 基金的相关费用和成本，请参阅第一章"私募股权基金的基本概念"和第十六章"创建基金"。
② 这种情况甚至需要假设，投资在整个投资期间平均分配，且投资定期退出并实现收益。资料来源：Towers Watson (June 2010) PE Emerging from the Crisis。

在 GP 发出下一次催缴出资通知之前，必须对 LP 已认缴但尚未用于投资的资金进行管理。针对如何使用这笔未提取的认缴资金进行投资，LP 的选择会给基金的业绩带来进一步影响，并最终影响到 PE 投资组合所实现的"真实"净收益。 LP 可能有动力以更积极的方式管理这笔资金；尽管这样可以增加收益，但也会带来风险——在出现投资机会而需要资金时，有可能无法收回这笔钱。

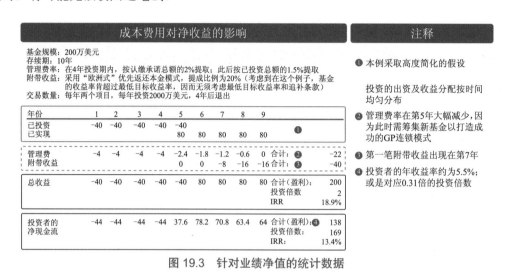

| 成本费用对净收益的影响 | | | | | | | | | | | 注释 |

基金规模：200万美元
存续期：10年
管理费率：在4年投资期内，按认缴承诺总额的2%提取；此后按已投资总额的1.5%提取
附带收益：采用"欧洲式"优先返还本金模式，提成比例为20%（考虑到在这个例子，基金的收益率肯超过最低目标收益率，因而无须考虑最低目标收益率和追补条款）
交易数量：每年两个项目，每年投资2000万美元，4年后退出

年份	1	2	3	4	5	6	7	8	9		合计
已投资	-40	-40	-40	-40	-40						
已实现					80	80	80	80	80	❶	
管理费	-4	-4	-4	-4	-2.4	-1.8	-1.2	-0.4	0	合计: ❷	-22
附带收益					0	0	-8	-16	-16	合计: ❸	-40
总收益	-40	-40	-40	-40	-40	80	80	80	80	80 合计(盈利):	200
										投资倍数:	2
										IRR:	18.9%
投资者的净现金流	-44	-44	-44	-44	37.6	78.2	70.8	63.4	64	合计(盈利): ❹	138
										投资倍数:	1.69
										IRR:	13.4%

注释：
❶ 本例采取高度简化的假设
投资的出资及收益分配按时间均匀分布
❷ 管理费率在第5年大幅减少，因为此时需筹集新基金以打造成功的GP连锁模式
❸ 第一笔附带收益出现在第7年
❹ 投资者的年收益率约为5.5%；或是对应0.31倍的投资倍数

图 19.3　针对业绩净值的统计数据

业绩报告 2.0

彼得·费雷拉（Peter Freire），机构有限合伙企业协会（Institutional Limited Partners Association, ILPA）首席执行官

在有限合伙人评价私募股权管理人（GP）时，我们必须在权衡诸多要素之后，才能进行投资决策。而在这些考虑因素中，最根本的基础就是要深入了解 GP 的净业绩指标（即考虑到全部收费费用后的业绩净指标）。在当今持续发展的 PE 市场中，LP 考虑的是如何减少 PE 投资组合中需要管理的 GP 关系数量，因此对可选择的 GP 进行精准比较正在变得越来越重要。在这里，我们对三个方面进行了研究，在这些领域中最重要的一点是，LP 必须在评估投资净指标时采用相互一致的衡量标准。

首先，无论规模大小或是采取何种组织类型，几乎所有 LP 都开始加倍关注成本问题，因为在他们的私募股权基金组合中，这些构成了总体指标和净指标的差异。

通过找出造成 LP 总收益与其净收益（相当于投资者的"底线"）差异的重要因素，LP 可以对基金管理人的效率做出准确评价，了解基金投资项目的机会成本，并确保 LP 和 GP 之间的利益协调性得以维系。根据机构型有限合伙企业协会近期提出的指南（《ILPA 报告模板》），LP 现在可以采用行业标准披露管理费、基金费用、附带收益以及被投资公司的费用。因此，LP 将会得益于效率和准确性更高的成本及业绩监督。

其次，除监督管理费和基金费用之外，LP 还要密切关注净 IRR 业绩数据，以便对 GP 投资策略在以往取得的成功（及未来成功的概率）做出判断。影响净 IRR 可比性的一种当前市场趋势，就是信贷便利使用的增加。GP 开始利用这些工具有效管理投资资金需求，减小基金存续期开始时的总指标和净指标之差。尽管这种方法的使用已趋于普及，但相应的市场规范尚未形成，因此我们可以预见，这种做法在整个行业内会出现形形色色的表现形式。基于这种多样性和多变性，LP 社区自然希望衡量净收益中由这些信贷便利创造的部分，其目的包括两个方面：第一，剔除由信贷设施创造的部分业绩，以便于 LP 能更准确地将基金净收益与业内的其他 GP 进行比较；第二，可以帮助他们了解基金管理质量和投资项目对净收益的贡献率。

最后，基本投资业绩的差异以及其他方面的原因也会导致净投资倍数（如投资总价值与实际投资成本之比）在 GP 之间出现差异。在以不同方式重新催缴出资时，就会出现这种情况；在计算投资倍数时，如果对用于重新认缴的分配采取不一致的处理方式，这种差异还会进一步加大。因此，为提高同业之间的可比性，整个行业应采用"全球投资业绩标准"（GIPS）的标准方法，以相同的衡量方法计算可重新认缴的资本和其他所有收入分配，而不是采用扣除累计贡献后的净值，也就是说，在投资倍数时，应将重新认缴的资本加到分子中，而不是从分母中扣除。

尽管 PE 行业还将继续发展，但深入了解净收益永远是 LP 思维定式的核心。《ILPA 报告模板》的使用以及一致性的收益，必将提升 GP 这个群体在 LP 心目中的地位。

内部收益率（IRR）难题

IRR 是 PE 行业的首选业绩指标，它等于项目未来现金流的净现值为零时所采用的折现率。尽管这个指标已得到了普及并被业界所接受，但计算 IRR 所采用的假设以及它在实践中的使用，始终颇受争议。

IRR 的主要缺点之一，就是内置的"再投资假设"，也就是说，在基金的存续期内，分配给 LP 的收益将按退出时形成的 IRR 重新再投资于基金。因此，在 PE 基金存续期的初期阶段，因成功退出而形成的高内部收益率（＞25%）有可能会夸大整个基金的真实财务业绩，因为在剩余的基金存续期内，按同样高的 IRR 进行投资的概率为低——尤其是 PE 基金所固有的封闭性特征，会禁止投资者将资金重新投资于已进入剥离阶段的其他基金（而且这些特征恰好拥有与已退出投资最相近的风险收益特征）。[①] 可以说，正是因为 IRR 的这种计算方法，使得 GP 有足够的动力，争取在基金存续期的早期阶段尽快退出投资，从而为基金锁定一个较高的内部收益率。[②] 由此而来的另一个问题是，IRR 没有考虑到 LP 在重新认缴之前因持有资金带来的成本，只不过这个问题的影响相对有限。

除这个主要缺点之外，IRR 还存在其他问题。首先，GP 使用这个指标的方法千差万别；在缺乏明确的行业标准情况下，通过汇总个别投资内部收益率得到基金层面总体收益率的方法也不尽相同（如图 19.2 所示）。这就使得 LP 难以对不同基金的 IRR 进行比较。其次，IRR 是一个绝对指标，而不是按相对于基准收益率或市场收益率得到的，这本身就降低了这一指标的可比性。

迄今为止，PE 行业尚未在这个问题上形成普遍接受的一致性标准。[③]

修订的内部收益率（MIRR）

修订的 IRR（MIRR）克服了标准 IRR 模型在再投资假设上的弊端，而是假定 LP 的正现金流量以资本成本或广义上的公开市场标准进行再投资；此外，修订模型还考虑了尚未认缴或者没有用于再投资资金的成本，这一点也不同于标准的内部收益率模型。按照更现实的再投资假设及资本成本假设，通过对标准 IRR 的修订，使得 MIRR 可以更准确地衡量 PE 业绩。对既定的投资组合，将 IRR 替换为 MIRR 后的计算方式如下：对于在早期退出的"超级明星式"基金，它们的再投资收益率将回归更合理的区间，而对早期退出时遭遇亏损的基金，也不会继续因为一个不合理的假设而受到处罚：所有投资（甚至是未投资资金）都会亏本。通常，MIRR 方法会导致强势基金和弱势基金出现极端性结果，如图 19.4 所示。

[①] Huss（2005）.

[②] 有关 MIRR 的更多信息，请参阅 GPEI-Pevara 有关 PE 行业业绩的报告：http://centres.insead.edu/global-private-equity-initiative/。

[③] Ang and Sorensen (2012).

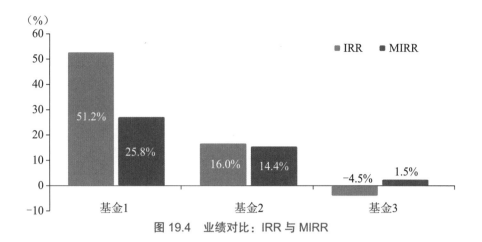

图 19.4　业绩对比：IRR 与 MIRR

补充资料 19.2

PE 与公开市场股权投资组合的比较

对于 LP，投资委员会经常要求比较 PE 基金和传统资产类别的业绩；但这种比较远非简单。不同于上市公司或其他可自由交易工具（上市公司股权），PE 的业绩报告在很大程度上依赖于对非上市、非流动性投资的中期估值，这些中期估值结果显然缺乏透明度，至于进行可靠的"市场价值"比较就更不可能了。此外，决定 PE 资产类别业绩的往往是拥有极端业绩的基金，而这些异常值显然是难以"指数化"的，更重要的是，它们的风险收益特征也完全不同于传统资产类别。事实上，即便是构建系统性的 PE 投资组合（比如说，投资于 PE 基金的指数）都是不现实的，这一点同样有别于公开市场，因为在公开市场上，可以采用最直接的方法构建多样化的投资组合。

此外，作为 PE 行业的标准业绩指标，无论是内部收益率（IRR）还是投资倍数（MoM），都不能与流动性资产类别进行直接比较，因为流动性资产类别的估值和收益率通过每天的市场价格即可轻易得到。IRR 考虑的是现金流的发生时间和规模，而股票指数则是时间加权的收益指标。尽管将 PE 基金与股票市场进行比较无异于对比苹果和橘子，但人们依旧在寻找更现实的比较方法。

公开市场等价标准（public market equivalent，PME）

一种常用的方法就是使用公开市场等价标准（PME）方法，这种指数性指标考虑了 PE 现金流在时间上的不规则性。按照 PME 方法，我们可以将针对 PE 基金的投资与公开市场基准指标（如标准普尔 500 指数）的等价投资进行比较。这种方法假设，通过 PE 基金催缴出资和收入分配产生的所有现金流，都可以复制到公开市场指数中；然后，将这些调整后的收益率与 PE 基金的现金收益率（扣除费用）进行比较。需要澄清的是：PE 基金每出一次催缴通知，都对应一次对公开市场指数的等价购买，而每次分配则意味着需要出售相应的指数股份；指数投资形成的美元加权收益率回报，就是该 PE 基金的公开市场等价标准。显然，基准指数的选择非常重要，而且只有使用总收益指数才能进行有意义的比较。

尽管 PME 方法是一种有效的直接方法，但它也有自己的问题。PME 依赖于每个时间区间结束时所比较的资产净值。但这很可能具有误导性，因为这个数据来自基金经理的报告，而且它假设投资组合中的剩余头寸可以按引用的资产净值在市场上轻易出售。因此，PME 方法通常只用于剩余资产净值非常小的成熟型基金。

时间加权收益率（time-weighted return）

凭借现代投资组合管理工具和系统，今天，LP 可以计算出投资组合的时间加权收益率，该指标可以和在公开市场中有市场价格的有价证券进行直接比较。如无法得到真实的时间加权收益率，还可以对 PE 投资组合取得的定期 MIRR 收益指标进行几何加权，作为时间加权收益率的近似估计。

为进一步探究这个问题，INSEAD 的全球私募基金投资研究小组采用这种方法，计算出 INSEAD-Pevara 数据库中近 3000 个机构性基金的季度 MIRR，由此得到 PE 基金行业的广义业绩指数。在设定资本成本的同时，假设基金的再投资收益率等于可比公开市场指数的长期收益率，任何超过或低于指数的超常业绩即可视为 PE 的"超额收益"（相当于 PE 基金阿尔法系数）。根据这些机构型 PE 披露的基金层面现金流，该研究发现：针对相同的时间点和市场地域，PE 的收益能力始终优于可比的公开市场指数。

利用这一 PE 指数，图 19.5 显示了 PE 与可比公开市场指数的年化收益率，其中，对应收益率是在 2015 年年底之前任何时点进行投资并在 2015 年年底退出的投资。例如，PE 和 MSCI 分别在 2005 年年底进行一笔投资，并在 2015 年年底退出，两者的 10 年期年均收益率分别为 10.3% 和 6.3%。

但在全球金融危机后的短时期内，投资者对 PE 的资金配置率始终超过对公开市场的可比投资（在上述时期内的任意一天）。

应该注意的是，以这种方式进行行业业绩比较是有缺陷的。通过构建 PE 指数来衡量整个行业的业绩，过度简化了 PE 投资所面对的诸多挑战：比如说，在比较期间内，基金全部投资于指数这一假设没有考虑到构建和维持相同 PE 敞口的难度。此外，在没有可靠数据来源的前提下，跟踪整个 PE 行业的业绩显然是一个伪命题，这样的业绩自然少不了争议。然而，PE 指数的优异表现依旧为机构投资者认识这个资产类别提供了思路。

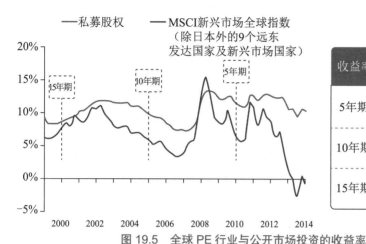

收益率	私募股权	MSCI指数
5年期	12.0%	6.7%
10年期	12.0%	6.3%
15年期	9.0%	7.9%

图 19.5　全球 PE 行业与公开市场投资的收益率

资料来源：Bloomberg，INSEAD-Pevara，作者分析。

本章小结

　　在持有期间对投资组合投资进行估值，并对这些结果进行汇总，从而得到基金的中期总体业绩指标和净指标，它们是 GP 和 LP 最重要的信息。对 GP 而言，基金的中期业绩对筹集后续基金的能力至关重要；而对于 LP，它是 PE 投资组合结构的重要决策依据。然而，LP 必须意识到，基金的中期业绩评估过程中存在诸多需要注意的问题和缺陷。

基本学习要点

- 鉴于 PE 投资的非公开属性，在投资持有期间，取得基金投资的公允价值可能是一项极其复杂而又充满争议的过程。
- 作为衡量 PE 的主要业绩指标，只有深刻理解投资倍数（MoM）和内部收益率（IRR）的内涵和约束，才能更合理地比较 PE 基金。
- 将 PE 投资组合的业绩与流动性资产的业绩进行比较并非毫无意义；PME 和时间加权收益率是比较可行的业绩衡量方法。

相关案例研究

摘自《私募股权案例》

案例 4：达成目标：以瑞士合众集团实现私募股权投资组合的优化

案例 8：新兴市场的私募股权：经营优势能否提升退出价值？

参考文献和附加阅读

Ang, A. and Sorensen, M. (2012) Risks, Returns, and Optimal Holdings of Private Equity: A Survey of Existing Approaches, accessed from: http://ssrn.com/abstract=2119849.

Brown, Gregory W., Gredil, Oleg and Kaplan, Steven N. (2016) Do Private Equity Funds Manipulate Reported Returns?, Fama-Miller Working Paper, August 1, available at SSRN: https://ssrn.com/abstract=2271690 or http://dx.doi.org/10.2139/ssrn.2271690.

Huss, M. (2005) Performance Characteristics of Private Equity: An Empirical Comparison of Listed and Unlisted Private Equity Vehicles, accessed from:http://ict-industry-reports.com/wp-content/uploads/sites/4/2013/10/2005-Performance-Characteristics-of-Listed-and-Unlisted-Private-Equity-Vehicles-Huss-Uni-Basel-Oct-2005.pdf.

International Private Equity and Venture Capital Valuation Guidelines (2015) Developed by the IPEV board with endorsement from over 20 PE and VC associations globally, December. http://www.privateequityvaluation.com/valuation-guidelines/4588034291.

Jenkinson, T., Harris, R. and Kaplan, S. (2016) How do Private Equity Investments Perform Compared to Public Equity?, *Journal of Investment Management*, 14 (3):1–24.

Kaplan, Steven N. and Schoar, Antoinette (2003) Private Equity Performance: Returns, Persistence and Capital Flows, MIT Sloan Working Paper No. 4446-03; AFA 2004 San Diego Meetings, November, available at SSRN: https://ssrn.com/abstract=473341 or http://dx.doi.

org/10.2139/ssrn.473341.

Mulcahy, Diane, Weeks, Bill and Bradley, Harold S. (2012) We have Met the Enemy…
and He is Us, Kauffman Foundation, May, http://www.kauffman.org/ ～ /media/kauffman_org/
research%20reports%20and%20covers/2012/05/we_have_met_the_enemy_and_he_is_us.pdf.

Phalippou, L. and Gottschalg. O. (2009) The Performance of Private Equity Funds. Oxford
University Press: *Review of Financial Studies*, 22(4): 1747–1776, SSRN:https://ssrn.com/
abstract=473221 or http://dx.doi.org/10.2139/ssrn.473221.

Private Equity Navigator (PEN). Model portfolio published twice annually by INSEAD's
Private Equity Center (GPEI), http://centres.insead.edu/global-private-equity-initiative/research-
publications/private-equity-navigator.cfm.

第二十章 基金的终止

本书第四部分以较大篇幅介绍了私募股权（PE）基金的资金筹集和管理以及有限合伙人（LP）的投资组合。在这个部分的最后一章里，我们将讨论如何退出投资并终止基金。

理论上，PE基金应在10～12年（2年为基金的标准延期时间）最终交割。一旦基金终止，其GP和LP对基金就不再承担任何法律义务。

但在现实的很多情况下，基金在规定的存续期满后并不会终止。截至创作本书时的估计，PE退出全部投资的平均时间约为15年，超出标准的"10+2"模式。延长基金存续期的目的通常是为了审慎退出投资组合中的剩余资产，而且有利于保证基金GP和LP的利益最大化。但在由GP单方推动的延期情况下，延期可能会引发严重的委托代理冲突。如GP的当前收入和预期收入完全由管理费或监督费构成，那么就有可能形成所谓的"僵尸基金"，这就需要由基金的LP出面协调解决。

本章将首先介绍常规的解散、清算和终止基金过程。随后，我们继续探讨在尚有未实现资产的情况下，如何采取具体的基金终止解决方案。本章的最后一部分将重点介绍僵尸资金，以及LP和GP为解决这个问题而采取的可能措施。

PE 基金的清算

为终止构建为有限合伙企业形式的PE基金，需要采取的法定程序包括如下三个步骤：解散、清算和终止（见图20.1）。

图 20.1　PE 基金的终止过程

解散：解散事件触发的过程将最终导致合伙关系的终结，并结束GP和LP对基金承担的义务。有限合伙协议（LPA）中定义的解散事件通常包括基金预先确定的存续期届满、投资期终止后处置清理全部基金投资、LP 以绝大多数投票通过终止基金（非违约条款）、关键人事件（即某个关键人物离开基金）或是某个 GP 破产。只要出现上述事件之一，基金解散即被处罚。但基金剩余资产分配（清算）且基金的有限合伙企业资质被取消（终止）之前，合伙关系尚未终止。

清算：一旦解散事件发生，就必须开始逐步关闭并最终清算全部剩余资产。要终止基金，必须偿还全部未偿结清的基金债务。通常情况下，GP 负责在预先确定的短时间内对基金的剩余资产进行清算。对于出售剩余资产取得的全部所得，首先用于支付清算费用，随后需偿还基金债权人的未偿还债权，余额作为准备金用于支付未来发生的各种基金负债；之后，剩余的全部退出收益将根据基金规定的分配顺序进行最终分配。[1] 基金关闭过程中，通常需计算应由 GP 回拨给基金的金额，GP 约收到的任何超额附带收益应重新分配给基金的 LP。

终止：在对基金持有的剩余资产完成清算后，即可终止合伙企业。为确保终止程序正式生效，必须最初申请有限合伙企业经营执照的司法机构提交注销申请并取得相应的批准文件。到此为止，基金正式终止，不再具有法人身份。LP 收到基金的最终财务报表和纳税报告。

基金终止存续期的可选方案

在进入终止过程时，如基金持有尚未实现的资产，那么这些未实现资产有可能无法按可接受的条款及时进行清算，就也是 LP 最关心的问题。这种基金过度扩大投资组合，以至于需要 LP 投入大量的时间和资源去监督它们，与投资规模相比，这些投资对收益增量的贡献率却相对很小。在这种情况下，LP 是否愿意为基金继续投入资源，对基金的未来发展走向至关重要。

在如何管理拥有未实现资产的基金这个问题，基金的 GP 及其 LP 有多种可供选择的方案。但它们最终选择的方案[2] 往往取决于如下两个基本要素：LP 对 GP 的信任度以及基金的业绩。图 20.2 按这两个标准对可供选择的基金终止方案进行了归纳。

---

① 有关分配顺序（分配瀑布）的更多信息，请参阅第十六章"创建基金"。

② 由于存在风险的资本在数量上非常少，与股权相关的剩余收益很有限，最重要的是，处理各种存在争议且极其耗时的潜在问题对他们的个人职业生涯几乎没有任何好处，因此 LP 在现实中一直不接受这样的基金。

稳定状态下的方案

在临近基金存续期结束时，如果 LP 和 GP 的利益保持一致，而且基金又拥有好的业绩，那么，可以积极采取一系列标准方案规避基金终止。最常见的方法就是延长基金存续期，从而通过延长 GP 的投资时间而借助被投资公司创造价值，并避免因投资公司破产清算而被迫退出投资。其他方案包括将对被投资公司持有的股权对基金的 LP 进行实物分配；将资产转让给清算信托机构或是将投资组合出售给其他买方。在这些方案中，LP 和 GP 通常会保持良好状态，双方密切合作，共同解决面对的问题。

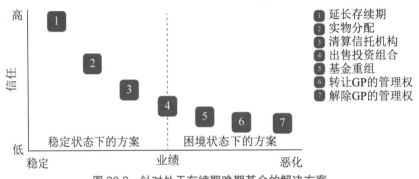

图 20.2　针对处于存续期晚期基金的解决方案

延长期限并调整基金条款：私募股权基金的存续期是可延长的，通常可在 10 年的目标期限基础上延长两年。基金存续期的延长可以由基金的 GP 独立决定，或是有基金的 LP 顾问委员会投票决定。尽管超过两年的延期也是很常见的事情，但 LP 通常会要求 GP 降低管理费率和附带收益提成比例或是提供基金的最低目标收益率，以此延长基金的前提条件，以防止 GP 通过延长持期而最大限度提高其管理费收入或附带收益。

实物分配：在这种情况下，GP 将以可交易的有价证券形式对基金资产进行实物分配，在这里，有价证券通常是被由被投资公司通过首次公开发行的上市公司股票。虽然实物分配形式将市场风险和复杂性从基金转移给 LP，但它们仍是解决终止基金问题更直接的方法之一。

清算信托：在按照这种方案，未实现的基金资产转入清算信托机构，清算信托机构是一个新组建的实体，以基金的 LP 作为信托受益人。通过这种信托，GP 可以和基金彻底划清界限，避免在清算过程中扮演重要角色。清算信托机构收取的费率通常低于最初的基金，而且可以根据需要进行更被动的管理。

通过二级市场交易出售对被投资公司的股权：GP 还可以在二级市场上出售基金对被投

资公司持有的剩余股权。[①] 这种交易是一种直接的二级市场交易形式，交易对象是基金对被投资公司的股权。在这种情况下，单一的二级市场买方通常需收购基金所持有的全部未实现资产。这种交易可以为 LP 提供流动性，让 GP 集中精力管理其他基金，但可能需要按公允价值的一定折扣作为最终交易价格。

困境状态下的方案

基金 GP 和 LP 可能会在存续期结束时出现利益冲突。当 LP 对 GP 的信任开始下降时，就可能需要采取更为极端的措施来解决这种冲突。在这些情况下，基金采取的解决方案通常由 LP 确定和实施，包括基金重组、出售 GP 的权益甚至以更极端的方式解除 GP。在这些情况下，至少有一方要离开合伙企业：要么是 LP 转让 GP 对基金拥有的管理权，或者解除 GP。

基金重组：基金通常是在二级市场投资者的帮助下进行重组，通过二级投资者收购 LP 对基金持有的权益，从而 LP 提供了退出方案。基金可以采取如下几种方式进行重组。首先，基金可以通过招标方式直接取代现有的 LP。按照这种方法，二级市场买家为收购现有投资者对基金拥有的权益，所有 LP 均可选择出售自己持有的基金股权还是继续留在基金。如选择这种方法，原始基金仍然存在，新买家成为基金的新 LP。在某些情况下，在取代现有投资者的同时，还可以配套进行新一轮融资，调整基金的资本结构。另一种方法是将资产转入一只新的基金，这样就可以由二级市场买家和 GP 创建的新基金收购或合并原始基金的未实现资产。LP 有权选择将对基金持有的股权变现，或是将股权转移到新基金中。此时，新设立的基金需要起草相应的基金条款，为 GP 提供更多时间对资产进行重组，并重新调整 GP 和 LP 之间的利益协调机制。

转让 GP 的管理权：基金的 LP 可以（而且会强烈）鼓励 GP 与其他已设立的 GP 达成协议，以合并业务并将向后者转交对现有基金的控制权。这种方法的目的在于稳定投资团队，减轻因管理现有被投资公司而造成利益冲突的风险，强化投资团队筹建新基金的能力。

撤销 GP 的管理权：LP 可以在任何时候（非违约条款）终止 GP 对基金的管理权，但须向被解除职务的 GP 缴付支付预先约定的赔偿，一般为 18～24 个月的管理费。但这个方案很少被采用，因为解除一个基金的 GP 不仅需要支付高昂的代价，而且与维持现状的方案相比，还会让原本不确定的形势变得更不稳定。如果 LP 决定行使这项权利，不仅会带

---

① 有关二级市场交易的其他信息，请参阅第二十四章"私募股权的二级市场"。

来上述赔偿，还需要按标准市场条件聘请新的 GP。此外，新 GP 也需要时间熟悉基金的被投资公司，这只会进一步延缓最终的退出时间。

僵尸基金（zombie fund）

僵尸基金是指 GP 管理且无法筹集后续资金的 PE 基金。不能筹集后续基金的常见原因是基金业绩不佳、投资团队发生重大变化以及后续计划不清晰，总而言之，就是 LP 对 GP 失去了信心。图 20.3 总结了僵尸基金产生的因素、由此带来的主要问题以及 GP 为纠正这种局面并筹集新基金可采取的步骤。

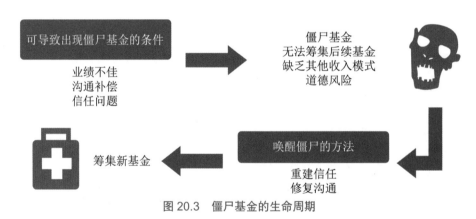

图 20.3　僵尸基金的生命周期

僵尸资金会带来一系列的问题，给基金各方带来困难。

首先，在业绩不佳且无法筹集新基金的情况下，PE 的激励机制会在 GP 和 LP 之间引发严重的利益冲突。一旦从持续经营的基金取得附带收益的可能性下降，而且从未来基金取得管理费的预期无法实现，那么 GP 剩下的唯一收入来源就只有从现有基金收取的管理费和监督费。在这种情况下，这些 GP 将有足够动力不会及时退出，而是选择推迟出售基金的剩余资产，这样他们就可以从中获得一部分费用收入。然而，这样的做法注定会影响公司的声誉以及募集未来新基金的机会。

其次，僵尸基金会因缺乏资源而难以用最佳方式执行基金的既定任务。这将严重影响相关团队的质量。当 GP 遭遇危机时，他们的投资专业人士就有可能去寻找新的发展机会，并减少对现有基金投入的时间和精力。当投资团队的质量下降时，LP 必然会有更大动力和更严重的紧迫感，去采取简洁快速的解决方案。此外，被投资公司的管理层也有可能推动股东结构的变更，以改善公司的发展前景和机会。与此同时，顾问也会感受到基金业务潜力的降低，并将注意力转向他处。

LP的视角

如上所述，僵尸基金导致 LP 面对挑战。在最好的情况下，即使 GP 用心良苦，但依旧无法实现基金资产价值的最大化；在最坏的情况下，GP 会被挤出基金，进而推迟基金资产的出售。

虽然上述各种基金终止方案可在付出一定代价的前提下解决困境，但 LP 可以主动采取措施降低被卷入僵尸基金的风险。可以采取的具体措施包括：在基金的尽职调查过程中严格审查团队的构成、执业经历、基金结构以及有限合伙协议，以强化对投资组合的监督过程，在持有期间尽早发现 GP 带来的风险。对于资源有限的风险厌恶型投资者，他们还可以采取另一种方法，即只为同时管理多个基金的基金经理提供资金，因为这种具有连锁性质的价值会阻止他们实施不利于其中任何一只基金的行为。

审查基金结构和有限合伙协议：LP 和 GP 之间的主要冲突来源，就是投资期到期后基金的投资资本与管理费用之间的联系。在起草基金的有限合伙协议时，可以采取如下几种方法来缓解这个问题。

- 调整基金的费率结构，使得管理费到投资期末时减少一定金额。这种调整降低了GP推迟出售现有资产的动机。
- 如出现僵尸基金情况，可降低解除GP的最低门槛以及相应的赔偿，以增加LP的讨价还价能力。
- GP可自行决定取消常规的基金一年期延期。
- 审核关键人条款。在某些情况下，允许GP取代有限合伙协议中的关键合伙人伴。通过这种方法，GP可以在不经LP批准的情况下，自行决定调整初始团队。取消GP解除专业人员的权力，可以保证基金由LP最初支持的团队负责管理。

强化监督，以尽早识别 GP 引发的风险：尽早识别有可能成为僵尸基金的投资，可能让 LP 主动采取措施，或是在二级市场上出售在这些基金中权益（如有必要，可折价出售），避免在复杂情况下参与管理的必要性。

支持有多个资金的基金管理人：僵尸基金通常仅存在于基金独立经营的情况，也就是说，GP 仅管理一只基金，而不是管理涉及诸多地区和投资策略的基金族。通过管理拥有单独收入来源的多只基金，可以减少在其中某只基金业绩不佳所带来的潜在利益冲突。此外，同时管理多只基金的 GP，将更加注重维持他们在 LP 当中享有的声誉和信誉，因为这会影响到他们在未来筹集后续资金的计划。

GP 的视角

一旦身陷僵尸基金，而且又受到资源不足的制约，GP 就必须用心管理，提振日益衰落的基金管理团队，改善与投资者不断恶化的关系。尽管这有可能非常困难，但重要关注信任、业绩和股权故事这三个关键要素，GP 仍有可能在未来筹集新的基金（或是管理团队拥有参与其他基金的专业能力）。

信任：信任是成功进行后续投资最关键的因素之一。无论上一只基金的表现如何，都可以通过保持专业性和透明度建立来维护信任感，而不是为获取机会主义的短期收益而违背 LP 的利益。

业绩：要获得筹建新基金的任何机会，管理团队就必须让僵尸基金起死回生，让剩下的被投资公司创造出强劲的业绩。如果基金仍持有多家被投资公司的股权，而且到基金存续期届满还有几年的时间，那么它就有机会改善这些剩余资产的业绩，从而增加成功筹集后续基金的机会。

股权故事：在管理僵尸基金投资组合的过程中，GP 必须根据未来融资计划打造和定义自己的定位和投资策略。为此，GP 必须明确向 LP 阐述自己的价值主张。这就意味着，必须保留这个拥有 GP 实现投资策略所需技能和经验的团队，并对拥有与潜在后续基金战略最相似的交易进行强势退出。

GP 领导的清算解决方案

弗朗西斯·阿奎拉（Francois Aguerre），科勒投资集团（Coller Capital）合伙人、基金发起业务联合负责人

由 GP 领导的清算要求有所选择，它强调投资组合的质量。虽然在当下的私募股权资产净值（NAV）中，绝大部分是以正常的方式实现的，但还是有相当大一部分难以在合理的时间框架内退出，从而给基金经理带来挑战，尤其是金融危机，它造成基

金延长了对被投资公司的持股期。

根据 Preqin 提供的数据，截至 2015 年年底，在 2005—2008 年发起的私募股权基金中，合计持有约 6 760 亿美元的未实现价值（见图 20.4）。由于其中的大部分基金已达到预先约定的存续期末，因此很多基金都在考虑通过 GP 牵头的清算方案为这些即将到期的投资组合提供解决方案。

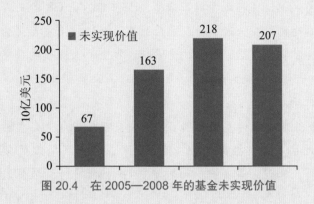

图 20.4　在 2005—2008 年的基金未实现价值

资料来源：Preqin。

此外，在这些即将到期的基金中，GP 几乎没有任何希望取得附带收益，或者无法募集后续基金，在这种情况下，他们可能没有什么动力退出投资，因为退出就意味着他们无事可做。这显然削弱了 GP 与其 LP 之间的利益一致性。鉴于这些问题，无论是 GP 还是 LP，自然都更愿意看到对现有私募股权工具进行重组。这类交易往往由 GP 发起和牵头，并需要二级市场买家的积极参与。基金重组可以实现如下目标：

- 为基金的原始投资者提供流动性方案
- 为基金的剩余资产争取到额外的时间和更多的潜在资金
- 通过重新设定基金的部分条款，重新协调新投资者及原有投资者和 GP 之间的利益

私募股权基金的重组非常复杂，并且要面临诸多挑战，其中最重要的，就是如何在诸多参与方之间实现适当的利益协调，而且重组方案往往会形成更有针对性的预期结果。

对于卖方，重组往往需要和基金顾问委员会的委员们以及 LP 群体的代表进行长时间讨论，而且通常会设定 75% 的表决权门槛，也就是说，必须取得 75% 的投票通过，重组才能实施。买方同样要面对重大挑战，尤其是在以投标方式确定最终买家时，交易最终能否兑现存在高度的不确定性。

　　鉴于这种固有的复杂性，不仅需相关各方都表现出足够的诚意并给予适当的承诺，很多存有争议的重组交易都无法顺利实施。对于近期以 GP 牵头的流动性解决方案，未能预期结果的常见原因包括：买卖双方在定价预期上存在差异以及双方与 GP 之间的利益不一致。这些因素最终导致方案缺少来自 LP 顾问委员会或 LP 群体的支持，以至于未能达到通过批准所需的最低标准。

　　尽管面临诸多挑战，但在近年的二级市场交易中，由 GP 牵头的流动性解决方案仍然占据了相当的比例，在未来几年，其份额有可能维持下去甚至会进一步提高。迄今为止，重组主要发生在美国，毕竟，这里有世界上最大规模的基金。大型基建往往拥有更坚实的 GP 平台和更强大的资产，因而也对买家更有吸引力。

　　成功的重组总会体现出某些特征。实施重组的基金即将完成初始投资阶段，并进入寿命期的终点，或者已进入延长期。这些投资组合中尚存在大量的未实现价值，因而需要更多时间去实现其全部潜在价值。此外，基金还必须拥有进一步创造价值的潜力。对潜在买家来说，最关键的问题就是 GP 的稳定性和质量以及资产的价值。买家应确保重组过程对各方公平、透明。另一方面，应赋予基金 LP 一定的选择权：或是按适用于新引入投资者的条款继续投资，或是有吸引力的条件出售股权。

　　要兑现这些条件，新进入基金的二级市场投资者应该从一开始便接受这种合作方式。很多情况下，在成功的重组交易中，参与各方之间的往来往往先于交易本身。

本章小结

　　虽然缺乏诱惑力，但以专业方式终止基金及其相关义务，永远是 PE 整个生命周期中不可分割的一部分。PE 基金不低于 10 年的典型存续期，意味着在作为这个过程监护者的 LP 和 GP 必然不同于那些刚刚开启这个旅程的人。虽然大多数基金可以实现有序终止，但仍有相当数量的基金最终沦为"僵尸"，而且这个数量还在急剧增加，"僵尸"基金在总数上占据了整个行业的相当一部分，而且和正常终止的基金相比，它们需要管理层给予更多的关注，需要就解决方案进行更多的谈判。

基本学习要点

- 私募股权基金的运营采取封闭式合伙企业形式,因此它有着明确界定的存续期;一旦退出对全部被投资公司持有的股权,就会引发解散事件,从而进入终止流程并终结 GP 和 LP 之间的关系。

- 如果基金在最后一年依旧持有剩余投资,则会导致终止和清算过程变得复杂。

- 根据基金的业绩以及 GP 和 LP 之间关系的状况,双方可以从一系列解决方案中选择最适合的终止方法——从延长基金期限到全面清算。

参考及补充读物

Belsley, M. and Charles, I. (2013) Phoenix Rising—Restructuring as a Solution for Zombie Funds, Kirkland & Ellis LLP, https://www.kirkland.com/siteFiles/Publications/Financier%20 Worldwide%20(Zombie%20Funds_%20Belsley%20Byline)%20Sept.%202013.pdf.

第五部分
PE 的发展

在所有机构投资者的投资组合中，私募股权（PE）都是不可或缺的一个组成部分，而且私募股权还在不断实现创新，持续成长。在本书的最后一个部分里，我们将介绍行业的最新发展趋势，并深入探讨这一资产类别的演变发展。一方面，我们将会看到越来越多的创新和差异化模式；另一方面，我们还注意到整个行业正在向着制度化方向发展，而在监管环境不断变化的情况下，某些细分市场还将出现商品化趋势。

在行业不断走向成熟的过程中，有限合伙人（LP）和普通合伙人（GP）在传统意义上的区分已开始模糊。随着 PE 这一资产类别的投资者涉足直接投资和联合投资，并利用二次市场的流动性主动建立 PE 敞口，GP 和 LP 之间的关系也开始趋于流动性。之所以能采取这种积极管理模式，源于风险管理技术的创新和更多的应用，这些技术让 LP 能更有效地监控这一资产类别的风险。这些趋势意味着，在一向由 GP 主导的传统 LP-GP 关系中，权利重心已开始向基金的 LP 转移，并在更广义的背景下讨论传统 GP-LP 模式中的管理费和附带收益问题。

此外，行业的成熟也引发了 GP 领域的创新。公开上市的 PE 载体为 GP 提供了一种减少对筹资过程的依赖以及投入时间的方法。与此同时，PE 的上市，也为零售投资者接触这个传统上仅面对机构投资者和高净值个人开放的资产类别。此外，相互隔离的账户以及拥有更长使用期限的资金，也为 GP 满足具体投资者需求提供了手段。

最终，笔者将剖析 PE 行业在历史、当下以及未来所面对的挑战，并在此基础上对本书进行全面总结。

本部分概述

第二十一章"LP 的直接投资"：本章详细介绍了 LP 对目标公司的直接投资。直接投资包括多种形式——从被动式的联合投资到独立进行的直接投资，这些投资策略为 LP 提供了在 GP-LP 基金模式之外建立 PE 敞口的手段。

第二十二章"上市私募股权"：在本章里，我们将研究一下两家纯粹的上市 PE 产品：上市 PE 公司及上市 PE 基金。除为零售投资者提供投资于 KKR、黑石和凯雷等知名基金的机会之外，这些工具也为机构投资者提供了一个将待投资资金"存放"在 PE 基金这一资产类别的机会。

第二十三章"风险管理"：我们将详细介绍 LP 和 GP 在私募股权投资中所面对的风险。正是对风险的关注，使得 LP 和 GP 能够更好对他们在 PE 中的活动进行跟踪，并减少他们在收益和投资业绩上的波动性。

第二十四章"私募股权的二级市场"：作为一种工具，通过 PE 的二级市场，LP 可以现有 PE 投资的买卖对其持有的 PE 敞口实施积极管理。我们将详细介绍两种最重要的二级市场交易模式——出售 LP 对基金持有的股权以及直接出售对被投资公司持有的股权，并探讨 LP 和 GP 在实践中如何使用这些工具。

第二十五章"私募股权行业的变迁"：本章是作者对全书所做的总结。

第二十一章　LP 的直接投资

一般来说，当代私募股权（PE）行业的运营，是建立在一种明确区分有限合伙人（LP）与普通合伙人（GP）各自角色的模式基础上。这种模式不仅有利于进行专业化运营，也确保了 LP 对基金承担有限责任。[①]

但早在出现这种机构型基金框架之前，一批有影响力的企业家及其商业帝国就已经利用当时的融资技术从事直接投资。这些直接投资最终造就所谓的商业银行业务——也就是说，通过为公司提供资金而取得这些公司的股权。

虽然基金模式逐渐开始主宰投资行业，但某些参与者，尤其是家庭办公室和部分金融机构，依旧在直接投资于私有的非上市公司。在过去的 10 ～ 15 年时间里，机构投资者也开始接受这种"直接化"的趋势，在传统的有限合伙结构之外寻找投资机会，并以直接投资和联合投资策略作为一级市场项目的补充。由此滋生了一种混合型投资模式和一批新型投资者，这些新型投资者被某些评论家称作"普通有限合伙人"（general limited partner，GLP）。

在本章里，我们首先概述 LP 实施直接投资策略所采用的不同方法——从被动的联合投资到主动的直接投资。但由于它保持传统的 LP 角色，所以我们将重点放在联合投资上。我们将探讨采用联合投资方法的原因及其独有的吸引力，评估这种方法带来的风险，对检验联合投资项目成功的证据进行分析（迄今为止，对于联合投资成功的标准还没有定论），并对实施过程中所面对的挑战进行讨论。

投资直接化
市场化途径

LP 可以采用两种主要方法将资金投入到传统封闭式基金模式之外的 PE：直接投资和以被动参与者身份或积极参与者身份参与的联合投资（见图 21.1）。

---

① 有关机构型 PE 基金结构的更多介绍，请参阅第一章"私募股权基金的基本概念"。

图 21.1　直接投资方法汇总——市场化途径

直接投资（direct investing）：如果 LP 在直接投资上花费大量的财务资源，那么他们至少在业务层面上已开始转型为"准 GP"。在这种情况下，要求 LP 采取独立 PE 公司的投资结构——也就是本书所说的 PE 公司。在现实中，很少会有机构投资者去做这样的尝试。很多投资者要么因为规模太小而没有能力在人力和基础设施方面进行必要投资，要么在组织层面还存在文化或执行问题。

联合投资（co-investment）：很多 LP 并不会尝试直接交易，而是有选择、有规律地进行联合投资。在典型的联合投资中，私募股权公司需要找到一个或多个投资者，从而获得与主基金共同投资某个目标公司的机会。LP 可以采取的联合投资策略，既有偶尔为之的纯机会型投资，也有系统化的投资。除了按规模及策略分类之外，联合投资还可以区分另外两种形式：被动型联合投资——也称辛迪加投资（syndication）；积极型联合投资——或称为联合主导（co-leading）。

- 被动型联合投资：到目前为止，这始终是联合投资最主要的形式。按这种投资策略，只要一笔交易进入成熟阶段——比如说，在拍卖过程已出现了最终中标人或是已签订交易合同，GP就会联系交易的投资者。此时，LP必须在截止日之前确定是否加入投资联合体以及相应的投资额。GP预先编制并提供交易的相关信息，具体可以采用信息备忘录或尽职调查报告的形式。LP的最终决策，往往取决于他们是否看好投资机会的整体吸引力（包括市场、公司的具体情况以及交易的风险特征）以及是否信任GP执行投资理念的能力。这种方法并不需要高深的直接交易经验，因为LP所依赖的评估标准和他们在选择基金经理时采用的标准基本一致。

- 积极型联合投资：联合主导的积极跟投模式明显不同于上述的被动模式。按照这种方法，LP很早就接受邀请参与PE公司的合作。在某些（通常很少见）情况下，LP甚至可以牵头或发起交易，并邀请PE公司参与，利用后者在执行或操作方面的技能。在这种参与各方近乎平等的"联合主导"模式中，LP必须拥有一定程度的专业能力，以协助交易顺利实施或者至少不会放慢进度。这不仅需要参与人员拥有直接交易方面的实战经验，还需要以高效的流程加快决策和执行进度。LP还可以利用其直接和间接参与的投资网络、与当地监管机构的关系、跨境联系、对本地市场的深入了解以及来自大型投资组合的模式识别能力，为股权投资联合体创造额外的价值。由于参与联合投资过程的时间较早，此时成功的概率甚至还不及辛迪加式的被动型联合投资，因此LP需要交易失败的成本（即在失败交易过程中已经发生的成本）。

联合投资的诱惑力

LP对联合投资的兴趣不断增长，而且对联合投资的参与也越来越多，这一点是不可否认的。在最近的一项调查中[①]，72%的受访投资者表示，在做出新的基金认缴承诺时，会要求取得联合投资权。同样，在接受调查的LP中，有50%的LP表示正在以主动方式或机会性地进行联合投资，还有22%的受访者也在考虑参与联合投资。在接受调查的LP中，只有3%表示以前参与过联合投资但后来决定放弃（见图21.2）。

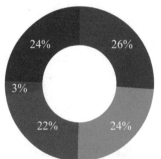

● 积极性联合投资
● 机会主义型的联合投资
● 以前未参与过联合投资，但未来可能会考虑
● 以前参与过联合投资，但以后没有参与的计划
● 从未参与过联合投资，以后也没有参与联合投资的计划

图 21.2　LP 目前对参与联合投资活动的态度

① 　https://www.preqin.com/docs/reports/Preqin-Special-Report-Private-Equity-Co-Investment-Outlook-November-2015.pdf.

在 LP 看来，联合投资对他们的吸引力表现在如下几个方面。

管理费率较低带来较高的净收益率：从以往的情况看，LP 并没有为联合投资支付任何管理费（而是按比例与其他股权投资者分摊交易成本）。然而，联合投资的数量在近年来急剧增加，因此，通常会以某种形式的补偿将 GP 吸引到交易流程中或从其他 LP 中脱离而出。具体的补偿形式可以是的一次性股权安排费（类似于债务融资中的发起银行）、管理费甚至是附带收益。[①] 然而，在几乎每一种情况下，费用负担低于常规的基金管理费和附带收益之和。

交易的选择：投资者希望通过交易的选择来提高收益，或者至少可以降低联合投资组合的风险。虽然从理论上说，这需要投资者有良好的选择技巧，但 LP 认为，他们可以通过规避某些类型的投资来实现这个目标，比如说，回避规模更大或是风险更高的交易，或是不适合基金经理以往优势的交易。这有助于抵消私募股权投资的盲池模式——也就是说，资金一旦投入基金中，LP 对 GP 选择投资类型的影响就会大为削弱。

可以对投资组合的分散度进行微调：考虑到基金的配置不可能尽善尽美（比如说，为特定策略和起始年份的基金找到合适的管理人以及资金配置存在的时间差），因此联合投资可以通过增加或减少对某个地域、市场、板块、投资策略或起始年份的敞口，调整投资组合的结构。可以预期，这种微调带来的一个好处就是提高了 LP 在整个 PE 市场周期中对投资活动的控制力，在市场处于高峰期时减少投资和敞口，并在下行周期内扩张或加速资金部署。

具有平滑 J 曲线效应的能力[②]：通过联合投资，LP 可以通过两种方式平滑 J 曲线效应。首先，联合投资有助于加快资本配置的速度；其次，个别联合投资的持有时间比基金短，从而加快了收益实现。

与 LP 的主基金计划实现相互补充：联合投资可以让 LP 在最合理、最有意义的条件下对 GP 开展尽职调查，也就是说，在实时交易情况下，尤其是在对新基金进行认缴承诺之前。联合投资可能更适合于新兴市场，因为在瞬息万变的市场环境下，传统的"10+2"年存续期模式可能太长，或者至少缺乏灵活性。

图 21.3 对这几个要点以及上述调查中 LP 的态度进行了总结。

---

① 针对一笔投资所支付全部的费用。
② 有关 J 曲线的更多介绍，请参阅第一章"私募股权基金的基本概念"。

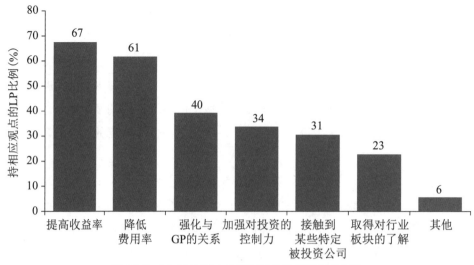

图 21.3　LP 认为联合投资可以给他们带来的好处

资料来源：Preqin。

联合投资的风险

　　尽管联合投资有这样那样的吸引力，但机构投资者实施联合投资项目的主要方式——即被动型联合投资方式（辛迪加模式），却有可能给他们带来新的风险，或是大幅增加成本。在组成辛迪加的联合过程中，投资者可能会受到来自 GP 和 LP 双方的逆向选择，可能会造成投资者对投资缺乏了解，而且无法为 GP 提供更多的差异化价值。总而言之，联合投资面对的问题可以划分为两大类：选择问题（对交易的选择）和定位问题（获得交易），尤其是联合投资日趋盛行的条件下，这两种风险会更加突出。

选择问题

　　在 LP 选择将哪些交易纳入联合投资的范围时，他们通常要面对两种风险：GP 的逆向选择和 LP 的选择问题。

　　GP 的选择：我们首先从以下这个假设开始：在为联合投资选择的交易项目时，GP 可以通过交易类型的选择，有意或无意地向 LP 提供缺乏吸引力的项目，作为联合投资的交易对象。GP 有意而为之的理由，就是将拥有更好预期的交易完全配置给基金，以最大程度取得基金业绩带来的全部收入（即附带收益）；另一方面，将部分预期业绩不佳的项目纳入到不会给他们带来收益的联合投资组合中。然而，即使 GP 有能力在事前区分哪些交易盈利性好，哪些交易盈利性差，但考虑到融资的随时性和永久性（见第十七章"基金的筹集"）中，以及与 LP 维护良好关系对后续融资的重要性，GP 不太可能刻意向 LP 提供劣质交易。此外，GP 还是需要将基金的资金投入每一笔交易，而且这笔资金也有他们自己的一份。

尽管 GP 不太可能有意向 LP 提供劣质交易，但就总体水平看，联合投资的投资机会仍然与专门配置给基金的机会有所不同，体现这种差异的一个重要因素就是规模，即，联合投资的投资机会规模绝对较大，因为这些交易的最大需求就来自联合投资。以往的经验证据表明，规模较大的交易本身就是一种风险，因为其规模往往会超出基金经理在投资能力和经验所能达到的范围。此外，以联合投资机构为主要投资者的大型交易，往往出现在市场高峰期，即以这几年作为起始年份的投资项目大多业绩不佳。事实上，在 2008 年金融危机前泡沫时期启动的超大型交易中，很多陷入困境或是已经失败的交易均有大量联合投资参与。虽然这些投资的数量相对有限，难以进行有价值的统计分析，但在某些情况下，它们对个别 LP 的负面影响注定是难以估量的。

LP 的选择：即使 GP 向 LP 提供全部可用于联合投资的潜在交易，以彻底消除 GP 方面做出任何逆向选择的风险，但 LP 还是要决定哪些交易值得投资。然而，在对交易进行遴选的过程中（从而有别于选择所有可投资交易时对应"购买市场"策略），LP 还是会在选择过程中带入自己的偏见。可以预期，PE 的投资者也不可能彻底摆脱行为金融研究所发现的各种偏差，譬如过度自信、证实性偏差、可得性启发以及趋势追逐等。在直接交易方面缺乏经验和严格的流程时，这些心理倾向或趋势有可能进一步加剧。在联合投资背景下，这些心理误区有可能导致投资者不理智地偏好规模和名气更大的资产。

随着时间的推移，可以通过如下方法改善选择过程：（1）强化留住组织内的内部专业力量，或将选择决策授权给拥有更好技术和资源的外部机构：（2）建立与联合投资项目长期业绩挂钩的合理激励计划：（3）确保利益和业绩衡量标准的一致性，防止出现这些投资偏差影响到选择过程。

定位

很多联合投资计划的目标过于不切实际，体现在投资项目数量以及每年为投资配置的资金金额两个方面，这就容易给联合投资的管理团队造成压力。在投资机会总量保持不变的情况下（市场的激烈竞争与资源的约束，都会增加投资难度），投资转换率的增加必然意味着选择性的有限以及单笔交易风险的增加。

这一问题自然而然地诱发出 LP 面对的第二个挑战：定位，或者说，在联合投资领域日趋拥挤、竞争不断加剧的环境中，更多的 LP 争夺为数不多的高质量（而且可能只是感觉上的高质量）联合投资机会有限。这往往需要采取双管齐下的对策：一方面，LP 必须扩大交易渠道，为联合投资寻找更多的可投资机会；另一方面，在找到期望的联合投资交易之后，LP 还要取得参与这些交易的权利。

在联合投资针对交易进行资金配置方面，虽然业界一直在尝试采用标准化操作程序，但考虑到 PE 业务的本质，GP 在选择联合投资合伙人时始终享有一定的自主权。因此，鉴于 LP 在基金中所扮演的看门人角色，建议 LP 充分考虑 GP 的观点。在为联合投资交易选择 LP 时，GP 最常提到的标准包括：

- 速度（在时间紧张而且往往会涉及多个地域的情况下，一定要当机立断，在最短时间内做出决策）
- 一旦做出决定，就必须保证执行上的确定性
- 打造良好的未来融资前景
- 收取部分（减少）收益（管理费或附带收益）
- 增值

在向 LP 通过联合投资权限时，GP 最关心的问题，当然就是决策过程的速度。实际上，在 2014 年一次以 GP 为对象的调查中，受访者普遍认为，"放缓和延迟交易过程"是他们在引入 LP 时最大的顾虑。[①] 出于这种担心，GP 通常会向之前有过联合投资经历并且对其执行能力给予认可的合伙人推荐交易。因此，LP 必须建立灵活的内部流程，从而适用于联合投资所需要的及时性。如果做不到这一点，还不如去做被动式的联合投资，尽管这个领域的竞争越来越激烈，好的交易机会越来越稀缺。针对为 LP 提供联合投资权，GP 提到的主要优点和缺陷如图 21.4 所示。

如果能为 PE 公司的下一轮融资提供更有吸引力的筹资前景或是收取（更少）的收益，那么 LP 就会让自己更有吸引力，更有竞争力。

---

① Preqin 在 2014 年 2 月开展的一次调查显示，58% 的受访者给出这一回答。

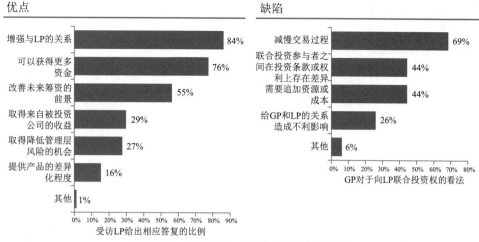

图 21.4 GP 对于向 LP 联合投资权的看法

资料来源：Preqin。

补充资料 21.1

联合投资计划是否成功?

从以往经历看,这个问题并不存在明确的答案。大多数联合投资项目的时间还很短,因而还不足以得出结论。针对LP的调查结果显示,LP认为他们的联合投资项目成果斐然,但这毕竟只是他们的一面之词,因为最近的其他研究发现,联合投资项目的业绩甚至还不及PE的业绩(但仍然好于直接投资)[1]。其他一些认为,联合投资项目的表现要好于他们所投资的资金,但这同样是片面的。[2]

实际上,如果联合投资项目将很大一部分资金配置给不收取管理费的交易,那么,联合投资拥有超额收益能力的结论自然不足为奇。但是在现实中,即便缺少管理费激励有可能会造成一些选择错误,但联合投资仍可以在净收益上取得超过(或者至少接近于)基金投资项目的结果。

但是,用于这种被动式投资项目确实需要占用大量资源,因此,除最大型的投资者以外的,其他投资者很难实施这种投资。对于一般规模的项目,成功的关键,似乎就在于能否为联合投资项目注入更"主动"的要素,从而更好地选择投资和执行投资。

---

[1] Fang, Ivashina and Lerner (2013).

[2] Alpinvest (2014), Stepstone (2014) and State of Wisconsin Investment Board (2013).

实施中的挑战

通过培养内部联合投资和直接投资方面的能力，可以减少联合投资所固有的部分风险。但投资的直接化也会给实施过程带来挑战。

资源强度：主动型联合投资项目首先需要投资于交易团队、法律支持和投资组合管理。只有联合投资项目达到一定的规模时，投入这些资源才有可能是合理的，这就将很多小型投资者排除在外。

吸引人才：考虑到普遍较低的薪酬水平、项目范围往往受到限制以及政治干预的风险，因此要把拥有担当 GP 能力的优秀人才吸引到 LP 组织中，显然不是一件容易的事情。尤其是和政府有关或是政府拥有的 LP（如主权财富基金或公共养老金计划），更是难以提供有竞争力的薪酬结构，因为法规政策以及公众监督就限制了薪酬与业绩挂钩的可能性。

治理结构：在一些 LP 组织内，受到干扰的风险可能很大。因此，建立有效的治理结构，对谁拥有最终决策者做出明确规定，是强化公司治理结构的第一步。在此基础上，进一步明确应该由谁来管理交易风险。后者尤为重要，因为和一般性的基金项目相比，联合投资具有高度集中的特征，对于基金的投资来说，用于投资较为分散，因此个别投资项目的失败不会带来重大影响，而且对基金的整体业绩的影响也不大。这就要求董事会和高层决策者必须投入大量时间和精力去深入了解 PE 联合投资的细节。

与组织文化的冲突：任何一个设计合理的联合投资项目，很少能独立于较大规模的组织。因此，必须从薪酬方案、风险和收益考量以及决策等方面，在联合投资项目的具体需求和组织的整体需求之间进行仔细权衡。此外，规模更大、主动性更强的联合投资及直接投资项目，也有可能给主基金项目的决策带来负面影响，例如，对联合投资项目的考虑给资金配置决策带来过大的影响（以至于必须在战略合伙人和业绩最优异的基金之间做出权衡）。

考虑到在组织层面面对的挑战，很多 LP 更希望维持被动型联合投资者的地位，或是将主动性更强的联合投资活动外包给外部机构。特别是基金中基金（FOF），他们已开始将这种产品作为创造差异、增加（潜在）收费并在这个过程中充分利用他们和 GP 及基金现有关系的手段。

走向直接化
是否只是机构投资者的盛宴？

在过去十年中，尤其是在 2008—2009 年全球金融危机爆发以来，少数大型机构投资者已经开始走向直接化（单独或者和志同道合的 LP），直接投资于非上市公司，而无须 GP 的参与。[①] 凭借庞大的资金实力和全球业务网络，这些组织在内部即可复制出 GP 模式，而不必在筹集资金问题上分散精力。某些情况下，较低的资本成本、较长的投资期或税收优惠待遇（养老金计划在很多国家是免税的），更是让他们如鱼得水。

但是，直接投资不仅放大了联合投资的吸引力，也同时放大了它的风险。比如说，直接投资可以让机构投资者对投资决策拥有更多的控制权，但也需要他们拥有更多（而且是差异化）的能力。虽然不需要对外支付费用，但是在内部建立这些能力同样需要投入高额成本。尽管直接进入可能会带来更高的潜在收益，但也会导致投资组合的集中度更高。

此外，直接投资的方法还需要对组织进行彻底的再设计，而这就会带来问题，比如说，加大与公开股权经营团队出现内部冲突的可能性。另一个风险，在过度强调直接投资时，自然会在资源配置和关注度等方面加大投入，但却有可能导致基金项目的业绩出现恶化（此长彼消，这就进一步强化对直接投资也有超额收益能力的感觉）。此外，对于在内部建立的专业化服务职能，还有一个需要解决的通病是：如何在完全不借助市场力量的情况下保持"出类拔萃"。

当直接投资项目覆盖太广时，还有可能导致在直接投资和基金投资之间出现渠道冲突，也就是说，成功的 GP 会越来越忌讳让这些积极的投资者成为其基金的 LP。最后一点，它不仅会给 LP 带来法律上的义务，还会让他们越来越多地面对来自利益相关方的压力。

来自机构投资者的经验证据表明，适合于直接投资达到最佳状态（相对于基金投资）的条件包括：投资于被市场所熟悉的成熟行业，投资对象在地理位置上更靠近自己的基地，交易团队拥有直接投资的技术能力，且投资对象处于上升期，而且所处的宏观环境属于成熟经济体。这些结论还有待于进一步研究。

[①]　针对这一趋势，最有名同时也是最有争议的积极倡导者之一，就是安大略省教师退休金计划（OTPP），该计划开启了现在所说的"加拿大模式"。针对安大略省教师退休金计划的案例研究，请参阅《私募股权案例》中案例 2 "走向直接化"。

CPPIB 以合伙企业为核心方法的私募股权投资

朱莉·格雷（Julie Gray），加拿大退休金计划投资委员会（CPPIB）首席投资合伙人（负责基金、二级市场及联合投资业务）

先爬，再走，最后是跑

建立任何新的投资策略时，CPPIB 内部依据的座右铭都是"先爬，再走，最后是跑"，而建立合作伙伴关系就是这种演变逻辑最重要的一种体现。基于这种逻辑，自公司在 20 世纪 20 年代初通过投资于私募股权基金进入市场以来。我们的私募股权业务始终深深地植根于合伙人模式。

在 21 世纪首个 10 年的中期，CPPIB 的私募股权团队开始参与被动型联合投资，而且我们只与通过参与基金建立联系的 GP 开展联合投资。此后，这个联合投资团队的规模和能力持续扩大和增强，并稳步发展成为一个联合发起机构（co-sponsorship）[1]，但业务重点依旧是在与现有 GP 建立合作伙伴的基础上进行投资，只不过投资的重点开始转向相对较大的交易，其中 CPPIB 承诺的出资超过 3 亿美元。

这种演变为我们创造出一个不断增长、巨大的增长机会，因此到 2013 年，我们建立了一个专门的联合投资团队，和我们的 GP 合伙人携手合作，共同投资于已交割的辛迪加式联合投资、进入中晚期的交易以及中期市场的合作承销。由于我们的联合投资团队不寻求后期治理权，因此 CPPIB 对这些交易类型的认缴通知范围在 2.5 亿~3 亿美元，持股比例最高达到 24.9%，这和我们最初的联合发起业务形成了鲜明对比。

对大型私募股权项目的管理

随着私募股权行业的成熟，CPPIB 也像很多大型投资者一样，扩大了私募股权投资项目的范围，在全球范围内同时涉足私募股权基金的投资、二级市场交易、联合投资、联合发起以及直接投资，目前我们已在这些领域拥有 120 多名投资专业人士。尽管我们已经建立了一支庞大的内部专业团队，但这些投资项目仍然高度依赖合作伙伴这一核心，也就是说，绝大部分资金用来与 GP 合伙人进行联合投资。

大规模出资是 CPPIB 私募股权策略的核心。在过去 10 年中，CPPIB 平均每年对

---

[1] CPPIB 对主动型联合投资（联合主导）项目使用了"联合发起"这一说法。注释：全部数字均为截至 2016 年 3 月 31 日的数字，金额单位为加元。

PE 基金投资 50 亿美元的，我们已经为 500 位核心私募股权管理人合计投资约 500 亿美元。这些关系不仅为 CPPIB 的私募股权业务创造了机会，也为如私人信贷和关系投资策略（对上市公司或 pre-IPO 进行少数股权投资）等其他投资策略提供了前景。

除各类基金以外，CPPIB 的私募股权项目主要侧重于通过联合发起和联合投资与 GP 合作伙伴共同投资，目前我们已对 90 多个交易项目投入约 260 亿美元的资金。

在 CPPIB 继续加强内部私募股权投资的同时，CPPIB 也在不断寻求具有互补性的投资策略，以提高企业进行大规模资金配置的能力。比如说，针对我们的 GP 合伙人，我们会更有选择性地为其现有被投资企业提供部分或全部流动性解决方案。

不过，在某些情况下，独立投资对 CPPIB 来说是更合理的，主要是自然资源和金融服务业项目。此外，如果项目的风险特征或持有期不适于采用传统收购基金，或是卖方要求买家必须是非 PE 收购者，那么 CPPIB 也可以开展独立收购。迄今为止，这些直接性的"战略投资"在公司私募股权总投资额中所占比例不到 3%。

唯一的不变的，就是变化与合作伙伴关系

CPPIB 的合伙人模式始终是私募股权投资理念的基石，而且它始终都将是这种策略的核心。CPPIB 在私募股权业务上走过的历程，也引发我们对私募股权基金投资和战略关系的未来取向提出疑问，尤其值得思考的是，某些其他加拿大退休金计划已逐步采取了更直接的私募股权模式。在 CPPIB，我们所采取的基于合作伙伴关系的方法至关重要，因为我们的资产预计将在 2030 年接近 6 000 亿美元，而目前仅有 3 000 亿美元左右，而对于这一目标，就必须采取一些互补性的私募股权策略和关系。此外，随着我们在全球市场上不断扩展，合作伙伴关系将为我们进入新的市场，并获取当地的投资专长。因此，在 PE 业务还在继续变化和 CPPIB 的私募股权业务持续发展的同时，作为公司私募股权策略的核心组成部分，我们对战略性合作伙伴关系的投入将维持不变。

本章小结

总而言之，当下正在呈现的一种新趋势，就是 PE 模式的多样化：机构投资者正在尝试越来越多地以直接投资方式参与大规模的低风险交易，一段时间以来，这种趋势已在房地产和基础设施投资领域初现规模。这或许是 PE 资产类别趋于商品化的起步，和其他市场一

样，这种变迁恰恰体现了市场的脱媒预期。对于 PE 的核心业务，LP 已开始考虑更多地采取联合投资，而且已经在接受越来越多的联合投资，这不仅有助于降低费用，而且为他们重新夺回对投资配置过程的一部分控制权。

联合投资和直接投资趋势的出现还属于新生事物，因此，承担起 GP 的部分角色能否为 LP 带来预期收益还有待观察。

基本学习要点

- 直接投资和联合投资策略是机构投资者的最新发展趋势。
- 虽然有收费低廉和加大投资参与度的好处，但也要考虑开展联合投资项目带来的风险。
- 最受欢迎的联合投资者首先应该值得信赖，善于快速做出决策，而且能为整个投资过程增加价值。
- 除了实证性证据之外，还没有足够数据能够说明，联合投资将成为所有 LP 的未来取向。

相关案例研究

摘自《私募股权案例》

案例 2：走向直接化：来自教师私募投资公司（Teachers' Private Capital）的启发

案例 4：达成目标：与合作伙伴组优化私募股权投资组合

案例 19：亚洲私募股权：家庭办公室（Family Office）的目标收益率

参考文献和附加阅读

Alpinvest (2014) The Virtue of Co-Investments, White Paper 2014/2.

Coller Capital (2016–17) Global Private Equity Barometer, Winter http://www.collercapital.com/Uploaded/Documents//Publications/2016/Coller_Capital_Winter_Barometer_2016.pdf.

Fang, Lily, Ivashina, Victoria and Lerner, Josh (2013) The Disintermediation of Financial Markets: Direct Investing in Private Equity, *Journal of Financial Economics*, 116 (1 April) : 160–178.

State of Wisconsin Investment Board (2013) Private Equity Co-Investments: Historical Performance and Strategy Opportunities, quoted in: Privcap Reports, The Co-investment Era Q2/2014. www.privcap.com/wp-content/uploads/2014/05/coinvestment_final_5.14.14.pdf.

Stepstone (2014) Co-Investments: Good for Your Portfolio's Health?

上市私募股权（listed private equity，LPE）——这不是自相矛盾吗？的确，可公开交易的工具或许不该出现在这本介绍 PE 的书中，不过，随着出现在全球证券交易所的 LPE 工具稳步增加，我们感觉，这一章的存在还是有必要的。LPE 工具对金融市场而言并不陌生，早在 20 世纪七八十年代，我们就曾看到一些上市公司参与准 PE 和风险投资活动；但近年来，参与的数量开始迅速飙升。

LPE 工具可以划分为两类：LPE 公司和 LPE 基金。[①] 虽然没有任何两种工具是一样的，但通过公开发行筹集资金，往往可以为 PE 公司扩大传统基金管理业务提供永久性的资金来源。但一旦上市，LPE 的股票就会像一般性市场那样，面对与整体宏观经济周期相关的动荡和波动。一旦股价价格下跌，就有可能影响到员工的士气，因为他们的薪酬往往与股价挂钩，进而影响到投资决策和公司整体战略。

LPE 工具为零售投资者提供了一种建立 PE 敞口的途径（见图 22.1），由于认购传统的封闭式基金需要达到较高的最低投资限额，因此这一资产类型通常仅适用于机构投资者和高净值人士。但由于零售投资者基本都不熟悉 PE 投资的复杂性以及 PE 业务模式，因此他们必须借助一种新的语言了解 PE 投资，并最好投资每一种 LPE 产品的专有结构。

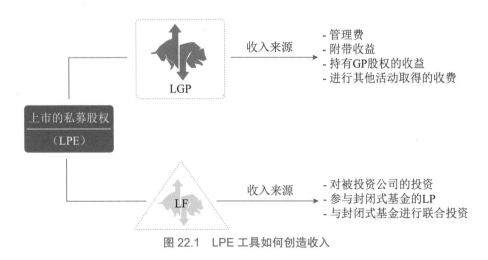

图 22.1　LPE 工具如何创造收入

---

① 我们将 LPE 限定为"纯参与性"的 LPE 工具。有些资料可能将第三种类型的 LPE 工具包括在内，即上市的投资公司。由于这些公司通常会参与多种多样的投资活动——PE 投资只是其中之一，因此我们在本章里不讨论这种类型的 LPE 工具。

在本章里，我们将介绍 LPE 公司和 LPE 基金的基本运行机制以及需要考虑的重要因素。在探讨私募股权基金上市之前，我们还将从 PE 公司角度介绍需要考虑的利弊。

上市 PE 公司

尽管 LPE 公司（LPG）只是全部 LPE 领域中的一小部分，但其影响却非常大。在过去十年中，黑石（2007）、KKR（2010）、阿波罗（2011）以及凯雷（2012）等基金公司纷纷进行首次公开发行股票（IPO），它们不仅吸引了大量散户投资者的关注，也引发人们对这些公司公开上市的动机提出质疑。譬如，评论家们想知道，到底是什么驱使这些传统上喜欢单打独斗的合伙企业关系突然开始寻求公众的注意力，并甘愿接受披露每季度报告的压力。

在上市之后，LPE 公司的基础业务模式维持不变：代表机构投资者和高净值投资者群体继续筹集并管理封闭式基金。虽然 PE 公司实现最大经济收益的途径或许就是通过上市退出，但 IPO 之前的股权合伙人依旧可以通过优先股或其他契约型约定，继续维持对公司业务的控制。此外，上市前的合伙人还可以足够的少数股权分享企业的收益。最后，PE 公司的高级主管及其他关键人可以和上市机构签署长期劳动合同。图 22.2 为 LGP 工具可以采用的一种简化的典型持股结构。

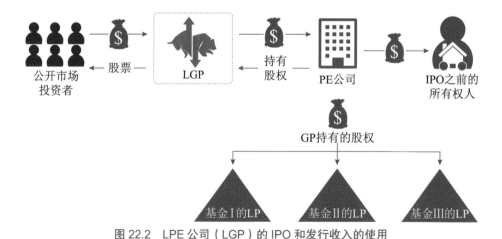

图 22.2　LPE 公司（LGP）的 IPO 和发行收入的使用

对于买入股票的零售投资者来说，他们可以和 PE 公司的合伙人享有相同的地位。LPE 公司的股东可以参与 PE 公司所有收入的分配；这些收入不仅包括附带收益——按一定比例从投资收益取得的收益，还包括基金从事各种活动收取的管理费以及普通合伙人（GP）股权实现的收益。PE 中的管理费（以及相对较少的附带收益）可能是一种非常有诱惑力、稳定的收入来源，它可以给所有传统投资组合带来多样化的效应。LGP 工具的股东不仅分享 PE 投资的收益（间接收益），还可以受益于 GP 开展其他基金管理活动创造的管理费。

公开上市的优点

在这些 PE 公司中，公开上市给创始人和股权合伙人带来的利益是直接的：将几十年积累起来的成功最终变现。但公开上市的某些收益自然要惠及 PE 公司本身：

- 建立多样化的资本基础：IPO的部分发行收入会留在LGP的资产负债表上，这就为未来的封闭式基金提供了永久性的资金来源，从而减少了未来募集资金的压力。
- 促进收益共享风险分担机制：由于引入新的资本来源，LGP可以增加对封闭式基金认缴的份额，从而强化了与有限合伙人（LP）的利益一致性。
- 薪酬激励机制：上市可以为进入公司的下一代合伙人提供更有吸引力的激励结构（如股票和期权池），反过来也为希望退出的创始人提供了退出渠道。
- 品牌建设：PE公司的上市可能会增加公司的知名度，提高品牌地位，从而为未来筹集封闭式基金创造了条件，而且有利于吸引人才，有助于公司接触到更多的潜在目标公司。
- 获得"收购货币"：LGP可利用股份收购其他公司，从而将基金管理活动扩大到其他资产类别。

上市带来的新挑战

上市带来的成本：像任何上市公司一样，IPO 需要投入大量的时间、资源、特别是 PE 公司高级合伙人的关注，这就有可能导致公司的焦点偏离现有业务。在完成 IPO 之后，同样需要投入时间和资源来遵守监管要求（如美国的《萨班斯—奥克斯利法案》）以及与上市公司相关的信息披露要求。

利益冲突：对于基金公众股东与 LP 之间的固有冲突，LGP 必须予以认真管理：为实现 LP 潜在收益最大化而做出的决策，未必会有利于上市公司本身的股票价格（至少在短期内），反之亦然。但要兼顾这两方利益相关者的利益，这个命题本身就是一个谜题，让相关合伙人陷入两难困境。在上市之后，私募股权公司在进行投资决策时，往往会小心翼翼地维持与机构投资者的关系，以确保将机构投资者作为公司的长期性重点。

分散对核心业务的投入：很多 LPE 公司在上市后的几年里迅速扩大业务；而且不仅仅是扩大了基金管理活动，还涉足对冲基金、房地产以及基础设施基金等等，与此同时，它们还有可能提供兼并收购、筹资以及重组咨询等服务。譬如，黑石基金在 2014 年管理着 2660 亿美元的资产，其中仅有 660 亿美元投资于 PE，这就让有些人质疑，PE 的重要性似乎已经退居其他业务之后了。实际上，IPO 趋势确实加速了一些顶级大型私募股权公司向多元化资产管理公司的转型。尽管这种多元化趋势有可能会带来协同效应（体现在品牌、融资、参与同一条件下的不同产品或是从不同视角探索投资理念），但不可否认的是，规模的扩大和业务上的多样化（包括由此增加的管理层级、间接费用、为不同产品搭建统一平台所需的投资、业务重心的丧失以及成本更高的激励计划）必然会产生负面影响。对此，人们经常提出的一个问题是：这种趋势是否正在背离 PE 行业经常提到的基本理念——"焦点"。

为兑现这些优点，尤其是在避免上市诸多缺陷的同时开启价值创造的大门，一些大型私募股权公司已开始向外部投资者出售股权。最初，买家主要来自主权财富基金以及大型养老基金，但这种趋势最近已悄然发生变化，出现了一批新型投资者，其中就包括一些专门投资于基金管理公司的投资者。

补充资料 22.1

针对非 GAAP 收益的沟通

自黑石集团在 2007 年 IPO 开始，LPE 公司就开始使用经济净利润（economic net income，ENI）作为季度收益，而不是采用《公认会计原则》（GAAP）标准下的净收益（net income），它们认为，ENI 能更好地反映 PE 公司业务的基本业绩。ENI 涵盖了 LGP 业务在特定时间内创造的现金（通过基金层面的管理费和业绩提成——如附带收益）、开展业务经营发生的费用（主要为薪酬和业绩提成相关的补偿）以及为反映基金未实现投资而进行的收入和费用调整。

从经济净利润代替 GAAP 下的净收益，这种做法引发了巨大争议，而争议的焦点就在于如何处理上市时点薪酬计划相关的非现金项目。这些计划将在未来形成数十亿美元的非现金费用：（1）将 LGP 员工在 IPO 前享有的附带收益权转换为在一定时间内授予的股份。（2）提供永久性期权池（option pool，在融资前为未来引进人才而预留的一部分股份），为投资专业人士的职业生涯发展提供激励。由于这些薪酬是在上市时设立的，因此应该把它们被视为一次性费用，这就会大大增加会计期间报告的收益结果。

尽管在收益报告必须 ENI 和 GAAP 两种会计核算方法产生的差异，而且 LGP 也必须在年度报告和财务报表中包含对会计核算方法的完整说明，但这里仍然存在一个重要问题：在决定投资 LGP 发行的产品之前，投资者会在多大程度上依赖于这种对 ENI 的有限了解？

无论怎样，有些市场始终对采用这种不寻常甚至是模糊的方法持怀疑态度，而且这确实是一直有争议的问题。至少使用非公认会计准则标准会导致这些投资工具缺乏可比性，因此很难被大型机构投资组合所接纳。[1]

上市 PE 基金

绝大多数的 LPE 工具均为上市基金（LF）。LF 也称常青基金（evergreen funds），它为私募股权公司投资活动提供永久性资本来源。和封闭式基金一样，基金经理既可以直接发行 LF 为未来的投资筹集资金，也可以二级市场交易买入已发行的 LF。[2] 和传统股票相反，LF 可以重复使用所募集资金，并将收回的本金和利润再投资于后续交易。

LF 可以在排他、完全自主的基础上聘请私募股权公司或其关联公司作为投资管理人员。指定投资管理人员的权利通常由发起的 PE 公司或其雇员享有，具体方式可以是在 IPO 时签署的服务协议，或是通过 PE 公司所持优先股享有的权利。为 LF 提供绝大部分资本的普通股股东通常只对基金享有经济利益，不参与 GP 的选择。

LF 的筹资和管理通常与 PE 公司的封闭式基金同时进行。PE 公司独立使用 LF 的出资进行投资，并以封闭式基金作为联合投资者投资非上市公司；或是作为 LP 投资于封闭式基金。由于可获得多个资本池的资金，因而可以为私募股权公司提供更大的灵活性，并有机会主要在内部进行交易：PE 公司的 LF 可提供夹层融资，为传统封闭式基金提供的股权融

---

① 制订这些薪酬激励计划的原因就是为了留住人才，协调 LGP 股东的利益，确保 LGP 能为新合伙人提供有竞争力的薪酬。

② 请参阅第二十四章"私募股权的二级市场"。

资提供补充，共同投资于相同的被投资公司。图22.3显示的简单示意图，就是一种与封闭式基金进行平行投资的LF结构图。

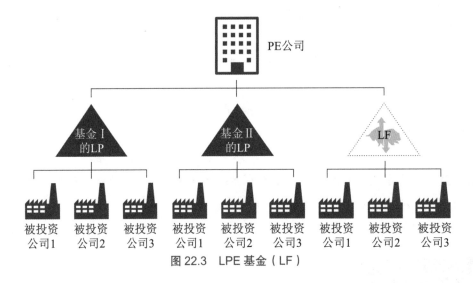

图 22.3   LPE 基金（LF）

投资于LF为零售投资者提供了通常只属于大型机构投资者和高净值个人的收益特征。需要澄清的是，LPE基金的投资者可通过股票升值和股利两种方式实现价值。投资者以股利形式取得的利润部分，取决于工具采用的法律结构或基金经理的自主决定。例如，某些基金结构要求至少应将90%的应纳税所得作为股利分配给投资者。其他基金结构则根据经理人的自主决定以及持有现金的机会成本，很少甚至不支付股利。

上市基金的优点

筹集LF的PE公司通常为拥有长期管理封闭式有限合伙企业从业经验的基金管理人。筹集LF可以为基金经理自己以及他们的企业提供诸多方面的收益：

- 永久性收益：LF可以为发起PE公司提供永久性的管理费和附带收益来源。
- 减少筹资要求：LF提供的永久性资金可以规避反复封闭式基金在时间上的限制和要求。
- 降低退出压力：LF没有固定的存续期，IPO取得的资金可以无限保留在资产负债表上，减少退出投资以及向LP返还资金的压力。此外，这种有耐心的资本为寻求家族企业的长期合作创造了条件，而不只着眼于短期投资者。

- 取得未来资金：通过LF的二次增发，PE公司可以在必要的情况下使用相同工具额外筹集资金。

- 实现投资者基础的多样化：筹集LF有助于克服传统封闭式基金的限制，实现PE公司投资者基础的多样化。

此外，LF 还可以为其投资者和股东在某些方面带来好处。

降低了复杂性：在上市几年之后，LF 通常不会再受到 J 曲线效应的影响，因为随着时间的推移，由基础公司构成的投资组合已经成型，可以产生正常的现金流入和现金流出。[①]因此，零售投资者不必像对待传统封闭式基金那样，担心流动性管理和日常事务管理提出的复杂要求。

作为其他 PE 基金的替代：如果大型机构投资者有已认缴但尚未投入使用的闲置资金，可以将这些闲置资金暂时性投资于 LF，在为 PE 敞口提供临时性替代的同时，还可以规避因持有现金而拖累整体收益率。

上市基金面对的挑战

有的时候，PE 业务模式难以和公开市场对上市公司的要求相匹配。

流动性不足：要通过 LF 工具取得接近于传统封闭式私募股权基金的收益率，公众股东的持股时间就必须达到相同的程度，以确保股利支付与基金业绩挂钩。由于投资者持有股份只是作为长期投资的临时性替代，因此 LF 的股票交易通常较为清淡。这就导致股份的流动性不足，具体反映在较高的买卖价差，在某些情况下，会造成交易活动冷清或是周转时间较长。因此，大宗交易股份可能导致 LPE 基金的股价大幅下跌和不可预期的价格波动。

"稳定"业绩的压力：归根到底，投资者取得现金流的时间是不可知的，因而只能假设按相同时间间隔取得加权回报，在现实中，这就会给上市基金在取得收益上的稳定性和可预测性带来巨大的管理压力。这也和 PE 投资的一次性收益假设产生冲突，尤其是存在非经常性大额收益和经常性减值的情况下，收益波动性会进一步加剧。因此，LF 自然会倾向于投资风险（感觉）较低的交易，例如基础设施或非杠杆交易。反过来，这种追求低风险的趋势又给 LF 的预期收益带来了负面影响。

少数股东的积极行动：一般而言，大多数 LF 由作为发起方的 PE 公司控制，但在某

---

① 有关 J 曲线的更多介绍，请参阅第一章"私募股权基金的基本概念"或本书的"词汇表"。

些情况下，外部股东也可以通过取得大多数股份而获得控制权，进而着力推动更换原来的
GP。虽然这有可能会让股东的可实现价值超过基金交易所创造的价值，但通常会严重影响
到 PE 公司的持续经营能力。

　　与传统投资工具的冲突：如果基金管理人利用多种上市和非上市基金进行投资，就会
出现资金配置和估值上的问题。解决资金配置冲突需要一种强大的分配机制，尤其是在基
金经理从不同基金取得收益或是基金的投资理念存在冲突（即便貌似和谐，但依旧存在隐
含冲突）。至于估值问题，投资者的复杂性以及短期市场波动等各种公开市场考虑的因素，
都有可能导致上市工具和非上市工具给相同投资组合做出完全不同的估值。

补充资料 22.2

超过还是低于资产净值？

　　在理论上，LF 股票的价格取决于基础资金的资产净值（NAV）。不同于由被投资
公司公允价值之和构成的封闭式 PE 基金资产净值，在 LF 基金的净值中，还可能包括
资产负债表上的大额现金余额、现金等价物及其他有待于未来投资的资产；实际上，
只有一小部分现金会以股利形式分配给股东。

　　在现实中，LF 股票的价格很少与其资产净值相一致；股票的交易价格通常是在每
股资产净值基础上给予一定的溢价或折价。导致出现折扣的原因主要是基本面投资者
所强调的各种市场消息，既有宏观经济环境、总体市场情绪以及 PE 行业整体认识等
宏观及中观因素，也有个别基金的微观要素——包括个别基金资产负债表中的可投资
现金数量、LF 股票的流动性以及对基金经理优势和劣势的判断等。

　　这种溢价或折扣往往适用于整个 LF 行业，因为和任何行业一样，PE 行业给绝大
多数投资者带来的感觉和影响是相同的。譬如，在全球金融危机爆发之前，LF 的平均
交易价格高于资产净值，这就导致金融危机之后出现了普遍折价。当然，随着对这一
资产类别了解和信任的增长，投资者的兴趣必将持续升温，从而促使市场不断深化。
正如 2010—2015 年 PE 二级市场所展现的那样，在这个迄今为止还属于细分市场的领
域，随着更多资本的流入，市场的合理性和吸引力都将得到改善，流动性会进一步增强，
从而最终降低价格的波动性及其与资产净值的脱离。

上市私募股权基金：市场是否正在错过机会？

艾玛·奥斯本（Emma Osborne），上市私募股权投资公司协会（Private Equity Fund Investments），Intermediate 投资集团负责人

马克·弗罗曼（Mark Florman），上市私募股权基金投资企业协会 LPEQ 董事长

上市的私募股权基金（LF）是私人投资者或小型机构投资私募股权的理想通道。通过 LF，投资者有机会分享 PE 所投资公司的日常流动性和简化管理等方面的优势。

在撰写本文时尽管有如此之多的好处，为什么 LF 的交易价格依然比资产净值存在 19%[①]左右的折扣，而很多非上市二级市场的交割价却接近资产净值甚至是溢价交割，至少在撰写本书时，这个问题依旧难以回答。全球私募股权投资公司汉柏巍（Harbourvest）曾于 2016 年 9 月收购英国私募基金 SVG，在此次收购中，对标的资产的最终估值溢价 0.6%，而市场在汉柏巍报价之前的标的估值还存在 21% 的折价，这足以显示出公开市场估值和非公开市场估值之间的巨大差异。尽管知名大型 PE 投资者的报价无疑是行业估值的最好背书，但市场却似乎对这样的机会视而不见，原因何在呢？

缺乏流动性是一个重要原因。这个版块的规模相对较小（不包括 3i 在内，大盘市场约为 9 亿英镑），而且各机构之间在战略和结构上各不相同，使得这个相对复杂的市场难以理解。这就妨碍了大型机构投入更多时间去了解 LF 市场，因为要实施有意义的资金配置对他们来说是一种挑战。

另一个原因则是认为 PE 完全与市场联动的观点。这种观点的错误在于，PE 的基本价值源于它所采取的积极所有权模式以及和被投资公司管理层在利益上的协调一致。此外，它还忽略了一个事实——私募股权公司所投资的企业类型有着与上市公司完全不同的特征，也就是说，PE 往往在防御性公司中持有越多股份，之所以做这样的选择，是因为这类公司的强大现金流有助于承受市场波动。

尽管这些原因对市场缺乏兴趣的解释毋庸置疑，但我们认为，最主要原因还是行业在全球金融危机中的经历。2008 年年底，在行业资产净值大幅下降时，很多投资者损失严重，与此同时，市场折价率也高达 60% ~ 70%。在这段时期，Candover、3i 和 SVG 等原本高调的机构却最为惨重。尽管很多 LF 在这段时期的业绩相对良好，但正

[①] 伦敦上市 PE 投资信托，不包括 3i。

是少数高端机构的伤痕累累让整个行业为之蒙羞。

尽管当下高折扣率表明投资者担心市场再次下挫，但也有诸多因素显示，如果再度遭遇危机，这个行业预期会有更好的表现：

- 资产负债表更为稳健：2008 年，很多基金四面出击，导致资产负债表过度承压。全球金融危机条件下的极端折扣，折射出部分 LF 无法履行偿债义务的不良迹象。
- 投资组合质量更高，杠杆则更低：在全球金融危机之后，无论是私募股权所投资公司的投资者还是其贷款人，都开始变得更为挑剔。尽管过去几年的交割价格已恢复到危机前的最高点，但整个规模依旧存在较大下滑，而且只有最好的机会才能取得非常高的价格和融资。考虑到按质量调整后的可比估值低于上个最高点，因此资产净值应该未必会下降。
- 卖方强制变现导致折扣率加大：在整个行业内，很多股票由少数被强制赎回的开放式基金持有。因此，这些基金的出售行为加大了整个行业的折扣率。
- 与投资者的沟通有所改善：自危机爆发以来，LF 已开始关注并实施投资者关系计划，这显然有助于减轻投资者对危机再次爆发的担忧。

大多数投资者已敏锐地意识到，"未来业绩并不是对历史业绩的简单延续"，而且法律免责声明也时时刻刻在提醒他们，不要被投资的历史业绩所迷惑。但在看待 LF 时，很多人却似乎忘记了——它们在全球金融危机时期的惨烈遭遇，同样不一定会在未来重演。因此，我们认为，市场正在错失良机。

本章小结

PE 工具的上市为 PE 公司开展基金管理业务提供了新的资金来源，PE 公司的创始人及其公司本身的持续经营都从中受益。考虑到 LPE 资产类别的多样性和复杂性，在投资之前，零售投资者必须投入时间和精力去深入了解他们所选择的标的。

基本学习要点

- LPE 工具包括两种主要类型：LPE 公司和 LPE 基金。
- LPE 公司卖出的是被管理公司未来收入流（管理费和附带收益）的股权，而

> LPE 基金则为私募股权公司提供永久性的资本来源，并直接投资于被投资公司本身。
> - 对 PE 公司、投资者和传统 LP 来说，都需要对收益和挑战进行仔细评估，并在必要时纳入减缓机制。

相关案例研究

摘自《私募股权案例》

案例 4：达成目标：与合作伙伴组优化私募股权投资组合

案例 9：从煎熬中走向成功：凯雷基金对蒙克勒（Moncler）的退出

参考文献和附加阅读

Huss, M. (2005) Performance Characteristics of Private Equity: An Empirical Comparison of Listed and Unlisted Private Equity Vehicles, http://ict-industry-reports.com/wp-content/uploads/sites/4/2013/10/2005-Performance-Characteristics-of-Listed-and-Unlisted-Private-Equity-Vehicles-Huss-Uni-Basel-Oct-2005.pdf.

Lahr, H. and Herschke, F. (2009) Organizational Forms and Risk of Listed Private Equity. *Journal of Private Equity,* 13: 89–99, https://papers.ssrn.com/sol3/papers.cfm?abstract_id=1359091.

Preqin/LPX Special Report (2012) Listed Private Equity – Opportunities for Institutional Investors, https://www.preqin.com/docs/reports/Preqin_LPX_Listed_Private_Equity_June12.pdf.

第二十三章　风险管理

对于管理全球性的大型多元化投资组合的机构投资者来说，风险自然是他们需要考虑的核心因素；而私募股权（PE）的本质则让其投资组合在风险层面上比较于其他（流动性更强的）资产类别显示出独一无二的特征。因此，投资者必须了解 PE 的内在特征，以合理制订并管理符合其风险偏好的 PE 计划。

在 PE 中，风险管理远提前于投资决策，因而绝非投资之后的事情，这与传统的公开发行及固定收益组合形成了鲜明对比。在选择投资标的的过程中，第一件事就是确定投资的性质和位置，形成风险前置；一旦完成对基金的认缴，在漫长的锁定期内就很难再做任何调整。毕竟，私募股权基金是一种盲池工具，在筹款期间只有非常泛泛的投资理念，未来的投资还不得而知，[①] 而投资组合投资则是随着时间推移而逐渐形成的。

我们在本章里所讨论的风险，是本书迄今为止尚未涉足的一个层面，对此，我们将从有限合伙人（LP）和普通合伙人（GP）的双方视角来考虑风险管理问题。受篇幅局限，我们仅在总体层面上探索风险管理流程。

至于风险管理的分析架构，我们将首先从投资者的风险开始，将风险划分为四个类别：资产类风险、组合风险、基金经理风险以及直接投资风险（见图 23.1）。

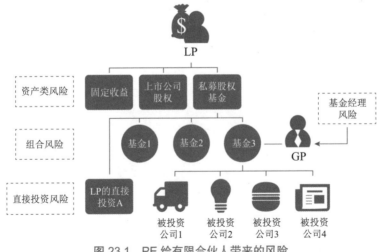

图 23.1　PE 给有限合伙人带来的风险

---

① 详细介绍，请参阅第十七章"基金的筹集"。

资产类风险

　　一旦投资者决定将总资产的一部分配置给 PE，那么 LP 的投资团队就需要针对启动投资过程制定详细的战略，并随着时间的推移而逐步达到预期的配置目标。投资者的风险偏好衡量了他们对投入风险资金并因追求目标收益而承受一定损失的接受程度，因此这也是这一过程中最关键的参数。风险偏好与 LP 的初始目标密切相关——比如说，债务规模符合保险公司的要求，或是履行对家庭办公室的保值义务。

　　在投资者的投资组合中加入 PE，这种策略所产生的理论影响（风险）并不难理解：将非上市私人公司纳入传统公开上市股权和固定收益构成的投资组合中，可以降低组合的整体波动性并减小出现大幅贬值的风险，从而分散了整体组合的风险水平，通过多样化投资提高组合的夏普比率（Sharpe ratio，反映基金净值增长率超过无风险收益率的程度，体现出风险水平对于决定组合表现的基础作用）。相对于可比较的公开市场股票指数，PE 历来较低的年均收益率波动似乎更符合理论观点（见图 23.2）。当然，由于现实中的风险分散效应（和已实现收益）依赖于投资者的现有投资组合、对 PE 和风险投资（VC）基金的选择以及这些资产与其整体投资组合的相关性，因此这种说法还有待于回测。[1] 尽管投资

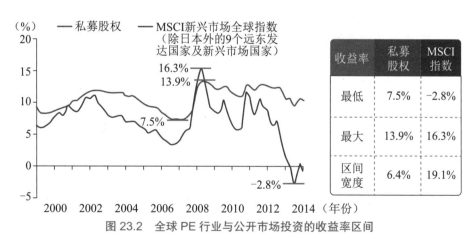

图 23.2　全球 PE 行业与公开市场投资的收益率区间

　　资料来源：Bloomberg，INSEAD-Pevara，笔者分析。[2]

---

[1]　投资者通常会通过大量的回测，对假设在以往投资组合中引入新资产类带来的业绩影响进行测试。

[2]　PE 收益率的计算按季度修改的内部收益率为基础，相关来自 INSEAD-Pevara 数据库中的 3000 只基金（http://centres.insead.edu/global-private-equity-initiative/research-publications/privateequity-navigator.cfm）。MSCI 世界指数的相关数据来自 Bloomberg。

PE 会增加机构投资者现有组合的阿尔法（或超额收益），但持有 PE 敞口也会带来某些特定风险，这些风险主要来自 PE 基金的封闭式结构以及由此带来的流动性不足。下面，我们将详细探讨这些风险。

存续期：典型的 PE 基金至少需要维持 10 年的认缴期。虽然可能会出现提前实现的情况，但 LP 通常需要等到 4～6 年之后才能收到真正有意义（盈利性）的资本分配。因此，投资者需要保证这个时间范围与其负债相匹配。

缺乏中期流动性：一旦认缴出资并通过私募股权基金进行资金，LP 就必须持有股权到基金存续期结束。虽然快速增长的二级市场为积极管理 PE 组合并调整组合创造了条件，[①]但出售 LP 股权毕竟需要时间，并且通常是在基金资产净值（NAV）的折价基础上完成的。

缺乏透明度：私募股权基金是一种具有盲池特征的投资工具，只有在实际投资达到一定程度之后，才能显示出一定的透明度。这就给投资组合增加了新的透明度风险，也是 LP 在制定投资原则时必须考虑到的因素。

现金流风险：对于 PE 基金形成现金流的时间和规模，LP 几乎一无所知。从理论上说，现金流总体上服从 J 曲线——即在基金存续期的初期，投资者向基金投入资金，随后在基金到期时，投资者取得资金[②]。但出资催缴和收益分配均由 GP 决定，而 GP 的决定显然是无法准确预测的。因此，LP 试图通过现金流模型并考虑不同的情景和经济条件，来模拟现金流入和流出的时间和金额。

已认缴资本和已投资资本：在任何时点，被提取并用于投资的资金都要低于 LP 对 PE 的已认缴出资，因为每次分配都会抵销后续投资所需要的原始出资额。此外，GP 通常会保留一部分资金用于后续投资，而确切的比例显然是无法预测的。这会导致 LP 面临着预留 PE 敞口低于预期比例的风险；在出现这种风险时，为实现预期的投资配置，就需要投资者超过最初的认缴承诺而过度出资。

监管及税收风险：监管和税收规则的变化可能会对 PE 资产类别的吸引力产生重大影响；新增加的税收可能会降低收益，更严格的监管法规会导致持有 PE 不再有吸引力。[③]

投资于 PE 需要以量身定做的基准进行业绩的衡量和跟踪，并对战略的可行性做出现实的评估。开发和维系合理的基准绝不是可有可无的任务，因为投资 PE 的风险—收益模式明

---

① 有关二级市场交易机制的更多介绍，请参阅第二十四章"私募股权的二级市场"。

② 有关 J 曲线的更多介绍，请参阅第一章"私募股权基金的基本概念"。

③ 针对银行的《巴塞尔协议Ⅲ》《多德—弗兰克华尔街金融改革与消费者保护法》以及"沃尔克规则"（即《禁止自营交易和对对冲基金和私募股权基金投资规定》）针对保险公司（欧洲）的"第二代欧盟偿付能力"（Solvency II）等监管措施的执行，增加了持有替代投资股权的成本。

显不同于传统资产类别，也就是说，PE 的收益更多地取决于少数非正常甚至是极端投资。不过，我们还是有很多办法进行合理比较的。[①]

投资组合的总体风险

如果 LP 接受 PE 投资这一资产类别的总体风险，那么它可以通过合理构建 PE 投资组合，对由此带来的风险进行有效管理。风险管理的目标就是建立多样化的投资组合——多样化的途径不仅包括战略（如风险投资、成长型股权投资以及收购）和地理位置上的组合，也包括起始年份的搭配（即基金开始投资活动的年份），从而降低个别 PE 配置策略带来的非系统风险。有证据显示，通过起始年份形成的组合多样化，是降低 PE 组合整体风险最有效的方法之一，因为它可以在不同的市场周期内建立相互一致的风险敞口。

针对 PE 投资组合管理，存在着三种基本风险。

集中度风险：随着时间的推移，PE 组合可能会丧失最初的多样化特征；投资集中的原因不仅包括将过多资金投资于少数基金，还包括某些具有共同特征的资金取得的极端业绩或早起分配等。

组合膨胀：保持对 PE 的投资总额是一项非常棘手的任务。它既要求将退出收入立即重新投资于基金；而且只能对处于筹资阶段的 PE 做出新的出资承诺，按照这一要求，随着时间的推移，PE 在投资组合中的 PE 基金会逐渐增加，而且一定会不断增加。随着需要管理的基金和 GP 关系在数量上越来越多，LP 一方需要动用的投资专业人士也得不断增加，导致投资管理占用大量资源。

违约风险：如果 LP 因无法按催缴通知认缴所承诺的出资，则有可能出现违约风险，当然，导致 LP 违约的原因既可能是现金流短缺、过度承诺、组合中的股票等公开投资工具遭遇大盘压力，也可能只是因为已到期 PE 组合在出资催缴和收入分配方面相互不匹配。[②] 比如说，在 21 世纪第一个 10 年的中期，在市场总体流动性充裕的情况下，投资者曾试图依靠银行债务作为向 PE 认缴出资的资金来源，但在进入 2008 年的全球金融危机之后，随着市场上的流动性消失殆尽，银行开始取消信贷额度，导致投资者对银行资金的依赖也戛然而止。

---

① 有关 PE 业绩及其与其他资产类别比较的详细介绍，请参阅第十九章"业绩报告"。
② 有关 LP 如何构建投资组合的全面介绍，请参阅第十八章"LP 的投资组合管理"。

虽然对违约资本的处罚可能非常严厉——极端情况下甚至会导致 LP 丧失对基金的收益权，但 GP 通常还是可以通过二级市场交易来管理这种情况。

以前，通过调整投资组合的风险维持 PE 的预期在风险分布之内，还是一个难以捉摸的目标。然而，这种情况近年来已发生了变化。二级市场出现了爆炸性增长——总体规模从 2009 年的不到 150 亿美元发展到 2016 年的超过 400 亿美元，[①] 为 LP 以积极方式管理 PE 敞口风险提供了更大空间，在风险管理的手段上呈现出完全不同于 2007 年以前的特征。无论是处于监管制度的变化，还是投资委员会将投资重点从发达国家转移到新兴市场的愿望，今天的 LP 投资绝对不缺少有准备的买家，他们拥有大量可供投资的资金，在二级市场上等待随时出手的机会。

作为二级市场上的买家，LP 可以增加对特定策略、基金或地理位置的敞口以及调整起始年份，以改善投资组合的风险分散特征。二级市场投资的持续时间通常短于对主投资的承诺期，这意味着可以更早地实现收益并取得流动性。此外，盲池风险也会大大降低，因而可以更准确地预测未来的资金投入和收益分配。

当然，LP 还可以选择基金中基金维持 PE 敞口的均衡，或者通过小型基金满足 LP 的最低投资需求。通过将资金配置决策外包给全球基金中基金管理人，这种方法不仅大大减少了所占用的人力，而且可以迅速实现组合的多样化，不过它也要付出增加一级收费的代价。

基金管理人风险

选择基金管理人并在一定时间内监督他们管理基金的业绩，是 LP 面对的另一重大挑战。考虑到全球有 8 000 多家基金管理机构[②]，要找到符合其投资理念和风险偏好的专业人士显然需要耗用一定的时间、经验和资源；大型养老金计划和机构投资者通常需要管理 100 多个 GP 关系，因此，监督他们的业绩表现显然应该是一项全职工作。我们在图 23.3 中罗列出部分与此相关的风险，并在下面中做详细探讨。

关键人风险：成功的资金往往仅依赖于几个关键人的专业能力和知识：他们构成了组织中的高级合伙人。所谓的"关键人风险"是指一两个关键合伙人在基金期限内离开基金

---

① 资料来源：Greenhill Cogent。

② 相关数字仅针对专业的基金管理公司；但针对经济型基金管理人数量的估计，坊间数据相差很大（资料来源：Preqin 2016）。

管理机构，这也是投资者最担心的一个问题，因为这可能会导致业绩表现不佳。在有限合伙协议中，均会设置相应的法律条款，约定 LP 在发生此类事件时撤出资金或终止投资期；但基金的已投资资本还是要在剩余寿命期内继续承受风险。

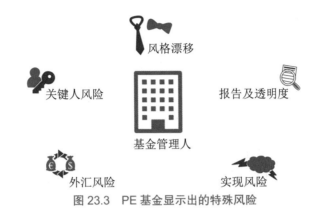

图 23.3　PE 基金显示出的特殊风险

风格漂移：这个术语是指 GP 偏离最初设定的投资策略和预期的投资目标。如果投资者精心选择每个基金来满足其投资组合的多样化需求，即便是微乎其微的变化也有可能会影响设定的均衡，从而改变组合的整体风险。然而，考虑到封闭式基金的存续期较长，在投资环境发生变化（特别是新兴市场）对组合策略进行调整，自然不会少见。

报告及透明度：LP 要求每个个别基金都应以及时、一致的方式提供业绩数据，以便向 LP 投资委员会提供投资组合报告。多年以来，季度报告已逐渐成为行业标准，LP 行业协会、特别是机构有限合伙人协会（ILPA），始终致力于制定和推广有助于形成最佳实践的报告要求。然而，多种多样的格式和系统，再加上基金管理人在评估资产价值以及在管理费和经营费用方面享有的自主权，均为投资者带来了风险。

实现风险：在基金的整个存续期内，PE 投资的中期估值（即资产净值）都是在持续波动的，而且在这个过程中，有可能明显偏离最终实现的价值。即使在全球金融危机后的2009 年开始执行《国际私募股权和风险资本估值准则》，季度资产净值的计算在根本上依旧是一个高度主观的过程。[①] 比如说，以往对于以俱乐部交易形式进行的投资，相关 GP 给出的中期估值往往存在巨大差异。考虑到实践中每隔 3 ～ 4 年筹集一次后续资金的做法，基金管理人的兴趣和动力在下次筹款活动开始之前交出令人振奋的业绩答卷（因为这有助

---

① 在 2008 年以前，组合中的基础公司在退出实现之前始终按成本估值，这意味着，在出售被投资公司之前，基金的估值不会有任何波动。但在 2009 年实行《国际私募股权和风险资本估值准则》之后，随着该《准则》确立了一套公允价值规则，这种情况发生了变化。有关其他信息，请参见第十九章"业绩报告"。

于增加基金的资产净值）。

外汇风险：目前，全球 LP 大多以美元计价，并采用美元进行投资和收益分配；但基金管理最终还是要把以筹集的资金转换为本地货币。而以本地货币表示的收益有可能会由于汇率的不利变动而大为缩水，从而导致美元收益率低于预期。

在进行投资资金配置时，LP 需要对基金产品进行严格的尽职调查，并借助于基金文件的相关条款对基金层面的非系统风险进行管理。[①] LP 不仅要认真考虑报告和监督过程，还要深入分析 GP 的历史业绩、投资策略、团队经验及薪酬结构。因此，我们可以预见，GP 将投资于基金经理与基金 LP 在经济利益上相互一致的基金。

在投资期间，监督和业绩跟踪是一个持续性过程，这一点和持有公开市场股权没有任何差别。为实现投资组合与可比对象的比较，应采用来自基金中基金、顾问或数据提供商的数据得到整个行业的四分位业绩标准，具体可按起始年份、地域和板块分别计算。由此得到的信息可以为未来的资产配置决策提供依据。

直接投资的风险

越来越多的 LP 已准备参与直接交易（即直接投资于非上市公司，而不再借助于基金）。本书已经用整个第二十一章来讨论这个问题，[②] 因为由此招致的风险以及让联合投资和直接交易在机构投资组合中占据一席之地的必要性，绝非微不足道。另一方面，培育这些能力则需要时间和耐心，而且会让 LP 面对如下来自 GP 的所有风险。

GP 的风险管理

在结束针对风险管理的讨论之前，我们还要看看货币链，分析 GP 在整个基金存续期内面对的风险。在本书的前面部分中，我们详细介绍了 GP 如何筹集资金、形成交易流程、

---

① 详情请参阅第十六章"创建基金"。
② 有关 LP 涉足直接投资和建立联合投资计划的介绍，请直接参阅第二十一章"LP 的直接投资"。

执行投资并最终通过管理被投资公司实现成功的退出。在本节中，我们将暂时放下与交易相关的风险，探讨一下 GP 面临的商业及市场风险（见图 23.4）。

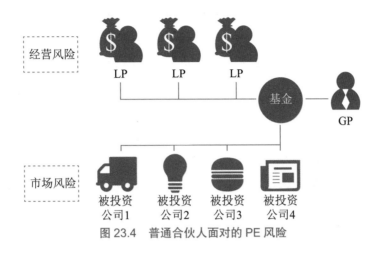

图 23.4　普通合伙人面对的 PE 风险

经营风险

我们将经营风险定义为可危及 PE 公司持续经营稳定性的风险，并以融资和人力资本为核心。

融资风险：即使是对于已成型的 PE 机构，资金的筹集也要依赖于外部环境；在危机后的所谓"去风险"期间，纵然是最成功的基金专营机构也难以获得 LP 对新投资工具的出资承诺，因此维持业务是他们面临的一个重大挑战。

违约风险：虽然 LP 不能履行出资义务的情况很少见，但一旦出现，就有可能给 GP 的业务造成重大影响。除了标准的 KYC（了解客户）流程外，从地域分布和类型方面构建多样化的 LP 群体，有助于降低来自 LP 的这种风险。

监管风险：GP 必须面临越来越大的监管压力（譬如按照欧盟采取的第二代偿付能力标准），这就需要在基金的费率结构等表现出更大的透明度，采取更为详细的信息披露方式。同样，税收的变更以及对融资活动的最新规定也有可能对 PE 公司的经营产生不利影响。

人力资源风险：虽然成功的私募股权公司可以随着时间的推移而不断推出规模更大的基金工具，但要按比例并及时配备相应的合伙人数量和交易团队规模，却绝非易事。尤其是在执行投资策略所需要的技能也在不断推移时（譬如，投资策略的重点转为创造经营价值或跨境交易），人力资本需求带来的挑战将更为严峻。

继任风险：PE 公司解散或收缩规模的主要原因之一，就是经济收益权和决策权的分配。

高级合伙人和未来新引入的初级合伙人（还可以进一步扩展到中层专业人员）之间挥之不去的利益分歧和冲突，始终是不断出现新私募股权公司的主要动力，也就是说，从原有基金中剥离出的个人甚至整个团队，另起炉灶创建自己的新公司。当作为创始人的合伙人接近退休年龄时，这个话题尤为突出，这就需要以公平的解决方案衡量企业价值以及对转型需求进行管理。近年来，出售公司股权或其上市已成为越来越普遍的做法，[①]这或许是解决这个问题的一个出路。

集中度风险：在上述风险中，大多不会危及 PE 公司的生死存亡。但缺乏足够分散度的投资组合却有可能让基金公司难以生存；无论是资产单一带来的风险（这种风险在当下几乎已不存在了）还是在投资中持有相同板块或地域的敞口，都有可能给基金业绩带来灾难性影响。考虑到集中度风险属于可控风险，因此在一般情况下，LP 对出现在后续筹资中的这种错误几乎是难以容忍的。

市场风险

私募股权基金的业绩当然要受到大盘市场形势以及宏观经济环境的影响。

宏观经济风险：与所有金融市场的参与者一样，PE 基金也要面临宏观经济震荡和市场周期的影响。除了给投资及退出活动带来的（主要暂时性）影响之外，被投资公司受到的影响最大，而在被投资公司层面，当属经营杠杆和财务杠杆的反应最为强烈。

信贷风险：所有 GP 都要面临信贷周期及其对被投资公司融资成本的影响。尤其是收购基金，因为它需要借助信贷市场为进行杠杆收购（LBO）提供流动性。在市场处于紧缩状态时，信贷市场的任何干扰都有可能破坏被投资公司的价值以及收购公司开展杠杆收购的能力。

公开股票市场风险：公开股票市场是基金确定基金进入和退出被投资公司时估值倍数的关键决定因素。在退出投资时，由于首次公开发行（IPO）窗口的开放和关闭非常短暂，几乎没有太多提前准备的余地，因此 GP 需要承受初级股票市场流动性不足问题。

外汇风险：汇率波动会影响到基金投资的净业绩。例如，在以欧元计价的基金投资于欧元区以外的国家时，就会出现汇率风险。在这种情况下,投资以本地货币计价的,而退出后,则需要退出收益由本货计价转换为以欧元计价（按转换时的汇率），而后再分配给 LP。大多数私募股权公司还无法规避这些币值波动带来的风险，因而通常会将对冲汇率的决策留给基金的 LP。

[①]　有关详细信息，请参阅第二十二章"上市私募股权"。

外汇：真实的保值抑或只是希望？

罗博·瑞恩（Rob Ryan），霸菱亚洲投资基金（Baring）市场风险经理

　　反对对冲私募股权投资外汇风险的证据已经屡见不鲜了。以往，确定对冲外汇风险的时机以及消除货币风险的成本已导致很多基金经理采取了希望战略，而不是套期保值。传统观点认为，货币价值在长期内总要服从回归中值的规律，而且考虑到 PE 投资本身为一项长期性活动，因而，根本就没有必要做套利保值。

　　货币确实显示出长期内的中值回归规律。但问题的关键在于，这种对均值的回归很少能与投资的进入和退出时间相吻合。当出现退出机会时，货币处于最佳状态的概率有多大呢？ PE 投资显然无法规避"墨菲定律"[1]

　　更确切地说，私募股权公司的核心竞争力就在于投资于私募股权，而不在于货币交易。因此，千万不要犯错：不对冲投资货币风险就是货币交易，只不过没有通常的外汇市场流动性。在货币交易领域，私募股权公司既没有竞争优势，也没有通过大宗交易获利的能力。货币波动是投资者不愿意看到的风险，也是一直不可控的风险，它只会加剧收益的波动。

　　投资组合理论表明，如果能以可适当接受的成本消除收益的部分波动，就可以提高投资组合的风险收益（表示为夏普比率）。尽管这个所谓"可适当接受"的成本取决于被消除的波动量，但在目前基金费率倾向于下降的全球趋势下，进行主动性货币对冲已成为越来越多的现象：在大多数国家的利率已达到或接近零的情况下，利率差距持续缩小，通过期货对冲汇率风险的成本已大幅下降。

　　目前，美元已成为基金最常用的基础货币，因此，对大多数"G10"[2] 国家货币甚至在部分亚洲新兴市场国家的货币，在兑换美元过程中发生的对冲"成本"实际已变成一种收益。这意味着，减少收益波动不仅不会带来成本，还会增加收益。在这种情况下，至少在理论上无法为不进行对冲提供依据。

　　一旦决定对冲货币风险，下一步就是确定这种风险的性质。在资产完全属于国内业务，相应的收入和成本全部为已本币发生，对冲概念就非常简单了：公司整体价值的货币风险，仅体现为基金基础货币所对应的货币发生贬值。

---

[1]　墨菲定律（Murphy's Law），是一种心理学效应，就是一定会出错。——译者注
[2]　G10，十国集团，由 1965 年《一般借款协定》（GAB）参与国组成的团体，包括当时国际货币基金（IMF）的 8 个成员国及德国和瑞典，瑞士于 1964 年加入，但 G10 的名称仍维持不变。

但是，如果这家公司的唯一任务就是出口本地生产的产品或服务，并以美元接受付款，会给对冲策略带来什么影响呢？在这种情况下，公司价值会因本地货币的贬值而增加，因为本币贬值意味着成本下降，这就提高了最终的利润。对冲本地货币的贬值只会增加货币风险：因此，套期保值会招致亏损，进而导致公司利润缩水。

当然，制定对冲决策还要考虑到更多的复杂性，如行业的集中度和定价能力、合同中的货币风险转嫁条款乃至输入通胀率上涨带来的薪资上涨等二级效应。在某些情况下，这些影响是有可能做出合理估计的；但对某些影响方面，除了方向性之外可能一无所知。在现实中，将资产对货币波动的敞口设定一个数字或许是不可能的任务，在很多情况下，与其说这是一门科学，还不如说它是艺术。

不过，我们不妨假设可以得到这样一个数字：为简单起见，我们可以认为，1亿美元资产总额可以承受的本币贬值风险为50%，也就是说，本币每贬值10%，资产将按资产基础货币计价的价值损失5%。这就引申出下一个问题：到底怎样的规模才算是合适的对冲规模呢？难道只是这简单的5000万美元敞口吗？或者说，我们是应该按预定的退出倍数提前对冲50%，还是在两者之间进行某种折中？

在很大程度上，这将取决于基金管理人对投资是否能达到预期的判断。对于风险较高的成长型股权投资，其预期收益的确定性显然不及收益基本可确定的债务型工具。当然，这其中还要考虑其他因素，包括可能的退出时间以及套期保值的成本：对于拥有3倍退出倍数的投资和一笔按本金退出的投资，前者的对冲成本将是后者的三倍。

在私募股权领域，货币对冲并不是一项简单的任务。但显然没有达到只能幻想或是寄希望于撞大运的地步？以严谨积极的方式管理货币风险，可以避免基金的基本业绩免遭意外冲击，而且这种做法的成本并不高，甚至没有任何成本。

本章小结

在有关资产管理的所有话题中，风险管理都是毋庸置疑的核心。一旦PE进入投资者的投资组合，需要考虑的风险因素就会在数量和复杂性上大为增加。面向未来，必须着眼于提高透明度、提供质量更高（更完整）的数据，只有这样，才有可能在风险管理问题上展开更有意义的讨论，并为大型机构投资者解决这一问题提供更有价值的指导方针。

基本学习要点

- 在 PE 背景下,风险管理对 LP 和 GP 而言正在成为越来越重要(而且越来越复杂)的职能。
- 从 LP 的视角看, 投资 PE 的风险可以划分为资产类别风险、投资组合风险、基金管理人风险和直接投资风险四大类。其中的某些风险源于 PE 的基本特征,而其他风险则关乎投资组合的创建和管理。
- 而对于 GP, 风险管理 (除与交易执行相关的风险管理) 可分为两大类:经营风险和市场风险。其中的某些风险只影响到解决的业绩,而其他风险则有可能危及 PE 公司本身的存在。

相关案例研究

摘自《私募股权案例》

案例 2:走向直接化:来自教师私募投资公司(*Teachers' Private Capital*)的启发

案例 4:达成目标:瑞士合众集团实现私募股权投资组合的优化

案例 18:前沿市场的私募股权:在格鲁吉亚创建基金

参考及补充读物

Bodie, Zvi, Kane, Alex and Marcus, Alan J. (2014) *Investments*. McGraw-Hill/Irwin Series in Finance, Insurance, and Real Estate. McGraw-Hill.

Diller, C. and Jkel, C. (2015) Risk in Private Equity: New Insights into the Risk of a Portfolio of Private Equity Funds, BVCA, http://www.bvca.co.uk/Portals/0/library/documents/Guide%20to%20Risk/Risk%20in%20Private%20Equity%20-%20Oct%202015.pdf.

Huber, C. and Imfeld, D. (2013) Operational Risk Management in Practice: Implementation, Success Factors and Pitfalls, CAIA, https://www.caia.org/sites/default/files/AIAR-2013-Vol-2-Issue-2-Managment.pdf.

Ilmanen, Antti (2011) *Expected Returns*. John Wiley & Sons.

Institutional Limited Partners Association (ILPA (2016) Quarterly Reporting Standards. https://ilpa.org/wp-content/uploads/2016/09/ILPA-Best-Practices-Quarterly-Reporting-Standards_Version-1.1.pdf.

International Private Equity and Venture Capital Valuation Guidelines (2015), http://www.privateequityvaluation.com/valuation-guidelines/4588034291.

Swensen, David (2009) *Pioneering Portfolio Management: An Unconventional Approach to Institutional Investment*. Free Press.

第二十四章　私募股权的二级市场

　　私募股权（PE）的二级市场[①]是指购买和出售对 PE 投资的现有股权，包括有限合伙人对基金以及基金所投资公司中持有的股权。二级市场交易为 PE 所有者提供了获得流动性的另外路径，增加了管理 PE 投资组合的灵活性。此外，二级市场为出售方提供了对不同阶段 PE 进行投资的机会，也是他们针对特定管理人和投资策略建立敞口的另一种方式。自 20 世纪 90 年代后期以来，二级市场参与者已经开发出一系列结构满足多种多样的投资需求。

　　二级市场已成为 PE 资产类别中增长最快的一个门类，年交易量从 2002 年的 20 亿美元增长到 2015 年的 400 亿美元（见图 24.1）。在 PE 资产类别的流动性限制已不再是问题的情况下，有限合伙人（LP）成为显而易见的受益者。面对全球金融危机后的新监管形势，大型金融机构通过二级市场交易大幅减少投资组合，推动了这个市场的发展。

　　在本章里，我们首先介绍二级市场交易的主要类型，在此基础上探讨了这个市场采用的各种交易结构。最终，我们将重点讨论二级市场交易过程的特殊要素以及需要考虑的要素。

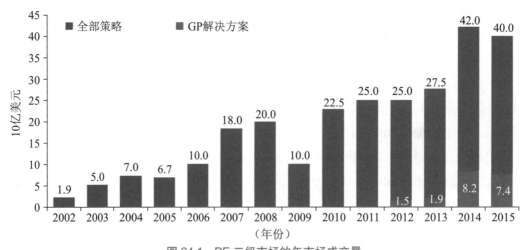

图 24.1　PE 二级市场的年市场成交量

资料来源：Greenhill Cogent。

[①]　"二级市场"一词经常用于二级市场收购，即一个 GP 将被投资公司出售给另一个 GP。我们将在本章稍后对差异之处进行解释。

主要交易类型

PE 二级市场的发展是 LP 在私募股权行业中扮演被动角色的自然演化结果。事实上，由于传统封闭式 PE 基金的投资决策全部由其普通合伙人（GP）决定，LP 影响资本流动和流动性需求的能力是不存在的。按照今天的二级市场模式，LP 可在基金解散或投资退出之前出售对基金持有的权益或是对非上市公司持有的股权。

二级市场交易主要包括两种类型：出售对 PE 基金持有的权益（有限合伙企业的二级市场）以及出售对 PE 所投资公司持有的股权（直接二级市场）。在这两种情况下，交易的内涵都是出售方向买入方直接出售其拥有的权益或股权，出售完成之后，出售方对权益或股权不享有任何剩余索赔权，也不保留任何关系。交易的标的既可以是单一的基金权益或是单一 PE 所投资公司的股权，也可以是两者的某种组合。

有限合伙公司股权的二级市场交易

长期以来，LP 股权的二级市场交易已成为 PE 二级市场交易中最主要的交易形式，在 2002 年以来的二级市场交易总额中，这种交易形式占据的比例为 72% ~ 96%。[1]LP 股权的出售破坏了出售方 LP 和基金的固有关系，并将全部权利（主要为资本分配权）和义务（主要是尚未认缴的出资承诺）转移给买入方（见图 24.2）。

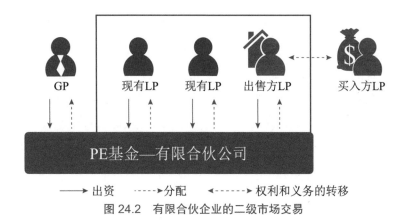

图 24.2　有限合伙企业的二级市场交易

---

① Dow Jones（2015）.

出售方：LP 决定出售对 PE 所持有权利的原因既有外部因素，也有内部因素。然而，他们的决定并不一定反映 PE 投资本身的质量（或业绩）。基金的业绩会在定价中得到反映，业绩更好的资金会吸引更多买家，从而导致价格对内在价值的折扣较低。

- 内部因素：通过二级市场销售，可以将投资组合的风险敞口转移到更合理的地理位置、投资策略和起始年份，而无须通过筹建新基金而改换门庭。此外，还可以利用二级市场交易减轻"分母效应"——也就是说，当公开市场价格下跌导致投资组合总体价值下降时，会导致投资者对经常重新估值的非公开市场资产持有过度敞口，此时就会出现所谓的"分母效应"。

- 外部因素：二级市场活动的主要驱动要素就是监管压力及其变化——如《巴塞尔协议III》和"沃尔克规则"对银行的限制以及"第二代偿付能力II"对保险公司的限制，这将导致持有另类投资股权需要承受不可接受的成本。此外，LP 遭遇财务危机也是二级市场活动的重要动力，这一点在2001年的互联网市场崩盘以及2008年的全球金融危机中可见端倪，在这种情况下，LP 可通过二级市场交易剥离出资义务，以达到减少负债的目的。

买入方：对于 LP 持有的基金股权，最积极的买家就是专门从事二级市场交易的基金和基金中基金，他们的投资目标就是在二级市场上收购股权。[1] 对这些专业投资者来说，基本投资理念就是针对股权转让价格所依据的资产净值（NAV）取得折扣，从而获得随时可兑现的套利机会。但随着市场的成熟，传统私募股权基金的 LP，特别是大型养老金计划，已成为二级市场股权的另一个积极买家。

通过收购 LP 持有的股权，可为机构投资者提供另一种途径，对既定的 PE 策略、地域或基金起始年份建立敞口，也就是说，无须投资于传统基金一级市场即可提高组合的多样化。此外，如果投资组合的 J 曲线[2] 波动性很强，那么 LP 可根据二级市场上待售基金的到期日范围，通过选择性的收购熨平现金流。在二级市场上收购 LP 持有的股权，还可以为接触拥有顶级业绩的基金管理人提供另一种渠道，从而为参与其未来基金铺平道路。

LP 在出售所持有权益的同时，还可以同时向买入方提供投资 GP 下一只基金的认缴资格，这种交易方式通常称为二级市场捆绑交易（stapled secondary）。捆绑交易要求权益的收购者拥有投资主市场的能力。如果 LP 成功认购 GP 后续基金的频率较为频发，那么这种捆绑交易会有助于巩固基金经理业务的可持续性。

---

[1] 参与二级市场的部分大型基金包括列克星敦（Lexington Partners）、科勒资本（Coller Capital）、法国安盛（Ardian）、高盛（Goldman Sachs）、瑞士合众集团（Partners Group）、Strategic Partners 和汉柏巍（Harbourvest）等。

[2] 有关 J 曲线的更多信息，请参阅第一章"私募股权基金的基本概念"。

定价：如何对 LP 所持有的股权进行定价，可以说是传统二级市场交易中最有争议的步骤之一。价格通常是以基金在某个特定时点的资产净值为基础，并以资产净值的某个折价或溢价作为最终报价。两种最常见的估值方法分别是：（1）自上而下式的估值方法，即利用可比交易倍数或交易倍数得到 LP 所持股权的价值；（2）自下而上式的估值方法，即使用贴现现金流模型计算基金相关资产的内在价值。

在自上而下式的估值方法中，采用来自可比二级市场交易的信息来确定 LP 股权的定价。二级市场交易中经常使用的倍数是既定交易支付的价格与基金资产净值之比（价格 / 资产净值）。此外，还可以通过上市 PE 基金的历史交易来确定价格。在这种方法中，采用的倍数是可比上市基金的价值总额（股权的市值加上负债）除以该基金最新发布的资产净值。但在现实中，由于二级市场缺乏透明度，因此往往很难找到合适的可比交易，而且上市的 PE 基金本身数量就很有限，所以很难利用这些数据开发出有效的估值方法。

按照自下而上式的估值方法，通过对相应基金的未来现金流预测值进行折现，即可得到 LP 股权在二级市场上的价格。在这种情况下，确定折现率的基础是二级市场买入方预期实现的未来现金流形成的总收益。现金流包括现有被投资公司进行的预期分配、对未来主基金和后续投资的投入以及这些未来投资带来的分配。在估计现有被投资公司的现金流预测值时，需要判断投资所处的阶段、预期的增长率和投资需求以及退出估值的预期等。而预测未来投入和未来投资的收益相对较为复杂：需要根据对基金经理进行的尽职调查访谈以及 GP 的历史业绩，估计出现金流出现的时间和规模。此外，在预测过程中还需诸多外因。

折扣对收益最大化的重要性：是神话还是现实？

丹尼尔·杜邦（Daniel Dupont），加拿大北叶投资公司（Northleaf Capital Partners）董事总经理

在 20 世纪 90 年代末的时候，刚刚起步的 PE 二级市场还是一个家庭手工作坊式的行业，市场上只有星星点点的几个不良资产卖家、为数不多的买家、犹豫不决的 GP 和屈指可数的中介机构，而今，它已发展成一个集投资、管理乃至融资于一身的全方位市场。PE 二级市场正在变得越来越成熟，越来越高效，也越来越透明，但这也增加了买家的定价压力，并对投资者的收益造成影响。

在 2008—2009 年的全球金融危机之前，PE 二级市场的最高报价的平均水平创下历史新高（见图 24.3）。但 2008—2009 年显然不具有代表性，因为当时的交易量已大

幅下滑，市场动荡造成退出率极低，因此卖家和买家很难在价格上达成一致。自此之后，平均最高出价对应的折价率已很低，达到甚至超过股权收购中大宗交易对应的价位。

对出售方而言，定价显然是非常重要的，因为它直接影响到股权出售的损益。此外，出售方还要考虑的其他重要因素包括反应速度、自主权以及买卖双方帮助现有基金管理人为新基金取得资金的意愿。

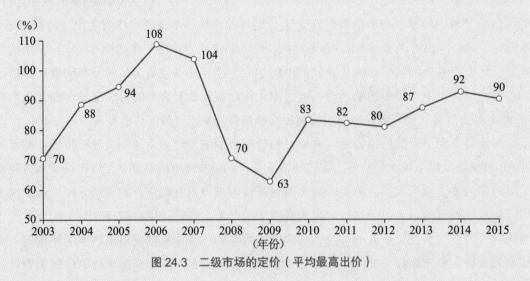

图24.3　二级市场的定价（平均最高出价）

对包括北叶投资等诸多买入方而言，交易的折价（或溢价）取决于以下两个方面：（1）详细而严格的自下而上式分析（基本面分析）——这个过程需要预测公司在各种场景下的现金流；（2）对基金管理人能力进行的评估，并通过利益协调以满足出售方的预期以及投资收益。

虽然二级市场的买家充斥了各细分市场，但在竞争激烈的高位定价环境中，要找到有吸引力的交易却变得更加困难。这些买入方会使用哪些工具和策略来实现良好的收益呢？

● 中型市场绝对不是一个有吸引力的细分市场，这是由多种因素造成的，因为这个市场上存在着大量小型基金、基金管理人以及零散的被投资公司，而且财务信息的不透明程度更高。定价的效率明显低于规模较大的市场。

● 以投资者身份获得信息和密切的关系：某些二级市场买家持有大量待投资于主基金的资金，通过以前的交易，他们已经和某些基金管理人建立起密切关系，因此与纯粹的二级投资者交易者相比，这些以基金一级市场为主的投资者和基金中基金拥有明显的优势。充分的信息来源以及对被投资公司的深入理解尤为重要，因为被投资公司往往更集中于中端市场。

- 成长型公司在中期内会表现出更明显的优势。虽然中等规模组合的高折扣率可以通过交割的重新估值形成短期利润，但如果购买的组合中包含可持续升值的成长型公司，可以让组合在中期内显示出更有利的风险和收益特征。
- 高质量的交易流：交易流可以来自各种渠道，不仅有二级市场上的出售者，而且越来越多的中介机构以及基金管理人也为愿意向有意建立长期关系的卖家推荐二级市场业务。
- 拥有成熟的平台、长期的投资经验和广泛的网络：通过值得信赖的团队成员，为吸引各方开展经常性业务往来打下了坚实基础。
- 尾端的结构化交易：普通 LP 股权组合的销售市场存在着激烈的竞争。而在延期基金以及参与 GP 主导型重组（包括以优惠的收益率为现有基金注入新资金，以及在购买现有投资者头寸的同时，将基金剩余资产全部转入新基金结构）这个领域，竞争则相对较弱。但这需要深入了解 LP 持有的投资组合、与基金管理人拥有良好的关系以及高超的谈判和结构设计技能。
- 金融工具：使用某些常见的金融工具，如延期支付、收益对赌和杠杆，并采用最佳估值基准日，同样可以消除某些疑虑，兑现出售方的预期和买入方的投资收益。

直接二级市场交易（direct secondaries）

直接二级市场是指在牵头 PE 投资者（通常为基金）尚未退出的情况下，出售 PE 所投资公司的非控制性股权或非控制性股权的组合。[①] 在大多数情况下，收购标的的资本结构在出售之后不会发生变更（见图 24.4）。自二级市场出现以来，这类交易在数量上持续增长，但在交易价值总额方面则明显落后于更成熟的 LP 二级市场。

低折扣率绝对是一个不争现实，同样毋庸置疑的，还有二级市场效率的提高。即便如此，认为大幅折扣是实现绝对超额收益的唯一前提，仍然是一个不可靠的幻局。归根到底，不管是平价还是溢价，我们都不应为高质量的投资组合支付正确的价格而感到担心。同样不应忽视的，是各种投资方案之间的相对收益。毫无疑问，谨慎的进行私募股权投资，始终是一个非常有品质的选择。

---

① 在完成直接二级市场交易之后，新入驻的所有权人未必始终保持被动地位。

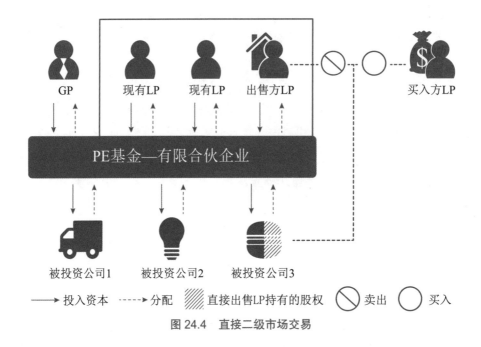

图 24.4 直接二级市场交易

直接的二级市场利益不应与二级市场收购（secondary buyout）相互混淆，对于后者，是指由另一只 PE 基金收购由 PE 持股的被投资公司。在二级市场收购交易中，牵头投资者（即 PE 基金）出售对被投资公司持有的控制性股权；交易之后，通常由收购方设立新的股权结构，为现有股权和债务资金提供再融资。

出售方：在直接二级市场上，出售股权的出售方包括基金的 LP、GP、创始人、公司员工及联合体。直接股权组合通常由企业发展计划、大型金融机构的直接和共同投资计划以及私募股权基金发起。通过出售对 PE 所投资公司的直接股权，可以为投资者提供相应的流动性，而且不会影响牵头 PE 投资者对投资的持续管理。而出售由 PE 所投资公司直接股权构成的组合，可以让出售方通过单一交易，对其持有的多个直接股权同时取得流动性，而不必通过多次销售逐个实现各股权的流动性。出售股权投资组合的一个常见原因，就是在基金临近存续期满，出售方需着手处理基金的终止（尾端交易）。

买入方：牵头的直接二级市场买家不仅包括传统的二级市场投资者和基金中基金投资者，还有专门从事收购 PE 所投资公司直接股权的直接二级市场基金。

直接二级市场可以让买入方直接进入 PE 所投资的公司，而且价格通常都非常优惠。开展直接二级市场交易所需的能力与直接投资相似。除需要适当的投资管理能力之外，买入方还需拥有开展尽职调查以及进行相关交易的能力。通过直接二级市场交易，买入方有机会收购一家公司或是若干孤立资产的组合，而后再通过更积极的管理，取得新的资金注入或新的经营专长，创造出巨大的价值增值。

应用：直接二级市场交易的典型应用就是分拆（spin-out）和买进（buy-in，为接管公司而买进其控制性股权）。在分拆中，买入方收购公司的一系列资产，而出售这些资产的原因通常是企业或金融机构的战略调整或是监管活动发生变化。在分拆交易中，买入方通常是在新组建的投资载体中收购和管理被分拆资产，并继续保留原来的 GP。当 GP 分拆出去时，通常采用这种策略。

在买进交易中，由新的 GP 出面管理资产的现有组合。在公司希望处置非核心资产组合或者 PE 公司希望处置剩余资产或尾端投资时，通常会采用买入策略。在实践中，如现有 GP 有足够的能力，那么这个 GP 通常会继续管理原有资产，否则就需要引入一个新的 GP。假如一家公司没有任何团队留下来继续管理投资组合，那么公司往往会将资产直接出售投资者，由投资者在新的结构中管理被收购资产。

定价：在直接二级市场交易中，定价方法完全等同于 PE 交易中所收购股权的定价过程。[1] 在收购被投资公司的股权组合时，个别股权的价值总额构成了最终定价的共同起点。这些交易的最终交割价格通常会接近这个价值总额，但考虑到是通过单笔交易打包买入这些股权，从而降低了出售方所承担的成本、需要面对的交易对手数量以及执行交易的复杂性，因此最终价格通常会在上述价值总额基础上给予适当折扣。此外，组合交易中的买入方通常只进行有限的尽职调查，因为对组合中的每一项资产进行评估需要付出巨大的成本，所以通常是不现实的。因此，对于因尽职调查不彻底有可能带来的潜在风险，为投资组合提供适当折扣是一种公允的调整。

交易的架构

除了上述两种主要交易类型之外，PE 二级市场的参与者还采用一系列交易架构看来满足利益相关方的具体需求。这些架构提供了量身定制的解决方案，从出售 LP 持有的部分股权，到组建合资公司和证券化等相对复杂的结构。大多数交易架构均适用于有限合伙公司股权的二级市场、直接二级市场或是两者的组合。每一种架构均为交易参与者提供了在法律、监管或税务等方面有针对性考虑的解决方案。

---

[1]　有关其他信息，请参阅第七章"目标公司的估值"及第八章"交易的定价机制"。

在某些情况下，LP可能希望在解决中维持对特定资产的敞口，而对其他资产进行变现。LP也可以通过这些架构将他们对基金持有的经济收益转移给其他LP，并维持原有投资者与GP的关系。出售方还有可能因存续期内出现监管或战略等方面的变化，必须退出基金组合中的某些资产。此外，结构化二级市场交易还可以让LP利用杠杆效应，放大其股份的收益能力，或是接收出售方融资。类似于直接二级市场交易的组合，这种结构也可以让交易对手节约交易成本，降低交易流程的复杂性。我们将在下文中详细解释实现这些目标所需要的常见结构。

结构化的二级市场交易

在这种类型的交易中，由特殊目的载体（SPV）收购LP对基金中持有的基础股权、对PE所投资公司持有的直接股权或是它们的某种组合。随后，"买入方"按约定数量收购SPV的一定比例，并将相应的出售收入转移给"出售方"。另外，出售方通常保留SPV的一部分现金流权利及义务，并对特定资产享有比例的所有权。最后，未来认缴资本和收入分配的比例或SPV对基金所享有权益的分配，通常会以现金流分摊协议的形式加以确定（见图24.5）。

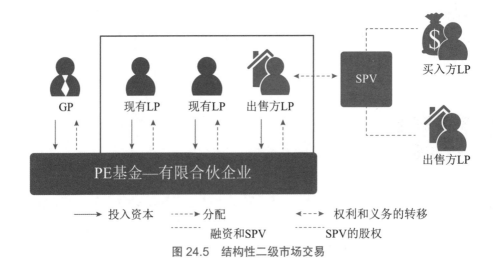

图24.5 结构性二级市场交易

在SPV交易的常见使用模式中，出售方会力求维持现有基金对被投资公司持有的基础头寸，并同时减少最终确定的未来出资承诺。在这种情况下，买入方需履行未来的全部出资认缴承诺，以取得在SPV的未来收益分配中享有优先权。如出售方确实不希望通过直接出售方式以折扣价格出售其 LP 股权，但愿意放弃未来基金投资的一部分收益，那么就可以采取这种交易结构。

此外，还可以使用 SPV 交易对基础 PE 资产组合进行证券化并予以出售。如存在多个买入方从而形成足够的需求时，就可以为资产组合带来有吸引力的估值，此时证券化对出售方而言显然一种合理的选择。在 SPV 收购 PE 资产之后，中介机构可以设计并出售量身定做的结构化证券——即分层证券，提供针对 SPV 特定现金流或资产的敞口，以满足不同投资者的风险偏好和其他需求。担保基金凭证（collateralized fund obligation）就是一种常见的证券化工具。

总收益互换（total return swap）

在二级市场上，通过总收益互换，可以将对 PE 基金的投资敞口从一方转移给另一方，以换取定期性的现金支付（见图 24.6）。减少对 PE 基金持有敞口的一方（出售方）继续履行全部出资认缴义务，并从收购方取得全部收益分配。作为回报，买入方向出售方定期支付固定的现金付款。总收益互换可以让作为出售方的 LP 保留对基金持有的股权以及和基金GP 的关系，并同时减少不可预测的出资催缴和投资收益分配带来的影响。

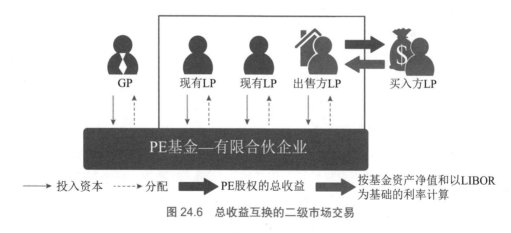

图 24.6　总收益互换的二级市场交易

在总收益互换中，交易对手将"浮动"支付（从基金收到的收益分配）转换为根据基金资产净值和以 LIBOR 为基础的利率确定的"固定"支付。除了基金收益分配之外，当PE 基金的未实现价值增加时（即资产净值增加），出售方还可以向买入方进行现金转移。反之，当 PE 基金的未实现价值减少时，买入方则向出售方进行现金转移，以抵消潜在价值的损失。由于基金的资产净值在基金分配后会发生变化，进而导致未实现价值发生变化，因此固定支付的金额也会随之自动做出调整。

执行二级市场交易过程中的特殊要素

在二级市场交易中，出售过程在现有 PE 投资的转移层面存在若干特殊性。尤其是基金的有限合伙协议中，会通过具体条款保护现有基金 LP 及其 GP 的利益。以下列示了部分关键因素。

需要取得 GP 的同意：几乎在所有情况下，若干 LP 要通过直接销售其持有的股权降低对基金持有的敞口，在 LP 的二级市场交易完成之前，都必须取得基金 GP 的同意。取得 GP 同意的条款为 GP 提供了一定程度的自我裁量权，让他们有权选择替代基金中的 LP。该条款在二级市场处于起步阶段时尤为重要，因为在这个阶段，二级市场本身和买家的声誉还不确定，也难以调查判断。随着市场的成熟，GP 开始与作为出售方的 LP 及买家频繁合作，以最大限度完善基金的投资者群体。

优先受让权（right of first refusal）：基金文件可以包括首次拒绝的权利，按照该条款，如果 LP 准备向其他投资者出售其持有的基金股份，现有 LP 享有优先按相同条件受让待出售股权的权利。通常，现有 LP 通常必须符合外部收购方提出的收购条款。LP 也可以放弃优先受让权，以减少出售过程的复杂性。类似条款还可以保护其他股东在直接二级市场交易中的利益，即在股东联合协议中纳入优先购买权条款（pre-emption right）。按照该条款，在 PE 所投资的公司中，如有股东准备出售其持有的股权，那么现有投资者享有按市场出清价格优先购买该股权的权利。

其他转移限制：在 LP 转让其对基金持有的股权时，还有可能受其他约定基金股权转移条款的限制。这些条款可以将股权转移限制在特定日期——例如，每个月末或季度末，以满足会计和行政管理的需求，或在转移股权之前必须接受他的司法认证。保证新进入的 LP 不会给基金带来监管或其他问题，是基金管理人的义务。此外，基金管理人还必须保证股权转让导致原有法律协议无效，也不得违背金融机构制定的规则或豁免条款。这些要求可能会大大延长股权出售过程，并导致交易过程更加复杂，因此必须充分考虑针对股权转移的相关限制。[1]

---

[1]　https://apps.americanbar.org/buslaw/blt/2009-03-04/beaudoin.shtml.

本章小结

　　LP 对流动性解决方案以及维持组合均衡的巨大需求，推动了二级市场交易的强劲增长。最初，二级市场主要是出售和购买针对 PE 基金股权的组合，但随着市场趋于成熟，直接二级市场利润开始在全部交易量中占据相当大的比重。另一方面，对于金融公司来说，监管环境的变化（如"沃尔克规则"和《巴塞尔协议III》）导致持有另类投资的股权需要承担高昂的成本，这也加大了二级市场的规模和交易动力。

　　当然，二级市场是基本投资活动的衍生物。在近年来 PE 行业整体强势发展的大背景下，一方面是 LP 投资组合的不断成熟和扩大，另一方面则是二级市场交易相对基础市场的规模仍然很有限，因此这个市场的增长似乎是可以预期的。

基本学习要点

- 二级市场交易为 LP 通过了管理其 PE 组合的机会，从而减少这一资产类别流动性不足的缺陷。
- 二级市场主要包括两种不同的交易类型：LP 二级市场交易和直接（或综合性）二级市场交易。
- 二级市场规模在 2015 年已超过 400 亿美元，这就使得 LP 有机会控制这一资产类别的风险敞口，购买和出售对私募股权基金持有的股权，并以积极方式管理其投资组合。

相关案例研究

摘自《私募股权案例》

案例 4：达成目标：瑞士合众集团实现私募股权投资组合的优化

参考及补充读物

BVCA (2014) Guide to the Private Equity Secondaries Market, February, http://www.bvca. co.uk/Portals/0/library/documents/Secondaries%20Guide-Feb14%20web.pdf.

Coller Capital Barometer (2016)http://www.collercapital.com/Publications/Publications.aspx.

Dow Jones (2015) Guide to the Secondary Market.

第二十五章 私募股权行业的变迁

欢迎来到本书的最后一章。在完成理论铺垫和分享了行业最佳实践之后，我们将一改前24章古板的叙事风格，在回顾私募股权（PE）的过去、解析当下和展望未来的基调下，从三个方面提出我们独特的见解。除了提出不可或缺的总结和归纳之外，我们的评论力求融会贯通，触及媒体和公众话语最具争议性的某些问题，在此基础，展开针对PE行业未来的研讨。

希望通过与读者分享我们的观点，为进一步研究开启一扇窗户，让读者有机会去思考和提出自己的观点。希望这是我们奉献给读者的一顿大餐，请尽情享用。

PE——我们从何而来

鲍文·怀特

在展望未来PE行业的主旨和趋势之前，让我们先来看一下PE行业在过去几年中的发展历程。

与其他很多行业一样，PE的快速全球化已成为大趋势。这个行业的起点，是在北美地区进行的专业风险投资和收购投资，随后行业边界首先向欧洲蔓延，随后走入全球的各个角落，目前它已经在发达国家、新兴市场和前沿市场中实现了同步发展。虽然在整个行业的资产管理规模中，最大的份额依旧属于北美市场（2015年，占全球资产管理规模的55%），但来自国内外的基金管理机构（大多将总部设立于美国并在全球开展业务）已开始将融资和投资活动拓展到欧洲（2015年，占全球资产管理规模的24%，而2000年为18%）、亚洲（分布为17%和4%）和其他地区（见图25.1）。

那么，行业的下一轮增长将来自何处呢？答案很简单，是亚洲。按照该地区的历史增长率（亚洲地区的资产管理规模的15年期复合年增长率为21%，欧洲为12%，北美为8%），再考虑到泛亚洲地区近期高达数十亿美元的增长水平，应该不难做出这个结论。然而，考虑到最初较低的资产管理规模，亚洲和世界其他地方还需很长一段时间才有可能达到发达国家的资产管理规模年增长幅度（以美元计算）。即便假设新兴市场可以维持新千年以来的资产管理规模增速——增速在金融危机之后已大幅放缓，其资产管理规模也只能到2022

年才能与发达市场平起平坐。

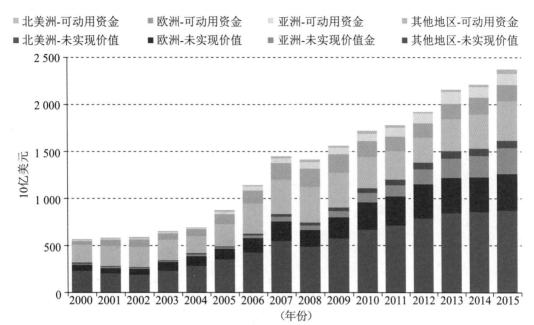

图 25.1　PE 行业资产管理规模的全球分布

资料来源：Preqin。

将一个地区的资产管理规模与 GDP 进行比较，可以帮助我们从另一个角度认识 PE 行业的过去和未来发展。北美地区拥有规模庞大而且成熟的经济体，再加上美国的 PE 规模，两者相互结合，共同造就当今世界公认的最"成熟"的 PE 市场，而且从 PE 旗下的资产管理规模与 GDP 之比来看，美国的比率也是目前四个主要地区中最高的。在 2015 年，美国的 PE 资产管理规模与 GDP 之比为 6.6%，欧洲为 2.8%，亚洲为 1.8%，其他地区为 1.0%。[①]

虽然这种暂时性落后可能意味着后者存在着巨大的上涨空间，但 PE 活动在一个地区的发展能力，还要依赖于是否有合适的目标企业以及它们能否吸收到拥有专业管理的资本。当缺少这种管理能力并导致可用资金大量过剩时，最终结果就是高成本和低收益并存。此外，新兴市场的结构性障碍不可小觑——包括对资本流动和股份所有权的限制，缺乏透明度和持续性的监管环境，仍处于发展阶段的债务融资市场以及不稳定的首次公开发行（IPO）市场，这无疑会延缓行业在这些经济体的发展和成熟。

---

① GDP 的数据来源：世界银行。如果一个国家 2015 年的 GDP 数据缺失，那么可按最近一次可获得的 GDP 数字乘以该地区最大国家的 GDP 增长率，估计该国 2015 年的 GDP。资料来源：世界银行。

私募股权与其他股权的对比

自 2000 年以来，资产管理规模的同比增长状况已成为行业的主旋律——虽然在全球金融危机之后出现了短暂下挫，但 PE 的成长不是孤立的。按照 15 年的典型计算期，衡量地区发展状况的所有指标都在增长——人口、消费品价格或是星巴克咖啡店的数量，尤其是金融市场和资产管理领域，这种增长尤为显著。因此，为更好地反映 PE 行业的发展态势，我们不妨将 PE 行业与公开股票市场进行比较：图 25.2 按全球和四个主要地区，显示了 PE 行业资产管理规模占公开股票市场市值总额的百分比。[①]

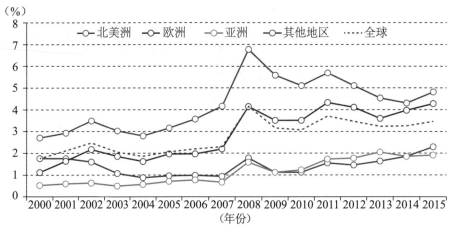

图 25.2 PE 资产管理规模占公开股票市场市值的百分比

资料来源：世界银行，Preqin，作者分析。

在过去的 15 年中，这一比例所体现的上升趋势凸显出投资者对 PE 的偏好；事实上，全球 PE 行业资产管理规模的增长速度已达到全球股票市值增速的三倍。 而这一比例在 2008 年的大幅上升，则进一步突出了本书强调的一个主题：相对于公开股权市场， PE 行业的业绩更具可预测性，而且波动性更小，这一点在资产管理规模的增长中即可见一斑。资产管理规模／市值比的结轮，最主要的原因就是股票市场在全球金融危机期间的暴跌（2007 年到 2008 年期间的全球股市跌幅达到 47%），而 PE 行业的资产管理规模仅下降 3%。有证据表明，PE 的长期业绩表现要优于上市公司股票，在收益率的排行榜上，PE 行业始终在前 1/4 的优胜者中名列前茅。因此，坊间普遍认为，PE 相对于"其他"权益的优势将持续存在。

---

① 市值资料来源：世界银行。如果无法取得一个国家到 2015 年为止的股票市值数据，那么可按照将该地区最大国家（按 GDP 衡量）的市值增长率乘以最近数据估计该国的股票市值。报告中无市值国家的数据显示为空白。

私募股权的影响

除指标和数据之外，PE 公司所固有的性质（由具有专业能力的所有权人，反复持有非上市公司的股权，且股权数量足以对被投资公司带来重大影响），往往会导致 PE 基金所投资的公司进入高强度转型期。通过影响对被投资公司，以及在被投资公司整个生命周期中的成功参与和支持，PE 行业不仅改变了企业，也改变了企业所在的板块乃至整个经济，当然，人们希望这种改变是向好的。在图 25.3 中的例子中，我们可以看到风险投资（VC）带来的变革式影响。

图 25.3 显示，截至 2016 年年底，世界上最大的三家上市公司以及前十大上市公司中的五家，早期均有风险投资基金的支持。这些公司实现的创新均给各自领域带来了变革性增长（从软件行业的微软，到从事互联网搜索引擎业务的谷歌，再到电子商务行业的亚马逊），凸显了风险投资对创新和市场发展带来的推动作用。尽管这五家公司均来自美国，但 VC 行业同样在新兴市场的成长中发挥了推波助澜的作用，并开始越来越多地为培育本土商业模式融资。随着创业活动在北京、新加坡、孟买和莫斯科等新兴市场风起云涌，由 VC 推动的创新正在渗入快速增长的中产阶级购买力和移动服务的持续增长。

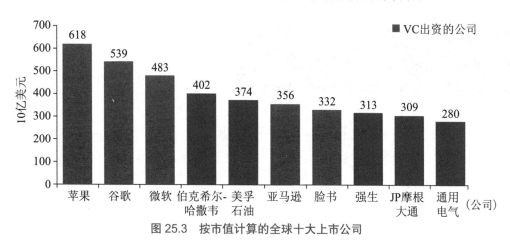

图 25.3　按市值计算的全球十大上市公司

资料来源：彭博社。

通过投资于成熟公司，PE 行业的影响不仅体现为重新界定行业和转型式的市场突破，还体现于战略的重新定位以及对业务流程的精益化。而通过在治理环节严格执行最佳实践所形成的快速决策和利益协调机制，作为收购方的投资者则可以将整个组织的关注点集中到单一目标，推动企业实现转型式变革。而随着 PE 投资者的核心差异化要素由杠杆转换为运营价值的创造，也让推动变革的能力显得更为重要。在当下竞争激烈的并购市场中，收购企业必须着眼于对被投资公司开展长期可持续的改造，并以此作为创造回报的原动力。

事实上，紧迫感以及整个行业对价值创造的日益关注，必然会促使企业通过创造性破坏过程实现自我重塑：将资源集中于最好的机会，强化竞争优势，在此基础上，为投资者创造收益。与此同时，为收购方提供全面控制，并从少数股权投资者的视角提出全新思维，注定有助于将资源配置给拥有最高生产效率或净现值的经营板块及项目。反过来，这又意味着，由 PE 培育出来的企业往往拥有更强的盈利性，更有能力去成功面对未来的挑战。与传统观念相悖的是，PE 会在整个持股期间给就业带来积极的影响，只不过在战略转型过程中往往会出现先降后升的现象，也就是所谓的 就业率"U"形曲线。

企业和其他资产管理公司已开始采用 PE 行业的很多指导原则，这充分显示出行业对整体经济的影响。从增加与股权挂钩的薪酬激励，到更积极的治理和监督机制，PE 影响着企业的运行方式；从企业风险投资机构，到提高公司资产负债表上的杠杆比率，PE 改变了企业认识投资的方式；从设有专业内部 PE 团队的家庭办公室，到 PE 公司和积极型对冲基金经理之间的相互融入——既有 PE 行业的资产管理人进入其他领域，也有其他领域的资产管理人进入 PE，寻求竞争优势已成为行业发展的必经之路。

PE——是否能魅力永存？
迈克尔·普拉尔（Michael Prahl）

在投资者经常向我们提出的问题中，一个最根本，而且出现频率高得让人不可思议的问题是："我的组织是否应投资 PE 呢？""如果是的话，我们该怎么办？"本书已在多个章节中从不同的角度讨论了第二个问题，而将第一个问题还原到实际中，似乎可以改写为："PE 在以往所创造的高收益是否可持续呢？"

作为投资领域中曾经不被看好的一个分支，当下的 PE 无疑已成为主流。今天，PE 行业的资产管理规模约为 2.5 万亿美元，而且已被大多数机构投资者纳入自己的投资组合。成功的原因很简单——那就是为投资者带来的高回报。虽然不是"绝对"收益——或者说收益与公开股票市场或广义金融市场缺少相关性，但即便是在资金加速涌入和 PE 公司与日俱增的背景下，整个行业依旧取得了令人匪夷所思的收益，其水平让其他大多数资产类别望尘莫及。另一方面，风险还远未达到预期水平。尽管坊间认为行业采用的报告和估值方法有低估市场波动性之嫌的说法并非空穴来风，但事实最终证明，在金融危机达到最顶峰时，不仅被投资公司层面的违约率始终低于预期水平，而且基金层面乃至基金组合层面的损失率同样低于预期（绝大多数例外属于 VC）。

与行业发展同步的是它在结构上的变化。大部分 PE 公司已从小型合伙企业发展成大型金融服务公司。与此同时，整个资产类别的业绩和投资机会的规模也改变了投资者的组合。虽然 PE 最初有高风险承受能力的高净值个人、捐赠基金和金融机构（管制之前）的支持，但目前的主要资金来源则是养老金、主权财富基金和保险企业。最新潮流甚至已出现了"零售化趋势"，即向散户投资者开放这一资产类别。

私募股权的制度化

规模与行业结构的变化已经促成了所谓的"PE 的制度化"趋势，而这种趋势也确实加快了行业的制度化进程。在这个过程中，通过制度将合规性与风险管理嵌入到 PE 公司的架构中，并涵盖了企业运营方式的政策和指南。这就是公司运营需要达到的标准和最佳实践。

这可以从诸多方面造福于投资者，尤其是机构投资者。有了标准，他们就可以进行更有效的尽职调查、报告和投资组合管理，这不仅有助于提高企业的透明度，而且最终会降低投资的下行风险。但信息采集始终是 GP 面对的一项艰巨任务，需要更长、更详细的投资分析和尽职调查问卷。投资者将大量资源倾注到投资流程、合规程序、估值准则以及联合投资的分配政策等方面，而 GP 则为每个投资者准备不同的定制型数据，并就补充协议进行法律谈判。除此之外，监管要求也有所强化，这显然与当下潮流相符。

投资者与监管需求的这种组合，要求基金管理机构加大对人力和基础设施的投入，而这实际上就为首创资金和小公司制造了进入壁垒。目前，掌握行业多数资金的大型投资者更倾向于将资金交给拥有这种制度体系（而且能吸收大额投资）的大型管理人。因此，大的基金管理机构会变得更大，如图 25.4 所示，在全行业的资产管理规模总量中，56% 的份额属于超过 10 亿美元规模的基金，37% 属于超过 25 亿美元规模的基金。

制度化和标准化还在其他方面产生影响。首先，它允许行业在基础 PE 市场的基础上开发出其他衍生产品。其中最有代表性的就是更有深度、流动性更强的二级市场。反过来，新近出现的一些创新又为 PE 资金衍生品的出现铺平了道路，比如说，转让没有基础法律所有权的收益权。这种产品的初衷是帮助投资者进行流动性和风险管理，而不是提供针对自有权益的投资解决方案。

其次，通过提高 PE 的投资过程以及经济模型的透明度，在有限合伙人与普通合伙人的权利等式中，某些权力已经重新回归前者，或者说，至少是某些较大 LP 在双方的抗衡中赢得了过多的话语权。他们不仅已重新在管理费和投资费用的分配做法上展开谈判，而且积极参与联合投资，尽管起点较低，但毕竟完全独立于有限合伙人的直接投资。实际上，PE已逐渐展现出一个拥有标准化产品、成熟市场的最初迹象，即商品化和脱媒特征。

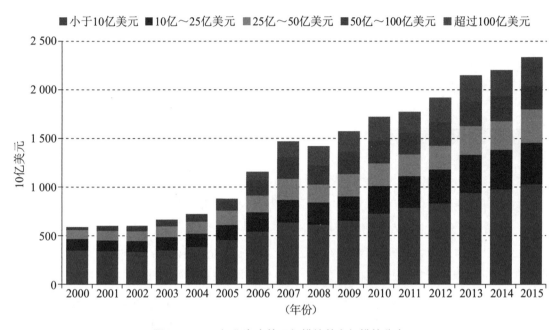

图 25.4　PE 行业资产管理规模按基金规模的分布

资料来源：Preqin。

行业应对现实做出何等反应呢？

因此，我们回到最初也是最根本的问题：这个行业能否保持早年的创业精神和与之相应的收益呢？面对商业模式承受的压力，GP 应做何反应呢？

从历史上看，PE 行业具有明显的创新性和高度的适应性。目前，我们可以看到，GP正在以三种互不排斥的方法应对这些挑战：第一种方法，就是适应特定 LP 的具体要求——毕竟，LP 本身也不再像以前那种同质化的群体；其次，减少对 LP 的依赖；最后，回归高度专业化的细分市场，至少就目前而言，这个细分市场受到上述趋势的影响较小。

如前所述，很多最大的 PE 公司恰恰是制度化趋势中最大的受益者。诚然，它们不得不接受更低的收费、市场的重新洗牌和联合投资权的分散，但和投资者对其基金所基于的更大规模的出资承诺，这一点付出根本就不足挂齿。事实上，当这些大型基金慷慨地进行费用减免、奉献出联合投资权的同时，也将投资者和他们的公司更紧密地捆绑到一起，从而将两者的关系提升到"战略"高度。而且 GP 也始终乐于按特定投资者的具体需求进行调整。一个典型的例子，就是通过建立一个存续期更长的基金，满足某些投资者对投资期限的要求。虽然费率水平低于常规结构，但 GP 可以按准永久性的资本载体取得管理费收益。另一种常见方法就是为超大规模的投资或有特殊需求的投资者设立单独管理账户。针对规模较小的机构投资者，市场上也出现了新的半定型管理平台，汇集若干投资者的资金，并为他们提供联合投资或二级市场交易等投资产品。

与此同时，PE 公司也正努力减少对现有 LP 的依赖。最明显的途径，就是通过公开上市将对管理人持有的股权出售给战略投资者或公众投资者。除解决后续资金问题以外，这种模式往往可以创造出永久性资本工具（不再需要筹集资金），并通过与封闭式基金或收购资金进行联合投资，建立多样化投资者，摆脱对私募股权业务的依赖性。此外，在上市过程中赢得的品牌认知度，也会有助于个别投资者接受这一资产类别。这就让我们回到了最初话题：任何以零售投资者为对象的营销活动，都需要通过制度性架构减少他们的风险预期。

最后，GP 也会试图以受商品化趋势影响最小的领域为核心，继续维持他们的经营模式。比如说，筹集行业基金或专题资金，明确承诺他们拥有高水平的行业能力和经营价值创造能力，并采取独有、相关性较小的投资策略。此外，GP 还可以专注于规模更小、更复杂的交易——包括（重组义务或针对前沿市场的投资），以建立自己的细分市场。在这种情况下，就需要根据这些具体策略建立定制性基金，比如说，将高净值个人和家庭办公室等较小投资者作为目标，他们具有较高的风险承受能力，而且始终对原始的 PE 模式情有独钟。

那么，这会给 PE 行业留下什么印记呢？我们预计会出现几个不同的细分市场。

- 对较低风险（如基础设施或收购PE公司的股权）和较大规模的双边交易，我们认为，更多的投资者会尝试直接投资，以减少收费层次，并取得更多的控制权。至于投资者能否在大型组织框架下建立必要的独立流程和开发团队，以适应这种策略的集中度风险，还有待观察，尤其是在当下的动荡环境中，不确定性依旧存在。

- 对中等风险的交易——即所谓的"标准"PE交易，我们预期，LP将通过单独管理账户和特殊目的载体直接支付较低的管理费，并对其投资组合取得更多的控制权，或是通过联合投资的比例，间接扩大控制权。规模经济、品牌（尤其是对LP）、多产品的联合发布以及全球性运营，都将继续为大型PE企业带来优势。

- 对高度专业化、高风险、高收益的捆绑式交易，由于它们不仅需要具备相应的专业能力，还要拥有创造超额收益的潜质，因此在可预见的将来，这类交易可能还将专属于顶级PE公司。这个板块将吸引规模较小但技术更熟练的投资者（包括PE专业人士），他们之所以甘愿接受这种策略所带来的额外风险，就是为了追求超过大盘的超额收益。

私募股权——何去何从?
克劳迪娅·纪斯伯格

对于今年的欧洲工商管理学院 MBA 毕业生们来说，他们的平均出生年份应该是 1989 年，也就是《门口的野蛮人》一书出版的那一年，这本书演绎了一个充满贪婪、颠覆和阴谋的故事，记述 PE 早期最大的一次杠杆收购事件。考虑到这个行业有着这样一段令人发指的发迹史，有谁会想到，这些早期的公司掠夺者在几十年之后，竟然会关注如何以价值创造和投资去影响他们的社区乃至整个社会呢？谁能想象到，当下生机勃勃的创业生态系统在 20 世纪四五十年代会是怎样的呢？实际上，ARDC[①] 和 3i 之类的机构，只是它们的政府为刺激战后经济而设立的。

今天，PE 不再是边缘性的资产类别。它已经成熟，而且已成为当下主流。PE 基金已找到接受变革和发展变迁的道路，并在未来几十年内拥有美好的前景。我认为未来必将发生重大变革，并希望分享我对未来的所知所感，当然，我们都必须清楚地认识到，任何前瞻性预言和未来可能面对现实会存在巨大差距。

任何成功都会带来效仿：而且企业已开始注意到

很多组织经常邀请 INSEAD 帮助它们举办内部研讨会，以期获取 PE 成功的秘诀。公司高管也希望我们挖掘出基金成功的奥秘。他们想了解私募股权最有效的工具、流程和商业模式，并将这些法宝带回自己组织的董事会会议室。尤其是家族企业，它们对基金成功的关注更为深切。最近，一家已进入第四代管理人的欧洲家族企业（也是世界上最赚钱的玩具制造商）宣布，它们将采用标准的 PE 模式对企业进行重组。可以看到，现实中的经济机构正在越来越多地将现代 PE 模式作为效仿和追求的样板。

---

① 美国研究与发展公司（American Research and Development Corporation）。

当然，企业可以轻而易举得从PE工具书中照搬一点东西，但他们能否像PE投资者那样，在执行中一丝不苟、严格自律，这显然还需实践检验。不过，如果来自美国同行的估计正确的话（在全部价值超过1亿美元的公司中，将有2%～17%控制在PE的手中），那么，目前的一大批高管人员将成为旁观者——不只是旁观，还要和他们的投资者一起学习这门行当的操行工具。

LP——难道是一场资本海啸吗？

资本流入PE行业的快速增长可能会持续下去。

在过去十年中，创下历史新低的利率水平严重影响了投资者的行为，也给寻求增加收益手段的投资组合管理者带来了巨大压力。

机构投资者已经意识到，忽视非上市公司的可投资领域，只专注于公开市场股权的投资策略，已成为一场很少有人能负担的奢侈游戏。部分机构投资者的支持者——即挪威的养老金计划和日本政府养老投资基金（GPIF），最近已宣布实施政策调整，在他们可投资范围中增加PE，从而在家庭办公室和高净值个人之外，加入了其他公募和私募养老金计划及主权财富基金，其目的就在于投资于有最优秀GP支持的基金。

由于养老金计划面临资金不足问题（某些机构估计，资金缺口高达5万亿美元），[①] 因此，他们仍将是PE最热忱的出资者。仅在2013年至2015年期间，[②] 现有主权财富基金的可投资资产就增加了1万亿美元，而在新兴市场国家，新的主权财富基金还在继续推出。中国的保险公司也已开始投资离岸基金，毫无疑问，他们还将把更多资金投入到这轮新资本浪潮中。考虑到这些新参与者的来源及其参与速度的加快，欧洲和亚洲地区对PE基金的投资规模，有可能在未来几十年超过美国。

15年以前，一些老牌机构投资者就已开始拓展传统PE模式，试图摆脱"2+20"费用结构对PE基金的约束，并染指直接投资领域。有些人凭借优秀的管理团队建立起良好的声誉，直到今天，这些传统PE玩家依旧是大手笔交易的参与者。尽管这种追求"直接化"的趋势必将延续下去，但还不太可能对传统GP-LP模式形成实质性突破；也只有少数超大型投资者才能证明这种趋势。

---

① 精算师委员会（ASB）的养老金工作组（Pension Task Force）；仅在美国的州和地方政府养老金层面存在资金不足问题，可考虑调整估值。http://www.forbes.com/sites/andrewbiggs/2016/07/01/arestate-and-local-government-pension-underfunded-by-5-megillion / # 7c323ce17c8f。

② Preqin Sovereign Wealth Fund Review, June 2015.

事实上，LP 群体正在越来越多地进入"通道分化"时期：将投资领域划分为"有"和"无"这两个极端领地——有些基金拥有前 1/4 业绩的基金经理，有些基金只能找到不太成功或是没有经验的基金经理。此外，很多大型配资机构一直试图与 GP 建立稳定的关系，以减少其参与的基金数量（从而将大部分资金投入少数大基金），但这只会进一步加剧基金之间的"贫富"差距，也就是说，越是大的基金，越能吸引到优秀的基金经理，进而吸引投资者投入更多的资金。

GP和PE模型

近年来，持续的 LP 资本流导致部分 PE 公司的成长远超最初设想，在这个过程中，它们所提供的产品也扩展到封闭式 PE 基金以外。（有时，这甚至会让它们的 LP 以为，这些如饥似渴的交易者是不是已变成资产收集者。）可投资资本的增加，可以让新参与者更容易地进入这个领域，而这种趋势必将影响到未来的交易。除经验丰富的 PE 合伙人另起炉灶创办新机构以及某些大型 LP 变成准 GP 以外，新兴市场正在推动这个行业发生变革，并不断带来新的参与者。

中国"外向型"投资和跨国交易已成为毋庸置疑的现实：这个"中央帝国"正在通过 PE 载体大规模猎取海外资产。可以期待，其他新兴市场的参与者很快也将获得探索全球投资的信心和能力。

充足的可投资资本，与进入这个行业的新参与者相互叠加，已显而易见地导致交易竞争加剧，估值上升。交易成本持续高企的趋势，注定会不断煎熬 PE 投资者的耐力，考验他们的能力。因此，要兑现预期收益，或许还需要他们在原有能力的基础上不断补充新鲜血液。

不只是私募股权——还有私人资本

随着 PE 行业的发展和成熟，"传统"基金经理采用的投资策略在范围上已有所扩大，PE 不再仅仅包含风险投资、成长型股权投资和收购。自 2005 年以来，随着 PE 羽翼下的这些"另类策略"持续快速增长，或许把这个行业称为"私人资本"（private capital）更为贴切。如果我们将 PE 行业资产管理规模（见图 25.1）和基础设施、自然资源、房地产、不良 PE、二级市场、联合投资以及夹层基金（见图 25.5）绘制到一张图中，行业态势就会变得清晰起来：2015 年，投资者对私人资本的投资已超过 4 万亿美元，而且这些另类投资策略的资产管理规模还在快速增长。考虑到将这些资产纳入投资组合带来的流动性和多样化收益，我们可以预计，另类投资的份额还将继续增长。

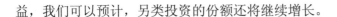

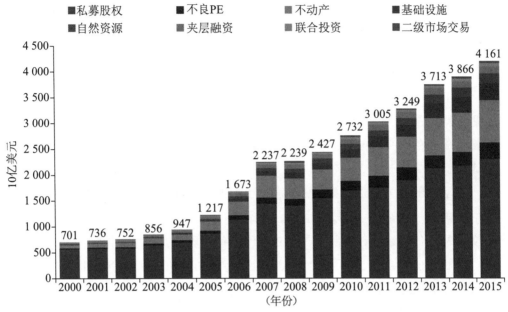

图 25.5　按投资策略划分的 PE 资产管理规模

资料来源：Preqin。

展望不远的未来

我们不妨看看接下来的五年会发生什么，在此过程中，我们希望和读者一同融会贯通，拓展思维，使用本书前面各章的理论做一番分析：

我们正处于所谓的 PE "退出大周期"（2014 年开始）的中段或者已接近终点，需要提醒的是，这注定会带来长期性影响。如果能为全球收购提供良好的退出环境，那么即使在危机之前的交易（2005—2007 年交割）也能以合理的估值走到终点。让投资者群体欢欣鼓舞的是，在 2010 年以后实现的退出收益中，对 LP 的分配总额已超过了他们的出资（认缴资本），从而连续几年形成强劲的现金流入和正斜率的 J 曲线。回笼资金让这个行业深受 LP 喜欢，自然也为后续筹款创造了有利条件。LP 当然乐见 "再度开张"，毕竟，刚刚经历的正现金流 "年景" 让他们意犹未尽。因此，我们不难理解，2014—2015 年度何以为 PE 行业的筹集树立了一座不可逾越的丰碑。

不过，如此令人心醉的好光景很难在 2017 年以后延续下去。这种 "非理性繁荣" 必然

会带来某些预期的后果：①

　　进入 2015—2016 年度，交易进度已开始放缓。一位来自大型收购基金的合伙人曾在行业会议上指出：在当下时代中，"10 是新的 8"，对此我们并不感到疑惑。这位合伙人的意思是说，要进入成功募集的基金，他和他的同行都需要按很高的 EBITDA 倍数进行出资。（在某些新兴市场的 PE 行业中，在进入基金时，投资者需要按 20 ～ 30 倍的 EBITDA 进行出资，这在以往是闻所未闻的。）按如此高得离谱的估值下，投资是否有利可图，显然是仁者见仁智者见智的事情，但我们至少可以做出如下三种预测：

- 目前交易的减少，自然会导致未来几年内的投资退出减少，进而减少了未来的投资收益。

- 交易活动的放缓，会造成可投资资金的增加，导致LP对于将资金闲置起来的理由提出质疑——这就有可能鼓励他们另辟蹊径。

- 如此高的估值倍数必然会鼓励加快退出，导致基金的持有时间缩短（这也是全球金融危机之前曾经有过的现象）。这注定会导致坊间质疑行业价值创造的主张。而对那些不够走运的交易，有可能会延迟退出，这就延长了投资者等待投资公司通过利润增长为他们创造价值的时间。

　　虽然上述担忧不无理由，但公司的确越来越需要（私人）资本以及经验丰富而且愿意卷起袖子和他们同甘共苦的合伙人。而整个行业在过去 40 年里取得的业绩，则一而再、再而三地让那些宣扬衰亡论的妖言惑众者无地自容。因此，我们完全有理由相信，这个行业必将找到新的解决方案（甚至是新模式），让资本源源不断地流向那些值得信赖的好公司。

---

① "非理性繁荣"出自前联邦储备委员会主席格林斯潘在美国企业学会的一次演讲。谈及 20 世纪 90 年代的网络泡沫，格林斯潘用"非理性繁荣"一词警告市场有可能以某种形式被高估。

有关本书的补充资料及案例手册《私募股权案例》可在如下网站查询：
www.masteringprivateequity.com

术语定义

100 天计划（100-day Plan）：该计划对公司在投资后三个月时间内将要达到的目标做出清晰明确的规划。

500 天计划（500-day Plan）：私募股权（PE）公司为筹划出售被投资公司而制订的退出计划。

关联交易（Affiliate Transaction）：由同一出资人管理的两个基金之间进行的交易。

代理风险（Agency Risk）：代理理论的一部分。因管理者（代理人）追求自身利益而放弃股东（委托人）带来的风险。

另类投资工具（Alternative Investment Vehicles，AIV）：AIV 是为适应在主基金及平行基金进行的一项或多项调整而构造的投资工具。

美式分配模式（American-style Waterfall）：也称项目分配模式（deal-by-deal waterfall）。按照这种分配结构，在基金退出每个被投资项目之后，只要投资者已经收到投入本金和全部优先收益——包括为以前交易损失而取得的全部补偿（make whole payment），普通合伙人（GP）有权即可获得附带收益（或称提成收入、绩效收益）。

分期偿还贷款（Amortized For a loan）：在整个贷款期限内按每年分期偿还的贷款。

反稀释条款（Anti-dilution）：授予投资者有权在未来融资轮通过购买额外股份以维持其对公司持股比例的条款。如果出现估值较低的融资轮，优先股的转换价格可按新的估值水平进行调整；因此，在估值较高式出资的股东将获得额外股份，以维持其在创业企业中的所有权比例。

公司章程（Articles of Association，AOA）：公司与股东之间签订并需要向政府机关申报的强制性协议。《公司章程》通常要包括公司及其股东必须披露的有限数量信息。在不同的司法制度下也会有不同的英文名称。

转换基数（As-converted Basis）：用于衡量总股本基数的指标，它假设所有优先股已根据预先确定的转换率转换为普通股。

拍卖（Auction）：由多个竞买者参与的销售过程，旨在最大限度地提高卖方价格。

回溯测试（back testing）：将历史数据用于分配或交易策略，以衡量其对投资组合或投资业绩的影响。

破产（bankrupcy）：是指公司陷入丧失流动性（即，不能完全偿还到期债务）的法律状况，通常由法院命令宣告公司破产。

基础案例下的财务情境（Base Case Financial Scenario）：以公司预期或最可能经营绩效为基础的金融情境。

收购公司（BidCo）：实施收购目标企业的法律实体。

盲池（Blind Pool），或称无目标资金池，是指投资者不清楚哪些资产将被收购或是对投资决策产生影响的基金，或者说，是尚未锁定任何目标资产的融资。

中止协议费用（Break-up Fee）：是指对终止协议一方追加的财务处罚，在卖方终止时由卖方缴纳的费用被称为中止费用或分手费，而买方终止时则被称为逆向中止费用（reverse break-up fee）。

过桥贷款（Bridge Loan）：在取得长期融资安排之前提供的短期过渡性融资。

一次性偿还（Bullet Repayment）：在还款期限结束时，单笔一次性偿还贷款的全部本金和应计利息。

资金使用速度（Burn Rate）：新公司在取得正常经营现金流之前花费（风险）资本的速度，通常以每月消耗的资金金额计算。

商业计划（Business Plan）：一份描述公司战略愿景、关键价值驱动因素并通过若干年财务预测解释未来风险和机会的文件。

收购（Buyout）：指收购一家公司的股权并取得控制性地位的过程。如果收购由公司现任管理层发起，被称为管理层收购（MBO）；如果收购由外部管理层发起，则被称为外部管理层收购；如果收购方为 PE 公司，则属于机构投资者收购。使用大量外部负债作为收购资金的收购被称为杠杆收购（LBO）。 由一家 PE 基金向另一个 PE 基金进行的控股权收购被称为二次收购（secondary buyout）。

催缴出资（Capital Call）：是指要求限制合伙人（LP）在基金的投资期限内履行出资承诺，进行实际出资。通过缴款为投资提供资金并用于支付基金的费用和开支。

资本结构（Capital Structure）：公司通过采用不同资金来源（如股权、负债或混合型证券）为其资产和运营提供资金。

分拆（Carve-out）：收购公司麾下的部门、业务单元或子公司，使其变为独立的企业。

现金转换率（Cash Conversion Rate）：利润中转换为现金流的比例，通常表示为经营性现金流量与营业利润之比。

现金清算（Cash Sweep Requirement）：在向股东派发股息之前，全部超额现金都应用于偿付贷款额度的要求。

封闭式基金（Closed-end fund）：封闭式基金只发行固定数量的股票（而且不对新投资者发行）；在 PE 领域，是指有固定存续期（期限）且在基金到期之前不得赎回的基金。

结算机制（Closing Mechanism）：投资协议（SPA）中确定最终购买价格的条款。

联合投资（Co-investing）：或称跟投，即与 PE 基金共同直接投资于运营性公司。

联合投资基金（Co-investment Fund）：或称跟投基金，它是由 GP 组建并和主基金及平行基金共同投资的一种投资载体。跟投资金通常由一个或多个基金的 LP 提供，且采取较低甚至不收取管理费和附带权益（或提成收入）；有时也可能从外部获取资金。

联合主导（Co-leading）：是一种主动性的联合投资。在主动型联合投资中，要求 LP 在最初阶段与 PE 基金进行合作，共同分担未完成交易的工作、成本和风险。

担保债务凭证（Collateralized Loan Obligation，CLO）：由贷款池提供抵押的有价证券。它按不同利率出售给拥有不同风险偏好的各层级的投资者，不同的利率反映出该层次投资者的风险承受能力。

普通股（Common equity）：普通股是公司资本结构中最基础的金融工具，只有在其他所有类型出资者的剩余索取权得到满足之后，普通股的持有者才能参与对剩余现金流和公司资产的分配。

交割账户机制（Completion Accounts Mechanism）：根据公司债务净值、约定的目标营运资金及成交时实际净资产价值的差额，对最初购买价格进行调整的定价机制。

先决条件（Conditions Precedent，CP）：在交易继续进行之前必须满足或放弃的特定事件或状态。

转换权（Conversion Rights）：优先股股东将所持优先股转为普通股的权利；且按最初明确约定的转换率进行转换——通常情况下的转换率为 1 : 1。

可转换债券（Convertible Debt）：一种可转换为股权或现金的债务工具。

契约（Covenant）：金融契约是一种由借款公司承诺必须实施某种行为（肯定性契约）或绝不实施某种行为（否定性契约）。契约的目的在于保护贷款人免遭借款人违约带来的损失。某些契约需要定期核对——称为维护性契约（maintenance covenant），而某些契约仅需在发生特定事件时进行测试——称为触发性契约。

数据中心（Data Room）：由目标公司及其咨询机构建立的（物理或虚拟）数据库，包含对该公司进行尽职调查所需要的全部资料。

交易管道（Deal Flow）：是指一家私募基金公司获得的投资机会。如果投资机会是由PE公司直接获得，它就被称为自有（proprietary）交易管道；如果是通过咨询机构（如投资银行或会计师事务所）得到的机会，则被称为中间（intermediated）交易管道。

以交易项目为基础的投资结构（Deal-by-deal Structure）：在采取交易项目的基金结构中，创建一个专用载体用于对单一目标机会进行投资。

偿债能力（Debt Capacity）：对一家公司在一定时期内债务偿还能力进行的评估。

债务承诺函（Debt Commitment Letter）：是指贷款人针对如何向借款人发放贷款的条款而设立的协议。在杠杆收购中，承诺函通常是由杠杆收购债务融资的牵头人开给收购基金的收购载体。在卖方签署投资协议并获得融资担保之前，通常需要取得债务承诺函。

无现金、无负债收购（Debt Free/Cash Free）：卖方在出售股权时即收到所有现金并偿还收购目标公司的全部债务。

负债倍数（Debt Multiple）：衡量公司负债相对于某个关键指标的比例，这个关键指标通常选取利息EBITDA（税收、折旧及摊销前利润），即负债倍数 = 负债/EBITDA。

债务转移（Debt Push-down）：将收购公司的债务转移给目标公司的做法。通过债务转移，优先级别的贷款人对目标公司的资产拥有直接索取权，以优先级贷款人在债权人结构中落入从属地位。

偿还债务（Debt Servicing）：在一定时期内支付债务利息及其他约定的强制性款项。

直接投资（Direct Investing）：直接投资于私人公司，而不是通过基金进行投资。

债务不良投资（Distressed Debt Investing）：收购对不良企业持有的债权，并通过债权升值或是对目标公司进行重组而获得收益。

分配顺序（Distribution "Waterfall"）：对基金的LP及GP进行利润分配的优先性和时间顺序。另见欧式分配顺序和美式分配顺序。

收益分配（Distribution）：向LP返还资本金以及分配给LP在利润总额享有的份额。

股利资本化（Dividend Recapitalization）：以特别股利的形式偿还基金已投资金的部分或全部，特殊股利的资金可以是通过发行债务凭证对目标公司净资产的再杠杆化，或是来自公司持有的库存现金（非杠杆化的股利资本化）。

折价融资（Down-round）：以低于以前融资轮的估值进行的新一轮融资。

强制随售条款（Drag-along Provision）：也称为拖售权、强卖权或带领权条款，该条款规定，如果有第三方向投资者发出要约，要收购投资者的股权，投资者有权要求其他股东一起向该第三方转让股权，其他股东必须按投资者与第三方达成的出售条件、价格参与收购交易。

干火药（Dry powder）：基金已承诺但尚未用于投资的资金，即可随时用于投资的高流动性资金，也指 PE 行业的未投资资金总额。

业绩目标付款安排（Earn-out），也称为盈利能力支付计划，是指由于交易双方对价值和风险的判断不一致，将传统的一次性付款方式转变成按照未来一定时期内的业绩表现进行分期支付的交易模式，与对赌协议相近。

EBITDA 倍数：企业价值相对于 EBITDA 的倍数，即 EBITDA 倍数 = 企业价值 / EBITDA。

经济净利润（Economic Net Income，ENI）：这由几家上市公司采用的非公认会计准则的绩效指标，它是以所得税、股权激励期权带来的非现金成本及无形资产摊销对经常性净利润进行调整。

员工持股计划（ESOP）：上市公司拨出一部分股份留给不属于创始人和所有权人的雇员，并以股票期权的形式吸引、激励和留住人才。

企业价值（Enterprise Value，EV）：即公司的价值总额，表示权益价值与净负债之和。

环境、社会及治理（ESG）管理：根据既有的 ESG 政策和流程，通过建立 ESG 方案的方式，积极、系统化地对环境、社会和治理因素进行治理。

股权承诺函（Equity Commitment Letter）：在管理层收购中，PE 基金对其收购载体签署的协议，为股权交易协议详细列出的股权融资提供有限担保。私募基金通常需要取得这种承诺函之后才能签署股权交易协议并满足买方的融资声明及保证。

欧式分配模式（European-style Waterfall）：也称本金优先返还模式（all capital first waterfall）。只有在投资者收回在整个投资期间已投入的全部资本且满足最低要求收益率或优先回报率所需要的资金分配完毕之后，GP 才有权取得附带收益。

家庭办公室（Family Office）：为高净值个人或家庭管理投资组合的财富管理咨询公司管理，通常由专业人员负责管理。

联接型基金（Feeder Funds）：联接型基金集合一个或多个投资者认缴的资金，并以 LP 身份直接投资于主基金。

信托责任（Fiduciary Duties）：受托人和受益人之间的最高注意标准。

财务困境（Financial Distress）：一家公司陷入无法履行其财务义务的处境。

首次交割（First Closing）：PE 公司需要通过一系列的资金交割，取得投资者认缴的出资，从而为基金募集资金。首次交割是指达到认缴资金的第一个临界点，此后，基金才能开始动用资金进行运作。

第一留置权担保抵押贷款（First Lien Term Loan）：一般来说，优先级别的担保贷款可获得第一优先顺序偿付。

自由流通股（Free Float）：上市公司股份中可在股票市场自由交易的部分。

普通合伙人（General Partners，GP）：基金的普通合伙人对基金管理的各个方面全部责任，且拥有实现基金投资者利益最大化的信托义务。普通合伙人应根据有限合伙协议（LPA）设定的授权，向 LP 发放出资催缴、制定各种投资及退出决策。

全球私募基金投资研究小组（GPEI）：INSEAD 的 GPEI 旨在推动这所全球知名商学院在 PE 及相关另类投资领域的开展教学、研究及其他活动。网址：www.insead.edu/gpei。

高收益债务（High-yield Debt）：也称高收益债券，是指信用等级低于投资级的债券。高收益债权可提供高于投资级债券的利率，以弥补由此给资本结构带来的额外风险和低信用等级。

最低资本回报率（Hurdle Rate）：在提取附带收益之前允许向投资者优先支付的收益。在融资谈判中，通常将最低资本回报率设定为 8%。

影响力投资（Impact Investing）：对兼顾财务收益目标和社会目标的公司进行的投资。

赔偿责任（Indemnification）：合同一方因违约而给另一方造成损失时，通过补偿对方损失而消除法院或仲裁机构追究其法律责任的风险。

信息备忘录（Information Memorandum）：通常是第一份与收购目标共享的第一份正式文档，旨在对其业务和投资机会提供最新观点。

实物分配（In-kind Distribution）：也称非现金分配，是以可交易有价证券形式对 LP 进行的分配，通常为被投资公司首次公开发行（IPO）后上市的股票。

INSEAD：目前世界上最大、最权威的研究生商学院之一，在欧洲（法国）、亚洲（新加坡）和阿布扎比设有校区。官方网址为 https://www.insead.edu/。

利息覆盖率（Interest Coverage Ratio）：也称已获利息倍数，计算方法为 EBITDA 和利息费用之比，其作用是衡量公司偿还现有债务的能力。

投资委员会（Investment Committee，IC）：投资委员会可依据普通合伙人的授权执行具有约束力的投资和退出决策。

投资经理（Investment Manager）：投资经理负责 PE 基金的日常经营活动，评估潜在的投资机会，为基金的被投资公司提供咨询服务，管理基金的审计和报告流程。

投资期限（Investment Period）：基金可向 LP 收取其已承诺缴款并进行投资的时间段。投资期限通常从基金首次交割日起持续 3～5 年。

内部收益率（Internal rate of return，IRR）：是衡量投资者通过个别投资项目、基金或基金组合所获得收益率的一项常用指标，它是连续现金流的净现值等于零时的贴现率。

J 曲线（J-curve）：在私募基金中，J 曲线表示一定时期内 LP 在基金中所持有的净现金头寸。在投资期限内，LP 最初是向基金交付已承诺缴款，因此曲线从 LP 持有的负现金头寸开始，随着基金的成熟，LP 逐渐收回投资并开始取得收益分配，曲线由此改变方向。

跳跃式报价（Jump Bid）：为锁定交易，竞买人在下一轮中报出明显高于上一轮的出价。

意向书（Letter of Intent，LOI）：意向书是一项重要的投标文件，它列出的主要经济（如投标价格）和程序条款构成了在收购过程中展开进一步谈判的基础。但意向书中的条款没有最终约束力，而是投标人表明其意图的"诚意"。通过《意向书》，私募基金公司和卖方得以保证双方对实施进一步尽职调查带来的费用以及就最终股权交易合同展开谈起之前，在关键条款上达成一致。

杠杆（Leverage）：使用各种债务工具增加投资的股权收益率，也指杠杆收购中采用的负债金额。

杠杆贷款（Leveraged Loan）：由一家银行或多家银行发行的贷款。在杠杆收购中，银行通常会说服其他银行或投资者以银团贷款方式提供杠杆贷款。

有限合伙人（Limited Partners，LP）：即私募基金的投资者。PE 基金的参与者，LP 属于被动投资者，他们不参与基金的日常运营，每个 LP 的责任仅限于向基金支付已认缴的资本金。在 PE 基金需要 LP 通过认缴出资（或发出缴款通知）时，LP 应按承诺认缴承诺的投资资金，并在基金的基础资产成功退出后取得已投资资本的收益分配。

有限合伙协议（Limited Partnership Agreement，LPA）：基金的有限合伙协议设定了适用于基金全体参与者特别是基金 GP 和 LP 的基本条款，其中包括与筹集资金、认缴出资和分配、费用的分担及利润的分配、基金治理和报告以及资金终止相关的权利和义务。

清算优先权（Liquidation Preference）：是指优先股股东对收益（股利或以破产等形式退出带来的收入）享有的优先权。优先股股东享有在其他股东参与之前优先收回投资的权利（在多次清算偏好的情况下，每次均享有优先权）。

上市型基金（Listed PE，LF）：指公开交易的私募基金公司，也称常青基金。通过投资于上市型基金，可以将散户投资者可享受股价上涨和股息分配的获得双重收益。

上市私募基金公司（Listed PE Firm，LGP）：指公开交易的 PE 公司。LGP 的股东参与公司取得的、包括附带收益和管理费在内的全部收入的分配，。

锁定机制（Locked-box Mechanism）：在签署股权收购协议之前，将债务净额和净营运资金价值锁定在特定日期（称为锁定日期）的价格固定机制。

锁定期（Lock-up Period）：大股东在IPO后不得抛售所持股票的时间，通常持续在3～12个月。

多数控制权（Majority Control）：控制公司50%以上的投票权（通常与公司的经济利益挂钩）。大多数股东控制董事会，进而可以决定公司的战略及经营决策。

管理费（Management Fee）：由PE基金投资经理收取的一项费用，用于弥补基金的日常运行费用，包括基金工作人员的薪资、办公室租金以及与交易获取及监督被投资企业等形成的费用。管理费的金额取决于基金的规模、经营策略以及PE公司在筹集资金期间的议价能力，通常为基金资产规模的1%～2.5%。

管理费抵减（Management Fee Offset）：通过按一定比例向被投资公司收取的费用抵减基金的管理费。

重大不利影响（MAC）条款：作为收购协议的一项法律条款，它授予买方在出现导致收购目标价值遭受重大减损时享有终止收购合同的权利。在股权交易协议（SPA）中，哪些情况构成目标公司的MAC会因具体交易而定，并在协议中做出约定。

夹层融资（Mezzanine Financing）：在风险和回报方面介于优先债务和股本融资之间的一种融资形式，是在非上市机构融资市场以次级无担保债务或优先股形式进行的融资。夹层贷款可通过可转债或附认股权证债券等方式纳入"股权附带"（equity kicker），从而为出资者提供股价上涨带来的额外收益。

少数股权（Minority Equity Stake）：持有不超过50%公司股权的股东，因而不享有控股权。

少数股东保护权（Minority Protection Right）：为减少因持有少数股权所带来的风险而设置的权利和保障措施。利用这些权利，少数股东可以监督被投资公司、影响诉讼程序、规避或减轻与大股东可能发生的潜在利益冲突。

市盈率倍数扩张（Multiple Expansion）：指估值倍数的扩大。

已投资倍数（Multiple of Money Invested，MoM）：也称投资倍数，是指实现和未实现的基金（股权）价值与基金（公司）已投入资本的比例。

负面筛选（Negative Screening）：筛选出不属于"无害"投资标准的投资。投资标准可以指规避有争议的行业，如烟草、赌博、化石燃料生产或国防技术。

净资产价值（Net Asset Value，NAV）：指基金资产扣除负债后的价值。

净负债（Net Debt）：净负债是指一家公司的流动资产价值扣除其负债后的价值。净债务的主要组成要素包括有息银行借款和现金。至于在计算净负债时是否纳入负债型义务和现金等价物往往需要大量博弈。

净投资资金（Net Invested Capital）：净投资资金等于以认缴资本扣除减去退出得到的资本收益及投资价值发生的减值。

非披露协议（Non-disclosure Agreement，NDA）：一种法律协议，也称保密协议，该协议限制第三方获取协议方分享的信息。可以通过保密协议禁止信息的单向或双向流动。

开放式工具（Open-ended Vehicle）：也称为常青（evergreen）工具，在开放式基金结构中，基金可以在寿命期限内的任何时间筹集资金，基金本身无期限。

选择权基金（Opt-in/Opt-out Fund）：投资者在最终确认投资之前可对基金做出"软承诺"的投资工具，即投资者有权"进入"或"退出"基金经理提供的每个投资机会。

实物收益（Paid-in-kind interest，PIK）：PIK 收益是指以增加投资工具本身数量而不是以现金作为收益的投资工具，即 PIK 收益累积并增加贷款的本金。

平行基金（Parallel Fund）：为满足参与基金募集的单个或一组有限合伙人在法律、税务、监管、会计或其他方面的特殊需求而设立的基金。这些工具与主基金同时进行投资并退出投资。

部分退出（Partial Exit）：推出 PE 基金对被投资公司持有的部分权益。

投资组合公司（Portfolio Company）：私募基金所投资的公司。一个 PE 基金将投资于有限数量的公司，这些组合公司构成私募基金投资组合中的一部分。因此，这些投资组合公司也被称为被投资公司（investee company）、投资前投资（pre-investment company）及目标公司（target company）。

投资后估值（Post-money Valuation）：公司在注入新资本之后的市场价值，投资后估值等于已投资资本加上"投资前"的估值。

优先股（Preferred Share）：一种可为股东提供相对于普通股股东优惠权益的高级别股票。

投资前估值（Pre-money Valuation）：公司在注入新资本之前的市场价值。

动态市盈率（Price/Earnings to Growth Multiple）：市盈率除以公司预期未来盈利增长率的比例。

私人债务（Private Debt）：由机构投资者（如基金和保险公司）提供的非银行贷款，包括直接贷款、夹层融资、风险债务和不良债务。

私人投资公募股权（Private Investment in Public Equity，PIPE）：也称上市后私募投资，即，将上市公司的股份以非公开形式配售给特定投资者。

私有化（Privatization）：将企业的所有权由公共机构转移给私人，即由私人收购国有企业。

上市公司退市（Public to Private，P2P）：收购上市公司后让公司成为非公众公司，即将其转变为非上市公司，也译作"going private"或"take private"。

实物资产（Real Assets）：有形的实体性资产，包括基础设施、房地产和自然资源等。

实物期权定价（Real Option Pricing）：一种考虑到企业决策的灵活性和多样性的估值技术，主要用于资本的预算决策。

赎回（Redemption）：收回资金，投资者取得资本的回报。

赎回权（Redemption Rights）：赎回权为股权持有者提供将股权回售给公司的权利（相当于看跌）。

陈述与保证条款（Representations and Warranties）：针对协议所示交易具体要素所依据的事实和承诺所做出的声明。陈述与保证条款主要用于向买方提供保护，以防供应商关于目标业务的事实陈述被证明是虚假的，将目标公司的一部分履约风险分配给卖方，并为买方提供机会获取有关目标的更多信息。

资本收益率（Return on Capital）：衡量一笔投资为出资者（即债券和股权的持有者人）创造的收益。

投资收益率（Return on Investment）：衡量投资创造的收益与投资成本关系的指标，通常以百分比表示，即投资收益率＝净利润／投资成本。

循环信用额度（Revolving Credit Facility）：为满足目标公司营运资金需求而通过的银行信贷额度。

股权交易协议（Sale and Purchase Agreement，SPA）：买方与卖方为约定预期交易及收购过程相关条款和条件所订立的合约。

搜索基金（Search Fund）：投资者为创业者寻找、收购和管理一家公司提供融资的投资工具。

第二留置权贷款（Second Lien Term Loan）：第二留置权贷款是用于第一留置权贷款和次级无担保债务之间的过渡性贷款。这种贷款采用与第一留置权贷款相同的抵押品，但只有在第一留置权债权人全额受偿后才能接受受偿。

二级市场交易（Secondary Transaction）：针对私募基金收益的交易（针对有限合伙的二级交易）以及对 PE 所投资企业股权的交易（直接性的二级交易）

担保（Security）：为贷款或债券提供担保的抵押品或资产。

优先顺序（Seniority Order）：在融资方或发行人出售或破产情况下的偿还顺序。

股份认购协议（Share Subscription Agreement，SSA）：投资者和公为约定购买公司一定数量新发行股份的价格而签署的协议。它是对条款清单的扩展，并加大了协议各方的陈述与保证责任。

股东贷款（Shareholder Loans）：由股东提供的最次级债务。股东贷款通常采取累积利息，在退出或是进行再融资时与本金一并偿还。

股东协议（Shareholders' Agreement，SHA）：股东之间以及股东与被投资公司之间签订的私下协议。《股东协议》比《公司章程》更为灵活，几乎可以包括任何条款；但作为一份私下文件，它通常会包括仅限于股东之间的敏感约定。

股权结构（Shareholding Structure）：一家公司所发行的各类股份及其对应的权利。

主权财富基金（Sovereign Wealth Fund）：国有的投资基金。

特殊目的载体（Special Purpose Vehicle，SPV）：为特殊目的而设立的法人机构，其目的在于隔离金融风险。

静止条款（Standstill Provision）：协议中限制卖方在特定时间段与其他潜在买家接洽的条款，其目的在于保护已中标方的权益，因为中标方必然会在这个过程中的最后阶段发生大量交易成本（主要是为达成最终法律文件而发生的费用）。

捆绑式二次交易（Stapled Secondary）：将有限合伙人对基金持有的收益及其对普通合伙人下一轮融资的认缴义务一并出售。

后续基金（Successor Fund）：在当前基金已完成大部分投资（如 75%）之后，只要基金的《有限合伙协议》允许，PE 公司就会募集新的（后续）基金，后续基金的投资期通常为 3～4 年。

甜蜜股权（Sweet Equity）：以折扣价格向管理层发行的股份或期权，作为对管理层的激励，并协调管理层与股东的利益。

跟随权条款（Tag-along Provision）：也称为随售权，在大股东与第三方进行交易时，跟随权条款使得少数股东有权与大股东一同出售股权的权利。

重整投资（Turnaround Investing）：对于承受巨大经营压力的成熟公司，通过收购其大部分股权推动公司做出积极调整，使之恢复盈利能力。

估值倍数（Valuation Multiple）：公司的市场价值相对于某个主要价值推动统计指标的倍数。

卖方债务（Vendor Debt）：由作为收购目标的卖方提供的债务，实际上就是出售方收益的一部分转回目标公司。卖方负债通常是没有担保的，优先级别低于次级和优先级债务，但高于股东的贷款及股权。

公益创投（Venture Philanthropy）：以慈善事业为目标的风险投资。

股份行权计划（Vesting Schedule）：对员工行使股票激励权利（即期权或股票）过程制定的时间表。

起始年份（Vintage year）：基金完成首次交割且可以开始投资的年份。主要是指的某基金公司下面某只基金开始投资的年份。

收益波动率（Volatility）：衡量收益率分散程度的统计量，是一个体现风险水平的指标。

认股权证（Warrants）：按预定价格购买公司股票的选择权，认股权证的行权时间通常为某些触发事件的发生，如控制权变更、公司出售或上市。